封面题字：刘涛

中國近代史大綱

蔣廷黻

三聯書店

图书在版编目（CIP）数据

中国近代史大纲 / 蒋廷黻著 . -- 北京 : 生活·读书·新知三联书店，2025. 7. -- ISBN 978-7-108-08079-0

Ⅰ . K250.7

中国国家版本馆 CIP 数据核字第 2025VY9077 号

特约策划　谭徐锋
责任编辑　陈富余
装帧设计　薛　宇
责任校对　曹忠苓　曹秋月
责任印制　卢　岳
出版发行　**生活·讀書·新知** 三联书店
　　　　　（北京市东城区美术馆东街 22 号 100010）
网　　址　www.sdxjpc.com
经　　销　新华书店
印　　刷　河北品睿印刷有限公司
版　　次　2025 年 7 月北京第 1 版
　　　　　2025 年 7 月北京第 1 次印刷
开　　本　880 毫米 × 1230 毫米　1/32　印张 15.25
字　　数　289 千字
印　　数　00,001－10,000 册
定　　价　79.00 元
（印装查询：01064002715；邮购查询：01084010542）

目　录

小　序[1]

　　这本《中国近代史大纲》是民国二十七年五、六两月起草的。那时我已辞去驻苏大使的任务，还未恢复行政院政务处的职掌，在汉口有几个月的安逸，于是趁机写这本小书。

　　我在清华教学的时候，原想费十年功夫写部近代史。抗战以后，这种计划实现的可能似乎一天少一天。我在汉口的那几个月，身边图书虽少，但是我想不如趁机把我对我国近代史的观感作一个简略的初步报告。这是这书的性质，望读者只把它作个初步报告看待。

1　小序为作者为台湾启明书局版《中国近代史大纲》（一九五九年）所写。

总　论[1]

　　中华民族到了十九世纪就到了一个特殊时期。在此以前，华族虽与外族久已有了关系，但是那些外族都是文化较低的民族。纵使他们入主中原，他们不过利用华族一时的内乱而把政权暂时夺过去。到了十九世纪，这个局势就大不同了，因为在这个时候到东亚来的英、美、法诸国绝非匈奴、鲜卑、蒙古、倭寇、满清可比。原来人类的发展可分两个世界，一个是东方的亚洲，一个是西方的欧美。两个虽然在十九世纪以前有过关系，但是那种关系是时有时无的，而且是可有可无的。在东方这个世界里，中国是领袖，是老大哥，我们以大哥自居，他国——连日本在内——也承认我们的优越地位。到了十九世纪，来和我们打麻烦的，不是我们东方世界里的小弟们，是那个素不相识，而且文化根本互异的西方世界。

　　嘉庆道光年间的中国人，当然不认识那西方世界。直

1　本书以商务印书馆1938年版本为底本。注释均为编者注。

到现在，我们还不敢说我们完全了解西洋的文明。不过有几点我们是可以断定的。第一，中华民族的本质可以与世界上最优秀的民族比。中国人的聪明不在任何别的民族之下。第二，中国的物产虽不及俄、美两国的完备，然总在一般国家水平线之上。第三，我国秦始皇的废封建为郡县及汉唐两朝的伟大帝国，足证我民族是有政治天才的。是故论人论地，中国本可大有作为。然而到了十九世纪，我民族何以遇着空前的难关呢？第一，是因为我们的科学不及人。人与人的竞争，民族与民族的竞争，最足以决胜负的，莫过于知识的高低。科学的知识与非科学的知识比赛，好像汽车与洋车的比赛。在嘉庆道光年间，西洋的科学基础已经打好了，而我们的祖先还在那里作八股文，讲阴阳五行。第二，西洋已于十八世纪中年起始用机械生财打仗，而我们的工业、农业、运输、军事，仍保存唐宋以来的模样。第三，西洋在中古的政治局面很像中国的春秋时代，文艺复兴以后的局面很像我们的战国时代。在列强争雄的生活中，西洋人养成了热烈的爱国心，深刻的民族观念。我们则死守着家族观念和家乡观念。所以在十九世纪初年，西洋的国家虽小，然团结有如铁石之固；我们的国家虽大，然如一盘散沙，毫无力量。总而言之，到了十九世纪，西方的世界已经具备了所谓近代文化，而东方的世界则仍滞留于中古。我们是落伍了！

近百年的中华民族根本只有一个问题，那就是：中国人能近代化吗？能赶上西洋人吗？能利用科学和机械吗？能废除我们家族和家乡观念而组织一个近代的民族国家吗？能的话，我们民族的前途是光明的；不能的话，我们这个民族是没有前途的。因为在世界上，一切的国家能接受近代文化者必致富强，不能者必遭惨败，毫无例外。并且接受得愈早愈速就愈好。日本就是一个好例子。日本的原有土地不过中国的一省，原有的文化几全是隋唐以来自中国学去的。近四十余年以来，日本居然能在国际上作一个头等的国家，就是因为日本接受近代文化很快。我们也可以把俄国作个例子。俄国在十五世纪、十六世纪、十七世纪也是个落伍的国家，所以那时在西洋的大舞台上，几乎没有俄国的地位。可是在十七世纪末年，正当我们的康熙年间，俄国幸而出了一个大彼得，他以专制皇帝的至尊，变名改姓，微服到西欧去学造船，学炼钢。后来他又请了许多西欧的技术家到俄国去，帮助他维新。那时许多的俄国人反对他，尤其是首都莫司哥的国粹党。他不顾一切，奋斗到底，甚至迁都到一个偏僻的，但是滨海的尼瓦河旁，因为他想靠海就容易与近代文化发源地的西欧往来。俄国的近代化基础是大彼得立的，他是俄罗斯民族大英雄之一，所以今日的斯塔林还推崇他。

土耳其的命运也足以表示近代文化左右国家富强力量之大。在十九世纪初年，土耳其帝国的土地跨欧、亚、非三洲，土耳其人也是英勇善战的。却是在十九世纪百年之内，别国的科学、机械和民族主义有一日千里的长进，土耳其则只知保守。因此土耳其遂受了欧洲列强的宰割。到了一八七八年以后，土耳其也有少数青年觉悟了非维新不可，但是他们遇着极大的阻力。第一，土耳其的国王，如我国的满清一样，并无改革的诚意。第二，因为官场的腐败，创造新事业的经费都被官僚侵吞了，浪费了。国家没有受到新事业的益处，人民已加了许多的苛捐杂税，似乎国家愈改革就愈弱愈穷。关于这一点，土耳其的近代史也很像中国的近代史。第三，社会的守旧势力太大，以致有一个人提倡维新，就有十个人反对。总而言之，土耳其在十九世纪末年的维新是三心二意的，不彻底的，无整个计划的。其结果是在上次世界大战中的惨败，国家几致于灭亡。土耳其人经过那次大国难以后，一致团结起来，拥护民族领袖基马尔[1]，于是始得复兴。基马尔一心一意为国家服务，不知有他。他认识了时代的潮流，知道要救国非彻底接受近代的文化不可。他不但提倡科学工业，他甚至改革了土耳其的文字，因为土耳其的旧文字太难，儿童费在文字上的时间和脑力太多，能费在实学上的必致减少。现在土耳其立国的基础算打稳了。

日本、俄国、土耳其的近代史大致是前面说的那个样子。这三国接受了近代的科学、机械及民族主义，于是复兴了，富

1　即凯末尔。

强了。现在我们要研究我们的近代史。我们要注意帝国主义如何压迫我们。我们要仔细研究每一个时期内的抵抗方案。我们尤其要分析每一个方案成败的程度和原因。我们如果能找出我国近代史的教训，我们对于抗战建国就更能有所贡献了。

—— 第一章 ——

剿夷与抚夷

第一节　英国请中国订立邦交

在十九世纪以前，中西没有邦交。西洋没有派遣驻华的使节，我们也没有派大使公使到外国去。此中的原故是很复杂的。第一，中西相隔很远，交通也不方便。西洋到中国来的船只都是帆船。那时没有苏彝士运河[1]，中西的交通须绕非洲顶南的好望角，从伦敦到广州顶快需三个月。因此商业也不大。西洋人从中国买的货物不外丝茶及别的奢侈品。我们的经济是自足自给的，用不着任何西洋的出品。所以那时我们的国际贸易总有很大的出超。在这种情形之下，邦交原来可以不必有的。

还有一个原故[2]，那就是中国不承认别国的平等。西洋人到中国来的，我们总把他们当作琉球人、高丽人看待。他们不来，我们不勉强他们。他们如来，必尊中国为上国而以藩属自

1　即苏伊士运河。
2　蒋廷黻文章有"原故""缘故"混用的情况，为保持作品原貌，未做改动。

居。这个体统问题，仪式问题就成为邦交的大阻碍，"天朝"是绝不肯通融的，中国那时不感觉有联络外邦的必要，并且外夷岂不是蛮貊之邦，不知礼义廉耻，与他们往来有什么好处呢？他们贪利而来，天朝施恩给他们，许他们作买卖，借以羁縻与抚绥而已。假若他们不安分守己，天朝就要"剿夷"。那时中国不知道有外交，只知道"剿夷与抚夷"。政治家分派别，不过是有些主张剿，有些主张抚。

那时的通商制度也特别。西洋的商人都限于广州一口。在明末清初的时候，西洋人曾到过漳州、泉州、福州、厦门、宁波、定海各处。后来一则因为事实的不方便，二则因为清廷法令的禁止，就成立了所谓一口通商制度。在广州，外人也是不自由的，夏秋两季是买卖季，他们可以住在广州的十三行，买卖完了，他们必须到澳门去过冬。十三行是中国政府指定的十三家可以与外国人作买卖的。十三行的行总是十三行的领袖，也是政府的交涉员。所有广州官吏的命令都由行总传给外商；外商上给官吏的呈文也由行总转递。外商到广州照法令不能坐轿，事实上官吏很通融。他们在十三行住的时候，照法令不能随便出游，逢八（那就是初八，十八，二十八）可以由通事领导到河南[1]的"花地"去游一次。他们不能带军器进广州。"夷妇"也不许进去，以防"盘踞之渐"。顶奇怪的禁令是外人不

1　即珠江以南。

得买中国书，不得学中文。第一个耶稣教传教士马礼逊博士的中文教师，每次去授课的时候，身旁必须随带一只鞋子和一瓶毒药，鞋子表示他是去买鞋子的，不是去教书的；毒药是预备万一官府查出，可以自尽。

那时中国的海关是自主的，朝廷所定的海关税则原来很轻，平均不过百分之四，满清政府并不看重那笔海关收入，但是官吏所加的陋规极其繁重，大概连正税要收货价〔的〕百分之二十。中国法令规定税则应该公开；事实上，官吏绝守秘密，以便随意上下其手。外人每次纳税都经过一种讲价式的交涉，因此很不耐烦。

中国那时对于法权并不看重。在中国境内〔，〕外国人与外国人的民刑案件，我国官吏不愿过问，那就是说，自动的放弃境内的法权。譬如，乾隆十九年，一个法国人在广州杀了一个英国人，广州的府县最初劝他们自己调解。后因英国坚决要求，官厅始理问。中国〔人〕与外国人的民事案件总是由双方设法和解，因为双方都怕打官司之苦。倘若中国人杀了外国人，官厅绝不偏袒，总是杀人者抵死，所以外国人很满意。只有外国人杀中国人的案子麻烦，中国〔人〕要求外人交凶抵死，在十八世纪中叶以前，外人遵命者多，以后则拒绝交凶，拒绝接收〔受〕中国官厅的审理，因为他们觉得中国刑罚太重，审判手续太不高明。

外人最初对于我们的通商制度虽不满意，然而觉得既是中国的定章，只好容忍。到了十八世纪末年（乾隆末年，嘉庆初年），外人的态度就慢慢的变了。这时中国的海外贸易大部分在英国的东印度公司手里。在广州的外人之中，英国已占领了领袖地位。英国此时的工业革命已经起始，昔日的手工业都慢慢的变为机械制造。海外市场在英国的国计民生上一天比一天紧要，中国对通商的限制，英国认为最不利于英国的商业发展。同时英国在印度已战胜了法国，印度半岛全入了英国的掌握。以后再往亚东发展也就更容易了，因为有了印度作发展的根据地。

当时欧洲人把乾隆皇帝作为一个模范的开明君主看。英国人以为在华通商所遇着的困难都是广州地方官吏作出来的。倘若有法能使乾隆知道，他必愿意改革。一七九三〔二〕年（乾隆五十七年）正是乾隆帝满八十岁的一年，如果英国趁机派使来贺寿，那就能得着一个交涉和促进中英友谊的机会。广州官吏知道乾隆的虚荣心，竭力怂恿英国派使祝寿。于是英国乃派马戛尔尼侯（Lord Macartney）为全权特使来华。

马戛尔尼使节的预备是很费苦心的。特使乘坐头等兵船，并带卫队。送乾隆的礼物都是英国上等的出品。用意不外要中国知道英国是个富强而且文明的国家。英政府给马戛尔尼的训令要他竭力迁就中国的礼俗，惟必须表示中英的平等。交涉的目的有好几个：第一，英国愿派全权大使常驻北京，如中国愿派大使到伦敦去，英廷必以最优之礼款待之。第二，英国希望中国加开通商口岸。第三，英国希望中国有固定的，公开的海关税则。第四，英国希望中国给她一个小岛，可以供英国商人居住及贮货，如同葡萄牙人在澳门一样。在乾隆帝方面，他也十分高兴迎接英国的特使，但是乾隆把他当作一个藩属的贡使看待，要他行跪拜礼。马戛尔尼最初不答应，后来有条件的答应。他的条件是：将来中国派使到伦敦去的时候，也必须向英王行跪拜礼；或是中国派员向他所带来的英王的画像行跪拜答礼。他的目的不外要表示中英的平等。中国不接受他的条件，也就拒绝行跪拜礼。乾隆帝很不快乐，接见以后，就要他离京回国。至于马戛尔尼所提出的要求，中国都拒绝了。那次英国和平的交涉要算完全失败了。

十八世纪末年和十九世纪初年，欧洲正闹法兰西革命和拿破仑战争，英国无暇顾及远东商业的发展。等到战事完了，英国遂派第二次的使节来华，其目的大致与第一次同。但是嘉庆给英使的待遇远不及乾隆，所以英使不但外交失败，并且私人对我的感情也不好。

英国有了这两次的失败，知道和平交涉的路走不通。

中西的关系是特别的。在鸦片战争以前，我们不肯给外国平等待遇；在以后，他们不肯给我们平等待遇。

到了十九世纪，我们只能在国际生活中找出路，但是嘉庆、道光、咸丰年间的中国人，不分汉满，仍图闭关自守，要维持历代在东方世界的光荣地位，根本否认那个日益强盛的西方世界。我们倘若大胆的踏进大世界的生活，我们需要高度的改革，不然，我们就不能与列强竞争。但是我们有与外人并驾齐驱的人力物力，只要我们有此决心，我们可以在十九世纪的大世界上得着更光荣的地位。我们研究我民族的近代史必须了解近代的邦交是我们的大困难，也是我们的大机会。

第二节　英国人作鸦片买卖

在十九世纪以前，外国没有什么大宗货物是中国人要买的，外国商船带到中国来的东西只有少数是货物，大多数是现银。那时经济学者，不分中外，都以为金银的输出是于国家有害的。各国都在那里想法子加增货物的出口和金银的进口。在中国的外商，经过多年的试验，发现鸦片是种上等的商品。于是英国东印度公司在印度乃奖励种植，统制运销。乾隆初年，鸦片输入每年约四百箱，每箱约百斤。乾隆禁止内地商人贩卖，但是没有效果，到了嘉庆初年，输入竟加了十倍，每年约四千箱。嘉庆下令禁止入口，但是因为官吏的腐败和查禁的困难，销路还是继续加增。

道光对于鸦片是最痛心的，对于禁烟是最有决心的。即位之初，他就严申禁令，可是在他的时代，鸦片的输入加增最快。道光元年（一八二一年）输入尚只五千箱，道光十五年，就加到了三万箱，值价约一千八百万元。中国的银子漏出，换这有害无益的鸦片，全国上下都认为是国计民生的大患。广东有般绅士觉得烟禁绝不能实行，因为"法令者，胥役之所借以为利也，立法愈峻，则索贿愈多"。他们主张一面加重关税，一面提倡种植，拿国货来抵外货，久而久之，外商无利可图，就不运鸦片进口了。道光十四五年的时候，这一派的议论颇得势，但是除许乃济一人外，没有一人敢冒天下之大不韪，公开提倡这个办法。道光十八年，黄爵滋上了一封奏折，大声疾呼的主张严禁。他的办法是严禁吸食，他说没有人吸，就没有人卖，所以吸者应治以死罪：

> 请皇上严降谕旨，自今年某日起，至明年某月日止，准给一年期限戒烟，虽至大之瘾，未有不能断绝。若一年以后，仍然吸食，是不奉法之乱民，置之重刑，无不平允。查旧例，吸食鸦片者罪仅枷杖，其不指出兴贩者，罪杖一百，徒三年，然皆系活罪。断瘾之苦，甚于枷杖与徒，故甘犯明刑，不肯断绝。若罪以死论，是临刑之惨急，更苦于断瘾之苟延，臣知其情愿断瘾而死于家，必不愿受刑而死于市。惟皇上明慎用刑之至意，诚恐立法稍严，互相告讦，必至波及无辜。然吸食鸦片者，是否有瘾无瘾，到官熬审，立刻可辨。如非吸食之人，虽大怨深仇，不能诬枉良善，果系吸食，究亦无从掩饰。故虽用重刑，并无流弊。[1]

1　出自《严塞漏卮以培国本疏》，与蒋廷黻原文略有不同。核改自齐思和整理《黄爵滋奏疏　许乃济奏议合刊》，中华书局，1959年。

这封奏折上了以后，道光令各省的督抚讨论。他们虽不彰明的反对黄爵滋，总觉得他的办法太激烈。他们说吸食者尚只害自己，贩卖者则害许多别人，所以贩卖之罪，重于吸食之罪，广州是鸦片烟的总进口，大贩子都在那里，要禁烟应从广州下手。惟独两湖总督林则徐完全赞成黄爵滋的主张，并建议各种实施办法。道光决定吸食与贩卖都要加严禁止，并派林则徐为钦差大臣，驰赴广州查办烟禁。林文忠公是当时政界声望最好，办事最认真的大员，士大夫尤其信任他，他的自信力也不小。他虽然以先没有办过"夷务"，他对外国人说："本大臣家居闽海，于外夷一切伎俩，早皆深悉其详。"

实在当时的人对禁烟问题都带了几分客气。在他们的私函中，他们承认禁烟的困难，但是在他们的奏章中，他们总是逢迎上峰的意旨，唱高调。这种不诚实的行为是我国士大夫阶级大毛病之一。其实禁烟是个极复杂，极困难的问题。纵使没有外国的干涉，禁烟已极其困难，何况在道光间英国人绝不愿意我们实行禁烟呢？那时鸦片不但是通商的大利，而且是印度政府财政收入之大宗。英国对于我们独自尊大，闭关自守的态度已不满意，要想和我们算一次账，倘若我们因鸦片问题给予英国任何借口，英国绝不惜以武力对付我们。

那次的战争我们称为鸦片战争，英国人则称为通商战争，两方面都有理由。关于鸦片问题，我方力图禁绝，英方则希望维持原状：我攻彼守。关于通商问题，英方力图获得更大的机会和自由，我方则硬要维持原状：彼攻我守。就世界大势论，那次的战争是不能避免的。

第三节　东西对打

林则徐于道光十九年正月二十五日行抵广州。经一个星期的考虑和布置，他就动手了。他谕告外国人说："利己不可害人，何得将尔国不食之鸦片烟带来内地，骗人财而害人命乎？"他要外国人作二件事：第一，把已到中国而尚未出卖的鸦片"尽数缴官"；第二，出具甘结，声明以后不带鸦片来华，如有带来，一经查出，甘愿"货尽没官，人即正法"。外国人不知林则徐的品格，以为他不过是个普通官僚，到任之初，总要出个告示，大讲什么礼义廉耻，实在还不是要价？价钱讲好了，买卖就可以照常做了。因此他们就观望，就讲价。殊不知林则徐不是那类的人："若鸦片一日未绝，本大臣一日不回，誓与此事相始终，断无中止之理。"到了二月初十，外人尚不肯交烟，林则徐就下命令，断绝广州出海的交通，派兵把十三行围起来，把行里的中国人都撤出，然后禁止一切的出入。换句话说，林则徐把十三行作了外国人的监牢，并且不许人卖粮食给他们。

当时在十三行里约有三百五十个外国人，连英国商业监督义律（Captain Charles Elliot）在内。他们在里面当然要受相当的苦，煮饭、洗碗、打扫都要自己动手。但是粮食还是有的，外人预贮了不少，行商又秘密的接济，义律原想妥协，但是林则徐坚持他的两种要求。是时英国在中国洋面只有两只小兵船，船上的水兵且无法到广州。义律不能抵抗，只好屈服。他屈服的方法很值得我们注意。他不是命令英国商人把烟交给林则徐，他是教英商把烟交给他，并且由他以商业监督的资格给各商收据，一转手之间，英商的鸦片变为大英帝国的鸦片。

义律共交出二万零二百八十箱，共计二百数十万斤，实一网打尽。这是林文忠的胜利，道光帝也高兴极了。他批林的奏折说："卿之忠君爱国皎然于域中化外矣。"外人尚不完全相信林真是要禁烟，他们想林这一次发大财了。林在虎门海滩挑成两个池子，"前设涵洞，后通水沟，先由沟道引水入池，撒盐其中，次投箱中烟土，再抛石灰煮之，烟灰汤沸，颗粒悉尽。其味之恶，鼻不可嗅，潮退，启放涵洞，随浪入海，然后刷涤池底，不留涓滴"。共历二十三日，全数始尽销毁，逐日皆有文武官员监视，外人之来观者，详记其事，深赞钦差大臣之坦然无私。

义律当时把缴烟的经过详细报告英国政府以后，静待政府的训令。林文忠的大功告成，似乎可以休手了。并且朝廷调他去做两江总督，他可是不去。他说：已到的鸦片，既已销毁，但是以后还可以来。他要彻底，方法就是要外商人人出具甘结，以后不作鸦片买卖。这个义律不答应，于是双方又起冲突了。林自觉极有把握，他说，英国的战斗力亦不过如此，英国人"腿足缠束紧密，屈伸皆所不便"。虎门的炮台都重修过。虎门口他又拿很大的铁链封锁起来。他又想外国人必须有茶叶大黄，他禁止茶叶大黄出口，就可以致外人的死命。那年秋冬之间，广东水师与英国二只小兵船有好几次的冲突，林报告朝廷，中国大胜，因此全国都是乐观的。

英国政府接到义律的信以后，就派全权代表懿律（Admiral George Elliot）率领海陆军队来华。这时英国的外相是巴麦尊（Lord Palmerston），有名的好大喜功的帝国主义者。他不但索鸦片赔款，军费赔款，并且要求一扫旧日所有的通商限制和邦交的不平等。懿律于道光二十年（一千八百四十年）的夏天到广东洋面。倘若英国深知中国的国情，懿律应该在广州与林则徐决胜负，因为林是主战派的领袖。但英国人的策略并不在此，懿律在广东，并不进攻，仅宣布封锁海口。中国人的解释是英国怕林则徐。封锁以后，懿律北上，派兵占领定海。定海并无军备，中国人觉得这是不武之胜。以后义律和懿律就率主力舰队到大沽口。

定海失守的消息传到北京以后，清廷愤懑极了。道光下令调陕、甘、云、贵、湘、川各省的兵到沿海各省，全国脚慌手忙。上面要调兵，下面就请饷。道光帝最怕花钱，于是对林则徐的信任就减少了。七月二十二日他的上谕骂林则徐道："不但终无实际，反生出许多波澜，思之曷胜愤懑，看汝以何词对朕也。"

是时在天津主持交涉者是直隶总督琦善。他下了一番知己知彼的工夫。他派人到英国船上假交涉之名去调查英国军备，觉得英人的船坚炮利远在中国之上。他国的汽船，"无风无潮，顺水逆水，皆能飞渡"。他们的炮位之下，"设有石磨盘，中具机轴，只须移转磨盘，炮即随其所向"。回想中国的设备，他觉得可笑极了。山海关的炮，尚是"前明之物，勉强蒸洗备用"。所谓大海及长江的天险已为外人所据，"任军事者，率皆文臣，笔下虽佳，武备未谙"。所以他决计抚夷。

英国外相致中国宰相书很使琦善觉得他的抚夷政策是很有希望的。那封书的前半都是批评林则徐的话，说他如何残暴武断，后半提出英国的要求。琦善拿中国人的眼光来判断那封书，觉得它是个状纸。林则徐待英人太苛了，英人不平，所以要大皇帝替他们伸冤。他就将计就计，告诉英国人说："上年钦差大臣林等查禁烟土，未能体仰大皇帝大公至正之意，以致受人欺朦，措置失当。必当逐细查明重治其罪。惟其事全在广东，此间无凭办理。贵统帅等应即返棹南还，听候钦差大臣驰往广东，秉公查办，定能代伸冤抑。"至于赔款一层，中国多少会给一点，使英代表可以有面子回国。至于变更通商制度，他告诉英国人，事情解决以后，英人可照旧通商，用不着变更。懿律和义律原不愿在北方打仗，所以就答应了琦善回到广州去交涉，并表示愿撤退在定海的军队。道光帝高兴极了，觉得琦善三寸之舌竟能说退英国的海陆军，远胜林则徐的孟浪多事。于是下令教内地各省的军队概归原防，"以节縻费"。同时革林则徐的职，教琦善去代替他。

琦善到了广东以后，他发现自己把事情看的太容易了。英国人坚持赔款和割香港或加通商口岸，琦善以为与其割地，不如加开通商口岸。但是怕朝廷不答应，所以只好慢慢讲价，稽延时日，英人不耐烦，遂于十二月初开火了。大角沙角失守以后，琦善遂和义律订立条约，赔款六百万元，割香港与英国，以后给与英国平等待遇。道光不答应，骂琦善是执迷不悟，革职锁拿，家产查抄入官，同时调大兵赴粤剿办。英国政府也不满意义律，另派代表及军队来华。从这时起中英双方皆一意主战，彼此绝不交涉。英国的态度很简单：中国不答应她的要求，她就不停战。道光也是很倔强的：一军败了，再调一军。中国兵士有未出战而先逃者，也有战败而宁死不降不逃者。将帅有战前妄自夸大而临战即后退者，也有鞠躬尽瘁死而后已者，如关天培、裕谦、海龄诸人。军器不如人，自不待说；纪律不如人，精神不如人，亦不可讳言。人民有些甘作汉奸，有些为饥寒所迫，投入英军作苦力。到了二十二年的夏天，英军快要攻南京的时候，清廷知道没有办法，不能再抵抗，于是接受英国要求，成立《南京条约》。

第四节　民族丧失二十年的光阴

鸦片战争的失败的根本理由是我们的落伍。我们的军器和军队是中古的军队，我们的政府是中古的政府，我们的人民，连士大夫阶级在内，是中古的人民。我们虽拼命抵抗终归失败，那是自然的，逃不脱的。从民族的历史看，鸦片战争的军事失败还不是民族致命伤。失败以后还不明瞭[1]失败的理由力图改革，那才是民族的致命伤。倘使同治光绪年间的改革移到道光咸丰年间，我们的近代化就要比日本早二十年。远东的近代史就要完全变更面目。可惜道光咸丰年间的人没有领受军事失败的教训，战后与战前完全一样，麻木不仁，妄自尊大。直到咸丰末年英法联军攻进了北京，然后有少数人觉悟了，知道非学西洋不可。所以我们说，中华民族丧失了二十年的宝贵光阴。

为什么道光年间的中国人不在鸦片战争以后就起始维新呢？此中原故虽极复杂，但是值得我们研究。第一，中国人的守旧性太重。我国文化有了这几千年的历史，根深蒂固，要国人承认有改革的必要，那是不容易的。第二，我国文化是士大夫阶级的生命线。文化的摇动，就是士大夫饭碗的摇动。我们一实行新政，科举出身的先生们，就有失业的危险，难怪他们要反对。第三，中国士大夫阶级（知识阶级和官僚阶级）最缺乏独立的，大无畏的精神。无论在那个时代，总有少数人看事

1　为尽量保持蒋廷黻作品原貌，全书如"明瞭""计画"等字词用法均未做改动，特此说明。——编者

较远较清，但是他们怕清议的指摘，默而不言，林则徐就是个好例子。

林则徐实在有两个，一个是士大夫心目中的林则徐，一个是真正的林则徐。前一个林则徐是主剿的，他是百战百胜的。他所用的方法都是中国的古法。可惜奸臣琦善受了英人的贿赂，把他驱逐了。英人未去林之前，不敢在广东战，既去林之后，当然就开战。所以士大夫想中国的失败不是因为中国的古法不行，是因为奸臣误国。当时的士大夫得了这样的一种印象，也是很自然的，林的奏章充满了他的自信心，可惜自道光二十年夏天定海失守以后，林没有得着机会与英国比武，难怪中国人不服输。

真的林则徐是慢慢的觉悟了的。他到了广东以后，他就知道中国军器不如西洋，所以他竭力买外国炮，买外国船，同时他派人翻译外国所办的刊物。他在广东所搜集的材料，他给了魏默深。魏后来把这些材料编入《海国图志》。这部书提倡以夷制夷，并且以夷器制夷。后来日本的文人把这部书译成日文，促进了日本的维新。林虽有这种觉悟，他怕清议的指摘，不敢公开的提倡。清廷把他谪戍伊犁，他在途中曾致书友人说：

> 彼之大炮远及十里内外，若我炮不能及彼，彼炮先已及我，是器不良也。彼之放炮，如内地之放排枪，连声不断，我放一炮后，须辗转移时，再放一炮，是技不熟也。

求其良且熟焉，亦无他深巧耳。不此之务，即远调百万貔貅，恐只供临敌之一哄。况逆船朝南暮北，惟水师始能尾追，岸兵能顷刻移动否？盖内地将弁兵丁，虽不乏久历戎行之人，而皆觌面接仗。似此之相距十里八里，彼此不见面而接仗者，未之前闻，故所谋往往相左。徐尝谓剿夷有八字要言，器良、技熟、胆壮、心齐是已。第一要大炮得用，今此一物置之不讲，真令岳、韩束手，奈何，奈何！[1]

这是他的私函，道光二十二年九月[2]写的。他请他的朋友不要给别人看。换句话说，真的林则徐，他不要别人知道。难怪他后来虽又作陕甘总督和云贵总督，他总不肯公开提倡改革。他让主持清议的士大夫睡在梦中，他让国家日趋衰弱，而不肯牺牲自己的名誉去与时人奋斗。林文忠无疑的是中国旧文化最好的产品。他尚以为自己的名誉比国事重要，别人更不必说了。士大夫阶级既不服输，他们当然不主张改革。

主张抚夷的琦善、耆英诸人虽把中外强弱的悬殊看清楚了，而且公开的宣传了，但是士大夫阶级不信他们，而且他们无自信心，对民族亦无信心，只听其自然，不图振作，不图改

---

1 出自《致姚椿王柏心》，与蒋廷黻原文略有不同。核改自《林则徐全集》（第七册信札卷），海峡文艺出版社，2002年。

2 据《林则徐全集》（第七册信札卷），此信时间应为道光二十二年八月上旬，写于兰州。

革。我们不责备他们，因为他们是不足责的。

第五节　不平等条约开始

道光二十二年八月二十九日在南京所订的《中英条约》不过是战后新邦交及新通商制度的大纲。次年的《虎门条约》才规定细则。我们知道战后的整个局面应该把两个条约合并起来研究。我们应该注意的有下列几点：第一，赔款二千一百万两[1]。第二，割香港。第三，开放广州、厦门、福州、宁波、上海为通商口岸。第四，海关税则详细载明于条约，非经两国同意不能修改，是即所谓协定关税。第五，英国人在中国者只受英国法律和英国法庭的约束，是即所谓治外法权。第六，中英官吏平等往来。

当时的人对于这些条款最痛心的是五口通商。他们觉得外人在广州一口通商的时候已经不易防范，现在有五口通商，外人可以横行天下，防不胜防。直到前清末年，文人忧国者莫不以五口通商为后来的祸根。五口之中，他们又以福州为最重要，上海则是中英双方所不重视的。割让土地当然是时人所反对的，也应该反对的。但是香港在割让以前毫无商业的或国防的重要。英人初提香港的时候，北京还不知道香港在那里。时

1　二千一百万银元，约合一千五百万两白银。

人反对割地，不是反对割香港。

协定关税和治外法权是我们近年所认为不平等条约的核心，可是当时的人并不这样看。治外法权，在道光时代的人的目光中，不过是让夷人管夷人。他们想那是最方便，最省事的办法。至于协定关税，他们觉得也是方便省事的办法。每种货物应该纳多少税都明白的载于条约，那就可以省除争执。负责交涉条约的人如伊里布、耆英、黄恩彤诸人知道战前广东地方官吏的苛捐杂税是引起战争原因之一，现在把关税明文规定岂不是一个釜底抽薪，一劳永逸的办法？而且新的税则平均到百分之五，比旧日的自主关税还要略微高一点。负交涉责任者计算以后海关的收入比以前还要多，所以他们洋洋得意，以为他们的外交成功。其实他们牺牲了国家的主权，遗害不少。总而言之，道光年间的中国人，完全不懂国际公法和国际形势，所以他们争所不当争，放弃所不应当放弃的。

我们与英国订了这种条约，实因为万不得已，如别的国家来要求同样的权利，我们又怎样对付呢？在鸦片战争的时候，国内分为两派，剿夷派和抚夷派。前者以林则徐为领袖，后者以琦善为领袖。战争失败以后，抚夷派当然得势了。这一派在朝者是军机大臣穆彰阿，在外的是伊里布和耆英。中英订了条约以后，美法两国就派代表来华，要求与我国订约。抚夷派的人当然不愿意与美国、法国又打仗，所以他们自始就决定给美、法的人平等的待遇。他们说，倘若中国不给，美、法的人大可以假冒英人来作买卖，我们也没有法子查出。这样作下去，美、法的人既靠英国人，势必与英国人团结一致，来对付我们，假使中国给美、法通商权利，那美国、法国必将感激中国。我们或者还可以联络美、法来对付英国。并且伊里布、耆英诸人以为中国的贸易是有限的。这有限的贸易不让英国独占，让美、法分去一部分，与中国并无妨碍，中国何不作个顺水人情？英国为避免别国的妒嫉，早已声明她欢迎别国平等竞争。所以美国、法国竟能和平与中国订约。

不平等条约的根源一部分由于我们的无知，一部分由于我们的法制未达到近代文明的水准。

第六节　剿夷派又抬头

在鸦片战争以前，广州与外人通商已经三百多年，好像广州人应该比较的多知道外国的情形，比别处的中国人应该更能与外人相安无事，其实不然，五口通商以后，惟独广州人与外人感情最坏，冲突最多。此中原因复杂。第一，英国在广州受了多年的压迫，无法出气，等到他们打胜了，他们觉得他们出气的日子到了，他们不能平心静气的原谅中国人因受了战争的痛苦而对他们自然不满意，自然带几分的仇视。第二，广东地方官商最感觉《南京条约》给他们私人利益的打击。在鸦片战争以前，因为中外通商集中于广州，地方官吏，不分大小，都有发大财的机会。《南京条约》以后，他们的意外财源都禁绝了，难怪他们要恨外国人。商人方面也是如此。在战前，江、浙的丝茶都由陆路经江西，过梅岭，而由广州的十三行卖给外国人。据外人的估计，伍家的怡和行在战前有财产八千多万，恐怕是当时世界上最富的资本家。《南京条约》以后，江、浙的丝茶，外人直接到江、浙去买，并不经过广州。五口之中，上海日盛一日，而广州则日形衰落。不但富商受其影响，就是劳工直接间接受影响的都不少，难怪民间也恨外国人。

仇外心理的表现之一就是杀外国人，他们到郊外去玩的时候，乡民出其不意，就把他们杀了。耆英知道这种仇杀一定要引起大祸，所以竭力防御，绝不宽容。他严厉的执行国法，杀人者处死，这样一来，士大夫骂他是洋奴。他们说：官民应该一致对外，那可以压迫国民以顺夷情呢？因此耆英在广东的地位，一天困难一天。

在广东还有外人进广州城的问题。照常识看来，许外国人到广州城里去似乎是无关宏旨的。在外人方面，不到广州城里去似乎也没任何损失。可是这个入城问题竟成了和战问题。在上海，就全无这种纠纷。《南京条约》以后，外人初到上海的时候，他们在上海城内租借民房，后来他们感觉城内街道狭小，卫生情形也不好，于是请求在城外划一段地作为外人居留地区。上海道台也感觉华洋杂处，不便管理，乃划洋泾浜以北的小块地作为外人住宅区。这是上海租界的起源。广州十三行原在城外，鸦片战争以前，外人是不许入城的。广州人简直把城内作为神圣之地，外夷倘进去，就好像与尊严有损。外人也是争意气：他们以为不许他们入城，就是看不起他们。耆英费尽苦心调停于外人与广州人民之间，不料双方愈闹愈起劲。道光二十七年，英人竟兵临城下，要求入城。耆英不得已，许于二年后准外人入城，希望在两年之内，或者中外感情可以改良，入城可以不成问题。但当时人民攻击耆英者多，于是道光调他入京，而升广东巡抚徐广缙为两广总督。道光给徐的上谕很清楚的表示他的态度：

> 疆寄重在安民，民心不失，则外侮可弭。嗣后遇有民夷交涉事件，不可瞻徇迁就，有失民心。至于变通参酌，是在该署督临时加意，权衡体察。总期以诚实结民情，以羁縻办夷务，方为不负委任。

徐广缙升任总督以后，就写信问林则徐驭夷之法。林回答说："民心可用。"道光的上谕和林则徐的回答都是士大夫阶级传统的高调和空谈。仅以民心对外人的炮火当然是自杀。民心固不可失，可是一般人民懂得什么国际关系？主政者应该负责指导舆论。如不指导，或指导不生效，这都是政治家的失败。徐广缙也是怕清议的指责，也是把自己的名誉看的重，国家事看的轻。当时广东巡抚叶名琛比徐广缙更顽固。他们继承了林则徐的衣钵，他们上台就是剿夷派的抬头。

道光二十九年，两年后许入城的约到了期。英人根据条约提出要求。广州的士大夫和民众一致反对。徐广缙最初犹疑，后亦无可奈何，只好顺从民意。叶名琛自始即坚决反对履行条约。他们的办法分两层：第一，不与英人交易。第二，组织民众。英人这时不愿为意气之争与中国决裂，所以除声明保存条约权利以外，没有别的举动。徐、叶认为这是他们的大胜利，事后他们报告北京说：

> 计自正月二十七日以后至三月二十日，居民则以工人，铺户则以伙伴，均择其强壮可靠者充补。挨户注册，不得在外雇募。公同筹备经费，置造器械，添设栅栏，共团勇至十万余人。无事则各安工作，有事则立出捍卫。明处不见荷戈持戟之人，暗中实皆折冲御侮之士。（朱批：朕初不料卿等有此妙用。）……众志成城，坚逾金石，用能内戢土匪，外詟猾夷。[1]

为纪念胜利，道光帝赏了徐广缙子爵，世袭双眼花翎，叶名琛男爵，世袭花翎。道光又特降谕旨，嘉勉广州民众：

---

1 出自《徐广缙等又奏英人罢议进城实因民团齐心应恳优加褒奖片》，与蒋廷黻原文略有不同。核改自齐思和等整理《筹办夷务始末》（道光朝），中华书局，1964年。

> 我粤东百姓素称骁勇。乃近年深明大义，有勇知方，固由化导之神，亦系天性之厚。……朕念其翊戴之功，能无恻然有动于中乎！

三十年（一千八百五十年）年初道光死了，咸丰即位。在咸丰年间，国内有太平天国的内战，对外则剿夷派的势力更大。三十年五月，有个御史曹履泰上奏说：

> 查粤东夷务林始之而徐终之，两臣皆为英夷所敬畏。去岁林则徐乞假回籍，今春取道江西养疾，使此日英夷顽梗不化，应请旨饬江西抚臣速令林则徐赶紧来京，候陛见后，令其协办夷务，庶几宋朝中国复相司马之意。若精神尚未复原，亦可养疴京中，勿遽回籍。臣知英夷必望风而靡，伎俩悉无可施，可永无宵旰之虑矣。

咸丰也很佩服林则徐，当即下令教林来京。林的运气真好：他病大重，以后不久就死了，他的名誉借此保存了。

第七节　剿夷派崩溃

林则徐死了，徐广缙离开广东去打太平天国去了。在广东负外交重责的是叶名琛。他十分轻视外人，自然不肯退让。在外人方面，他们感觉已得的权利不够，他们希望加开通商口岸。旧有的五口只包括江、浙、闽、粤四省海岸，现在他们要深入长江，要到华北，其次他们要派公使驻北京。此外他们希望中国地方官吏不拒绝与外国公使领事往来。最后他们要求减轻关税并废除厘金。这些要求除最后一项外，并没有什么严重的性质。但是咸丰年间的中国人反而觉得税收一项倒可通融，至于北京驻使，长江及华北通商及官吏与外人往来各项简直有关国家的生死存亡，绝对不可妥协的。

咸丰四年（一八五四年），英美两国连〔联〕合要求修改条约。当时中国没有外交部，所有的外交都由两广总督办。叶名琛的对付方法就是不交涉。外人要求见他，他也不肯接见。英美两国的代表跑到江苏去找两江总督，他劝他们回广东去找叶名琛。他们后来到天津，地方当局只允奏请皇帝施恩稍为减免各种税收，其余一概拒绝。总而言之，外人简直无门可入。他们知道要修改条约只有战争一条路。

咸丰六年（一八五六年）叶名琛派兵登香港注册之亚罗船上去搜海盗，这一举给了英国人开战的口实。不久，法国传教士马神父在广西西林被杀，叶名琛不好好处理，又得罪了法国。于是英法联军来和我们算总账。

七年冬天，英法联军首先进攻广东。士大夫阶级所依赖的民心竟毫无力量。英法不但打进广州，而且把总督巡抚都俘虏了。叶后来（被）押送印度，死在喀尔喀塔[1]。巡抚柏贵出来作英法的傀儡维持地方治安。民众不但不抵抗，且帮助英国人把藩台衙门的库银抬上英船。

八年，英法联军到大沽口。交涉失败，于是进攻。我们迫不得已与订《天津条约》，接受英法的要求。于是英法撤退军队。

清廷对于北京驻使及长江通商始终不甘心，总要想法挽回，清廷派桂良和花沙纳到上海，名为交涉海关细则，实则想取消《天津条约》。为达到这个目的，清廷准备出很大的代价。只要英法放弃北京驻使，长江开通商口岸，清廷愿意以后全不收海关税。幸而桂良及何桂清反对这个办法；所以《天津条约》，未得挽回。清廷另一方面派科尔沁亲王僧格林沁在大沽布防。僧格林沁是当时著名勇将之一，办事极认真。

九年，英法各国代表又到大沽，预备进京去交换《天津条约》的批准证书。他们事先略闻中国要修改《天津条约》，并在大沽设防，所以他们北上的时候，随带相当海军。到了大沽口，看见海河已堵塞，他们啧啧不平，责中国失信，并派船拔取防御设备，僧格林沁就令两岸的炮台出其不意同时开炮。英法的船只竟无法抵抗。陆战队陷于海滩的深泥，亦不能登岸。他们只有宣告失败，等国内增派军队。

咸丰九年的冬季及十年的春季，正是清廷与太平天国内

---

1 即加尔各答。

战最紧急的时候。苏州被太平军包围，危在旦夕。江、浙的官吏及上海、苏州一带的绅士听见北方又与英、法开战，简直惊慌极了，因为他们正竭力寻求英法的援助来对付太平军。所以他们对北京再三请求抚夷，说明外人兵力之可畏及长江下游局势之险急。清廷虽不许他们求外人的援助，恐怕示弱于人，但外交政策并不因大沽口的胜利而转强硬。北京此时反愿意承认《天津条约》。关于大沽的战事，清廷的辩护亦极有理。倘使英法各国代表的真意旨是在进京换约，何必随带重兵？海河既为中国领河，中国自有设防的权，而这种防御或者是对太平军，并非对外仇视的表示。海河虽阻塞，外国代表尚可在北塘上岸，有陆路进北京。我国根据以上理论的宣传颇生效力。大沽之役以后，英法并不坚持要报复，要雪耻。他们只要求赔偿损失及其他不关重要之条约解释与修改。这种《天津条约》以外的要求遂成为咸丰十年英法联军的起因。

十年，英法的军队由侧面进攻大沽炮台，僧格林沁不能支持，连天津都不守了。清廷又派桂良等出面在天津交涉。格外的要求答应了。但到签字的时候，一则英法代表要求率卫队进京，二则因为他们以为桂良的全权的证书不合格式，疑他的交涉不过是中国的缓兵之计，所以又决裂了。英法的军队直向北京推进。清廷改派怡亲王载垣为钦差大臣，在通州交涉。条件又讲好了，但英使的代表巴夏礼在签字之前声明英使到北京后，必须向中国皇帝面递国书。这是国际间应行的礼节，但那时中国人认为这是外夷的狂悖。其居心叵测，中国绝不能容忍。载垣乃令军队捕拿英法代表到通州来〔的〕交涉人员。这一举激怒外人，军事又起了。

咸丰帝原想"亲统六师，直抵通州，以伸天讨，而张挞伐"。可是通州决裂以后，他就逃避热河，派恭亲王奕訢留守北京。奕訢是咸丰的亲弟，这时只二十八岁。他当然毫无新知识。八年天津交涉的时候，他竭力反对长江通商。捕拿外国交涉代表最初也是他提议的，所以他也是属于剿夷派的。但他是个有血性的人，且真心为国图谋。他是清朝后百年宗室中之贤者。在道咸时代，一般士大夫不明天下大势是可原谅的，但是战败以后而仍旧虚骄，如附和林则徐的剿夷派，或是服输而不图振作，不图改革，如附和耆英的抚夷派，那就不可救药了。恭亲王把握政权以后，天下大势为之一变。他虽缺乏魄力，他有文祥作他的助手。文祥虽是亲贵，但他的品格可说是中国文化的最优代表，他为人十分廉洁，最尽孝道。他可以作督抚，但因为有老母在堂，不愿远行，所以坚辞。他办事负责而认真，且不怕别人的批评。我们如细读《文文忠年谱》，我们觉得他真是一个"先天下之忧而忧，后天下之乐而乐"的大政治家。

奕訢与文祥在元首逃难，京都将要失守的时候，接受大命。他们最初因无外交经验，不免举棋不定。后来把情势看清楚了，他们就毅然决然承认外人的要求，与英法订立《北京条约》。条约签定以后，英法退军，中国并没丧失一寸土地。咸丰六年的《天津条约》和十年的《北京条约》是三年的战争和交涉的结果。条款虽很多，主要的是北京驻使和长江通商。历史上的意义不外从此中国与西洋的关系更要密切了。这种关系固可以为祸，亦可以为福，看我们振作与否。奕䜣与文祥绝不转头回看，留恋那已去不复回的闭关时代。他们大着胆向前进，到国际生活中去找新出路。我们研究近代史的人所痛心的就是这种新精神不能出现于鸦片战争以后而出现于二十年后的咸末同初。一寸光阴一寸金，个人如此，民族更如此。

第 二 章

洪秀全与曾国藩

第一节　旧社会走循环套

　　第一章已经讨论了道光咸丰年间自外来的祸患。我们说过那种祸患是不可避免的，因为我们无法阻止西洋科学和机械势力，使其不到远东来。我们也说过，我们很可以转祸为福，只要我们大胆的接受西洋近代文化，以我们的人力物力，倘若接受了科学机械和民族精神，我们可以与别国并驾齐驱，在国际生活之中，取得极光荣的地位。可是道光时代的人不此之图。鸦片之役虽然败了，他们不承认是败了。主战的剿夷派及主和的抚夷派，在战争之后，正如在战争之前，均未图振作。直到受了第二次战败的教训，然后有人认识时代的不同而思改革。

　　在没有叙述同治光绪年间的新建设以前，我们试再进一步的研究道咸年间中国的内政。在近代史上，外交虽然要紧，内政究竟是决定国家强弱的根本要素。譬如：上次世界大战以前，德国的外交失败了，所以战争也失败了，然而因为德国内政健全，战后尚不出二十年，她又恢复她的地位了，这就是自力更生。

不幸到了十九世纪，我们的社会、政治、经济都已到腐烂不堪的田地。据前清政府的估计，中国的人口在康熙四十年（一千七百零一年）约有二千万[1]；到了嘉庆五年（一千八百年）增加到三万万。百年之内竟有十五倍的增加！这种估计虽不可靠，然而我国人口在十八世纪有很大的增加，这是毫无疑问的。十七世纪是个大屠杀的世纪。开初有明朝末年的内乱，后又有明清的交战及满清有计划的屠杀汉人，如扬州十日及嘉定屠城。我们也不要忘记张献忠在四川的屠杀，近年中央研究院发表了很多明清史料，其中有一件是康熙初年四川某县知事的人口年报，那位县老爷说他那县的人口，在大乱之后，只有九百余人，而在一年之内，老虎又吃了一大半！康熙、雍正、乾隆三朝是大乱之后的大治，于是人口增加。这是中国几千年来的圈套，演来演去，就是圣贤也无法脱逃。

那时的人一方面不知利用科学节制生育，另一方面又不知利用科学增加生产。在大乱之后，大治之初，人口减少，有荒可垦，故人民安居乐业，生活程度略为提高。这是老百姓心目中的黄金时代。后来人口一天多一天，荒地则一天减少一天，而且新垦的地不是土质不好，就是水源不足，于是每人耕地的

1　此处二千万为丁数，而非人口数。丁为成年男子。

面积减少，生活程度降低。老百姓莫明其妙，只好烧香拜佛，嗟叹自己的命运不好。士大夫和政府纵使有救世之心，亦无救世之力，只好听天灾人祸自然演化。等到土匪一起，人民更不能生产，于是小乱变为大乱。

中国历史还有一个循环套。每朝的开国君主及元勋大部分起自民间，自奉极薄，心目中的奢侈标准是很低的，而且比较能体恤民间的痛苦，办事亦比较认真，这是内政倡明吏治澄清的时代。后来慢慢的统治阶级的欲望提高，奢侈标准随之提高，因之官吏的贪污亦大大的长进。并且旧社会里，政界是才子惟一的出路，不像在近代文化社会里，有志之士除做官以外，可以经营工商业，可以行医，可以作新闻记者、大学教授、科学家、发明家、探险家、音乐家、美术家、工程师，而都名利两全，其所得往往还在大官之上。有人说：中国旧日的社会很平等，因为官吏都是科举出身，而且旧日的教育是很不费钱的。这种看法，过于乐观。前清一代的翰林那一个在未得志以前，曾经下过苦力？我们可以进一步的问，前清一代的翰林，那一个的父亲曾下过苦力？林则徐、曾国藩是前清有名的贫苦家庭的子弟，但是细考他们的家世，我们就知道他们的父亲是教书先生，不是劳力者。中国旧日的资本家有几个不是做官起家？中国旧日的大商业那一种没有官吏作后盾，仗官势发财？总而言之，在中国旧日的社会里，有心事业者集中于政界，专心利禄者也都挤在官场里。结果是每个衙门的人员永在加增之中，而衙门的数目亦天天加多。所以每个朝代到了天下太平已久，人口加增很多，民生痛苦的时候，官吏加多，每个官吏的贪污更加厉害，人民所受的压榨也更加严重。

中国到了嘉庆年间已到了循环套的最低点。嘉庆初年所革除的权臣和珅，据故宫博物院所保存的档案，积有私产到九万万两之多，当时官场的情形可想而知。历嘉庆道光两朝，中国几无日无内乱。最初有湖北、四川、陕西三省白莲教徒的叛乱，后有西北回教徒之乱，西南苗猺之乱，同时东南沿海的海盗亦甚猖獗。这还是明目张胆与国家对抗者，至于潜伏于社会的匪徒几遍地皆是。道光十五年，御史常大淳上奏说："直隶、山东、河南向有教匪，辗转传习惑众敛钱。遇岁歉，白昼伙抢，名曰均粮。近来间或拿办，不断根株。湖南之永州、郴州、桂阳，江西之南安、赣州与两广接壤，均有会匪结党成群，动成巨案。"

西洋势力侵略起始的时候，正是我们抵抗力量薄弱的时候。到了道光年间，我们的法制有名无实，官吏腐败，民生痛苦万分，道德已部分的失其维系力。我们一面须接受新的文化，一面又须设法振兴旧的政教。我民族在近代所遇着的难关是双层的。

第二节　洪秀全企图建新朝

洪秀全所领导的太平天国运动，就是上一节所讲的那个时代和那种环境的产物。

洪秀全是广东花县人，生于嘉庆十八年，即西历一八一三年。传说他的父亲是个农民，家境穷苦，但他自幼就入村塾读书，到十六岁才辍学，作乡村教师。这样似乎他不是出身于中国社会的最下层，他自己并不是个劳力者。他两次到广州去考秀才，两次都失败了。于是心怀怨恨。这是旧社会常有的事，并不出奇。洪秀全经验的特别是他在广州应试的时候，得着耶稣教传教士的宣传品。后来大病四十多天，病中梦见各种幻象，自说与耶稣教义符合，于是信仰上帝，创立上帝会。最早的同志是冯云山，也是一位因考试失败而心怀不平者，他们因为在广东传教不顺利，所以迁移其活动于广西桂平县。

中国自古以来的民间运动都带点宗教性质，西洋中古的时候也是如此。可是洪秀全与基督教发生关系，不过是偶然的事。他的耶稣教也是个不伦不类的东西。他称耶和华为天父，耶稣为天兄，自为天弟。他奉天父天兄之命来救世。他的命令就是天父天兄的命令。崇拜耶和华上帝者，"无灾无难"，不崇拜者，"蛇虎伤人"。他的兵士，如死在战场，就是登仙。孔教，佛教，道教，都是妖术。孔庙及寺观都必须破坏。

洪秀全的上帝会吸收了许多三合会的分子。这个三合会是排满的秘密团体，大概是明末清初时代起始的。洪秀全或者早有了种族革命的思想。无论如何，他收了三合会的会员以后，他的运动以推倒满清为第一目的。他骂满人为妖人。满人之改变中国衣冠，和淫乱中国女子（"三千粉黛，皆为羯狗所污；百万红颜，竟与骚狐同寝。"）是洪秀全的宣传品，斥责的最好的对象。

　　洪秀全除推行宗教革命及种族革命以外，他有社会革命的思想没有？他提倡男女平权，但他的宫庭〔廷〕充满了妃姜，太平天国的王侯将帅亦皆多蓄妻妾。他的诏书中有田亩制度，其根本思想类似共产主义："有田共耕，有饭同食，有衣同穿，有钱同使。"但是他的均田主义，虽有详细的规定，并未实行。是他不愿实行呢？还是感觉实行的困难而不愿试呢？就现在我们所有的史料判断，我们可以说洪秀全对于宗教革命及种族革命是十分积极的，对于社会革命则甚消极。他的党徒除冯云山以外，尚有烧炭的杨秀清，后封东王；耕种山地的萧朝贵，后封西王；曾捐监生与衙门胥吏为伍的韦昌辉，后封北王，及富豪石达开，后称翼王。他的运动当然是个民间运动，反映当时的民间痛苦和迷信，以及潜伏于民间的种族观念。

　　道光三十年夏天，洪秀全在广西金田村起兵。九月，占蒙山县（旧名永安），于是定国号为太平天国，自称天王。清兵进围永安。洪秀全于咸丰二年春突围，进攻桂林，未得，改图湖南。他在长沙遇着很坚强的抵抗，乃向湘江下流进攻。他在岳州得着吴三桂留下来的军械，并抢夺了不少的帆船。实力补充了以后，他直逼武汉。他虽打下了汉阳、武昌，他不留兵防守，设官立治。他一直向长江下游进攻，沿途攻破了九江、安庆、芜湖，咸丰三年春打进南京，就定都于此。名叫天京。在定都南京以前，洪秀全的行动，类似流寇，定都南京以后，他才开始他的建国工作。

从道光三十年（一千八百五十年）到咸丰三年（一千八百五十三年）可说是太平天国的顺利时期。在这时期内，社会对洪秀全的运动是怎样应付呢？一般安分守己的国民不分贫富，是守中立的。太平军到了，他们顺从太平军，贡献金钱；官军到了，他们又顺从官军，又贡献金钱。他们是顺民，其实他们是左右为难的。他们对满清政府及其官吏，绝无好感，因为他们平素所受的痛苦也够了。并且官军的纪律不好，在这期内，太平军的纪律还比较好一点。同时老百姓感觉太平军是造乱分子，使他们不能继续过他们的平安日子。太平军到处破坏庙宇，毁灭偶像，迷信的老百姓看不惯，心中不以为然。各地的土匪都趁火打劫。太平军所经过的地方，就是他们容易活动的地方。他们干他们的事，对于官军及太平军无所偏倚。有组织的秘密会社则附和太平军，如湖南的哥老会及上海的小刀会。大多数士大夫阶级，积极反对洪秀全的宗教革命。至于排满一层，士大夫不是不知道汉人的耻辱，但是他们一则因为洪秀全虽为汉人，虽提倡种族革命，然竭力破坏几千年来的汉族文化，满人虽是外族，然自始即拥护汉族文化；二则他们觉得君臣之分既定，不好随便作乱，乱是容易的，拨乱反正则是极难的，所以士大夫阶级，这时对于种族革命并不热心。

太平军的军事何以在这时期内这样顺利呢？主要原因不是太平军本身的优点。论组织训练，太平军很平常，论军器，太平军尚不及官军，论将才，太平军始终没有出过大将。太平军在此时期内所以能得胜，全因为它是一种新兴的势力，富有朝气，能拼命，能牺牲。官军不但暮气很重，简直腐化不成军了。当时的官军有两种，即八旗和绿营。八旗的战斗力随着满人的汉化，文弱化而丧失了。所以在乾隆嘉庆年间，清朝用绿营的时候已逐渐加多，用八旗的时候已逐渐减少。到了道光咸丰年间，绿营已经成了清廷的主力军队，其腐化程度正与一般政界相等。士兵的饷额甚低，又为官长剥削，所以自谋生计，把当兵作为一种副业而已。没有纪律，没有操练，害民有余，打仗则简直谈不到。并且将官之间，猜忌甚深，彼此绝不合作。但是绿营在制度上也有一种好处。这种军队虽极端腐化，然是统一的国家的军队，不是个人的私有武力。在道咸以前，地方大吏没有人敢拥兵自重，与朝庭〔廷〕对抗。私有的武力，是太平天国内乱的意外副产品，以后我们要深切的注意它的出世。

第三节　曾国藩刷新旧社会

曾国藩是我国旧文化的代表人物，甚至于理想人物。他生在嘉庆十六年（一八一一年），比洪秀全大两岁。他是湖南湘乡人，家世业农。他虽没有下过苦力，他的教育是从艰难困苦中奋斗出来的。他成翰林的时候，正是鸦片战争将要开始的时候。他的日记虽提及鸦片战争，他似乎不大注意，不了解那次战争的历史意义。他仍埋首于古籍中。他是一个实践主义的理学家。无论我们是看他的字，读他的文章，或是研究他的为人办事，我们自然的想起我们乡下那个务正业的小农民，他和小农民一样，一生一世，不作苟且的事情。他知道文章学问道德功业都只有汗血才能换得来，正如小农民知道要得一粒一颗的稻麦都非出汗不可。

在咸丰初年曾国藩官作到侍郎，等于现在的各部次长。他的知己固然承认他的文章道德是特出的，但是他的知己不多，而且少数知己也不知道他有大政治才能，恐怕连他自己也不知道。所以在他的事业起始的时候，他的声望并不高，他也没有政治势力作他的后盾。但是湖南地方上的士大夫阶级确承认他的领袖地位。他对洪秀全的态度就是当时一般士大夫的态度，不过比别人更加积极而已。

那时的官兵不但不能打仗，连乡下的土匪都不能对付，所以人民为自卫计，都办团练。这种团练就是民间的武力，是务正业的农民借以抵抗不务正业的游民土匪。这种武力，因为没有官场化，又因为与农民有切身利害关系，保存了我国乡民固有的勇敢和诚实。曾国藩的事业就是利用这种乡勇，而加以组织训练，使它成为一个军队。这就是以后著名的湘军。团练是当时全国皆有的，并不是曾国藩独创的，但是为什么惟独湘军能成大事呢？原故就在于曾国藩所加的那点组织和训练。

曾国藩治兵的第一个特别是精神教育的注重。他自己十二分相信孔孟的遗教是我民族的至宝。洪秀全既然要废孔教，那洪秀全就是他的敌人，也就是全民族的敌人。他的"讨贼檄文"骂洪秀全最激烈的一点就在此：

> 举中国数千年礼义人伦，诗书典则，一旦扫地荡尽，此岂独我大清之变，乃开辟以来，名教之奇变，我孔子、孟子之所痛哭于九原，凡读书识字者，又乌可袖手坐视，不思一为之所也？[1]

他是孔孟的忠实信徒，他所选的官佐都是他的忠实同志，他是军队的主帅，同时也是兵士的导师。所以湘军是个有主义的军队。其实精神教育是曾国藩终身事业的基础，也是他在我国近代史上地位的特别。他的行政用人都首重主义。他觉得政治的改革必须先有精神的改革。前清末年的官吏，出自曾文正门下者，皆比较正派，足见其感化力之大。

曾国藩不但利用中国的旧礼教作军队的精神基础，而且利用宗族观念和乡土观念来加强军队的团结力。他选的官佐几全

1　出自《讨粤匪檄》，与蒋廷黻原文略有不同。核改自曾国藩《曾国藩文集》，中华书局，2018年。

是湖南人，而且大半是湘乡人。这些官佐都回本地去招兵，因此兵士都是同族或同里的人。这样他的部下的互助精神特别浓厚。这是湘军的第二特点。

历史上的精神领袖很少同时也是事业领袖，因为注重精神者往往忽略事业的具体条件。在西洋社会里，这两种领袖资格是完全分开的。管教者不必管事，管事者不必管教。在中国则不然：中国社会几千年来是政教不分，官师合一的。所以在中国，头等领袖必须兼双层资格。曾国藩虽注重为人，并不忽略作事。这是他的特别的第三点。当时绿营之所以不能打仗，原故虽多，其中之一是待遇太薄。曾氏在起始办团练的时候，就决定每月陆勇发饷四两二钱，水勇发三两六钱，比绿营的饷额加一倍。湘军在待遇上享有特殊权利。湘军作战区域是长江沿岸各省。在此区域内水上的优势很能决定陆上的优势。所以曾国藩自始就注重水师。关于军器，曾氏虽常说打仗在人不在器，然而他对军器的制造，尤其对于大炮的制造，是很费苦心的。他用尽心力去罗致当时的技术人材〔才〕。他对于兵士的操练也十分认真。他自己常去督察检阅。他不宽纵他的军官，也不要军官宽纵他的部下。

曾国藩的事业，如同他的学问，也是从艰难困苦中奋斗出来的。他要救旧社会、旧文化，而那个旧社会、旧文化所产生的官僚反要和他捣乱。他要维持满清，但满清反而嫉妒他，排斥他。他在长沙练勇的时候，旧时的官兵恨他的新方法、新标准，几乎把他打死了，他逃到衡州去避乱。他最初的一战是个败仗，他投水自尽，幸而被部下救起来。他练兵打仗，同时他自己去筹饷。以后他成了大事，并不是因为满清和官僚自动的把政权交给他，是因为他们的失败迫着他们求曾国藩出来任事，迫着他们给他一个作事的机会和权利。

第四节　洪秀全失败

洪秀全得了南京以后，我们更能看出他的真实心志不在建设新国家或新社会，而在建设新朝代。他深居宫中，务求享作皇帝的福，对于政事则不放在心上。宫廷的建筑，宫女的征选，金银的聚敛，官制宫制的规定，这些事情是太平天王所最注意的。他的宗教后来简直变为疯狂的迷信。杨秀清[1]向他报告国事的困难，他回答说：

> 朕奉上帝圣旨，天兄耶稣圣旨下凡，作天下万国独一真主，何惧之有？不用尔奏，政事不用尔理，尔欲出外去，欲在京，任由于尔。朕铁桶江山，尔不扶，有人扶。尔说无兵，朕之天兵，多过于水，何惧曾妖（国藩）者乎？[2]

1　应为李秀成。

2　出自《李秀成自述原稿注》，与蒋廷黻原文略有不同。核改自罗尔纲《李秀成自述原稿注》，中华书局，1982年。

快要灭亡的时候，南京绝粮，洪秀全令人民饮露充饥，说露是天食。

这样的领袖不但不能复兴民族，且不能作为部下团结的中心。在咸丰六年，洪秀全的左右起了很大的内讧。东王杨秀清个人独掌大权。其他各王都须受东王的节制。照太平天国的仪式，天王称万岁，东王称九千岁，西王八千岁，余递减。别的王都须到东王府请安议事，并须跪呼千岁。在上奏天王的时候，东王立在陛下，其余则跪在陛下，因此杨秀清就为其同辈所愤恨。同时天王也怕他要取而代之。六年九月，北王韦昌辉设计诱杀杨秀清和他的亲属党羽。翼王石达开心怀不平，北王又把翼王家属杀了。天王为联络翼王起见，下令杀北王，但翼王以后还是独树一帜，与天王脱离关系。经过此次的内讧，太平天国打倒满清的希望完全消灭。以后洪秀全尚能抵抗八年，一则因为北方有大股捻匪作他的声援，二则因为他得了两个后起的良将，忠王李秀成和英王陈玉成。

在满清方面，等到别人都失败了，然后重用曾国藩，任他为两江总督，节制江、浙、皖、赣四省军事。湖北巡抚胡林翼是与他志同道合的，竭力与他合作。他的亲弟曾国荃是个打硬仗的前线指挥。以后曾国藩举荐他的门生李鸿章作江苏巡抚，他的朋友左宗棠作浙江巡抚。长江的中游和下游都是他的势力范围，他于是得通盘筹划。他对于洪秀全采取大包围的战略。同时英、美、法三国也给了曾、左、李三人不少的帮助。同治三年（一八六四年）湘军在曾国荃领导之下打进南京，洪秀全自杀，太平天国就此亡了。

洪秀全想打倒满清，恢复汉族的自由，这当然是我们应该佩服的。他想平均地权，虽未实行，也足表现他有相当政治家的眼光。他的运动无疑的是起自民间，连他的宗教，也是迎合民众心理的。但是他的人格上及才能上的缺点很多而且很大。倘若他成了功，他也不能为我民族造幸福。总而言之，太平天国的失败，证明我国旧式的民间运动是不能救国救民族的。

曾国藩所领导的士大夫式的运动又能救国救民族吗？他救了满清，这是毫无疑问的。但是满清并不能救中国，倘若他客观的诚实的研究满清在嘉庆、道光、咸丰三代的施政，他应该知道满清是不可救药的。他未尝不知道此中实情，所以他平定太平天国以后，他的态度反趋于消极了。平心而论，曾国藩要救清朝是很自然的，可原谅的。第一，中国的旧礼教既是他的立场，而且士大夫阶级是他的凭依，他不能不忠君。第二，他想清廷经过大患难之后，必能有相当觉悟。事实上同治初年的北京，因为有恭亲王及文祥二人主政，似乎景象一新，颇能有为。所以嘉、道、咸三代虽是多难的时代，同治年间的清朝确有中兴的气象。第三，他怕满清的灭亡要引起长期的内乱。他是深知中国历史的，我国几千年来，每次换过朝代，总要经过长期的割据和内乱，然后天下得统一和太平。在闭关自守，无外人干涉的时代，内战虽给人民无穷的痛苦，尚不至于亡国。

到了十九世纪，有帝国主义者绕环着，长期的内战就能引起亡国之祸，曾国藩所以要维持满清，最大的理由在此。

在维持满清作为政治中心的大前提之下，曾国藩的工作分两方面进行。一方面他要革新，那就是说，他要接受西洋文化的一部分。另一方面他要守旧，那就是说，恢复我国固有的美德。革新守旧，同时举行，这是曾国藩对我国近代史的大贡献。我们至今还佩服曾文正公就是因为他有这种伟大的眼光。徒然恢复我国的旧礼教而不接受西洋文化，我们还不能打破我民族的大难关，因为我们绝不能拿礼义廉耻来抵抗帝国主义者的机械军器和机械制造。何况旧礼教本身就有他的不健全的地方，不应完全恢复，也不能完全恢复呢？同时徒然接受西洋文化而不恢复我国固有的美德，我们也不能救国救民族，因为腐化的旧社会和旧官僚根本不能举办事业，无论这个事业是新的，或是旧的。

曾国藩的革命事业，我们留在下一章讨论。他的守旧事业，我们在前一节里，已经说过。现在我们要指出他的守旧事业的流弊。湘军初起的时候，精神纪律均好，战斗力也高。后来人数多了，事业大了，湘军就退化了。收复南京以后，曾自己就承认湘军暮气很深，所以他遣散了好多。足证我国治军的旧法根本是有毛病的。此外湘军既充满了宗族观念和家乡观念，兵士只知道有直接上级长官，不知道有最高统帅，更不知道有国家。某回，曾国荃回家乡去招兵，把原有的部队交曾国藩暂时管带。这些部队就不守规矩。国藩没有法子，只好催国荃赶快回营。所以湘军是私有军队的开始。湘军的精神以后传给李鸿章所部的淮军，而淮军以后又传给袁世凯的北洋军。我们知道，民国以来的北洋军阀利用私有的军队，割据国家，阻碍统一。追究其祸根，我们不能不归咎于湘军。于此也可看出旧法子的毛病。

第 三 章

自强及其失败

第一节　内外合作以求自强

　　恭亲王及文祥从英法联军的经验，得了三种教训。第一，他们确切的认识西洋的军器和练兵的方法远在我们之上。咸丰十年，担任京津防御者是僧格林沁和胜保。这两人在当时是有名的大将。他们惨败了以后，时人只好承认西洋军队的优胜。第二，恭亲王及文祥发现西洋人不但愿意卖军器给我们，而且愿意把制造军器的秘密及训练军队的方法教给我们。这颇出于时人意料之外。他们认为这是我们自强的机会。第三，恭亲王及文祥发现西洋人并不是他们以先所想像〔象〕那样，"狼子野心，不守信义"。英法的军队虽然占了北京，并且实力充足，能为所欲为，但《北京条约》订了以后，英法居然依据条约撤退军队，交还首都。时人认为这是了不得的事情，足证西洋人也守信义，所以对付外人并不是全无办法的。

　　从这三种教训，恭亲王及文祥定了一个新的大政方针，第一，他们决定以夷器和夷法来对付夷人。换句话说，他们觉得中国应该接受西洋文化之军事部分。他们于是买外国军器，请外国教官。他们说，这是中国的自强之道。第二，他们知道自强不是短期内所能成立的。在自强没有达到预期的程度以前，中国应该谨守条约以免战争。恭亲王及文祥都是有血性的人，下了很大的决心要推行他们的新政。在国家危急的时候他胆敢出来与外人周旋，并且专靠外交的运用，他们居然收复了首都。时人认为这是他们的奇功。并且恭亲王是咸丰的亲弟，同治的亲叔。他们的地位是全朝最亲贵的，有了他们的决心和资望，他们在京内成了自强运动的中心。

同时在京外的曾国藩、左宗棠、胡林翼、李鸿章诸人也得着同样的教训，最初使他们注意的是外人所用的轮船，在长江下游私运军火粮食卖给太平军。据说胡林翼在安庆曾有过这样的经验：

> 驰至江滨，忽见二洋船，鼓轮西上，迅如奔马，疾如飘风，文忠（即胡）变色不语，勒马回营，中途呕血，几至坠马。……阎丹初敬铭尚书向在文忠幕府，每与文忠论及洋务，文忠辄摇手闭目神色不怡者久之，曰，此非吾辈所能知也。

可见轮船给胡文忠印象之深，曾、左、李大致相同。曾在安庆找了几位明数理的旧学者和铁匠木匠去试造轮船，造成了以后不能行动。左在杭州作了同样的试验，得同样的结果，足证这般人对于西洋机械的注重。

在长江下游作战的时候，太平军和湘军淮军都竞买洋枪。李鸿章设大本营于上海与外人往来最多，认识西洋文化亦比较深切，他的部下还有英国军官戈登（Gordon）统带的长〔常〕胜军。他到了上海不满一年，就写信给曾国藩说：

> 鸿章尝往英法提督兵船，见其大炮之精纯，子药之细巧，器械之鲜明，队伍之雄整，实非中国所能及。……深以中国军器远逊外洋为耻，日戒谕将士虚心忍辱，学得西人一二秘法，期有增益……若驻上海久而不能资取洋人长技，咎悔多矣。

同治三年（一八六四年）他又写给恭亲王和文祥说：

> 鸿章窃以为天下事穷则变，变则通。中国士大夫沉浸于章句小楷之积习，武夫悍卒又多粗蠢而不加细心，以致所用非所学，所学非所用。无事则斥外国之利器为奇技淫巧，以为不必学；有事则惊外国之利器为变怪神奇，以为不能学。不知洋人视火器为身心性命之学者，已数百年。一旦豁然贯通，参阴阳而配造化，实有指挥如意，从心所

欲之快。……前者英法各国，以日本为外府，肆意诛求。日本君臣发愤为雄，选宗室及大臣子弟之聪秀者，往西国制器厂师习各艺，又购制器之器，在本国制习。现在已能驾驶轮船，造放炸炮。去年英人虚声恫愒，以兵临之。然英人所恃为攻战之利者，彼已分擅其长，用是凝然不动，而英人固无如之何也。夫今之日本即明之倭寇也，距西国远而距中国近。我有以自立，则将附丽于我，窥伺西人之短长；我无以自强，则将效尤于彼，分西人之利薮。日本以海外区区小国，尚能及时改辙，知所取法。然则我中国深维穷极而通之故，夫亦可以皇然变计矣。……杜挚有言曰：利不百，不变法。功不十，不易器。苏子瞻曰：言之于无事之时，足以为名，而恒苦于不信；言之于有事之时，足以见信，而已苦于无及。鸿章以为中国欲自强，则莫如学习外国利器。欲学习外国利器，则莫如觅制器之器，师其法而不必尽用其人。欲觅制器之器与制器之人，则或专设一科取士，士终身悬以为富贵功名之鹄，则业可成，艺可精，而才亦可集。[1]

这封信是中国十九世纪最大的政治家，最具历史价值的一篇文章。我们应该再三诵读。李鸿章第一认定我国到了十九

---

[1] 出自《致总理衙门》，与蒋廷黻原文略有不同。核改自顾廷龙、戴逸等主编《李鸿章全集 29 信函一》，安徽教育出版社，2008年。

世纪惟有学西洋的科学机械然后能生存。第二，李鸿章在同治三年已经看清中国与日本，孰强孰弱，要看那一国变的快。日本明治维新运动的世界的历史的意义，他一下就看清了，并且大声疾呼的要当时的人猛醒与努力。这一点尤足以表现李鸿章的伟大。第三，李鸿章认定改革要从培养人才下手，所以他要改革前清的科举制度。不但此也；他简直要改革士大夫的人生观。他要士大夫放弃章句小楷之积习，而把科学工程悬为终身富贵的鹄的。因为李鸿章认识时代之清楚，所以他成了同治、光绪年间自强运动的中心人物。

在我们这个社会里，作事极不容易。同治年间起始的自强运动，虽未达到目的，然而能有相当的成绩，已经费了九牛二虎之力。倘若当时没有恭亲王及文祥在京内主持，没有曾国藩、李鸿章、左宗棠在京外推动，那末，英法联军及太平天国以后的中国还要麻木不仁，好像鸦片战争以后的中国一样。所以我们要仔细研究这几位时代领袖人物究竟作了些什么事业。

第二节　步步向前进

自强的事业颇多，我先择其要者列表于下：

咸丰十一年　恭亲王及文祥聘请外国军官训练新军于天津。
同年　恭亲王和文祥设立同文馆于北京。是为中国新学的起始。

同年　恭亲王和文祥托总税司赫德（Robert Hart）购买炮舰，聘请英国海军人员来华创设新水师。

同治二年　李鸿章设外国语文学校于上海。

同治四年　曾国藩、李鸿章设江南机器制造局于上海，附设译书局。

同治五年　左宗棠设造船厂于福州，附设船政学校。

同治九年　李鸿章设机器制造局于天津。

同治十一年　曾国藩、李鸿章挑选学生赴美国留学。

同年　李鸿章设轮船招商局。

光绪元年　李鸿章筹办铁甲兵船。

光绪二年　李鸿章派下级军官赴德学陆军，船政学生赴英法学习造船和驾船。

光绪六年　李鸿章设水师学堂于天津，设电报局，请修铁道。

光绪七年　李鸿章设开平矿务局。

光绪八年　李鸿章筑旅顺军港，创办上海机器制布厂。

光绪十一年　李鸿章设天津武备学堂。

光绪十三年　李鸿章开办黑龙江漠河金矿。

光绪十四年　李鸿章成立北洋海军。

以上全盘建设事业的动机是国防，故军事建设最多。但我们如仔细研究就知道国防的近代化牵连甚多。近代化的军队第一需要近代化的军器，所以有江南及天津两个机械制造厂的设立。那两个厂实际大部分是兵工厂。第二，新式军器必须有技术人材去驾使，所以设立武备学堂，和派遣军官出洋留学。第三，近代化的军队必须有近代化的交通，所以有造船厂和电报局的设立，及铁路的建筑。第四，新式的国防比旧式的费用要高几倍。以中古的生产来负担近代的国防是绝对不可能的。所以李鸿章要办招商局，来经营沿江沿海的运输，创立制布厂来挽回权利，开煤矿金矿来增加收入。自强运动的领袖们并不是事前预料到各种需要而定一个建设计划。他们起初只知道国防近代化的必要。但是他们在这条路上前进一步以后，就发现必须再进一步；再进一步以后，又必须更进一步。其实必须走到尽头然后能生效。近代化的国防不但需要近代化的交通、教育、经济，并且须要近代化的政治和国民。半新半旧是不中用的。换句话说：我国到了近代要图生存非全盘接受西洋文化不可。曾国藩诸人虽向近代化方面走了好几步，但是他们不彻底，仍不能救国救民族。

第三节 前进遇着阻碍

曾国藩及其他自强运动的领袖虽走的路线不错，然而他们不能救国救民族。此其故何在？在于他们的不彻底。他们为什么不彻底呢？一部分因为他们自己不要彻底，大部分因为时代不容许他们彻底。我们试先研究领袖们的短处。

恭亲王奕䜣、文祥、曾国藩、李鸿章、左宗棠这五个大领袖都出身于旧社会，受的是旧教育。他们没有一个人能读外国书，除李鸿章以外，没有一个人到过外国。就是李鸿章的出洋尚在甲午战败以后，他的建设事业已经过去了。这种人能毅然决然推行新事业就了不得，他们不能完全了解西洋文化是自然的，很可原谅。他们对于西洋的机械是十分佩服的，十分努力要接受的。他们对于西洋的科学也相当尊重，并且知道科学是机械的基础。但是他们自己毫无科学机械的常识，此外更不必说了。他们觉得中国的政治制度及立国精神是至善至美，无须学西洋的。事实上他们的建设事业就遭了旧的制度和旧的精神的阻碍。我们可以拿李鸿章的事业作例子。

李鸿章于同治九年（一八七〇年）起始作直隶总督兼北洋大臣。因为当时要人之中以他最能对付外人，又因为他比较勇于任事，而且他的淮军是全国最近代化最得力的军队，所以从同治九年到光绪二十年的中日战争李鸿章是那个时代的中心人物。国防的建设全在他手里。他特别注重海军，因为他看清楚了如果中国能战胜日本海军，无论日本陆军如何强，不能进攻高丽，更不能为害中国。那末，李鸿章办海军第一个困难是经费。经费所以困难就是因为中国当时的财政制度，如同一般的政治制度是中古式的。中央政府没有办海军的经费，只好靠各省协济。各省都成见很深，不愿合作。在中央求各省协助的时候各省务求其少；认定了以后，又不能按期十足拨款，总要延期打折扣。其次当时皇室用钱，漫无限制，而且公私不分。同治死了以后，没有继嗣，于是西太后选了一个小孩子作皇帝，年号光绪，而实权还不是在西太后手里。等到光绪快要成年亲政的时候，光绪和他的父亲醇亲王奕譞怕西太后不愿意把政权交出来，醇亲王定计重修颐和园，一则以表示光绪对西太后的孝敬，一则使西太后沉于游乐就不干政了。重修颐和园的经费很大，无法筹备，醇亲王乃请李鸿章设法。李氏不敢得罪醇亲王，更不敢得罪西太后，只好把建设海军的款子移作重修颐和园之用。所以在甲午之战以前的七年，中国海军没有添订过一只新船。在近代政治制度之下，这种事情是不能发生的。

在李鸿章所主持之机关中并没有新式的文官制度和审计制度。就是在极廉洁极严谨的领袖之下，没有良好的制度，贪污尚且无法杜绝，何况李氏本人就不廉洁呢？在海军办军需的人经手的款项既多，发财的机会就更大。到了甲午战争的时候，我们船上的炮虽比日本的大，但炮弹不够，并且子弹所装的不尽是火药。外商与官吏狼狈为奸，私人发了财，国事就败坏了。

李鸿章自己的科学知识的幼稚也是他的事业失败的原故之一。北洋海军初成立的时候，他请了英国海军有经验的军官作总教官和副司令。光绪十年左右，中国海军纪律很严，操练很勤，技术的进步很快，那时中国的海军是很有希望的。后来李鸿章误听人言，辞退英国海军的军官而聘请德国陆军骑兵的军官来作海军的总教官，以后我国的海军的技术反而退步。并且李鸿章所用的海军总司令是个全不知海军的丁汝昌，丁氏原是淮军带马队的。他作海军的领袖当然只能误事，不能成事。甲午战争的时候，中国海军占世界海军的第八位，日本的海军占第十一位。我们的失败不是因为船不如人，炮不如人，为战略战术不如人。

北洋海军的情形如此，其他的自强事业莫不如此。总之，同治、光绪年间的自强运动所以不能救国，不是因为路线错了，是因为领袖人物还不够新，所以不能彻底。

但是倘若当时的领袖人物更新，更要进一步的接受西洋文化，社会能容许他们吗？社会一定要给他们更大的阻碍。他们所行的那种不彻底的改革已遭一般人的反对，若再进一步，反对一定更大。譬如铁路：光绪六年（一八八〇年）李鸿章、刘铭传奏请建筑，到了光绪二十年还只建筑天津附近的一小段。为什么呢？因为一般人相信修铁路就破坏风水。又譬如科学：同治五年（一八六六年）恭亲王在同文馆添设科学班，请外国科学家作教授，招收翰林院的人员作学生。他的理由是很充足的。他说买外国轮船枪炮不过一时权宜之计，治本的办法在于自己制造。但是要自己制造，非有科学的人才不可。所以他想请外国人来教中国青年学生科学。他又说：

夫天下之耻，莫耻于不若人。……日本蕞尔国耳，尚知发愤为雄。独中国狃于因循积习，不思振作，耻孰甚焉？今不以不如人为耻，而独以学其人为耻，将安于不如，而终不学，遂可雪其耻乎？[1]

他虽说的名正言顺，但还有人反对。当时北京有位名高望重的大学士倭仁就大声疾呼的反对说：

> 窃闻立国之道，尚礼义不尚权谋；根本之图在人心，不在技艺。今求之一艺之末而又奉夷人为师，无论夷人诡谲，未必传其精巧，即使教者诚教，学者诚学，所成就者不过术数之士。古今来未闻有恃术数而能起衰振弱者也。天下之大，不患无才。如以天文算学必须讲习，博采旁求必有精其术者，何必夷人？何必师事夷人？[2]

恭亲王愤慨极了。他回答说：

> 该大学士既以此举为窒碍，自必别有良图。如果实有妙策，可以制外国而不为外国所制，臣等自当追随该大学

1　出自《奕䜣等奏酌拟学习天文算学章程呈览折》，与蒋廷黻原文略有不同。核改自《筹办夷务始末》（同治朝），中华书局，2008年。

2　出自《倭仁奏正途学习天文算学为益甚微所损甚大请立罢前议折》，与蒋廷黻原文略有不同。核改自《筹办夷务始末》（同治朝），中华书局，2008年。

士之后，竭其捣梼昧，悉心商办。……如别无良策，仅以忠信为甲胄，礼义为干橹等词，谓可折冲樽俎，足以制敌之命，臣等实未敢信。[1]

倭仁不过是守旧的糊涂虫，但是当时的士大夫居然听了他的话，不去投考同文馆的科学班。

同治光绪年间的社会，如何反对新人新政，我们从郭嵩焘的命运可以更加看得清楚。郭氏的教育及出身和当时一般士大夫一样，并无特别，但是咸丰末年英法联军之役，他跟着僧格林沁在大沽口办交涉，有了那次经验，他根本觉悟，知道中国非彻底改革不可。他的觉悟还比恭亲王诸人的更深刻。据他的研究，我们在汉唐极盛时代固常与外族平等往来；闭关自守而又独自尊大的哲学，是南宋势力衰弱时代的理学先生们提倡出来的，绝不足以为训。同治初年，江西南昌的士大夫群起毁教堂，杀传教士。巡抚沈葆桢（林则徐的女婿）称赞士大夫的正气，郭嵩焘则斥责沈氏顽固。郭氏作广东巡抚的时候，汕头的人，像以先广州人，不许外国人进城。他不顾一切，强迫汕头人遵守条约，许外国人进城。光绪元年云贵总督岑毓英因为反对英国人进云南，秘密在云南缅甸边境上把英国使馆的翻译

---

1 出自《奕䜣等奏议覆倭仁请罢正途学天文算学折》，与蒋廷黻原文略有不同。核改自《筹办夷务始末》（同治朝），中华书局，2008年。

官杀了。郭嵩焘当即上奏弹劾岑毓英。第二年，政府派他出使英法。中国有公使驻外从他起。他在西欧的时候，他努力研究西洋的政治经济社会。他觉得不但西洋的轮船枪炮值得我们学习，就是西洋的政治制度和一般文化都值得学习。他发表了他的日记，送给朋友们看。他常写信给李鸿章，报告日本派到西洋的留学生不限于机械一门，学政治经济的都有。他劝李鸿章扩大留学范围。他的这些超时代的议论，引起了全国士大夫的谩骂。他们说郭嵩焘是个汉奸，"有二心于英国"。湖南的大学者如王闿运之流撰了一副对子骂他：

> 出乎其类，拔乎其萃，不容于尧舜之世。
> 未能事人，焉能事鬼，何必去父母之邦。

　　王闿运的日记还说："湖南人至耻与为伍。"郭嵩焘出使两年就回国了。回国的时候，没有问题，他是全国最开明的一个人，他对西洋的认识远在李鸿章之上。但是时人反对他，他以后全无机会作事，只好隐居湖南从事著作。他所著的《养知书屋文集》至今尚有披阅的价值。

　　继郭嵩焘作驻英法公使的是曾纪泽。他在外国五年多，略识英语。他的才能眼光与郭嵩焘等。因为他运用外交，从俄国收回伊犁，他是国际有名的外交家。他回国的时候抱定志向要推进全民族的近代化。却是他也遭时人的反对，找不着机会作事，不久就气死了。

同、光时代的士大夫阶级的守旧既然如此，民众是否比较开通？其实民众和士大夫阶级是同鼻孔出气的。我们近六十年来的新政都是自上而下，并非由下而上。一切新的事业都是由少数先知先觉者提倡，费尽苦心，慢慢的奋斗出来的。在甲午以前，这少数先知先觉者都是在朝的人。甲午以后，革新的领袖权慢慢的转到在野的人的手里，却是这些在野的领袖都是知识分子，不是民众。严格说来，民众的迷信是我民族近代接受西洋文化大阻碍之一。

第四节　士大夫轻举妄动

在同治、光绪年间，民众的守旧虽在士大夫阶级之上，但是民众是被动的，领导权统治权是在士大夫阶级手里。不幸，那个时代的士大夫阶级，除极少数外，完全不了解当时的世界大势。

同治共十三年，从一千八百六十二年到一千八百七十四年。在这个时期内，德意志统一了，意大利统一了，美国的中央政府也把南方的独立运动消灭，恢复而又加强美国的统一了。那个时期是民族主义在西洋大成功的时期。这些国家统一了以后，随着就是国内的大建设和经济的大发展。在同治以前，列强在国外行帝国主义的，仅英、俄、法三国。同治以后，加了美、德、意三国。竞争者多了，竞争就愈厉害。并且在同治以前，英国是世界上惟一的工业化国家，全世界都销英国的制造品。同治以后，德、美、法也逐渐工业化，资本化了。国际上除了政治势力的竞争以外，又有了新起的热烈的经济竞争。我国在光绪年间处境的困难远在道光、咸丰年间之上。

帝国主义是我们的大敌人。同治、光绪年间如此，现在还是如此。要救国的志士应该人人了解帝国主义的真实性质。帝国主义与资本主义是有关系的。关系可以说有三层：第一，资本主义的国家贪图在外国投资。国内的资本多了，利息就低。譬如：英美两国资本很多，资本家能得百分之四的利息就算很好了。但是如果英美的资本家能把资本投在中国或印度或南美洲，年利很容易达到百分之七或更高些。所以英美资本家竞向未开发的国家投资。但是接受外国来的资本不一定有害，英美的资本家也不一定有政治野心。美国在十九世纪的下半期的建设大部分是利用英国资本举办的。结果英国的资本家固然得了好处，但是美国开辟了富源，其人民所得的好处更多。我们的平汉铁路原是借比国[1]资本建筑的。后来我们按期还本付息，那条铁路就变为我们的了。比国资本家得了好处，我们得了更大的好处。所以孙中山先生虽反对帝国主义，他赞成中国利用外债来建设。但是有些资本家要利用政治的压力去得投资的机

1　即比利时。

会，还有政治野心家要用资本来扩充政治势力。凡是国际投资有政治作用的，就是侵略的，帝国主义的。凡是国际投资无政治作用的，就是纯洁的，投资者与受资者两方均能收益。所以我们对于外国的资本应采的态度如同对水一样，有的时候，有的地方，在某种条件之下。我们应该掘井取水，或开河引水；在别的时候、地方，和条件之下，我们则必须筑堤防水。

帝国主义与资本主义的第二层关系是商业的推销。资本主义的国家都利用机械制造。工厂规模愈大出品愈多，得利就更厚。困难在市场。各国竞争市场原可以专凭商品之精与价格之廉，不必靠武力的侵略或政治的压力。但在十九世纪末年，国际贸易的自由一天少一天。各国不但提高本国的关税，并且提高属地的关税。这样一来，商业的发展随着政权的发展。争市场等于争属地。被压迫的国家，一旦丧失关税自主，就永无发展工业的可能。虽然，国际贸易大部分还是平等国家间之贸易，不是帝国与属地之间的贸易。英国与美、德、法、日诸国的贸易额，远大于英国与其属地的贸易额。英国的属地最多，尚且如此，别国更不必说了。

帝国主义与资本主义的第三层关系是原料的寻求。世界上没有一国完全不靠外来的原料。最富有原料的国家如英、美、俄尚且如此，别的国家所需的外来原料更多。日本及意大利是最穷的。棉、煤、铁、油四种根本的原料，日、意都缺乏。德国较好，但仍不出棉和石油。那末，一国的工厂虽多，倘若没有原料，就会完全没有办法。所以帝国主义者，因为要找工业的原料，就大事侵略。虽然，资本主义不一定要行帝国主义而后始能得到原料。同时，出卖原料者不一定就是受压迫者。譬如：美国的出口货之中，石油和棉花是大宗。日本、德国、意大利从美国输入石油和棉花，不能，也不必行帝国主义，因为美国不但不禁止石油和棉花的出口，且竭力推销。

总之，资本主义可变为帝国主义，也可以不变为帝国主义。未开发的国家容易受资本主义的国家的压迫和侵略，也可以利用外国的资本来开发自己的富源及利用国际的通商来提高人民的生活程度。资本主义如同水一样：水可以资灌溉，可以便利交通，也可以成灾，要看人怎样对付。

同时我们不要把帝国主义看得过于简单，以为世界上没有资本主义就没有帝国主义了。七百年以前的蒙古人还在游牧时代，无资本也无工业，但是他们对我的侵略，还在近代资本主义国家之上。三百年以前的满洲人也是如此。在西洋方面，中古的亚拉伯人以武力推行回教，大行其宗教的帝国主义。十八世纪末年法国革命家以武力强迫外国接受他们的自由平等，大行其革命的帝国主义。据我们所知，历史上各种政体，君主也好，民主也好；各种社会经济制度，资本主义也好，封建主义也好，共产主义也好，都有行帝国主义的可能。

同、光时代的士大夫完全不了解时代的危险及国际关系的运用。他们只知道破坏李鸿章诸人所提倡的自强运动。同时他们又好多事，倘若政府听他们的话，中国几无年无日不与外国打仗。

长江流域有太平天国之乱的时候，北方有捻匪，陕、甘、新疆有回乱，清廷令左宗棠带湘军去收复西北。俄国趁我回乱的机会就占领了伊犁。这是俄国趁火打劫的惯技。在十九世纪，俄国占领我们的土地最多。咸丰末年，俄国趁太平天国之乱及英法联军，强占我国黑龙江以北及乌苏里以东的地方，共三十万方英里。现在俄国的阿穆尔省及滨海省包括海参崴在内，就是那次抢夺过去的。在同治末年，俄国占领新疆西部，清廷提出抗议的时候，俄国又假仁假义的说，他全无领土野心，他只代表我们保守伊犁，等到我们平定回乱的时候，他一定把土地退还给我们。其实俄国预料中国绝不能平定回乱，中国势力绝不能再伸到新疆。那末俄国不但可以并吞伊犁，还可以蚕食全新疆。中国一时没有办法，只好把伊犁作为中俄间的悬案。

左宗棠军事的顺利不但出于俄国意料之外，还出于我们自己的意料之外。他次第把陕西甘肃收复了。到了光绪元年，他准备进攻新疆，军费就成了大问题。从道光三十年洪秀全起兵到光绪元年，二十五年之间，中国无时不在内乱内战之中，实已兵疲力尽，何能再经营新疆呢？并且交通不便，新疆民族复杂，面积浩大，成败似乎毫无把握。于是发生大辩论，左宗棠颇好大喜功，他一意主进攻。他说祖宗所遗留的土地，子孙没有放弃的道理，他又说倘若新疆不保，陕甘就不能保，陕甘不保，山西就不能保，山西不保，河北就不能保。他的理由似乎充足，言论十分激昂。李鸿章的看法正与左的相反。李说自从乾隆年间中国占领新疆以后，中国没有得着丝毫的好处，徒费驻防的兵费。这是实在的情形。他又说中国之大祸不在西北而在东边沿海的各省，因为沿海的省份是中国的精华，而且帝国主义者的压迫在东方的过于在西方的。自从日本维新以后，李鸿章更加焦急。他觉得日本是中国的真敌，因为日本一心一意谋我，他无所图，而且相隔既近，动兵比较容易。至于西洋各国彼此互相牵制，向外发展不限于远东，相隔又远，用兵不能随便。李鸿章因此主张不进攻新疆而集中全国人力物力于沿海的国防及腹地各省的开发。边省虽然要紧，但是腹地倘有损失，国家大势就去了。反过来说，倘若腹地强盛起来，边省及藩属自然的就保存了。左宗棠的言论比较动听，李的比较合理；左是高调，李是低调。士大夫阶级一贯的尚感情，唱高调，当然拥护左宗棠。于是借外债，移用各省的建设费，以供左宗棠进攻新疆之用。

　　左宗棠的运气真好。因为新疆发生了内讧，并没有遇着坚强的抵抗。光绪三十年[1]底，他把全疆克服了。中国乃派崇厚为特使，到俄国去交涉伊犁的退还。崇厚所定的条约虽收复了伊

1　应为光绪三年。

犁城，但城西的土地几全割让与俄国，南疆及北疆之交通险要区亦割让。此外，崇厚还许了很重要的通商权利，如新疆加设俄国领事馆，经甘肃陕西到汉口的通商路线，及吉林松花江的航行权。士大夫阶级主张杀崇厚，废约，并备战。这正是青年言论家如张之洞、张佩纶、陈宝琛初露头角的时候。清廷竟为所动。于是脚慌手忙，调兵遣将，等到实际备战的时候，政府就感觉困难了：第一，从伊犁到高丽东北角的图们江止，沿中俄的交界线处处都要设防。那里有这么多军队呢？首当其冲的左宗棠在新疆的部队，就太疲倦，不愿打仗。第二，俄国远东舰队故作声势，从海参崴开到日本洋面。中国因此又必须于沿海沿长江设防。清廷乃起用彭玉麟督长江水师来对付俄国的海军。彭玉麟想满载桐油木柴到日本洋面去施行火攻。两江总督刘坤一和他开玩笑，说时代非三国，统帅非孔明，火攻之计，恐怕不行呢！李鸿章看见书生误国，当然极为愤慨。可是抗战的情绪很高，他不敢公开讲和。他只好使用手段。他把英国有名的军官戈登将军请来作军事顾问。戈登是个老实人，好说实话。当太平天国的末年，他曾带所谓常胜军，立功不少。所以清廷及一般士大夫颇信任他。他的意见怎样呢？他说，中国如要对俄作战，必须作三件事：一、迁都于西安；二、长期抗战至少十年；三、满人预备放弃政权，因为在长期战争之中，满清政权一定不能维持。清廷听了戈登的意见以后，乃决心求和。我国近代史的一幕滑稽剧才因此没有开演。

幸而俄国在光绪三四年的时候，正与土耳其打仗，与英国的关系也很紧张，所以不愿多事。又幸而中国当时有青年外交家曾纪泽，以极冷静的头脑和极坚强的意志，去贯彻他的主张。原来崇厚所订的条约并没有奉政府的批准，尚未正式成立，曾纪泽运用外交得法，挽回了大部分的通商权利及土地，但偿价加倍，共九百万卢布。英国驻俄大使称赞曾纪泽说："凭外交从俄国取回她已占领的土地，曾侯要算第一人。"

中俄关于伊犁的冲突告一段落的时候，中法关于越南的冲突就起了。

中国原来自己是个帝国主义。我们的版图除本部以外，还包括缅甸、暹逻、越南、琉球、高丽、蒙古、西藏。这些地方可以分为两类。蒙古、西藏属于第一类，归理藩部管，中国派有大臣驻扎其地。第二类即高丽、越南等属国，实际中国与他们的关系很浅，他们不过按期朝贡，新王即位须受中国皇帝的策封。此外我们并不派代表常驻其国都，也不干涉他们的内政，在经济方面，我们也十分消极。我们不移民，也不鼓励通商，简直是得不偿失。但是我们的祖先何以费力去得这些属地呢？此中也有原故。光绪七年（一八八一年）翰林院学士周德润先生说得清楚：

臣闻之天子守在四夷，此诚虑远忧深之计。古来敌国外患，伏之甚微，而蓄之甚早。不守四夷而守边境，则已无及矣；不守边境而守腹地，则更无及矣。我朝幅员广辟，龙沙雁海，尽列藩封。以琉球守东南，以高丽守东北，以蒙古守西北，以越南守西南：非所谓山河带砺，与国同休戚者哉？

换句话说，在历史上属国是我们的国防外线，是代我守门户的。在古代，这种言论有相当的道理；到了近代，局势就大不同了。英国在道光年间直攻了广东、福建、浙江、江苏，英法联军直打进了北京，所谓国防外线简直没有用处。倘使在这种时代我们还要保存外线，我们也应该变更方案。我们应该协助这些弱小国家独立，因为独立的高丽、琉球、越南、缅甸绝不能侵略我们。所怕的不是他们独立，是怕他们作帝国主义者的傀儡。无论如何，外人既直攻我们的腹地，我们无暇去顾外线了。协助这些弱小国家去独立是革命的外交，正如苏联革命的初年，外受列强的压迫，内有反革命的抗战，列宁（Lenin）于是毅然决然放弃帝俄的属国。

法国进攻越南的时候，士大夫阶级大半主张以武力援助越南。张佩纶、陈宝琛、张之洞诸人特别激昂。李鸿章则反对。他的理由又是要集中力量火速筹备腹地的国防事业。清廷一方面怕清议的批评，一方面又怕援助越南引起中法战争，所以举棋不定。起初是暗中接济越南军费和军器，后来果然引起中法战争。那个时候官吏不分文武，文人尤好谈兵。北京乃派主战派的激烈分子张佩纶去守福州船厂。陈宝琛去帮办两江的防务。用不着说，纸上谈兵的先生们是不济事的。法国海军进攻船厂的时候，张佩纶逃得顶快了。陈宝琛在两江不但无补实际，连议论也不发了。打了不久就讲和，和议刚成又打，再后还是接受法国的条件。越南没有保存，我们的国防力量反大受了损失。左宗棠苦心创办的福州船厂就在此时被法国毁了。

第五节　中日初次决战

李鸿章在日本明治维新的初年就看清楚了日本是中国的劲敌。他并且知道中国〔日〕的胜负要看那〔哪〕一国的新军备进步的快。他特别注重海军，因为日本必须先在海上得胜，然后能进攻大陆。所以他反对左宗棠以武力收复新疆，反对为伊犁问题与俄国开战，反对为越南问题与法国打仗。他要把这些战费都省下来作为扩充海军之用。他的眼光远在一般人之上。

李鸿章既注重中日关系，不能不特别注意高丽。在国防上高丽的地位极其重要，因为高丽作敌人陆军侵略我东北的根据地，也可以作敌人海军侵略我山东河北的根据地。反过来看，高丽在日本的国防上的地位也很要紧。高丽在我们手里，日本尚感不安，一旦被俄国或英国所占，那时日本所感的威胁就更大了。所以高丽也是日本必争之地。

在光绪初年，高丽的国王李熙年幼，他的父亲大院君李昰应摄政。大院君是个十分守旧的人，他屡次杀传教士，他坚决不与外人通商。在明治维新以前，日韩关系，在日本方面，由幕府主持，由对马岛之诸侯执行。维新以后，大权归日皇，所以日韩的交涉也改由日本中央政府主持。大院君厌恶日本的维新，因而拒绝与新的日本往来。日本国内的旧诸侯武士们提倡"征韩"。这种征韩运动，除了高丽不与日本往来外，还有三个动机：（一）日本不向海外发展不能图强；（二）日本不先下手，西洋各国，尤其是俄国，恐怕要下手；（三）征韩能为一般不得志的武士谋出路。光绪元年（即日本明治八年）发生高丽炮击日本船的案子，所谓江华岛事件。主张征韩者更有所借口。

当时日本的政治领袖如岩仓、大久保、伊藤、井上诸人原反对征韩。他们以为维新事业未发展到相当程度以前，不应轻举妄动的贪图向外发展。但是在江华岛事件发生以后，他们觉得无法压制舆论，不能不有所主动。于〔是〕他们一面派黑田青〔清〕隆及井上率舰队到高丽去交涉通商友好条约，一面派森有礼来北京试探中国的态度，并避免中国的阻抗。

森有礼与我们的外交当局大起辩论。我们始终坚持高丽是我们的属国：如日本侵略高丽，那就是对中国不友谊，中国不能坐视。森有礼则说中国在朝鲜的宗主权是有名无实的，因为中国在高丽不负任何责任，就没有权利。

黑田与井上在高丽的交涉成功。他们所订的条约承认高丽是独立自主的国家。这就是否认中国的宗主权，中国应该抗议，而且设法纠正。但是日本和高丽虽都把条文送给中国，北京没有向日本提出抗议，也没有责备高丽不守本分。中国实为传统观念所误。照中国传统观念，只要高丽承认中国为宗主，那就够了。第三国的承认与否是无关宏旨的。在光绪初年中国在高丽的威信甚高，所以政府很放心，就不注意《日韩条约》了。

高丽与日本订约的问题过了以后，中日就发生琉球的冲突。琉球自明朝洪武十五年（一三七二年）[1]起隶属于中国。历五百余年，琉球按期进贡，曾未中断，但在明万历三十年（一六〇二年）琉球又向日本萨末诸侯称藩，成了两属，好像一个女子许嫁两个男人。幸而这两个男人曾未遇面，所以这种奇怪现象竟安静无事的存在了二百七十多年。自日本维新，力行废藩以后，琉球在日本看来，既然是萨末的藩属，也在应废之列。日本初则阻止琉球入贡中国，终则改琉球为日本一县。中国当然反对，也有人主张强硬对付日本，但日本实在时候选的好，因为这正是中俄争伊犁的时候。中国无法，只好把琉球作为一个悬案。

可是琉球问题暴露了日本的野心。士大夫平素看不起日本的到这时也知道应该戒备了。日本既能灭琉球，就能灭高丽。琉球或可不争，高丽则势在必争。所以他们专意筹划如何保存高丽。光绪五六年的时候，中国可以说初次有个高丽政策。李

1　应为洪武五年（一三六二年）。

鸿章认定日本对高丽有领土野心，西洋各国对高丽则只图通商和传教。在这种形势之下，英、美、法各国在高丽的权利愈多，他们就愈要反对日本的侵略。光绪五年，李鸿章写给高丽要人李裕元的信说得很清楚：

> 为今之计，似宜用以毒攻毒、以敌制敌之策，乘机次第亦与泰西各国立约，借以牵制日本。彼日本恃其诈力，以鲸吞蚕食为谋，废灭琉球一事显露端倪。贵国固不可无以备之。然日本之所畏服者泰西也。以朝鲜之力制日本，或虞其不足；以统与泰西通商制日本，则绰乎有余。[1]

经过三年的劝勉与运动，高丽才接受这种新政。光绪八年春，由中国介绍，高丽与英、美、德、法订通商条约。

高丽不幸忽于此时发生内乱。国王的父亲大院君李昰应一面反对新政，一面忌王后闵氏家族当权。他于光绪八年六月忽然鼓动兵变，围攻日本使馆，诛戮闵族要人。李鸿章的谋士薛福成建议中国火速派兵进高丽，平定内乱，一则以表示中国的宗主权，一则以防日本。中国派吴长庆率所部淮军直入高丽京城。吴长庆的部下有两位青年，张謇和袁世凯。他们胆子很

---

1 出自《密劝朝鲜通商西国折 附 钞函》，与蒋廷黻原文略有不同。核改自顾廷龙、戴逸等主编《李鸿章全集 8 奏议八》，安徽教育出版社，2008年。

大，高丽的兵也没有抵抗的能力。于是他们把大院君首先执送天津，然后派兵占领汉城险要，几点钟的功夫，就把李昰应的军队打散了。吴长庆这时实际作高丽的主人翁了。后高丽许给日本赔款并许日本使馆保留卫队。这样，中日两国都有军队在高丽京都，形成对峙之势。

八年夏初之季，中国在汉城的胜利，使起许多人轻敌。张謇主张索性灭高丽。张佩纶和邓承修主张李鸿章在烟台设大本营，调集海陆军队，预备向日本宣战。张佩纶说：

> 日本自改法以来，民恶其上，始则愿复封建，继则愿改民政。萨、长二党争权相倾，国债山积，以纸为币……虽兵制步武泰西，略得形似，然外无战将，内无谋臣。闻其师船则以"扶桑"一舰为冠，固已铁蚀木瘟，不耐风涛，余皆小炮小舟而已……去中国"定远"铁船，"超勇""扬威"快船远甚，闻其兵数，则陆军四五万人，水军三四千人，犹且官多缺员，兵多缺额，近始杂募游惰，用充行伍，未经战阵，大半恇怯，又去中国湘、淮各军远甚。[1]

邓承修也是这样说：

---

[1] 出自《张佩纶奏密定东征之策以靖藩服折》，与蒋廷黻原文略有不同。核改自顾廷龙、戴逸等主编《李鸿章全集 10 奏议十》，安徽教育出版社，2008 年。

扶桑片土不过内地两行省耳……总核内府现银不满五百万两……窘迫如此，何以为国。水师不满八千，船舰半皆朽败，陆军内分六镇，统计水陆不盈四万，而又举非精锐。然彼之敢于悍然不顾者，非不知中国之大也，非不知中国之富且强也，所恃者，中国之畏事耳，中国之重发难端耳。

这两位自命为"日本通"者，未免看事太易。李鸿章看的比较清楚。他说：

彼自变法以来，一意媚事西人，无非欲窃其绪余，以为自雄之术。今年遣参议伊藤博文赴欧洲考究民政，复遣有栖川亲王赴俄，又分遣使聘意大里（即意大利），驻奥斯马加（即奥匈帝国），冠盖联翩，相望于道。其注意在树交植党。西人亦乐其倾心亲附，每遇中东交涉事件，往往意存袒护。该国洋债既多，设有危急，西人为自保财利起见，或且隐助而护持之。……夫未有谋人之具而先露谋人之形者，兵家所忌。……日本步趋西法，虽仅得形似，而所有船炮，略足与我相敌。若必跨海数千里与角胜负，制其死命，臣未敢谓确有把握。第东征之事不必有，东征之志不可无。中国添练水师，实不容一日稍缓。……昔年户部指拨南北洋海防经费，每岁共四百万两。……无如指拨之时非尽有著之款。……统计各省关所解南北洋防费，约仅及原拨四分之一。岁款不敷，岂能购备大宗船械。……可否请旨敕下户部、总理衙门，将南北洋每年所收防费核明实数……务足原拨四百万两之数。如此则五年之后，南北洋水师两枝当可有成。[1]

这次大辩论终了之后，越南问题又起来了。张佩纶、邓承修诸人忽然忘记了日本，大事运动与法国开战。中、法战事一起，日本的机会就到了。这时高丽的党政军正成对垒之阵。一面有开化党，其领袖即洪英植、金玉均、朴泳孝诸人，其后盾即日本公使竹添进一郎。这一派是亲日的，想借日本之势力以图独立的。对面有事上党，领袖即金允植、闵泳翊、尹泰骏诸人，后盾是袁世凯。这一派是联华的，想托庇于我们的保护之下，以免日本及其他各国的压迫。汉城的军队有中国的驻防军和袁世凯代练的高丽军在一面，对面有日本使馆的卫队及日本军官所练的高丽军。在中法战争未起以前，开化党不能抬头，既起以后，竹添就大活动起来，说中国自顾不暇，那能顾高丽？于是洪英植诸人乃决计大举。

光绪十年十月十七夜，洪英植设宴请外交团及高丽要人。

1　出自《议复张佩纶靖藩服折》，与蒋廷黻原文略有不同。核改自顾廷龙、戴逸等主编《李鸿章全集 10 奏议十》，安徽教育出版社，2008 年。

各国代表都到，惟独竹添称病不至。后忽报火警，在座的人就慌乱了。闵泳翊出门，被预埋伏兵士所杀。洪英植跑进王宫，宣称中国兵变，强迫国王移居，并召竹添带日兵进宫保卫。竹添这时不但无病，且亲率队伍入宫。国王到了开化党的手里以后，下诏召事上党领袖。他们一进宫就被杀了。于是宣布独立，派开化党的人组阁。

十月十九日，袁世凯带他所练的高丽兵及中国驻防汉城的军队进宫。中日两方就在高丽王宫里开战了。竹添见不能抵抗，于是撤退。王宫及国王又都到袁世凯手里。洪英植、朴泳孝被乱兵所杀，金玉均随着竹添逃到仁川，后投日本；政权全归事上党及袁世凯，开化党完全打散了。袁世凯这时候尚不满三十，忽当大事，因电报不通无法请示，只好便宜行事。他敢大胆的负起责任，制止对方的阴谋。难怪李鸿章从此看重他，派他作驻高丽的总代表。

竹添是个浪人外交家。他如果没有违反日本政府的意旨，至少他超过了他政府所定的范围。事变以后，日本政府以和平交涉对高丽，亦以和平交涉对中国。光绪十一年春，伊藤与李鸿章订"天津协定"，双方皆撤退驻高丽的军队，但高丽以后如有内乱，中日皆得调兵进高丽。

光绪十一年（一八八五年）英俄两国因为阿富汗的问题，几至开战。他们的冲突波及远东。英国为预防俄国海军从海参崴南下，忽然占领高丽南边之巨磨岛。俄国遂谋占领高丽东北的永兴湾。高丽人见日本不可靠，有与俄国暗通，求俄国保护者。在这种形势之下，英国感觉危险，日本更怕英俄在高丽得势。于是日本、英国都怂恿中国在高丽行积极政策。英国觉得高丽在中国手里与英国全无损害，倘到俄国手里，则不利于英国甚大。日本亦觉得高丽在中国手里他将来还有法子夺取；一旦到了俄国手里，简直是日本的致命之伤。所以这种形势极有利于我们，李鸿章与袁世凯遂大行其积极政策。

从光绪十一年到二十年，中国对高丽的政策完全是李鸿章和袁世凯的政策。他们第一紧紧的把握高丽的财政，高丽想借外债，他们竭力阻止。高丽财政绝无办法的时候，他们令招商局出面借款给高丽。高丽的海关，是由中国海关派员代为管理，简直可说是中国海关的支部。高丽的电报局是中国电报局的技术人员用中国的材料代为设立，代为管理的。高丽派公使到外国去须先得中国的同意，到了外国以后，高丽的公使必须遵守三种条件：

一、韩使初至各国，应先赴中国使馆具报，请由中国钦差挈同赴外部，以后即不拘定。

一、遇有朝会公宴酬酢交际，韩使应随中国钦差之后。

一、交涉大事关系紧要者，韩使应先密商中国钦差核示。

这种政策虽提高了中国在高丽的地位，但与光绪五年李鸿章最初所定的高丽政策，绝对相反。最初李要高丽多与西洋各国往来，想借西洋的通商和传教的权利来抵制日本的领土野心。此时李袁所行的政策是中国独占高丽。到了光绪十八九年，日本感觉中国在高丽的权利膨胀过甚，又想与中国对抗。中国既独占高丽的权利，到了危急的时候，当然只有中国独当其冲。

甲午战争直接的起因又是高丽的内乱。光绪二十年（即甲午西历一八九四年）高丽南部有所谓东学党，聚众数千作乱，中日两国同时出兵，中国助平内乱，日本借口保卫侨民及使馆。但东学党造乱的地方距汉城尚远，该地并无日本侨民，且日本派兵甚多，远超保侨所需之数。李鸿章知道日本另有野心，所以竭力先平东学党之乱，使日本无所借口。但是内乱平定之后，日本仍不撤兵。日本声言高丽内乱之根在内政之不修明，要求中日两国共同强迫高丽改革内政。李不答应，因为这就是中日共管高丽。

这时日本舆论十分激烈，一意主战。中国舆论也激烈，要求李鸿章火速出兵，先发制人。士大夫觉得高丽绝不可失，因为失高丽就无法保东北。他们以为日本国力甚小："倭不度德量力，敢与上国抗衡，实以螳臂挡车，以中国临之，直如摧枯拉朽。"李鸿章则觉得一调大兵，则双方势成骑虎，终致欲罢不能。但他对于外交又不让步。他这种军事消极，外交积极的办法，是很奇怪的，他有他的理由。俄国公使喀西尼

（Cassini）答应了他，俄国必劝日本撤兵，如日本不听，俄国必用压服的方法。李觉得既有俄国的援助，不必对日本让步。殊不知喀西尼虽愿意给我援助，俄国政府不愿意。原来和战的大问题，不是一个公使所能负责决定的。等到李鸿章发现喀西尼的话不能兑现，中日外交路线已经断了，战事已经起始了。

中日两国同于七月初一宣战。八月十八（阳历九月十七）两国海军在高丽西北鸭绿江口相遇。那一次的海军战争是我民族在这次全面抗战以前最要紧的一个战争。如胜了，高丽可保，东北不致发生问题，而在远东中国要居上日本居下了。所以甲午八月十八的海军之战是个划时代的战争，值得我们研究。那时我国的海军力比日本海军大。我们的占世界海军第八位，日本占第十一位。我们的两个主力舰定远和镇远各七千吨；日本顶大的战舰不过四千吨。但日本的海军也有优点，日本的船比我们快，船上的炮比我们多，而且放的快。我们的船太参差不齐，日本的配合比较合用。所以从物质上说来，两国海军实相差不远。那一次我们失败的原故很多。第一，战略不如人。我方原定舰队排"人"字阵势，由定远、镇远两铁甲船居先，称战斗之主力。海军提督丁汝昌以定远为坐舰，舰长是刘步蟾。丁本是骑兵的军官，不懂海军。他为人忠厚，颇有气节，李鸿章靠他不过作精神上的领导而已。刘步蟾是英国海军学校毕业的学生，学科的成绩确是上等的。而且颇识莎士比亚的戏剧，颇有所谓儒将的风度。丁自认不如刘，所以实际是刘作总指挥。等到两军相望的时候，刘忽下令把"人"字阵完全倒置，定远、镇远两铁甲船居后，两翼的弱小船只反居先。刘实胆怯，倒置的原故想图自全。这样一来阵线乱了，小船的人员都心慌了。而且日本得乘机先攻我们的弱点了。

其次，我们的战术也不及人。当时在定远船上的总炮手英人泰乐尔（Tyler）看见刘步蟾变更阵势，知道形势不好。他先吩咐炮手不要太远就放炮，不要乱放炮，因为船上炮弹不多，必命中而后放。吩咐好了以后，他上望台，站在丁提督旁边，预备帮丁提督指挥。但丁不懂英文泰乐尔不懂中文，两人只好比手势交谈。不久炮手即开火，而第一炮就误中自己的望台，丁受重伤，全战不再指挥，泰乐尔亦受轻伤。日本炮弹的准确远在我们的之上，结果，我海军损失过重，不敢再在海上与日人交锋。日人把握海权，陆军输送得行动自由，我方必须绕道山海关。其实海军失败以后，大事〔势〕就去了。陆军之败更甚于海军。

次年三月，李鸿章与伊藤订《马关和约》。中国承允高丽独立，割台湾及辽东半岛，赔款二万万两。近代的战争固不是儿戏。不战而求和当然要吃亏，这一次要吃亏的是高丽的共管。但战败以后而求和，吃亏之大远过于不战而和。同治、光绪年间的政治领袖如曾、左、李及恭亲王、文祥诸人原想一面避战，一面竭力以图自强。不幸，时人不许他们，对自强事业则多方掣肘，对邦交则好轻举妄动，结果就是误国。

第四章

瓜分及民族之复兴

第一节　李鸿章引狼入室

甲午战争未起以前及既起以后，李鸿章用各种外交方法，想得西洋各国的援助，但都失败了。国际的关系，不比私人间的关系，是不讲理，不论情的。国家都是自私自利的。利害相同就结合为友，为联盟；利害冲突就成为对敌。各国的外交家都是精于打算盘的。西洋各国原想在远东大大的发展，但在甲午以前，没有积极推动，一则因为他们忙于瓜分非洲；二则因为他们互相牵制，各不相下；三则因为在远东尚有中国与日本两个独立国家，具有相当的抵抗能力。在中日战争进行的时候，李鸿章虽千方百计的请求他们的援助，他们总是抱隔岸观火的态度，严守中立。他们觉得中国愈败，愈需要他们的援助，而且愈愿意出代价。同时他们又觉得日本虽打胜仗，战争总要削减日本的力量。在西洋人的眼光里，中日战争，无论谁败，实是两败俱伤的。他们反可坐收渔人之利。所以他们不援助我们于未败之前。

等到《马关条约》一签字，俄、德、法三国就联合起来，强迫日本退还辽东半岛，包括旅顺、大连在内。主动是俄国，德、法不过附和，当时俄国财政部长威特（Witte）正赶修西比利亚[1]铁路，他发现东边的一段，如绕黑龙江的北岸，路线太长，工程太困难，如横过我们的东三省，路线可缩短，工程也容易的多。同时海参崴太偏北，冬季结冰，不便航行。如果俄国能得大连、旅顺，俄国在远东就能有完善的军港和商港。完成西比利亚铁路及得一个不冻冰的海口；这是威特想要乘机而达到的目的。法国当时联俄以对德，俄要法帮忙，法不敢拒绝，何况法国也有野心家想乘机向远东发展呢！德国的算盘打得更精。他想附和俄国，一则可以使俄国知道德国是俄国的朋友，俄国不必联络法国；二则俄国如向远东发展，在欧洲不会多事，德国正好顺风推舟；三则德国也可以向我们索取援助的代价。这是三国干涉《马关条约》实在的动机。

俄、德、法三国的作法是十分冠冕堂皇的。《马关条约》发表以后，他们就向我们表示同情，说条约太无理，他们愿助中国挽回失地的一部分。在我们那时痛恨日本的情绪之下，这种友谊的表示是求之不得的。我们希望三国能把台湾及辽东都替我们收回来。同时三国给与所谓友谊的劝告，说日本之占领

1　即西伯利亚。

辽东半岛不利于远东和平。战后之日本固不敢不依从三国的劝告，于是退还辽东，但加赔款三千万两。中国觉得辽东半岛不止值三千万两，所以我们觉得应感激三国的援助。

《马关条约》原定赔款二万万两，现在又加三千万两，中国当然不能负担。威特一口答应帮我从法、俄银行借一万万两，年息四厘。数目之大，利率之低，诚使我们受宠若惊。俄国真可算是我们的好朋友！

光绪二十二年，一八九六年，俄皇尼古拉二世（Nicholas Ⅱ）行加冕典礼。帝俄政府向我表示：当中俄两国特别要好的时候，中国应该派头等大员去作代表，才算是给朋友面子。中国乃派李鸿章为庆贺加冕大使。这位东方的毕士麦克[1]于是到欧洲去了。威特深知中国的心理，所以他与李鸿章交涉的时候，首言日本之可恶可怕，这是李鸿章愿意听的话，也是全国人士愿意听的话。这种心理的进攻既然顺利，威特乃进一步陈言俄国对我之援助如何是心有余而力不足。他说当中日战争之际，俄国本想参战，但因交通不便，俄军未到而中日战争就完了。以后中国如要俄国给予有力的援助，中国必须使俄国修条铁路横贯东三省。李鸿章并未驳辩威特的理论，但主张在中国境内之铁路段，应由中国自修，威特告以中国人力财力不足，倘自修，则十年尚不能成，将缓不济急。威特最后说，如中国

1　即俾斯麦。

坚拒俄国的好意，俄国就不再助中国了。这一句话把李鸿章吓服了。于是他与威特签定密约，俄许援助中国抵抗日本，中许俄国建筑中东铁路。

光绪二十二年的《中俄密约》是李鸿章终身的大错。甲午战争以后，日本并无于短期内再进攻中国的企图。是时日本政府反转过来想联络中国。因为西洋倘在中国势力太大，是于日本不利的。威特的本意不是要援助中国，是要利用中东铁路来侵略中国的。以后瓜分之祸，及日俄战争，二十一条，九一八这些国难都是那个密约引出来的。

李鸿章离开俄国以后，路过德、法、比、英、美诸国，他在柏林的时候，德国政府试探向他要代索辽东的报酬，他没有答应。德国公使以后又在北京试探，北京也没有答应。光绪二十三年秋，山东曹州杀了两个传教士，德国乘机一面派兵占领青岛，一面要想租借胶州湾及青岛及在山东修铁路和开矿的权。中国于二十四年春答应了。山东就算是德国的利益范围。

俄国看见德国占了便宜，于是调兵船占旅顺、大连。俄国说为维持华北的势力均衡，并为助我的方便，他不能不有旅顺、大连，并且还要修南满铁路。中国也只好答应。我们费三千万赎回来的辽东半岛，这时俄国又夺去了。俄国还说，他是中国惟一的朋友！俄国的外交最阴险：他以助我之名，行侵我之实。以后他在东北既有了中东铁路、南满铁路及大连、旅顺，东三省就成了俄国的势力范围。

于是英国要求租借威海卫和九龙及长江流域的优越权利。法国要求租广州湾及广东、广西、云南的优越权利。日本要求福建的优越权利。意大利要求租浙江的三门湾。除意大利的要求以外，中国都答应了。这就是所谓瓜分。惟独美国没有提出要求，但他运用外交，使各国不完全割据各国所划定的范围，使各国承认各国在中国境内都有平等的通商权利。这就是历史上有名的门户开放主义。

这种瓜分运动就是甲午的败仗引起来的。在近代的世界，败仗是千万不能打的。

第二节　康有为辅助光绪变法

·假使我们是甲午到戊戌那个时代的人，眼看见我国的国家被小小的日本打败了，打败了以后又要割地赔款，我们还不激昂慷慨想要救国吗？又假使我们就是那个时代的人，新知识新技术都没有，所能作的仅八股文章，所读过的书，仅中国的经史，我们救国方案还不是离不开我们的经典，免不了作些空泛而动听的文章？假使正在这个时候，我们中间出了一个人提出一个伟大的方案，既合乎古训，又适宜时局，其文章是我们所佩服的，其论调正合乎我们的胃口，那我们还不拥护他吗？康有为就是这时代中的这样的人。

康有为是广东南海县人，生在咸丰五年，一八五五年，比孙中山先生大十一岁[1]。他家好几代都是读书人。他的家教和他的先生朱九江给他的教训，除预备他能应考试，取科名外，特别注重中国政治制度的沿革及一般所谓经世致用之学。他不懂任何外国文字，在戊戌以前，也没有到外国去过。但他到过香港、上海，看见西洋人地方行政的整齐，受了很大的刺激。他觉得这种优美的行政必有文化和思想的背景和渊泉。可惜那个时候国内还没有讨论西洋政治、经济的书籍。康有为所能得的仅江南制造局及教会所译的初级天文、地理、格致、兵法、医药及耶稣教经典一类的书籍。但他是个绝顶聪明的人，"能举一反三，因小以知大，自是于其学力中别开一境界"。

我们已经说过，同、光时代李鸿章所领导的自强运动限于物质方面，是很不彻底的。后来梁启超批评他说：

> 知有洋务，而不知有国务……以为吾中国之政教文物风俗，无一不优于他国，所不及者，惟枪耳，炮耳，船耳，铁路耳，机器耳。吾但学此，而洋务之能事毕矣。知有兵事而不知有民政，知有外交而不知有内治，知有朝廷而不知有国民。[2]

1　康有为出生于咸丰八年，即一八五八年，比孙中山大八岁。

2　出自《中国四十年来大事记》，与蒋廷黻原文略有不同。核改自梁启超《饮冰室合集》，中华书局，2015年。

这种批评是很对的。可是李鸿章的物质改革已遭时人的反对，倘再进一步的改革政治态度，时人一定不容许他。甲午以后，康有为觉得时机到了。李鸿章所不敢提倡的政治改革，康有为要提倡。这就是所谓变法运动。

我国自秦汉以来，两千多年，只有两个人曾主张变法，一个是王莽，一个是王安石。两个都失败了。王莽尤其成为千古的罪人。所以没有〔人〕敢谈变法。士大夫阶级都以为法制是祖宗的法制，先圣先贤的法制，历代相传，绝不可变更的。康有为知道非先打破这个思想的难关，变法就无从下手。所以在甲午以前，他写了一篇《孔子改制考》。他说孔子根本是个改革家。孔子作《春秋》的目的就是要改革法制。《春秋》的真义在《公羊传》里可以看出来。《公羊传》讲"通三统"，那就是说夏、商、周三代的法制并无沿袭，各代都因时制宜，造出各代的法制。《公羊传》又讲"张三世"，那就是说，以专制政体对乱世，立宪政体对升平之世，共和政体对太平之世。康有为这本书的作用无非是抓住孔子作他思想的傀儡，以便镇压反对变法的士大夫。

康有为在甲午年中了举人，乙未年成了进士。他是那个国难时期的新贵。他就趁机会组织学会，发行报纸来宣传，一时附和的人很不少。大多数并不了解他的学说，也不知道他的改革具体方案，只有极少数可以说是他的忠实同志。但是他的运动盛极一时，好像全国舆论是拥护他的。

孔子是旧中国的思想中心。抓住了孔子，思想之战就成功了。皇帝是旧中国的政治中心，所以康有为的实际政治工作是从抓住皇帝下手。他在严重的国难时期之中，一再上书给光绪皇帝，大讲救国之道。光绪也受了时局的刺激，很想努力救国。他先研究康有为的著作，后召见康有为。他〔光绪〕很赏识他，因为种种的困难，只教他在总理衙门行走，戊戌春季的瓜分更刺激了变法派和光绪帝。于是他又派康有为的四位同志杨锐、刘光第、林旭、谭嗣同在军机处办事。从戊戌四月二十三日到八月初，康有为辅助光绪行了百日的维新。

在这百天之内，康有为及其同志推行了不少的新政。其中最要紧的有二件事。第一，以后政府的考试不用八股文，都用政治、经济的策论。换句话说，以后读书人要做官不能靠虚文，必须靠实学。第二，调整行政机构。康有为裁汰了许多无用的衙门和官职，如詹事府、通政司、光禄寺、鸿胪寺、太仆寺、大理寺，以及总督同城的巡抚、不治河的河督、不运粮的粮道、不管盐的盐道。同时他添了一个农工商总局，好像我们现在的经济部，想要推行经济建设。这两件大新政，在我们今日看起来，都是应该早办的，但在戊戌年间，虽然国难那样严重，反对的人居大多数。为什么呢？一句话，打破了他们的饭碗。人人都知道废八股，提倡实学，但数百翰林，数千进士，数万举人，数十万秀才，数百万童生，全国的读书人都觉得前功尽弃。他们费了多少的心血，想从之乎也者里面，升官发财。一旦废八股，他们绝望了。难怪他们要骂康有为洋奴汉奸。至于被裁的官员更不要说，无不切齿痛恨。

康有为既然抓住皇帝来行新政，反对新政的人就包围西太后，求"太后保全，收回成命"。这时光绪虽作皇帝，实权仍在西太后手里。他们两人之间久不和睦。西太后此时想索性废光绪皇帝。新派的人于是求在天津练兵的袁世凯给他们武力的援助。袁世凯嫌他们孟浪，不肯合作，而且泄露他们的机密。西太后先发制人，把光绪囚禁起来，说皇帝有病，不能理事，复由太后临朝训政。康有为逃了，别人也有逃的，也有被西太后处死的。他们的新政完全打消了。

第三节　顽固势力总动员

在戊戌年的变法运动之中，外国人颇偏袒光绪帝及维新派，反对西太后及顽固党。因此一个内政的问题就发生国际关系了。后康有为、梁启超，逃难海外，又得着外国人的保护。他们在逃难之中发起保皇会，鼓动外国人和华侨拥护光绪。这样，西太后和顽固党就恨起洋人来了。西太后要废光绪，立端王载漪的儿子溥儁作皇帝。刚毅、崇绮、徐桐、启秀诸顽固分子想在新王之下操权，于是怂恿废立。但各国驻京公使表示不满意，他们的仇外的心理更进了一层。

顽固党仅靠废立问题还不能号召天下，他们领导的运动所以能扩大，这是因为他们也是爱国分子。自鸦片战争到庚子年，这六十年中所受的压迫，所堆积的愤慨，他们觉得中国应该火速抗战，不然国家就要亡了。我们不要以为顽固分子不爱国，从鸦片战争起，他们是一贯的反对屈服，坚强的主张抗战。在戊戌年，西太后复政以后，她硬不割让三门湾给意大利。她令浙江守土的官吏准备抗战。后意大利居然放弃了他的要求，顽固党更加觉得强硬对付洋人是对的。

外人在中国不但通商占地，还传教。这一层尤其招顽固分子的愤恨。他们觉得孔孟的遗教是圣教，洋人的宗教是异端，是邪教，中国最无知的愚民，都知道孝敬父母，尊顺君师，洋人是无父无君的。几千年来，都是外夷学中国，没有中国学外夷的道理。这种看法在当时是很普遍的。譬如大学士徐桐是大理学家倭仁的门弟子，自己也是个有名的理学家，在当时的人物中，算是一个正派君子。他和他的同志是要保御中国文化而与外人战。他们觉得铲草要除根，排斥异端非尽驱逐洋人不可。

但是中国与日本战尚且打败了，怎能一时与全世界开战呢？顽固分子以为可以靠民众。利用民众或"民心"或"民气"去对外，是林则徐、徐广缙、叶名琛一直到西太后、载漪、刚毅、徐桐传统的法宝。凡是主张剿夷的莫不觉得四万万同胞是有胜无败的。甲午以后，山东正有民间的义和团出现。顽固分子觉得这个义和团正是他们所需要的武力。

义和团（又名义和拳）最初是大刀会，其本质与中国流行民间的各种会匪并无区别。这时的大刀会专以洋人，尤其是传教士为对象，民众对洋人也有多年的积愤。外国传教士免不了偏袒教徒，而教徒有的时候免不了仗洋人的势力欺侮平民。民间许多带宗教性质的庙会敬神，信基督教的人不愿意合作。这也引起教徒与非教徒的冲突。民间尚有种种谣言，说教士来中国的目的不外挖取中国人的心眼以炼药丹，又一说教士窃取婴孩脑髓，室女红丸。民间生活是很痛苦的，于是把一切罪恶都归到洋人身上。洋人，附洋人的中国人，以及与洋人有关的事业如教堂、铁路、电线等，皆在被打倒之列。义和团的人自信有鬼神保佑，洋人的枪炮打不死他们。山东巡抚李秉衡及毓贤前后鼓励他们，因此他们就以扶清灭洋的口号在山东扰乱起来。

己亥年（光绪二十五年，一八九九年）袁世凯作山东巡抚，他就不客气把义和团当作乱民，派兵痛剿。团民在山东站不住，于己亥冬庚子春逃入河北。河北省当局反表示欢迎，所以义和团就在河北得势了。毓贤向载漪、刚毅等大替义和团宣传，说他们如何勇敢、可靠。载漪和刚毅介绍义和团给西太后，于是义和团在北京得势了。西太后及想实行废立的亲贵，顽固的士大夫及顽固爱国志士都与义和团打成一片，精诚团结去灭洋，以为灭了洋人他们各派的公私目的都能达到。庚子年拳匪之乱是我国顽固势力的总动员。

经过四次的御前会议，西太后乃于五月二十五日向各国同时宣战。到七月二十日，董福祥的军队连同几万拳匪，拿着他们的引魂幡、混天大旗、雷火扇、阴阳瓶、九连环、如意钩、火牌、飞剑，及其他法宝，仅杀了一个德国公使，连东交民巷的公使馆都攻不破。同时八国联军由大沽口进攻，占天津，慢慢的逼近北平。于是西太后同光绪帝逃到西安。李鸿章又出来收拾时局。

拳匪之乱的结束是《辛丑条约》，除惩办祸首及道歉外，《辛丑条约》有三个严重的条款。第一，赔款四万万五千万两，分三十九年还清，在未还清以前，按每年四厘加利，总计实九万万八千余万两。俄国的部分最多（那时中俄尚是联盟国），占百分之二十九；德国次之，占百分之二十；法国占百分之十六弱，英国占百分之十一强，日本与美国各占百分之七强。第二，各国得自北京到山海关沿铁路线驻兵。近来日本增兵平津，就借口《辛丑条约》。第三，划定并扩大北京的使馆区，且由各国留兵北京以保御使馆。

这种条款，够严重了。但我们所受的损失最大的还不是《辛丑条约》的各款。此外还有东三省的问题。庚子年，俄国趁拳乱派兵占领全东北三省。《辛丑条约》订了以后，俄国不肯退出，反向我要求各种特殊权利。假使中国接受了俄国的要求，东北三省在那个时候就要名存实亡了。张之洞、袁世凯竭力反对接受俄国的条款，日本、英国、美国从旁赞助他们。李鸿章主张接受俄国的要求，但是幸而他在辛丑的冬天死了，不然东北三省就要在他手里送给俄国了。日本、英国看见形势不好，于壬寅（光绪二十八年）年初，缔结同盟条约来对付俄国。美国虽未加入，但表示好感。中国当时的舆论亦赞助同盟。京师大学堂（以后的北京大学）的教授上书政府，建议中国加入同盟，变为中、日、英三国的集团来对付俄国。俄国看见国际情形不利于他，乃与中国订约，分三期撤退俄国在东三省的军队。条约虽签字了，俄国以后又中途变计。日本乃出来与俄国交涉。光绪三十年（一千九百零四年）两国交涉失败，就在我们的国土上打起仗来了。

那一次的日俄战争，倘若是俄国全胜了，不但我们的东三省，连高丽都要变为俄国的势力范围；倘若日本彻底的打胜了俄国，那高丽和东北就要变成日本的范围，中国左右是得不了便宜的。幸而事实上日本只局部的打胜了，结果两国讲和的条约仍承认中国在东北的主权，不过划北满为俄国铁路及其他经济事业的范围，南满包括大连、旅顺在内，为日本的范围。这样，日俄形成对峙之势，中国得收些渔人之利。

第四节　孙总理提民族复兴方案

在未述孙中山先生的事业以前，我们试回溯我国近代史的过程。我们说过，我们到了十九世纪遇着空前未有的变局，在十九世纪以前，与我民族竞争的都是文化不及我，基本势力不及我的外族。到了十九世纪，与我抗衡的是几个以科学、机械，及民族主义立国的列强。我们在道光间虽受了重大的打击，我们仍旧不觉悟，不承认国家及民族的危险，因此不图改革，妄费了民族二十年的光阴。直到受了英法联军及太平天国的痛苦，然后有同治初年由奕䜣、文祥、曾国藩、李鸿章、左宗棠领导的自强运动。这个运动就是我国近代史上第一个应付大变局的救国救民族的方案。简单的说，这个方案是要学习运用及制造西洋的军器来对付西洋人。这是一个不彻底的方案，后来又是不彻底的实行。为什么不彻底呢？一则因为提案者对于西洋文化的认识根本有限，二则因为同治、光绪年间的政治制度及时代精神不容许自强运动的领袖们前进。同时代的日本采取了同一路线，但是日本的方案比我们的更彻底。日本不但接受了西洋的科学和机械，而且接受了西洋的民族精神及政治制度之一部分。甲午之战是高度西洋化近代化之日本战胜了低度西洋化近代化之中国。

甲午以后，康有为所领导的变法运动是我国近代史上救国救民第二个方案。这个方案的主旨是要变更政治制度，其最后目的是要改君主立宪，以期民族精神及维新事业得在立宪政体之下充分发挥和推进。变法运动无疑的是比自强运动更加西洋化近代化。康有为虽托孔子之名，及皇帝的威严去变法，他依旧失败，因为西太后甘心作顽固势力的中心。满清皇室及士大夫阶级和民间的顽固势力本极雄厚，加上西太后的支助，遂成了一种不可抑遏的反潮。严格说来，拳匪运动可说是我国近代史上第三个救国救民的方案，不过这个方案是反对西洋化、近代化的，与第一第二两个方案是背道而驰的。拳匪的惨败是极自然的。惨败代价之大足证我民族要图生存绝不可以开倒车。

等到自强、变法、反动都失败了，国人然后注意孙中山先生所提出的救国救民的方案。这个方案的伟大与中山先生的少年环境是极有关系的。

中山先生是广东香山县人，生于前清同治五年，西历一千八百六十六年。他的家庭是我国乡下贫苦农夫的家庭，他小的时候，就在田庄上帮助父亲耕种，十三岁，他随长兄德彰先生到檀香山。他在那里进了教会学校。十六岁的时候，他回到广州入博济医学校。次年，他转入香港英国人所设立的医学专科。他在这里读书共十年，于光绪十八年毕业，成医学博士。中法战争的时候，他正十九岁，所受刺激很大。他在学校所结纳的朋友，如郑士良、陈少白、陆皓东等多与秘密反对满清的会党有关。所以在这个时候，他已有了革命的思想。

中山先生的青年生活有几点值得特别注意。第一，他与外人接触最早，十三岁就出国了。他所入的学校全是外国人所设立的学校。他对西洋情形及近代文化的认识远在李鸿章、康有为诸人之上。这是我民族一种大幸事，因为我们既然只能从近代化找出路，我们的领袖人物应该对近代文化有正确深刻的认识。第二，中山先生的教育是科学的教育，而且是长期的。科学的思想方法是近代文化的至宝。但是这种方法不是一两个月的训练班或速成学校所能培养的。我们倘不了解这一点，我们就不能了解为什么中山先生所拟的救国方案能超越别人所提的方案。中山先生的一切方案是具体的，精密的，有步骤的，方方面面都顾到的，因为他的思想是受过长期科学训练的。

光绪十年的中法之战给了中山先生很大的刺激。光绪二十年的中日之战所给的刺激更大。此后他完全放弃行医，专门从事政治。次年，他想袭取广州以为革命的根据地。不幸事泄失败，他逃到国外。在檀香山的时候，他组织了兴中会。当时风气未开，清廷监视很严，所以兴中会的宣言不提革命，只说政府腐败，国家危急，爱国志士应该联合起来以图国家的富强。宣言虽是这样的和平，海外侨胞加入兴中会的还是很少。中山先生从檀香山到美国、英国，一面鼓吹革命，一面考察英美的政治。在英国的时候，使馆职员诱他入馆，秘密的把他拘禁起来，想运送回国。幸而得着他的学校教师的援助终得出险，后又赴法。这是中山先生初次在海外逃难的时期，也是他的革命的三民主义初熟的时期。

庚子拳匪作乱的时候，郑士良及史坚如两同志奉中山先生的命令想在广东起事，不幸都失败了。但是庚子年的大悲剧摇动了许多人对满清的信念。留学生到日本去的也大大的加增。从此中山先生的宣传容易的多，信徒加增也很快。日本朋友也有赞助的。到了甲辰年（光绪三十年，西历一千九百零四年），他在日本组织同盟会，并创办《民报》。这是我民族初次公开的革命团体。《同盟会宣言》及《民报发刊词》是中山先生初次公开的正式的以革命领袖的资格，向全世界发表他的救国救民族的方案。甲辰以后，中山先生尚有二十年的革命工作，对他所拟的方案尚有不少的补充，但他终身所信奉的主义及方略的大纲已在《同盟会宣言》和《民报发刊词》里面立定基础了。

《民报发刊词》说明了三民主义的历史必然性。欧洲罗马帝国灭亡以后，各民族割据其地，慢慢的各养成其各别的语言、文字、风俗、法制。到了近代，各民族遂成了民族国家。但在各国之内王室专制，平民没有参政之权，以致民众受压迫的痛苦。十八世纪末年，十九世纪初年，欧人乃举行民权的革命。在十九世纪，西洋人虽已实行民族主义和民权主义，但社会仍不安。这是因为欧美在十九世纪科学发达，工业进步，社会贫富不均。中国应在工业初起的时候，防患未然，利用科学和工业为全民谋幸福，这就是民生主义，中山先生很激昂的说：

> 夫欧美社会之祸，伏之数十年，及今而后发见之，又不能使之遽去。吾国治民生主义者，发达最先，睹其祸害于未萌。诚可举政治革命社会革命，毕其功于一役，还视欧美，彼且瞠乎后也。

这是中山先生的爱国热忱和科学训练所创作的救国方案。其思想的伟大是古今无比的。

但是民族主义和民权主义在西洋尚且未实现，以落伍的中国，外受强邻的压迫，内部又满布封建的思想，何能同时推行三民主义呢？这岂不是偏于理想吗？有许多人直到现在还这样的批评中山先生。三十三年以前，当同盟会初组织的时候，就是加盟者大部分也阳奉阴违，口信心不信。反对同盟会的人更加不必说了。他们并不否认三民主义的伟大，他们所犹豫的是三民主义实行的困难。其实中山先生充分的顾到了这层困难。他的革命方略就是他实行三民主义的步骤。同盟会的宣言的下半说明革命应分军法、约法、宪法三时期，就是以后所谓军政、训政、宪政三阶段。一般浅识的人承认军政、宪政之自然，但不了解训政阶段是必要的，万不能免的。中山先生说过：

　　　　由军政时期一蹴而至宪政时期，绝不予革命政府以训练人民之时间，又绝不予人民以养成自治能力之时间。于是第一流弊，在旧污未由荡涤，新治未由进行。第二流弊，在粉饰旧污，以为新治。第三流弊，在发扬旧污，压抑新治。更端言之，即第一为民治不能实现；第二为假民治之名，行专制之实；第三则并民治之名而去之也。此所谓事有必至，理有固然者。[1]

1　出自《中国革命史》，与蒋廷黻原文略有不同。核改自《孙中山全集》（第七卷），中华书局，1985年。

当时在日本与同盟会的《民报》抗争者是君主立宪派的梁启超所主持的《新民丛报》。梁启超是康有为的门徒，爱国而博学。他反对打倒满清，反对共和政体。他要维持清室而行君主立宪。所以他在《新民丛报》里再三发表文章攻击中山先生的民族主义和民权主义。他说中国人民程度不够，不能行共和制。如行共和必引起多年的内乱和军阀的割据。他常引中国历史为证：中国每换一次朝代必有长期的内乱。梁启超说，在闭关自守时代，长期的内乱尚不一定要亡国。现在列强虎视，一不小心，我们就可召亡国之祸。民国以来的事实似乎证明了梁启超的学说是对的。其实民国以来的困难都是由于国人不明瞭，因而不接受训政。

孙中山先生的三民主义和革命方略无疑的是我民族惟一复兴的路径。我们不可一误再误了。

第五节　民族扫除复兴的障碍

庚子拳匪之乱以后，全体人民感觉满清是我民族复兴的一种障碍，这种观察是很有根据的。甲午以前，因为西太后要重修颐和园，我国海军有八年之久，不能添造新的军舰。甲午以后，一则因为西太后与光绪帝争权，二则因为满清的亲贵以为维新就是汉人得势，满人失权，西太后和亲贵就煽动全国的一切反动势力来打倒新政。我们固不能说，满人都是守旧的，汉人都是维新的，因为汉人之中，思想腐旧的，也大有人在。事实上，满人居领袖地位，他们一言一动的影响大，而他们中间守旧的成份〔分〕实在居大多数。并且他们反对维新，就是借以排汉，所以庚子以后，满清虽逐渐推行新政，汉人始终不信服他们，不认他们是有诚意的。

庚子年的冬天，西太后尚在西安的时候，他〔她〕就下诏变法。以后在辛丑到甲辰那四年内，他〔她〕裁汰了好几个无用的衙门，废科举，设学校，练新兵，派学生出洋，许满汉通婚。戊戌年康有为要辅助光绪帝行的新政，这时西太后都行了，而且超过了。日本胜了俄国以后，时人都觉得君主立宪战胜了君主专制。于是在乙巳年（一九〇五年）的夏天，西太后派载泽等五大臣出洋考察各国宪法，表示要预备立宪。丙午、丁未、戊申三年成了官制及法制的大调整时期。

丙午（一九〇六年）九月，厘定中央官制。前清中央主要的机关有内阁、军机处、六部、九卿。所谓九卿，多半是无用的衙门。六部采用委员制，每部有满汉尚书各一，满汉侍郎各二，共六人主政，责任不专，遇事推诿，并且自道咸以后，各省督抚权大，六部成了审核机关，本身几全不举办事务。军机处是前清中央政府最得力的机关，原是内阁分出来的一个委员会，实际辅佐皇帝处理大政的。自军机处在雍正年间成立以后，内阁变成一种装饰品。丙午年的改革，保存了军机处，此外设立十一部，每部以一个尚书为最高长官。这种改革虽不圆满，比旧制实在是好多了。但十一名尚书发表以后，汉人只占五人，比以前六部满汉各一的比例还差了。所以这种改革，不但未和缓汉人的不平，反加增了革命运动的力量。

丁未年（一九〇七年）满清决定设资政院于北京，作为中央的民意机关，设谘议局于各省，作为地方的民意机关。戊申年，满清颁布宪法大纲并规定九年为预备立宪时期。如果真要立宪，九年的预备实在还不够，但是因为当时国人对满清全不信任，故反对九年的预备，说满清不过借预备之名以搁置立宪。

满清在这几年之内，不但借改革以收汉人的政权，并且铁良和良弼想尽了法子把袁世凯的北洋兵权也夺了。等到戊申的秋天，宣统继〔即〕位，其父载沣作摄政王的时候，第一条命令是罢免袁世凯。此时汉人之中尚忠于清廷而又有政治手腕者，袁世凯要算是第一，载沣还要得罪他，这不是满清自取灭亡吗？

同盟会和其他革命志士看清了满人的把戏，积极的图以武力推倒满清的政权。丙午年，同盟会的会员蔡绍南、刘道一联合湖南和江西交界的秘密会党在浏阳和萍乡起事。他们的宣言明说他们的目的是要打倒满清，建立民国，平均地权。这是同盟会成立以后第一次的革命，也是三民主义初次充当革命的目标。不幸失败了。同时还有许多革命党员秘密的在武昌及南京的新军之中运动革命，清廷简直是防不胜防。

这时日本政府应满清的请求，强迫孙中山先生离开日本。

中山先生乃领导胡汉民、汪精卫等到安南，在河内成立革命中心。他们在丁未年好几次在潮州、惠州、钦州、廉州及镇南关各处起事，戊申年又在河口起事，均归失败。同时江浙人所组织的光复会也积极活动。丁未年五月，光复会首领徐锡麟杀安徽巡抚恩铭，此事牵连了他的同志秋瑾，两人终皆遇害。戊申年十月，熊成基带安徽新军一部分突破安庆。他虽失败了，他的行动表示长江一带的新军已受了革命思想的影响。

丁未、戊申两年既受了这许多的挫折，同盟会的多数领袖主张革命策略应该变更。胡汉民当时说过："此后非特暗杀之事不可行，即零星散碎不足制彼虏死命之革命军，亦断不可起。"汪精卫反对此说，他相信革命志士固应有恒德，"担负重任，积劳怨于一躬，百折不挠，以行其志"。但是有些应该有烈德，"猛向前进，一往不返，流血以溉同种"。他和黄复生秘密的进北京，谋刺摄政王载沣。后事不成，被捕下狱。这是庚戌宣统二年的事情。

汪精卫独行其烈德的时候，中山先生和胡汉民、黄兴、赵声正在南洋向华侨募捐，想大规模的有计划的向满清进攻。这是汪精卫所谓恒德。他们于庚戌年十一月在槟榔屿定计划，先占广州，然后北伐，"以黄兴统一军出湖南趋湖北，赵声统一军出江西趋南京"。定了计划以后，他们分途归国。次年，辛亥宣统三年，三月二十九日的黄花岗七十二烈士之役是他们的计划的实现。军事上虽失败了，心理上则大成功，因为革命精神从此深入国民的脑际。

正在这个时候，清廷宣布铁路国有的计划，给了革命党人一个很好的宣传的机会。那时待修的铁路，以粤汉、川汉两路为最急迫。困难在资本的缺乏。四川、湖北、湖南诸省的人民乃组织民营铁路公司，想集民股筑路。其实民间的资本不够，公司的领袖人物也有借公济私的，所以成绩不好，进行很慢。邮传大臣盛宣怀乃奏请借外债修路，把粤汉、川汉两路都收归国有。借外债来建设，本来是一种开明的政策；铁路国有也是不可非议的，不过盛宣怀的官声不好，满清已丧失人心，就是行好政策，人民都不信任。何况民营公司的股东又要损失大利源呢？因以上各种原故，铁路国有的问题就引起多数人的反对，革命党又从中煽动，竟成了大革命的导火线。

同盟会的革命策略，本注重广东，但自黄花岗失败以后，陈其美、宋教仁、谭人凤等就想利用长江流域为革命策源地。他们在上海设立同盟会中部总会。谭人凤特别注重长江中游之两湖。那时湖北新军中的蒋翊武组织文学社于武昌，借以推动革命。在湖南活动的焦达丰〔峰〕及在湖北活动的孙武和居正，另外组织共进会。这两个团体，虽有同盟会的会员参加，并不是同盟会的支部，而且最初彼此颇有磨擦。经谭人凤调和以后共进会和文学社始合作。

同盟会的首领原来想在长江一带应该有好几年的预备工作，然后可以起事。但四川、湖北、湖南争路的风潮扩大以后，他们就决定在辛亥年（宣统三年，一九一一年）秋天起事。发难的日期原定旧历八月十五日，后因预备不足，改迟十天。却在八月十八日，革命党的机关被巡捕破获，党人名册也被搜去。于是仓卒之间定八月十九即阳历十月十日起事。

辛亥武昌起义的领袖是新军的下级军官熊秉坤。他率队直入武昌，进攻总督衙门。总督瑞澂当即不抵抗出逃，新军统制张彪也跟他逃，于是武昌文武官吏均弃城逃走。武昌便为革命军所据。革命分子临时强迫官阶较高，声望较好的黎元洪作革命军的都督。

武昌起义以后，一个月之内，湖南、陕西、江西、山西、云南、安徽、江苏、贵州、浙江、广西、福建、广东、山东十三省相继宣布独立。并且没有一个地方发生激烈的战争。清朝的灭亡，不是革命军以军力打倒的，是清朝自己瓦解的。各独立省选派代表，制定临时约法，并公举孙中山先生为中华民国的临时总统。我们这个老古的帝国，忽然变为民国了。

满清到了山穷水尽的时候，请袁世凯出来挽回大局。这种临时抱佛脚的办法是不会生效的。袁世凯替清室谋得的不过是退位以后的优待条件，为自己却得了中华民国第一任正式总统的地位。

辛亥革命打倒了满清，这是革命惟一的成绩。满清打倒了以后，我们固然扫除了一种民族复兴的障碍，但是等到我们要建设新国家的时候，我们又与民族内在的各种障碍面对面了。

第六节　军阀割据十五年

民国元年的民国有民国必须具备的条件吗？当然没有。在上了轨道的国家，政党的争权绝不使用武力，所以不致引起内战。军队是国家的，不是私人的。军队总服从政府，不问主政者是属于那一党派。却是民国初年，在我们这里，军权就是政权。辛亥的秋天，清室请袁世凯出来主持大政，正因为当时全国最精的北洋军队是忠于袁世凯的。中山先生在民国元年所以把总统的位置让给袁世凯也与这个原故有关。我们以先说过，在太平天国以前，我国并没有私有的军队，有之从湘军起。湘军的组织和精神传给了淮军，淮军又传给北洋军，以致流毒于民国。不过湘军和淮军都随着他们的领袖尽忠于清朝，所以没有引起内乱。到了民国，没有皇帝了，北洋军就转而尽忠于袁世凯。

为什么民国初年的军队不尽忠于民国，不拥护民国的宪法呢？我们老百姓的国民程度是很低的。他们当兵原来不是要保御国家，是要解决个人生计问题的。如不加以训练，他们不知道大忠，那就是忠于国家和忠于主义，只知道小忠，忠于给他们衣食的官长，和忠于他们同乡或同族的领袖。野心家知道我国人民乡族观念之深，从而利用之以达到他们的割据企图。

工商界及学界的人何以不起来反对军阀呢？他们在专制政体下作了几千年的顺民，不知道什么是民权，忽然要他们起来作国家的主人翁，好像一个不会游水的人，要在海洋的大波涛之中去游泳，势非淹死不可，知识阶级的人好像应该能作新国民的模范，其实也不尽然。第一，他们的知识都偏于文字方面。古书愈读的多，思想就愈腐旧，愈糊涂。留学生分散到各国各校各学派，回国以后，他们把万国的学说都带回来了，五花八门，彼此争辩，于是军阀的割据之上又加了思想的分裂。第二，中国的读书人，素以作官为惟一的出路。民国以来，他们中间有不少的人惟恐天下不乱，因为小朝廷愈多，他们作官的机会就愈多。所以知识阶级不但不能制止军阀，有的时候，反助桀为虐。

那末，我们在民国初年绝对没有方法引国家上轨道吗？有的，就是孙中山先生的建国方略和三民主义。中山先生早已知道满清不是中国复兴惟一的障碍。其他如国民程度之低劣，国民经济之困难，军队之缺乏主义认识，这些他都顾虑到了。所以他把建国的程序分为军政、训政、宪政三个时期，但是时人不信他，因为他们不了解他的思想。他们以为满清是我们惟一的障碍，满清扫除了，中国就可以从几千年的专制一跃而达到宪政。这样，他们正替军阀开了方便之门。这就是古人所谓"欲速则不达"。在民国初年，不但一般人不了解中山先生的思想，即同盟会的会员，了解的也很少。中山先生并没有健全的革命党作他的后盾。至于革命军更谈不到。当时军队的政治认识仅限于排满一点，此外都是些封建思想和习惯，只够作反动者的工具。中山先生既然没有健全的革命党和健全的革命军帮他推动他的救国救民族的方案，他就毅然决然让位与袁世凯，一方面希望袁世凯能不为大恶，同时他自己以在野的资格，努力造党和建设。

假使我民族不是遇着帝国主义压迫的空前大难关，以一个曹操、司马懿之流的袁世凯当国主，树立一个新朝代，那我们也可马虎下去了。但是我们在二十世纪所须要的，是一个认识新时代而又能领导我们向近代化那条路走的伟大领袖。袁世凯绝不是个这样的人。他不过是我国旧环境产生的一个超等的大政客。在他的任内，他借了一批大外债，用暗杀的手段除了他的大政敌宋教仁，扩充了北洋军队的势力，与日本订了民国四年的条约，最后听了一群小人的话，幻想称帝。等到他于民国五年六月六日死的时候，他没有做一件于国有益，于己有光的事情。

袁死了以后，靠利禄结合的北洋军队当然四分五裂了。大小军阀，遍地皆是。他们混打了十年。他们都是些小袁世凯。到了民国十五年的夏季，中国的政治地图分割到什么样子呢？第一，东北四省和河北、山东属于北洋军阀奉系的巨头张作霖。他在北京自称大元帅，算是中华民国的元首。第二，长江下游的江、浙、皖、闽、赣五省是北洋军阀直系孙传芳的势力范围。孙氏原来是吴佩孚的部下，不过到了民国十五年，孙氏已羽翼丰满，不再居吴佩孚之下了。第三，湖北同河南仍属于直系巨头曾拥戴曹琨〔锟〕为总统的吴佩孚。第四，山西仍属于北洋之附庸而保持独立而专事地方建设之阎锡山。第五，西北算是吴佩孚的旧部下而倾向革命之冯玉祥的势力范围。第六，西南的四川、云南、贵州，属于一群内不能统一，外不能左右大局的军阀。第七，广东、广西、湖南三省是革命军的策源地。从元年到十五年，我们这个国家的演化达到了这种田地。

第七节　蒋介石贯彻总理的遗教[1]

民国十五年七月九日，国民革命军总司令蒋中正誓师北伐，并下总动员令。这是中华民国历史上的大分水界。前此我们虽有革命志士，但没有健全的，有纪律的，笃信主义的政党；前此我们虽有军队参加革命，但没有革命军。此后就大不同了。我们如要了解民国十五年北伐誓师为什么是个划时代的史实，我们必须补述孙中山先生末年的奋斗。

我们已经说过，中山先生在辛亥革命以前宣布了他的革命方略，分革命的过程为军政、训政、宪政三个阶段。用不着说，军政是一个信服三民主义的革命军对封建势力的扫荡和肃清；训政是一个信服三民主义的革命党猛进的缔造宪政所必须的物质及精神条件。民国初年，这样的革命军和革命党都不存在，军阀得乘机而起，陷民国于长期的内乱，人民所受的痛苦，反过于在满清专制之下所受的。中山先生于是更信他的革

1　此节有删改。

命方略是对的。民国三年，他制定革命党党章的时候，他把一党专政及服从党魁的精神大大的加强。民国七年，俄国革命，虽遇着国内国外反动势力的夹攻，终成功了。中山先生考察俄国革命党的组织，发现其根本纲领竟与他多年所提倡的大同小异。原来俄国也是个政治、经济落后的国家，俄国的问题也是火速的近代化。在十九世纪，俄国没有赶上时代的潮流，因此在上次的欧洲大战，俄国以二十倍德国的领土，两倍德国的人口，尚不能对付德国二分之一的武力。俄国的革命方略，在这种状况之下当然可供我们的参考。难怪中山先生虽知道中山主义与列宁主义有大不同之点，早就承认列宁是他的同志。

在苏联革命的初年，为抵抗帝国主义起见，列宁亦乐与我们携手。民国十二年正月二十六日，中山先生与列宁的代表越飞（Joffe）共同发表宣言，声明两国在各行其主义的条件之下，共同合作。十二年夏，中山先生派蒋介石赴俄，考察红军和共产党的组织。是年冬，苏联派遣鲍罗廷来华作顾问。十三年初，中山先生召开全国代表大会于广州，彻底的改组国民党，并决定联俄容共。同时蒋介石同志从俄回国。中山先生就请他创办黄埔军官学校。中山先生对黄埔军校是抱无穷希望的。在开学的那一天，中山先生说过：

今天开这个学校的希望，就是要从今天起，把革命的事业，从新创造，要这学校的学生来做根本，成立革命军。

诸位学生，就是将来革命军的骨干。

十四年是革命策源地的两广的大调整时期。陈炯明勾结杨希闵、刘震寰以图消灭新起的革命势力。于是有两次的东征，然后广东得以肃清。同时革命政府协助了李宗仁、黄绍竑肃清广西。

不幸在这年的春天，三月十二日，中山先生在北平逝世了。革命的重担大部分从此就遗到蒋介石同志的身上了。

从十五年七月九日起的北伐，到二十六年七月七日的抗日战争，蒋介石的事业为读者们所熟知的，我们可以不必细说。但是有三个重要方面我们不能不注意。

第一，现任国民党总裁的蒋介石在最近十余年之内的事业，他认定偏左的主义和偏右的军阀都是误国的。

第二，近年蒋介石鞭策全国向近代化这条大路上迈进。铁路的加修，全国公路网的完成，航空线的设立，无线电网的布置，义务教育的提倡，科学及工程教育的奖进，及国防的近代化，都是近几年的大成绩。抗战以前全世界无不承认我民族已踏上复兴之路。日本的军阀看清了这一点，所以决计向我们大举进攻。

第三，九一八以来，国人有些为感情所冲动要求中央早战……

目前的困难是一切民族在建国的过程中所不能避免的。只要我们能谨守中山先生的遗教，我们必能找到光明的出路。

学术论文

琦善与雅片战争[1]

　　雅片战争的终止之日当然就是道光二十二年七月二十四日中、英两国代表签订《南京条约》之日。至于起始之日为何日，则不易定。因为中、英双方均未发表宣战正式公文，并且忽战忽和，或战于此处而和于彼处。此种畸形的原由，大概有二。一则彼时中国不明国际公法及国际关系的惯例。不但不明，简直不承认有所谓国际者存在。中、英的战争，在中国方面不过是"剿夷""讨逆"。就此一点，我们就能窥测当时国人的心理和世界知识。第二个原由是彼时中、英两国均未预抱一个必战之心。中国当初的目的全在禁烟。宣宗屡次的上谕明言不可轻启边衅。在道光十八年各省疆吏复议黄爵滋严禁雅片

1　录自《清华学报》第六卷第三期（北平一九三一年十月出版），署名"蒋廷黻"。"雅片"的用法未做改动。

的奏折之时，激烈派与和缓派同等的无一人预料禁烟会引起战争。[1]不过激烈派以为，倘因达到禁烟目的而必须用兵以迫"外夷顺服"则亦所不惜。在英国方面，自从律劳卑[2]（Lord Napier）以商业监督（Superintendent of Trade）的资格于道光十四年来华而遭拒绝后，英政府的态度就趋消极。继任的监督虽屡次请训，政府置之不理。原来英国在华的目的全在通商。作买卖者，不分中外古今，均盼时局的安定。我们敢断定：雅片战争以前，英国全无处心积虑以谋中国的事情。英政府的行动就是我们所谓"将就了事，敷衍过去"，英人所谓"Muddle along"。英国政府及人民固然重视在华的商业，而且为通商中、英已起了好几次的冲突，不过英国人的守旧性甚重，不好纷事更张，因为，恐怕愈改愈坏。及林则徐于道光十九年春禁锢英商与英领以迫其缴烟的信息传到英京之时，适当巴麦尊爵士（Lord Palmerston）主持英国的外交。此人是以提倡积极政策而在当时负盛名的。他即派遣舰队来华，但仍抱一线和平的希望，且英国赞成和平者亦大有人在。倘和议不成而必出于一战，巴麦尊亦所不惜。故雅片战争的发生，非中、英两国所预料，更非两国所预谋。战争虽非偶然的，无历史背景的，然初不过因禁烟而起冲突，继则因冲突而起报复（reprisal），终乃流为战争。

---

1 《道光朝筹办夷务始末》（故宫博物院影印本）卷二卷三卷四（以下简称《始末》）。
2 本文译名皆从官书。

雅片战争，当做一段国际史看，虽是如此畸形混沌，然单就中国一方面研究，则显可分为三期。第一期是林则徐主政时期，起自道光十九年正月二十五日，即林以钦差大臣的资格行抵广东之日。第二期是琦善主政时期，起自道光二十年七月十四日，即琦善与英国全权代表懿律（Admirla George Elliot）及义律（Captain Charles Elliot）在大沽起始交涉之日。第三期是宣宗亲自主政时期，起自道光二十一年二月六日，即琦善革职拿问之日，而止于二十二年七月二十四日的《南京条约》。在专制政体之下，最后决断权，依法律，当然属于皇帝；然事实上，常常有大臣得君主的信任，言听计从。此地所谓林则徐及琦善主政时期即本此意而言。缘此林的革职虽在二十年九月八日，然自七月中以后，宣宗所信任的已非林而为琦善，故琦善主政时期实起自七月中。自琦善革职以后，直到英兵破镇江，宣宗一意主战。所用人员如奕山、奕经、裕谦、牛鉴等不过遵旨力行而已。虽有违旨者，然皆实违而名遵，故第三期称为宣宗主政时期，似不为无当。

　　三期中，第一期与第三期为时约相等，各占一年半。第二期——琦善主政时期——为最短，半年零数日而已。在第一期内，严格说，实无外交可言。因为林则徐的目的在禁烟，而禁烟林视为内政——本系内政——不必事先与外人交涉，所采步骤亦无需外人的同意。中、英往来文件，在林方面，只有"谕示"；在英领义律方面，迫于时势，亦间"具禀"。此时义律既未得政府训令，又无充分的武力后援，他的交涉，不过图临时的相安，他的军事行动不过报复及保护在华英人的生命和财产。到第三期，更无外交可言。双方均认交涉无望，一意决战。后来英兵抵（南）京，中国于是屈服。在此三年半内，惟独琦善主政的半年曾有过外交相对的局势。在此期之初，英国全权代表虽手握重兵，然英政府的训令是叫他们先交涉而后战争，而二代表亦以迅和以复商业为上策。训令所载的要求虽颇详细，然非完全确定，尚有相当伸缩的可能。在中国，一方面琦善的态度是外交家的态度。他的奏折内，虽有"谕英夷""英夷不遵劝戒"字样，但他与英人移文往来，亦知用"贵国""贵统帅"的称呼。且他与英人面议的时候，完全以平等相待。至于他的目的，更不待言，是图以交涉了案。故琦善可说是中国近九十年大变局中的第一任外交总长。

这个第一任外交总长的名誉，在当时，在后代，就是个"奸臣"和"卖国贼"的名誉。不幸，琦善在广东除任交涉以外，且署理两广总督，有节制水陆军的权利和责任。攻击他的有些注重他的外交，有些注意他的军事。那末，琦善外交的出发点就是他的军事观念。所以我们先研究琦善与雅片战争的军事关系。

道光二十二年二月初间虎门失守以后，钦差大臣、江苏巡抚裕谦上了一封弹劾琦善的奏折。他说："乃闻琦善到粤后，遣散壮勇，不啻为渊驱鱼，以致转为该夷勾去，遂有大角、沙角炮台之陷。"[1]裕靖节是主战派首领之一，也是疆吏中最露头角的人。他攻击琦善的意思不外林则徐督粤的时候，编收本省壮丁为团勇。琦善到粤则反林所为而遣散之。这班被撤壮丁就变为"汉奸"，英人反得收为己用。此说的虚实，姑不讨论：倘中国人民不为中国打外国，就必反助外国打中国，民心亦可见一班〔斑〕了。

靖节的奏折上了不满二月，御史骆秉章又上了一封，措辞更激烈："窃惟逆夷在粤，滋扰几及一年。乃自前督臣琦善到粤查办，将招集之水勇，防备之守具，全行撤去。迨大角、沙角失事，提镇专弁赴省求援，仅发兵数百名，遣之夜渡，惟恐逆夷知觉，以致提督关天培、总兵李廷钰在炮台遥望而泣。"[2]这样说来，琦善的罪更大了：除遣散壮勇之外，还有撤防具、陷忠臣的大罪。骆文忠原籍广东花县，折内所言，大概得自同乡。他为人颇正直，道光二十一年以前，因查库不受贿已得盛名。故所发言词，不但足以左右当时的清议，且值得我们今日的研究。

此类的参奏不必尽引，因为所说的皆大同小异。但道光二十一年六月王大臣等会审的判词是当时政府最后的评定，也是反琦善派的最后胜利，不能不引。"此案琦善以钦差大臣查

---

1 《始末》卷二十四页三十五下。
2 《始末》卷二十八页二十三。

办广东夷务，宜如何慎重周详，计出万全。该夷既不遵照晓谕，办理已形猖獗，即当奏请调兵迅速剿除。乃妄冀羁縻，暂以香港地方许给，俾得有所借口。于一切防守事宜，并不预为设备，以致该夷叠将炮台攻陷，要隘失守，实属有误机宜。自应按律问拟。琦善合依守备不设失陷城寨者斩监候律，拟斩监候，秋后处决。"[1]这个判词实代表当时的清议。所可注意者，政府虽多方搜罗琦善受贿的证据，判词内无受贿的罪名。

但是当时的人不明瞭琦善为什么要"开门揖盗"，以为必是受了英人的贿赂。战争的时候，左宗棠——同、光时代的恪靖侯左宗棠——正在湖南安化陶文毅家授课。道光二十一年，他致其师贺蔗农的信有一段极动人的文章："去冬果勇杨侯奉诏北行。有人自侯所来云，'侯言琦善得西人金巨万，遂坚主和议。将恐国计遂坏伊手'。昨见林制府谢罪疏，末云并恐彼族别生秘计云云，是殆指此。诚如是，其愚亦大可哀矣。照壁之诗及渠欲即斩生夷灭口各节情状昭著。炮台失陷时，渠驰疏谓二炮台孤悬海外，粤东武备懈弛，寡不敌众，且云彼族火器为向来所未见，此次以后，军情益馁。无非欺君罔上，以和要主。张贼势而慢军心，见之令人切齿。"[2]左的信息得自"自侯所来"者。果勇侯杨芳原任湖南提督，于道光二十一年正月八

1 《始末》卷三十页四十一。
2 《左文襄公书牍》卷一。

日放参赞大臣，驰驿前赴广东，剿拴逆夷。他于正月二十一日接到了这道上谕，二月十三日行抵广东省城。[1]他在起程赴任之初即奏云："现在大局或须一面收复定海，一面准其于偏岸小港屯集货物。"换言之，浙江应与英人战，广东则应与英人通商以求和。自然宣宗以为不妥。抵广东后他就报告"预备分段援应共保无虞"。[2]但是他所带的湖南兵为害于英人者少，为害于沿途及广东人民者反多。三月初，果勇侯又有"布置攻守机宜"的奏折，说："城厢内外民心大定，迁者渐复，闭者渐开，军民鼓勇，可期无虞。"宣宗当然欣悦之至："客兵不满三千，危城立保无虞。若非朕之参赞大臣果勇侯杨芳，其孰能之？可嘉之处，笔难宣述。功成之日，伫膺懋赏。此卿之第一功也。厥后尤当奋勉。"[3]后来的奋勉或者有之，至于第二功则无可报了。虽然，败仗仍可报胜仗，自己求和仍可报外夷"恳求皇帝施恩，准予止战通商"。皇帝远在北京，何从知道？这就是杨芳日后顾全面子的方法。[4]左宗棠的信息既间接得自果勇侯，就不足信；何况果勇侯传出这信息的时候，既在途中，亦必间接得自间广州来者？至于琦善"欲即斩生夷灭口"之说，遍查中外在场人员的记载均未发现。独在湖南安化乡中教书的左先生

---

1 《始末》卷二十页三十二下；卷二十三页一；卷二十四页二十四。

2 《始末》卷二十五页九下。

3 《始末》卷二十五页十一下。

4 《始末》卷二十五页二十五下至二十七，页三十九下至四十二。

知有其事，且认为"情状昭著"，岂不是甚奇了！

同时，广东按察使王庭兰反说他屡次劝琦善杀义律而琦善不许。他写给福建道员曾望颜的信述此事甚详："义律住洋行十余日。省河中夷船杉板数只而已。不难擒也。伊亦毫无准备。有时义律乘轿买物，往来于市廛间。此时如遣敢死之士数十人拴之，直囊中取物耳。乃屡次进言于当路，辄于现在讲和，未可轻动。是可谓宋襄仁义之师矣。"[1]琦善倘得了"西人金巨万"，授之者必是义律；"欲即斩生夷灭口"，莫若斩义律。琦善反欲效"宋襄仁义之师"，岂不更奇了！王庭兰的这封信又形容了琦善如何节节后退："贼到门而门不关，可乎？开门揖盗，百喙难辞。"王庭兰既是广东的按察使，他的信既由闽浙总督颜伯焘送呈御览，好像应该是最好的史料。不幸琦善在广东的时候，义律不但未"住洋行十余日"，简直没有入广州。这封信在显明的事实上有此大错，其史料的价值可想而知了。

琦善倘若撤了广州的防具，撤防的原动力不是英国的贿赂，这是我们可断定的。但是到底琦善撤了防没有？这是当时及后来攻击琦善的共同点，也是琦善与雅片战争的军事关系之中心问题。道光二十年的秋末冬初——宣宗最信任琦善的时候——撤防诚有其事，然撤防的责任及撤防的程度则大有问题在。

宣宗是个极尚节俭的皇帝。林则徐在广东的时候，大修军

---

[1] 夏燮《中西纪事》卷六页十七下。

备，但是宣宗曾未一次许他拨用库款。林的军费概来自行商及盐商的捐款。二十年六月七日，英军占了定海。于是宣宗脚慌手忙的饬令沿海七省整顿海防。北自奉天，南至广东，各省调兵、募勇、修炮台，请军费的奏折陆续到了北京。宣宗仍是不愿疆吏扣留库款以作军费。当时兵部尚书祁寯藻和刑部右侍郎黄爵滋正在福建查办事件。他们同闽浙总督邓廷桢及福建巡抚吴文镕会衔，建议浙江、福建、广东三省应添造大船六十只，每只配大小炮位三四十门。"通计船炮工费约须银数百万两。"他们说："当此逆夷猖獗之际，思卫民弭患之方，讵可苟且补苴，致他日转增靡费。"宣宗不以为然。他以为海防全在平日认真操练，认真修理，"正不在纷纷添造也"。[1]此是道光二十年七月中的情形。

八月中，琦善报告懿律及义律已自大沽带船回南，并相约沿途不相攻击，静候新派钦差到广东与他们交涉。宣宗接了此折就下一道上谕，一面派琦善为钦差大臣，一面教他"将应撤应留各兵分别核办"。[2]琦善遵旨将大沽的防兵分别撤留了。

九月初四，山东巡抚托浑布的奏折到了北京，报告英国兵船八只于八月二十二日路过登州，向南行驶。托浑布买了些牛羊菜蔬"酌量赏给"。因此"夷众数百人一齐出舱，向岸罗拜。

1 《始末》卷十二页十二至十四。
2 《始末》卷十四页三十九。

旋即开帆南驶。一时文武官弁及军吏士民万目环观，咸谓夷人如此恭顺，实出意料之外"。[1]宣宗以为和议确有把握，于是连下了二道谕旨，一道"着托浑布体察情形，将前调防守各官兵，酌量撤退归伍，以节糜费"；一道寄给盛京将军耆英，署两江总督裕谦及广东巡抚怡良，"着详加酌核，将前调防守各官兵分别应撤应留，妥为办理"。适同日闽浙总督邓廷桢奏折到京，报告从福建调水勇八百名来浙江。宣宗就告诉他，现在已议和，福建的水勇团练应分别撤留，"以节糜费"。是则道光二十年九月初，琦善尚在直隶总督任内，宣宗为"节省糜费"起见，已令沿海七省裁撤军队。[2]

琦善于十一月六日始抵广东。他尚在途中的时候，沿海七省的撤防已经实行了。奉天、直隶、山东与战争无关系，可不必论。南四省中首先撤防者即江苏。裕谦于十月三日到京的折内报告，共撤兵五千一百八十名。并且"各处所雇水陆乡勇亦即妥为遣散"。十一月十七日的报告说陆续又撤了些："统计撤兵九千一百四十名。"[3]广东及浙江撤兵的奏折同于十一月一日到京。怡良说："查虎门内外各隘口，兵勇共有万人。督臣林则徐前次奉到谕旨，当即会同臣将次要口隘各兵陆续撤减两千余名。臣复移咨水陆各提镇，将各路中可以撤减者再为酌核情

1　《始末》君十五也十三至十四。

2　《始末》卷十五至十六。

3　《始末》卷十六页二十二至二十三，页三十至三十七。

势，分别撤减以节縻费。"[1]撤兵的上谕是九月初四发的；罢免林则徐的上谕是九月初八发的。怡良所说广东初次撤兵是由林与他二人定夺：此说是可能的。怡良署理总督以后又拟再撤，但未说明撤多少。伊里布在浙江所撤的兵更多。照他的报告共撤六千八百名，共留镇海等处防堵者五千四百名。[2]南四省之中，惟福建无撤兵的报告。

总结来说，与雅片战争有关系的四省，除福建不明外，余三省——江苏、浙江、广东——均在琦善未到广东以前，已遵照皇帝的谕旨，实行撤兵。江苏所撤者最多，浙江次之，广东最少。广东在虎门一带至少撤了二千兵勇，至多留了八千兵勇。道光二十年秋冬之间，撤防诚有其事，并且是沿海七省共有的，但撤防的责任不能归诸琦善，更不能归诸他一人。

琦善未到任以前的撤防虽不能归咎于他，他到任以后的行动是否"开门揖盗"？二十年十二月和二十一年二月的军事失败是由于琦善到任以后的撤防吗？散漫军心吗？陷害忠臣吗？

琦善初到广东的时候，中、英已发生军事冲突，因为中国守炮台的兵士攻击了义律派进虎门送信而挂白旗的船只。这不但犯了国际公法，且违了朝廷的谕旨，因为宣宗撤兵的上谕已经明言，除非外人起衅，沿海各处不得开火。琦善本可惩办，

---

1 《始末》卷十七页一。
2 《始末》卷十七页二至三。

但他的奏折内不过说："先未迎询来由，辄行开炮攻打。亦不免失之孟浪。"接连又说："惟现在正值夷兵云集诸务未定之时，方将激励士气，借资震慑而壮声威。若经明白参奏，窃恐寒我将士之心，且益张夷众桀骜之胆。"[1]同时他一面咨行沿海文武官吏在未攻击之先须询明来由，"一面仍以夷情叵测，虎门系近省要隘，未便漫无堤防，随饬委署广州府知府余保纯、副将庆宇、游击多隆武等前往该处，妥为密防"。是则琦善不但不愿散漫军心，且思"激励士气"；不仅未撤防具，且派员前往虎门"妥为密防"。

十二月初，和议暂趋决裂。琦善"遂酌调肇庆协兵五百名，令其驰赴虎门，并派委潮州镇总兵李庭钰，带弁前往帮办。又酌调督标兵五百名，顺德协兵三百名，增城营兵三百名，水师提标后营兵两百名，水师提标前营兵一百五十名，永静营兵一百名，拨赴距省六十里之总路口，大濠头、沙尾、猎德一带，分别密防。并于大濠头水口填石沉船，藉以虚张声势，俾该夷知我有备"。总计兵一千九百五十名，不能算多，且广州第一道防线的虎门只五百名，虎门以内大濠头诸地反增一千四百余名。于此我们就可窥测琦善对军事的态度及其所处地位的困难。他在大沽与英人交涉的时候，就力言中国万非英国之敌。到了广东，他的奏折讲军备进行者甚少，讲广东军备

---

1 《始末》卷十八页一至五。

不可靠者反多。如在十二月初四的具折内，他说不但虎门旧有的各炮台布置不好，"即前督臣邓廷桢、林则徐所奏铁链，一经大船碰撞，亦即断折，未足抵御。盖缘历任率皆文臣，笔下虽佳，武备未谙。现在水陆将士中，又绝少曾经战阵之人。即水师提臣关天培亦情面太软，未足称为饶〔骁〕将。而奴才才识尤劣，到此未及一月，不旦经费无出，且欲制造器械，训练技艺，遴选人才，处处棘手，缓不济急"。[1]琦善对军事既如此悲观，故不得不和；然和议又难成，不得不有军备，"藉以虚张声势，俾该夷知我有备"；且身为总督，倘失地责不容辞。但军备不但"缓不济急"，且易招外人之忌，和议更易决裂，故只能"妥为密防"，且只能在虎门内多增军队，所以他犹疑不决。结果国内主战派攻其"开门揖盗"，英人则责其无议和的诚心，不过迁延时日，以便军备的完竣。他们说："此种军备进行甚速。"（Were going on with the utmost expedition）[2]英人采先发制人的策略，遂于十二月十五日晨攻击大角、沙角两炮台。

结果中国大失败。二个炮台均失守；水师船只几全覆没；兵士死者约五百，伤者较少；炮位被夺被毁者共一百七十三尊。英人方面受伤者约四十，死亡者无人。防守大角、沙角约两千人，英兵登陆来攻者共一千四百六十一人，内白人与印度

1　《始末》卷十九页十二至十三。

2　Lieutenant John Ouchterlony, *The Chinese War* (London, 1844), p.95.

人约各半。[1]此役中国虽大败，然兵士死亡之多足证军心尚未散漫。炮位损失有一百七十三尊，内二十五尊在大角，七十二尊在沙角，余属师船：足证防具并未撤。我们还须记得：在虎门十台之中，大角、沙角的地位不过次要。道光十五年整理虎门防务的时候，关天培和署理粤督祁墡就说过："大角、沙角两台在大洋之中，东西对峙，惟中隔海面一千数百丈，相距较远，两边炮火不能得力，只可作为信炮望台。"[2]平时沙角防兵只三十名，大角只五十名；十二月十五之役，二台共有兵士两千名，不能算少。至于军官及兵丁的精神，外人众口一词的称赞。[3]虽然，战争不满二时而炮台已失守，似无称赞的可能。欧洲的军士对于败敌，素尚豪侠；他们的称赞不能不打折扣。但是我们至少不应说琦善"开门揖盗"。

此役以后，琦善主和的心志更坚决，遂于十二月二十七日与义律订了草约四条。他虽然费尽了心力求朝廷承认草约，宣宗一意拒绝。愈到后来，朝廷催战的谕旨愈急愈严。琦善于无可如何之中，一面交涉，一面进行军备。他的奏折内当然有调

---

1 此处数目根据下列三书：Ouchterlony, *op. cti.*, chap. IX. W. D. Bernard, *Narrative of the Voyages and Services of the Nemesis* (London, 1844) vol. I, pp.257–280. *Chinese Repository*, vol. X, pp.37–43. 三书所载中国兵士伤亡数目与琦善的报告不符。他说：陆路军官亡者六名，伤者十九名，兵丁亡者二百名，伤者二百五十三名；水师军官亡者三名，伤者十六名，兵丁亡者七十九名，伤者一百六十二名。参看《始末》卷二十三页十八至二十二。

2 关天培《筹海初集》卷三页七十六。

3 *Chinese Repository*, vol. X, pp.41–42. Bernard, *loc. cit.*, p.264.

兵增防的报告[1]，但我们可利用英人的调查以评他的军备。正月二十三，义律派轮船 Nemesis 到虎门去候签订正式条约日期的信息。此船在虎门逗留了四天，看见威远、镇远及横档三炮台增加沙袋炮台（Sandbag batteries），并说三台兵士甚多。别的调查的船只发现穿鼻的后面正建设炮台，武山的后面正填石安桩以塞夹道。二月一日，义律亲自到横档，查明自 Nemesis 报告以后，又加了十七尊炮。二月二日，英人截留了中国信船一只，内有当局致关天培的信，嘱他从速填塞武山后的交通。于是英人确知琦善已定计决战[2]，遂于二月五日下第二次的攻击令。

　　道光二十一年二月五日六日的战役是琦善的致命之伤，也是广东的致命之伤。战场的中心就是威远、镇远、横档三炮台，所谓虎门的天险。剧烈的战事在六日的正午。到午后二点，三台全失守。兵士被俘虏者约一千三百名，阵亡者约五百名，提督关天培亦殉难。炮位被夺被毁者，威远百零七尊，临时沙袋炮台三十尊，镇远四十尊，横档百六十一尊，巩固四十尊。此役的军心不及十二月十五。横档的官佐在开战之初即下台乘船而逃，且锁台门以防兵士的出走。然亦有死抗者。失败的理由不在撤防，因为炮台上的兵实在甚多，炮位亦甚多，而在兵士缺乏训练及炮的制造与安置不合法。失败之速则由于关

1　《始末》卷二十三页十五，页三十三；卷二十四页一至页二，页八。

2　Bernard, *loc. cit.*, pp.312–318, 327–329.

天培忽略了下横档。此岛在横档的南面，镇远的西面。关天培以为横档及威远、镇远已足以制敌，下横档无关紧要，故在道光十五年整理虎门防备的时候就未注意。不料英人于二月五日首先占领下横档，并乘夜安大炮于山顶。中国的策略只图以台攻船，而二月六日英人实先以台攻台。[1]战争的失败，琦善或须负一部分的责任，但是说他战前不设备，战中节节后退，不但与事实相反，且与人情相反。英人Davis甚至说琦善的军备已尽人事天时的可能。[2]时人及以后的历史家当然不信中国反不能与"岛夷"敌。他们说中国所以败，全由宣宗罢免林则徐而用琦善。他们以为林是百战百胜的主帅，英人畏之，故必去林而后始得逞其志。英人在大沽的交涉不过行反间之计。时人持此论最力者要算裕谦。江上蹇叟（夏燮）根据他的话就下了一段断语，说："英人所憾在粤而弃疾于浙者，粤坚而浙瑕也。兵法攻其瑕而坚者亦瑕。观于天津递书，林、邓被议，琦相入粤，虎门撤防，则其视粤也如探囊而取物也。义律本无就抚之心，特借琦相以破粤东之局。"[3]魏源的论断比较公允，然亦曰欲行林的激烈政策，"必沿海守臣皆林公而后可，必当轴秉钧皆林公而后可"。[4]不说"沿海守臣"及"当轴秉钧"，即全国文武

1　Bernard, *loc. cit.*, pp.324–344. Ouchterlony, *op. cti.*, chap. Ⅺ.

2　Sir John Francis Davis, *China during the War and Since the Peace*, (London, 1852) Vol.Ⅰ, pp.99–110.

3　《中西纪事》卷五页十三。

4　《圣武记》（石印本）卷十页二十九。

官吏尽是如林则徐，中国亦不能与英国对敌。在九龙及穿鼻与林则徐战者不过一只配二十八尊炮的 *Volage* 及一只配二十尊炮的 *Hyacinth*。后与琦善战者有陆军三千，兵船二十余只，其大如 *Wellesley*、*Blenheim*、*Melville*，皆配七十四尊炮。然而九龙及穿鼻的战役仍是中国失败；且虎门失守的时候，林则徐尚在广州，且有襄办军务的责任！英国大军抵华以后，不即攻粤而先攻定海者，因为英政府以为广东，在中国皇帝的眼光里，不过边陲之地，胜负无关大局，并不是怕林则徐。当时在粤的外人多主张先攻虎门，惟独 *Chinese Repository* 月报反对此举，但亦说，倘开战，虎门炮台的扫平不过一小时的事而已。[1]至于去林为英国的阴谋，更是无稽之谈。英人屡次向中国声明，林之去留与英国无关系。实则林文忠的被罢是他的终身大幸事，而中国国运的大不幸。林不去，则必战，战则必败，败则他的声名或将与叶名琛相等。[2]但林败则中国会速和，速和则损失可减少，且中国的维新或可提早二十年。雅片战争以后中国毫无革新运动：主要原因在时人不明失败的理由。林自信能战，时人亦信其能战，而无主持军事的机会，何怪当时国人不服输！

　　战争失败的结果就是《南京条约》：这是无可疑问的。但战争最后的胜负并不决在虎门，而决在长江。《南京条约》的

1　Vol. IX . p.220, Aug.1840.

2　他日当撰专论说明林之衣钵如何一传至徐广缙，再传至叶名琛。

签字距虎门失守尚有一年半的功夫。到了道光二十二年的夏天，英国军队连下了吴淞、上海并占了镇江，而南京危在旦夕，这时候朝廷始承认英国的条件而与订约。正像咸丰末年，英、法虽占了广州省城，清廷仍不讲和；直到联军入京然后定盟。琦善在广东的败仗远不如牛鉴在长江的败仗那样要紧。

总结来说：琦善与雅片战争的军事关系无可称赞，亦无可责备。败是败了，但致败的原由不在琦善的撤防，而在当时中国战斗力之远不及英国。琦善并未撤防，或"开门揖盗"，不过他对战争是报悲观的。时人说这是他的罪，我们应该承认这是他的超人处。他知道中国不能战，故努力于外交。那末，他的外交有时人的通病，也有他的独到处。现在请论琦善与雅片战争的外交关系。

懿律及义律率舰队抵大沽的时候，琦善以世袭一等候〔侯〕、文渊阁大学士任直隶总督。他是满洲正黄旗人。嘉庆十一年，他初次就外省官职，任河南按察使，后转江宁布政使，续调任山东、两江、四川各省的督抚。道光十一年，补直隶总督。雅片战争以前，中国的外交全在广东。故琦善在官场的年岁虽久，但于外交是绝无经验的。

道光二十年七月十四，懿律等到了大沽。琦善遵旨派游击罗应鳌前往询问。罗回来报告说：英人"只谓迭遭广东攻击，负屈之由无从上达天听，恳求转奏"。[1]此种诉屈伸冤的态

---

1 《始末》卷十二页十七。

度是琦善对付英人的出发点，是至关紧要的。这态度当然不是英政府的态度。那末，误会是从何来的？或者是义律故意采此态度以图交涉的开始，所谓不顾形式只求实际的办法；或者是翻译官马礼逊未加审慎而采用中国官场的文字；或者是琦善的误会。三种解释都是可能的，都曾实现过的，但断断不是琦善欺君的饰词，因为他以后给英人的文书就把他们当做伸冤者对待。琦善一面请旨，一面令英人候至二十日听回信。十七日，谕旨下了。十八日，琦善即派千总白含章往英船接收正式公文。

此封公文就是英国外部大臣巴麦尊爵士（Viscount Palmerston）致"大清国皇帝钦命宰相"的照会。此文是全雅片战争最紧要的外交文案。研究此战争者必须细审此照会的原文与译文。[1]译者遵照巴麦尊的训令只求信，不求雅。结果不但不雅，且不甚达。但除一句外，全文的翻译，确极守信。这一句原文是"to demand from the Emperor satisfaction and redress"，译文变为"求讨皇帝昭雪伸冤"。[2]难怪宣宗和琦善把这个外交案当作属下告状的讼案办！

这照会前大半说明英国不满意中国的地处，后小半讲英国的要求。中国禁烟的法子错了。烟禁的法律久成具文，何得全无声明忽然加严？就是要加严，亦当先办中国的官吏，后办外

---

1 原文见 Morse: *International Relations of the Chinese Empire*, Shanghai, VOL. Ⅰ, (1910) pp.621–625。译文见《始末》卷十二页三十至三十八。

2 此点的注意我得自罗志希先生的谈话。

人，因为官吏"相助运进，额受规银任纵"。中国反首先严办外人宽赦官吏，岂不是"开一眼而鉴外人犯罪，闭一眼不得鉴官宪犯罪乎"？就是要办外人，亦应分别良莠，不应一概禁锢，"尽绝食物，所佣内地工人，见驱不准相助"。如外人不缴烟土，即"吓呼使之饿死"。不但英国商人是如此虐待，即"大英国家特委管理领事""亦行强迫凌辱"。这是"亵渎大英国威仪"。因此层层理由，英国第一要求赔偿烟价；第二要求割让一岛或数岛，作为英商居住之地，"以免（日后）其身子磨难，而保其赍货妥当"；第三要求中国政府赔偿广州行商的积欠；第四要求以后中、英官吏平等相待；第五要求赔偿战费及使费。倘中国"不妥善昭雪定事，仍必相战不息矣"。照会内虽未提及林则徐的名字，只说"某官宪"，中外皆知英国所不满意的禁烟办法，皆是林的行动。照会的口气虽是很强硬，但全文的方式实在是控告林的方式。

巴麦尊爵士给懿律及义律的训令[1]有一段是为他们交涉时留伸缩地步的。他说倘中国不愿割地，那末可与中国订通商条约，包括（一）加开通商口岸，（二）在口岸外人应有居留的自由及生命财产的保护，（三）中国须有公布的（Publicly known）及一定的（Fixed）海关税则，（四）英国可派领事来华，（五）治外法权。除治外法权一项，余皆为国际的惯例，

1　Morse, *loc. cit.*, pp.626–630.

并无不平等的性质，且并不有害于中国。订商约或割地：这二者中国可择其一，这点选择的自由就是当时中国外交的机会。要评断琦善外交的优劣就在这一点。

　　琦善接到了巴麦尊的照会，一面转送北京请旨，一面与懿律约定十天内回答。廷臣如何计议，我们不能知其详细。计议的结果就是七月二十四的二道谕旨。[1]一道说："大皇帝统驭寰瀛，薄海内外，无不一视同仁。凡外藩之来中国贸易者，稍有冤抑，立即查明惩办。上年林则徐查禁烟土，未能仰体大公至正之意，以致受人欺蒙，措置失当。兹所求昭雪之冤，大皇帝早有所闻。必当逐细查明，重治其罪。现已派钦差大臣，驰至广东，秉公查办，定能代伸冤抑。该统帅懿律等，着即返棹南还，听候办理可也。"此道上谕可说是中国给英国的正式答复。其他一道是给琦善的详细训令。"所求昭雪冤抑一节，自应逐加访察，处处得实，方足以折其心……俾该夷等咸知天朝大公至正，无稍回护，庶不敢籍〔借〕蒙伸冤，狡焉思逞也。"至于割让海岛，"断不能另辟一境，致坏成规"。所谓"成规"就是一口通商。行商的积欠，"亦应自为清理，朝廷何能过问"。换言之，广东行商所欠英人的债，英人应该向行商追讨，何得向朝廷索赔？"倘欲催讨烟价，着谕以当日呈缴之烟，原系违禁之件，早经眼同烧毁，既已呈缴于前，即不得索价于后。"

---

1 《始末》卷十三页〔一〕至三。

这种自大的态度何等可笑！英国所要求者一概拒绝，惟图重治林则徐的罪以了案，这岂不是儿戏！但在当时，这是极自然，极正大的办法。"薄海内外无不一视同仁"：这岂不是中国传统的王道？英国既以控告林则徐来，中国即以查办林则徐回答：这岂不是皇帝"大公至正之意"？

八月二日，琦善即遵旨回答了英国代表。他们不满意，要求与琦善面议。琦善以"体制攸关"不应该上英国船，遂请义律登岸。八月初四初五，他们二人在大沽海岸面议了两次。义律重申要求，琦善照谕旨答复。交涉不得要领。最困难的问题是烟价的赔偿。八月十八十九，琦善复与懿律移文交涉。他最后所许者，除查办林则徐外，还有恢复通商及赔烟价的一部分二条。"如能照常恭顺，俟钦差大臣到彼查办，或贵国乞恩通商，据情具奏，仰邀恩准，亦未可定。""如贵统帅钦遵谕旨，返棹南还，听钦差大臣驰往办理，虽明知烟价所值无多，要必能使贵统帅（懿律）有以登复贵国王，而贵领事（义律）亦可申雪前抑。果如所言，将有利于商贾，有益于兵民，使彼此相安如初，则贵统帅回国时，必颜面增光，可称为贵国王能事之臣矣。"英国代表于是"遵循皇帝的意旨"（In compliance with the pleasure of the Emperor），开船往广东，并约定两国停止军事行动。[1]

---

1 琦善在大沽给英国代表照会见《始末》卷十二页三十八至三十九；卷十四页三十四至三十九，参看 Morse, *loc. cit.*, pp. 632–640.

英国政府所以教懿律及义律带兵船来大沽者，就是要他们以武力强迫中国承认英国的要求。懿律等在大沽虽手握重兵，然交涉未达目的即起椗回南，且说回南是遵循中国皇帝的意旨。难怪巴麦尊几乎气死了，难怪中国以为"抚夷"成功了。宣宗因此饬令撤防，"以节靡费"，且即罢免林则徐以表示中国的正大。大沽的胜利是琦善得志的阶梯，也是他日后失败的根由。懿律等的举动不但不利于英国，且不利于中国，因为从此举动发生了无穷的误会。但他们也有几种理由。彼时英兵生病者多，且已到秋初，不宜在华北起始军事行动。琦善态度和平；倘与林则徐相比，实有天壤之别。他们想在广东与他交涉，不难成功。他们在大沽不过迁就，并不放弃他们的要求。

琦善在大沽除交涉外，同时切实调查了敌人的军备。他的报告和朝廷改变林则徐的强硬政策当然有密切的关系。英国军舰的高大，这是显而易见的。"又各设有大炮，约重七八千斤。炮位之下，设有石磨盘，中具机轴，只须转移磨盘，炮即随其所向。"此外还有"火焰船"，"内外俱有风轮，中设火池，上有风斗火乘风起，烟气上熏，轮盘即激水自转，无风无潮，顺水逆水，皆能飞渡"。[1] 当时的人如林则徐所拟破夷之法，琦善以为皆不足恃。倘攻夷船的下层，"是则该船出水处所，亦经设有炮位，是意在回击也"。若欲穿其船底，则外人水兵"能

---

1 《始末》卷十二页二十九。

于深五六丈处，持械投入海中，逾时则入跳跃登舟，直至颠顶，是意在抵御也"。此外还有纵火焚烧的法子，"今则该夷泊船，各自相离数里，不肯衔尾寄碇……是意在却避延烧也"。"泥恒言以图之，执成法以御之，或反中其诡计，未必足以决胜。"[1]这是琦善"知彼"的工夫。

对于这样的强敌，中国有足以抵抗吗？琦善说中国毫无足恃。"该夷所恃者为大炮，其所畏者亦惟大炮。"那末，中国正缺乏大炮，譬如在"山海关一带本无存炮，现饬委员等在于报部废弃炮位内，检得数尊，尚系前明之物，业已蒸洗备用"。华北如此，华南亦难操胜算。"即如江浙等省，所恃为外卫者，原止长江大海。今海道已被该夷随处游奕，长江又所在可通，是险要已为该夷所据，水师转不能入海穷追。"[2]假设中国能于一处得胜，英国必转攻别处；假使我们能于今年得胜，英国必于明年再来。"欲求处处决胜，时时常胜，臣实不免隐存意外之虞。""边衅一开，兵结莫释。我皇上日理万几，更不值加以此等小丑跳梁，时殷宸廑。而频年防守，亦不免费饷劳师。"这是琦善"知己"的工夫。

外交的元素不外"理"与"势"。雅片战争的时候，中、英各执其理，各是其是。故中、英的问题，论审势，论知己彼的工夫，琦善无疑的远在时人之上。琦善仍是半知半解，但时

<hr>

1 《始末》卷十五页六。
2 《始末》卷十四页三十二至三十三。

人简直是无知无解。所以琦善大声疾呼的主和，而时人斥为媚外，或甚至疑其受英人的贿赂。

不幸，十一月六日琦善到广东的时候，国内的空气及中、英间的感情均不利于和议。伊里布在浙江曾要求英国退还定海，英人不允。朝野因之以为英国求和非出于至诚。在英国方面，因中国在浙江抢夺了二十多个英国人，且给以不堪的待遇，决战之心亦复增加。十一月内，浙抚刘韵珂，[1] 钦差大臣祁隽藻、黄爵滋，[2] 御史蔡家玕[3] 相继上奏，说英人有久据定海的阴谋。朝廷主和的心志为之摇动。同时义律在广东多年，偏重广州通商的利益，主张在广州先决胜负。所以他在广东的态度，比在大沽强硬多了。中国对他送信的船开了炮，他就派兵船来报复。所以琦善到广东后的第一次奏稿就说义律的词气"较前更加傲慢"。适此时懿律忽称病，交涉由义律一人负责。琦善莫名其妙。"初六日（委员）接见懿律时，虽其面色稍黄，并无病容，然则何至一日之间，遽尔病剧欲回。"那末此中必有狡计："今懿律猝然而行，或就此间别作隐谋，或其意见与义律另有参差，抑或竟系折回浙江，欲图占据，均难逆料。"[4] 所以琦善就飞咨伊里布，教他在浙江严防英人的袭攻。

---

1 《始末》卷十七页三十五至三十九。

2 《始末》卷十七页三十五至三十七。

3 《始末》卷十七页四十四。

4 《始末》卷十八页一至三。

这样的环境绝非议和的环境，但广东的军备状况，更使琦善坚持和议。他说广东"水师营务，微特船不敌夷人之坚，炮不敌夷人之利，而兵丁胆气怯弱，每遇夷师船少人稀之顷，辄喜贪功，迨见来势强横，则皆望而生惧"。他第一步工作当然是联络感情和缓空气。他教水师参将致信懿律，"声明未询原委，擅先开炮，系由兵丁错误，理在严查惩办"。如此冲突免了，而双方的面子都顾到了。同时他又释放了叱咂吨（Vincent Staunton）。此不过在澳门外人的一个教书先生，因至海岸游水，民人乘机掳之而献于林则徐以图赏资。英人已屡求释放而林不许。琦善此举虽得罪了林派，尤为英人所感激。空气为之大变，交涉得以进行。

义律交涉的出发点就是前在大沽所要求的条件。（1）他要求赔偿烟价，首先要两千万元，后减至一千六百万；又减到一千二百万。琦善先许三百万，续加至四百万，又加至五百万。这是市场讲价式的外交。（2）兵费一条，琦善坚决拒绝，"答以此系伊等自取虚糜。我军增兵防守，亦曾多饷银，又将从何取索"？（3）行商的欠款应由行商赔补。（4）义律允退还定海，但要求在粤、闽、浙沿海地方另给一处。琦善以为万万不可："假以偏隅尺土，恐其结党成群，建台设炮，久之渐成占据，贻患将来，不得不先为之虑。且其地亦甚难择，无论江、浙等处均属腹地，断难容留夷人，即福建之厦门一带，亦与台湾壤地相连，……无要可扼，防守尤难。"（5）中、英官吏平等一节，琦善当即许可。这是十一月二十一以前交涉的经过。[1] 十二月初七的上谕不许琦善割尺寸地，赔分毫钱，只教他"乘机攻剿，毋得示弱"。于是全国复积极调兵遣将了。

这道上谕，十二月二十左右始到广东。未到之先，琦善的交涉又有进展。烟价的赔偿定六百万元，分五年交付。交涉的焦点在割地。义律要求香港，琦善坚持不可："即香港亦宽至七八十里，环处众山之中，可避风涛。如或给予，必致屯兵聚粮，建台设炮。久之必觊觎广东，流弊不可胜言。"香港即不能得，义律遂要求添开口岸二处。琦善以为"添给贸易码头，较之给予地方，似为得体"。他本意愿添二处，但为讲价计，先只许厦门一处，且只许在船上交易，不许登岸。[2] 义律颇讨厌这种讲价式的交涉，遂以战争胁之。琦善虽一面备战，他的实心在求和。他十二月初四所具的折力求朝廷许添通商口岸。粤东防守如何不可靠，他在折内又说了一遍："盖缘历任率皆文臣，笔下虽佳，武备未谙"；"即前督臣林则徐、邓廷桢所奏铁链，一经大船碰撞，亦即断折，未足抵御"。初六日，义律请他到澳门去面议。他以为"无此体制"，并恐"狼子野心""中怀叵测"，只许移文往来。十四日，义律声明交涉决裂，定于明日攻击。琦善的复信尚未发去，中、英已开始战争了。

十二月十五日，大角、沙角失守了，琦善的交涉就让步。

---

1 《始末》卷十八页九至十七。
2 《始末》卷十八页二十五至三十三。

二十七日，遂于〔与〕义律定了《穿鼻草约》[1]：（1）中国割让香港与英国，但中国得在香港设关收税，如在黄浦一样。（2）赔款六百万元，五年交清。（3）中、英官吏平等。（4）广州于道光二十一年正月初旬复市。在英国方面，即时退还定海。此约是琦善外交的结晶。最重要的就是割让香港。在定约的时候，琦善已经接到了不许割地不许赔款的谕旨。照法律他当然有违旨的罪。但从政治看来，琦善的草约是当时时势所可许的最优的条件，最少的损失。我们倘与《南京条约》相较，就能断定《穿鼻草约》是琦善外交的大胜利。《南京条约》完全割香港；《穿鼻草约》尚保留中国在香港收税的权利。《南京条约》开五口通商；《穿鼻草约》仍是广东一口通商。《南京条约》赔款二千一百万元；《穿鼻草约》赔款只六百万元。我们倘又记得义律因订《穿鼻草约》大受了巴麦尊的斥责[2]，我们更能佩服琦善外交了。

定了此约以后，琦善苦口婆心的求朝廷批准。二十一年正月二十五到京的奏折可说是他最后的努力。他说战争是万不可能，因为地势无要可扼，军械无利可恃，兵力不固，民心不坚。"奴才再四思维，一身所系犹小，而国计民生之同关休戚者甚重且远。盖奴才获咎于打仗之未能取胜，与获咎于办理之未合宸谟，同一待罪，余生何所顾惜。然奴才获咎于办理之未合宸谟，而广东之疆地民生犹得仰赖圣主洪福，借保乂安。如

1　*Chinese Repository*, vol. Ⅹ, p.63.
2　Morse, *loc. cit.*, pp.641–642.

奴才获咎于打仗之未能取胜，则损天威而害民生，而办理更无从措手。"宣宗的朱批说："朕断不似汝之甘受逆夷欺侮戏弄，迷而不返。胆敢背朕谕旨，仍然接递逆书，代逆恳求。实出情理之外，是何肺腑，无能不堪之至！琦善着革去大学士，拔去花翎，仍交部严加议处。"[1]部议尚未定夺，怡良报告英人占据香港的奏折已于二月初六到了北京。宣宗即降旨："琦善着革职锁拿……家产即行查抄入官。"北京审判的不公，已于上文说明。

琦善与雅片战争的关系，在军事方面，无可称赞，亦无可责备。在外交方面，他实在是远超时人，因为他审察中外强弱的形势和权衡利害的轻重，远在时人之上。虽然，琦善在中国历史上的地位不能算重要。宣宗以后又赦免了他，使他作了一任陕甘总督，一任云贵总督。他既知中国不如英国之强，他应该提倡自强如同治时代的奕䜣、文祥及曾、左、李诸人，但他对于国家的自强，竟不提及。林则徐虽同有此病，但林于中外的形势实不及琦善那样的明白。

李鸿章——三十年后的评论[2]

李鸿章是太平天国和英法联军的产物。咸丰末年，太平天

---

1 全段根据《始末》卷二十二页十二至十八。
2 录自罗盛尧等编：《政治学论丛》创刊号，北京大学政治学会一九三一年十二月廿日出版，署名"蒋廷黻"。

国屡次想夺取上海，沪中绅士就到安庆求曾国藩派兵往援，曾氏无兵可抽，于是就举荐李鸿章另编淮军。同治元年，李氏率了部队直投上海。淮军的新力，加上上海的饷源和华尔及戈登所编的常胜军，以及李氏本人的才能使他得收复江苏东部。李氏遂为同治中兴功臣之一，不久封爵而带大学士荣衔了。

因太平天国而立功业得爵位者确不只李氏一人。他的特别在以上海为根据地。他未到上海以前，他不过是翰林出身，居曾国藩门下而为曾氏所器重者。至于世界知识，他毫无超于时人之上者。初到上海的时候，他还向曾氏请教处置洋务的方针。曾氏就用四书上"言忠信""行笃敬"二句话回答他。此外，又说与洋人共同打仗，"纵主兵，未必优于客兵，要自有为之主者与之俱进俱退，偕作偕行"。彼时上海已成中外通商中心。洋务的困难自是当然。然而此困难就是李鸿章的机会。因此他有了几个大发现。第一，中国军器远在西人之下。"……深以中国军器远逊外洋为耻，日戒谕将士虚心忍辱，学得西人一二秘法，期有增益而能战之……若驻上海久而不能资取洋人长技，咎悔多矣。"（同治元年十二月十五日致曾国藩）现代人读这种议论，当然不以为奇特，但那时候"驻上海久而不能资取洋人长技"者确大有人在。李氏在上海仅数月就发现了此点，我们不能不佩服他头脑的灵敏。近人有谓李氏并无所创新，他的事业实不过继承曾氏遗法。曾李的优劣不在本文范围之内，但到同治年间，李氏对于中外军器差别的认识已比曾氏深切，这是毫无疑问的。在同治二年，李氏常有信给曾氏，要他领导天下改革。"若火器能与西洋相埒，平中国有余，敌外国亦无不足。俄罗斯日本从前不知炮法，国日以弱，自其国之君臣卑礼下人，求得英法秘巧，枪炮轮船渐能制用，遂与英法相为雄长。中土若于此加意，百年之后，长可自立，仍祈师门一倡率之。"（二年三月十七日）三年他给总理衙门的信说得更激昂，更恳切。"中国士夫沉浸于章句、小楷之积习，武夫悍卒又多粗蠢而不加细心，以致所用，非所学，所学非所用。无事则嗤外国之利器为奇技淫巧，以为不必学；有事则惊外国之利器为变怪神奇，以为不能学。（中略）苏子瞻曰：言之于无事之时，足以有为，而恒苦于不信；言之于有事之时，足以见信，而已苦于无及。鸿章以为中国欲自强，则莫如学习外国利器。欲学习外国利器，则莫如觅制器之器，师其法而不必尽用其人。欲觅制器之器与制器之人，则或专设一科取士，士终身悬以为富贵功名之鹄，则业可成，艺可精，而才亦可集。"（此稿见《同治朝筹办夷务始末》卷二十五）同时曾国藩尚持行军在人不在器之说（但此说亦有相当理由）。在李鸿章指导之下，不久淮军已较湘军为更强，缘故不外淮军军器西洋化的程度超过了湘军。

李鸿章在上海的第二个大发现是西洋利器是中国所能购置，而且所能学制的。李鸿章以前，中国大官总认洋人为狼子野心，切不可与亲近。他在上海一变旧态。结果，他知道了外国人也讲信义，也有文明。相交得法，也能为中国出力。所以除军事上竭力连络戈登外，他又用了马格里替他在苏州创设枪炮厂。

于此我们可以知道，李鸿章因平太平天国而到上海所得之功名与教育，和他终身事业关系的重大。没有那种功绩，他在政界就难得他以后所占的地位。没有得到那种教育，就是有了他以后的地位，他也不能作大事业。

英法联军入北京与李氏的终身事业也有大关系。咸丰十年以前，北京较各省更加顽固。我们单就恭亲王奕訢一人讲。咸丰八年，桂良同花沙纳在天津与英法美俄四国交涉的时候，恭亲王大反对长江开通商口岸，以为外人进长江去作买卖就会霸占长江流域的土地。同时他提议捕杀英国翻译官李泰国以了事。（参看《咸丰朝筹办夷务始末》卷二十六）到咸丰十年，英法联军入京，咸丰皇帝逃往热河，恭亲王出而主持交涉。咸丰八年至十年的经验也给了他和文祥二个教训：（一）中国军器远不及西洋军器；（二）洋人愿意卖和教他们的利器与华人。从此以后北京也有要人从梦中醒过来者。京外大吏如曾、左、李有所建议，京内的恭亲王和文祥从旁赞助，同时恭亲王和文祥倘有新政而遭阻挠，则京外的要人如曾、左、李可以拥护。此数人的合作产生了同治、光绪年代的"自强"运动。这是中国近代史的大前段。而在此段史中的主动人物要算李鸿章。当然，论地位，李尚在恭亲王和曾文正之下；论时望，他也在曾之下；论政治的大布置，他或者也在曾之下。但论图进之急，建设之多，创造局面之大，及主政之久，他在同光两朝实无人可与其比。但是倘若没有英法联军，他就难得京内的要人替他说话。在上海讨太平天国的经验预备了李鸿章来提倡自强，而英法联军为李鸿章预备了相当的时机。所以我说李鸿章是太平天国和英法联军的产物。

在同治时代，"自强"是政界的新名词、新潮流，正像以后的"维新"和"革命"。"自强"的意义不以洋器来治洋人。李鸿章的自强事业，具体说来，有以下诸种。关于军事者：练洋枪队洋炮队，设立兵工厂，办新式海军；关于交通而附带有军事及经济目的者：设立造船厂，创招商轮船局，筑电线，修铁路；关于经济者：开矿和办纱厂；关于教育者：办军事学校和方言馆，派学生出洋。以上的事业，有些是曾国藩和李鸿章共同主办的，有些是李氏一人办的。最初的动机是军事的，始终军事方面是偏重的，但后来教育、交通、工业均牵连起来了。事业不能不算多，范围不能不算广。到了甲午年间，中国的天下几乎是李鸿章一人支撑的。与他同时的毕士麦和伊藤都没有负他那样承担的，作他那样多的事业。却是甲午年李鸿章的失败，就暴露于全地球了。因此中国的腐弱也大暴露于全世界了。此后外交和内政都换了新面目，中国历史已入了新时期。失败的理由颇复杂。我要简略说说这些理由。我的主要目的不在判断是非贤愚，而在了解李鸿章及其时代。

（一）掣肘者太多。李的事业既然多，所须用的钱款自然也多了。李直接所辖的区域仅直隶一省。户部不足靠，所必须依靠者就是其他省分的协济。当时的督抚很像近年的军阀：畛域之见是深入骨髓的，国家的观念是浅过于皮肤的。各省对于北洋的协济虽经朝廷颁有定额，各省总是托词水灾旱灾或地方各种急须而延宕和折扣。此外顽固的、不明世情的御史妄发言论，阻挠事业的进行，与李氏处对敌地位的大臣如李鸿藻、翁同龢辈简直以打倒李鸿章为快幸。乙未在马关议和初次与伊藤开议的时候，李氏因有感而对伊藤说："我国之事囿于习俗，未能如愿以偿……自惭心有余而力不足。"又说："现在中国上下亦有明白时务之人，惜省分太多，各分畛域，有似贵国封建之时，互相掣肘，事权不一。"光绪十一年李鸿章与伊藤在天津会议的时候，中日尚称平等；到二十一年马关会议的时候，一则胜，一则败，一则俨然世界上一新强权，一则仍旧半中古世的腐弱国家。所以李氏再三称羡伊藤在日本作事的容易。原来中国社会是奇特的：尸位素餐者往往得升官发财；居位而事事，而认真，而坚持一系统的计画者，无不受人的攻击，甚至身败名裂。在这种社会里，李鸿章能作出他那种成绩，已经难得了。

（二）李氏人格的特别。时人赞扬李氏的才能者，就他问计者甚多，但无一人服其德。他的人格能入人之脑而不能入人之心。他能掌政而不能掌教。他影响了一时的大政而不能移易风俗的毫末。在这方面，他不但不及曾国藩，就是张之洞亦在他之上。他不是中国传统的理想政治家。我们看看曾的全集和张的全集就知道他们对于修身治学是很努力的，是当大事业作的；一看李的全集，我们只看见"作事"，看不见"为人"。在西洋的社会里，本着才与智的势力或能成大事；在中国的社会里，才智以外，非加上德的感化力不可。上面所说的反动分子一大部分也就是因为李鸿章的德望不足以服人。但是关于这一点，我们不要说得过大：反对他的人那样多还有别的缘故。他所办的事业是新事业，处处牵连洋人与机器。他所须用的人才是"洋务家"，不是"士夫沉浸于章句、小楷之积习"者。所以在李氏小朝廷活动而居要职者如盛宣怀、马建忠、伍廷芳、袁世凯、徐润、李凤苞诸人没有一个是"正途出身"的。那班翰林先生不免有点妒嫉。

　　虽然，李鸿章缺乏"德望"的帮助，这是毫无疑问的。一种流弊是引起时人的反对；另一种流弊，是他左右的腐化。中国衙门办事虽有一定的则例和手续，但靠则例来防弊，这是万万做不到的。何况买枪炮制枪炮开工厂。等新事业既出旧衙门则例之外，又有大宗款项出入？甲午的失败大部分由于军需品的假劣。在中国衙门里，除非主官以身作则，以德感人，弊端是不能防的。这步功夫，李鸿章不但没有做到，简直就没有做。官场舞弊是世界各国通有的病，不过在中国几成了作官的正业；舞弊的方法已经成了一种美术。会做官者就是会舞弊者。中国近代第一期的新事业就因此失败。

近人多批评李鸿章只图改革皮毛，不图改革根本。这说是有理的。李鸿章的改革，上文已经说过，是偏重军事。政制的改革以及人民心理的改革开是在他度量之外。这些基本不改而徒改军队是绝不能成功的。不过西洋文化的真像〔相〕，李鸿章实在不知道，也无从知道。西洋十九世纪文明的一种产物——机器，他是看见过，实用过，而深知其价值的；至于其他两种产物——民治主义和民族主义——他是不曾认识过。所以他以吸收机器，尤其是军事的机器，当作他的终身的大事业和国家当时的急务。此其可原谅者一。他的事业，虽系"皮毛"的，已受人的反对。甲午以前，若他再提政制和民情的改革，他将不容于世了，此其可原谅者二。甲午以后直到现在，我们饱尝了政制和民情的改革。欲得改革的代价，谈何容易？此其可原谅者三。

这些话都是废话。此文不是为李鸿章辩护的，是为了解李鸿章及其时代的。李的事业是那样，因为他的智识人格和所处的环境是那样。他作事的动机是对外的，是要一反鸦片战争以后中外不平等的局势的。他救中国全盘的计画是以自强为体，外交为用。在自强功夫未到相当程度以前，他想用外交来弥缝。所以他一生的精力一半用在外交上。

李鸿章于同治九年，一千八百七十年，继曾国藩为直隶总督，不久兼北洋通商大臣。此年以前，他不过参加过总理衙门的计议。并没有办过一件外交大案。到北洋后，他与外交的关系一天比一天的密切了。从同治九年至光绪二十七年，中国虽有总理衙门，实在的外交总长可说魁李鸿章。这三十年的外交大局是怎样呢？一千八百七十年正值普法之战。德意志及义大利就在这时统一了。从此列强之中又加上二个竞争者。并且在十九世纪的前半，世界惟一的工业国家是英国；在后半，尤其末后三十年，德美工业进步的速度反在英国之上，向外发展之竞争愈来愈激烈。同时东方尚有日本的维新。在同治元年，日本方起始维新的时候，李鸿章就以为大可怕。照他的看法。外面的压力和国内的自强正在那里赛跑，而自强已经落在压力之后，非全国努力赶上去不足以图存。这是他的根本思想，实在具有政治家的眼光。同时他又觉得日本之患尚急于西洋各国。西洋的向外发展不限于中国；中国以外游有非洲、近东和中亚。日本要向外发展只能向中国。且西洋彼时所垂涎中国的土地，如俄于新疆，英于缅甸，法于安南，皆非根本重要之地。日本于高丽则不然：中韩唇齿相依；失高丽，则东三省难保，直隶山东也受影响。所以在光绪初年筹议海防经费的时候，他主张暂弃新疆，以便集中财力于海军，因左宗棠的反对，他的计画没有实行。光绪五年，崇厚与俄国立约，割让了伊犁的要区。当时舆论很激烈，要废崇厚所立的条约，甚至要处崇厚以死刑，闹得中俄几乎宣战。李鸿章起初反对废约，后又反对战争。他的理由就是中国不能东西兼顾，而西陲的利害关系远不如东藩那样重要。光绪八、九、十年中法争安南的时候，他又主张中国不要积极，他的理由又是中国不能兼顾高丽与安南；与其失高丽而保安南，不如失安南而保高丽。何况安南万不能保，而高丽则有一线之望。此中轻重缓急的权衡不能说不妥当。

李鸿章以保高丽为他的外交的中心，这是毫无疑问的。他在高丽的失败少半是外交的，大半是军事的。光绪五年以前，他虽然知道了高丽的重要，却还没有想出一个政策。在那年，他有信致高丽国王为其拟了一种外交政策，此信是薛福成代笔的，见《庸庵文外编》卷三。他劝高丽国王多与西洋各国立通商和好条约，以便借西人通商的势力来抵制日本的野心。倘若西人在高丽有经济的利益，当然不愿意日人势力太大，这是李鸿章的高丽政策的第一步。八年，美国因中国的介绍果与高丽立约。以后法英德诸国都在高丽得了通商的权利。第一步算成功了。

美韩条约签字以后不久，高丽发生第二次内乱，李鸿章适回籍，直隶总督由张树声署理。一班谋士如薛福成、马建忠主张中国火速派兵入高丽代平内乱。张氏乃派丁汝昌带北洋海军、吴长庆带庆军入高丽。从军事上看来，这次中国为时过早。日人惟恐英俄得势，转怂恿中国行积极政策。这是中日战争前的一大关键。中国在当时有两条路可走，或提国际共保高丽，或由中国单独行积极政策。李鸿章所采取的是第二条路，因为国际共保有碍中国宗主权，而且很难持久，又因为第二路当时走得通。日俄英在彼时都觉得高丽受中国支派为害最小。英国惟一目的在防俄；中国能防俄，他的目的就达到了。所以直到甲午，英国总是鼓励中国前进，惟患中国向高丽不充分积极。日俄两国野心均大，但均以时机未到，不如一时让中国看守高丽，将来从中国手夺来不是难事。甲午以前的八年，日本及俄国都取消极政策，中国得为所欲为。

适中国在朝鲜有一人敢行而又能行这种政策——袁世凯。他的积极远在李鸿章之上。俄韩勾结的时候，他主张灭朝鲜：这就是重提张謇的政策。这事几乎实现了。不过在李袁合作之下，这政策变了方式。这中曲折无须缕述。袁世凯终究收握高丽的海关和电政。高丽借外债只能向中国，高丽用外人须得中国同意，高丽与西洋通使必须谨守中国所定的条件。这个政策不但与国际共保相反，且与李鸿章最初所拟的政策不符。在光绪五年至八年，李鸿章惟恐高丽不与外国发生关系，十二年以后，他转而阻止高丽与西洋接近。袁在高丽愈得力愈高兴：李鸿章也不一察此中的流弊。到了光绪二十年，中国在高丽宗主权已非旧日不干预内政的宗主了，完全成功，内乱由中国代平了，乱党首领大院君李昰应由丁吴囚送保定了。这个小胜利遂使时人生轻敌之心。吴长庆的幕友张謇提议中国简直灭高丽。张佩纶及邓承修又奏请派李鸿章率师东征日本。此种积极政策与李的本意不符，他一概反对而不实行。但当时作吴长庆的前敌营务处者就是袁世凯。他时常与张謇往来，此种计画遂深入他的思想。

从外交上看来，此役中国并没有占便宜，因为日本直接与高丽订了条约，许日本驻兵汉城护卫使馆。从此中日在高丽京都都有军队，冲突是时时可发生的。光绪十年，中法战争紧急的时候，中日在高丽王宫前面果短兵相接了。那次中国军事又得胜利，而外交反又失败。结束中日冲突的李鸿章、伊藤协定明文的许了日本有与中国同等的派兵入高丽的权利。后患就伏种于此。

当时德国驻朝代表向李鸿章条陈了一种意见，要中国出头与列强交涉共同担保高丽的独立和中立。这是很有意思的建议，因为高丽与中国的关系虽甚重要，但重要专在国防。高丽果能永久独立，不为他国所据，则中国的国防也最巩固了。并且高丽既有国际的担保，中国的责任也就轻了。岂不极是经济吗？光绪十一、十二年的时候，英俄也加入高丽的角逐。英为防俄遂占巨文岛。俄国野心甚大，向高丽宣称愿负保护之责，但俄人亦知已经变为新式的，如当时英国在埃及那样了。日本若再不动手将后悔无及。这是中日战争的远因。

李鸿章行这种政策并不是因为他觉得中国自强功夫已到了相当程度可以有为，是因为他误认日俄的消极为永久放弃他们的野心。由这种误会他自己也坠入大雾之中了。这是他外交的第一大错。

马关条约以后，他与俄国订联盟密约是他的第二错。联盟不能不出代价，而中国一给俄国若何权利，他国不能不效尤，因为世界势利的均衡不能不维持。中日战争以后，中国在国际上只能偷生，但于势力均衡机会均等之下偷生则可，于一强国羽翼之下偷生则不可。而李氏于庚子的外交尚以联俄为上策。东三省的问题从此愈演愈危了。

上文已经说过李氏自强政策失败的理由。外交弥缝的失败根本在于李氏还未看透世界的大势。这是我们事后之明，不应拿来作批评的根据。在当时，他还有一个政策，别人则袖手无策。他还有半知，别人则全不知，李鸿章不能救国，他人无须说了。

最近三百年东北外患史 [1]

（上）从顺治到咸丰

这个小小的研究报告是二十年前写的。原文登在《清华学报》第8卷第1期。因为国人对于中、俄关系及东北问题的看重，所以把这个研究报告作为单行本刊印出来。

二十五年以前，我曾试对外交当局贡献一点意见。我说过："东北问题的重要不在不平等条约问题之下，而其困难反

1　录自《清华学报》第八卷第一期（一九三二年十二月北平出版），"小引"乃作者为台北《中央日报》所出单行本《最近三百年东北外患史》（一九五三年四月）所作。

附录　学术论文　　**149**

有过而无不及。我们应该早为预备。"我那时在南开大学教书，不但未入政界，并且没有意思参加政治。我的建议不过根据我的研究，提出来以供当局参考。

因为我深感东北问题的重要，所以在我的工作研究中，东北占主要位置。可惜在最近这十几年中，我不能继续有系统的研究。我原来希望搜集中外的史料，把咸丰以后的东北外患史也写出来，现在好像找不到这样一个机会。如果有学者愿意担负这种工作，我愿意尽力协助。

一九五二年九月十六日于纽约

一、俄国的远东发展

我族在东北的历史虽变故多端，概括说，可分为两大时期。以前，在东北与我族相抗的，不是当地的部落，就是邻境的民族。其文化程度恒在我族之下。最近三百年的形势就大不同了。从清初到现在，这三百年中，东北最初受了远自欧洲来的俄罗斯之侵略，最近又遭了西洋化的日本之占据，而其他列强亦曾插足其中。现在东北已成所谓世界问题。纵不说最近三百年的侵略者之文化高于我族，我们不能不承认他们的国力有非我们所能比抗。

俄国的历史颇有与我相同的。在十三世纪，蒙古人一方面向南发展，并吞了华北的金及华南的宋；另一方面又向西发展，简直席卷了中央亚细亚及俄罗斯，直到波兰。我国受蒙古人的统治不满百年，即由明太祖在十四世纪的下半叶光复了祖业，俄国终亦得到解放。惟蒙古人在俄国的施政并不如在中国那样积极，而同时俄人民族的观念亦不及我族发展之早。故俄国的光复运动到十五世纪始由马斯哥王国率领进行，其完成尚在十六世纪宜番四世的时候。总计起来，俄国的光复比我国迟了二百年。

俄国反蒙古人的运动虽较迟，其发展之积极及持久反为我们所望尘莫及。我族自明成祖以后，保守尚感不足，遑论进取。俄国则不然。俄人初越乌拉山而角逐于西比利亚者为雅尔马克（Yermak），所带队伍仅八百四十人；其时在公历一五七九年，即明万历七年。此后勇往直前，直到太平洋滨为止。一六三八年——崇祯十一年——俄国的先锋队已在鄂霍次克（Okhotsk）海滨建设了鄂霍次克城。六十年内，全西比利亚入了俄国的版图，其面积有四百万平方英里，比欧洲俄罗斯还大一倍。

俄国在西比利亚的拓展并未与我国接触，所以无叙述之必要。但其经过有两点足以帮助我们了解日后中俄初次在黑龙江的冲突，不能不略加讨论。第一，俄国在西比利亚发展之速得了天然交通的资助。西比利亚有三大河流系统：即俄比（Ob River System）系统，也尼赛（Yenisei）系统，及来那（Lena）系统。俄比、也尼赛、来那三大河虽皆发源于南而流入北冰洋，但其支河甚多，且大概是东西流的。一河流系统之支河与其邻近河流系统之支河往往有相隔甚近者，且二者之间有较低的关道可以跋涉。俄人过乌拉山就入俄比系统；由俄比系统转入也尼赛系统；再转入来那系统，就到极东了。

俄人在西比利亚所养成的交通习惯与日后中俄两国在黑龙江的冲突有很大的关系。因为黑龙江及其支河可说是亚洲北部的第四大河流系统。其他三大河皆由南向北流，惟独黑龙江由西向东流而入海。所以在自然交通时代，黑龙江是亚洲北部达东海最便捷之路。并且俄人有好几处可以由来那系统转入黑龙江系统。黑龙江上流有一支河名石勒喀（Shilka）；石勒喀复有一支河名尼布楚（Nertcha，尼布楚城因河得名）。尼布楚河发源之地离威提穆河（Vitim）发源之地甚近。威提穆河就是来那河上流之一支。这是由来那系统转入黑龙江系统道路之一。黑龙江上流另有一支河名额尔必齐（Gorbitsa），其发源地与鄂列克玛河（Olekema）之发源地相近，而鄂列克玛河也是来那河的一支。这是由来那转入黑龙江的第二条路。黑龙江的中流有一支河，我国旧籍称为精奇里河，西人称为结雅河（Zeya River）。精奇里发源于外兴安之山阳，其流入黑龙江之处，在其东现在有俄属海兰泡，亦名布拉郭威什臣斯克（Blagoveshchensk），对岸稍南即我国的瑷珲。自来那河来者可溯雅尔丹河（Aldan）或鄂列克玛河之东支而转入精奇里河上流的支河，这是由来那系统入黑龙江系统的第三条路。在清初的国防上，这条路尤其要紧，因为最毗近东北的腹地。

第二，俄国十七世纪在西比利亚拓展之速多因土人无抵抗的能力；俄人用游击散队就足以征服之。彼时西比利亚户口稀少，土人文化程度甚低，政治组织尚在部落时代，其抵抗力还不及北美的红印度人。比较有抵抗能力的要算俄比河上流的古楚汗国（Kuchum Khanate）。这国就是蒙古大帝国的残余。雅尔马克于一五八三年夺取了其京都西比尔（Sibir）。西比利亚从此得名；马斯哥王亦从这时起加上西比尔主人翁的荣衔。一五八七年（明万历十五年），俄人在西比尔附近建设拖博尔斯克大镇（Tobolsk）。雅尔马克原来不过是一个土匪头目，他的队伍大部分是他的绿林同志。立了大功之后，马思哥王不但宽赦了他，且优加赏赐；为国事捐躯之后，俄国教堂竟奉送他神圣尊号。雅尔马克遂成了俄罗斯民族英雄之一。事实上，他无疑的是俄国拓殖西比利亚的元勋。自他在俄比河战胜古楚汗国之后，直到鄂霍次克海，俄人再没有遇着有力的抵抗。

雅尔马克及其同志，论人品及作事方法，皆足代表十七世纪俄人在西比利亚经营者。历十七世纪，先锋队大都是凶悍而惯于游牧生活的喀萨克（Cossack）。他们数十或数百成群，自推领袖。在俄国政府方面看起来，喀萨克的行动，虽常不遵守政府的命令，确是利多而害少。他们自动的往前进：成功了，他们所占的土地就算是俄国的领土，他们从土人所收的贡品几分之几划归政府；失败了，不关政府的事，除非政府别有作用，可以置之不理。但是害处也有。这种游击散队只顾目前，不顾将来；只顾当地，不顾全局。喀萨克过于残暴；因此土人多不心服，且被杀戮者就是当地的生财者。在西比利亚作惯了，到了黑龙江流域，他们依然照旧横行，不知道这地的形势有与西比利亚不同者。

俄人发展到来那河流域的时候正是明崇祯年间。在明成祖的时代，中国在东北的政治势力几可说是空前绝后，黑龙江全流域以及库页岛皆曾入明之势力范围。到天启崇祯年间，辽河流域尚难自顾，至松花江、乌苏里江，及黑龙江更无从顾及。明之旧业快要亡了，但满清遂乘机收归己有。在清太祖及太宗的时候，满人连年东征北伐。其战争及交涉的经过，我们无须叙述；但其收复的部落及土地不能不表明。因为十七世纪中俄的冲突根本是两个向外发展运动的冲突；俄国方面有新兴的罗马洛夫（Romanov）朝代，我国方面有新兴的清朝：可说是棋逢对手。

兹将清太祖及太宗所收的东北的部落及区域列表如下：[1]

一、窝集部（亦名窝稽达子，鱼皮达子）。居牡丹江（亦名呼尔哈河，瑚尔哈河）及松花江下流两岸，距宁古塔北约四百里，其中心在现今之三姓。

二、穆棱。居乌苏里江及其支河穆伦河的两岸。

三、奇雅。居伊玛河的上流，伊玛河（Niman, Iman,

1　参看附录之二。

Imma，Ema）是乌苏里江东的一支河。

四、赫哲（亦名黑金，赫真，额登）。居松花江与黑龙江会流之处到乌苏里江与黑龙江会流之处。

五、飞牙喀（亦名费雅喀）。居黑龙江下流。

六、奇勒尔。居黑龙江口沿海一带。

七、库叶（亦名库页）。居库页岛。

八、瓦尔喀。居吉林东南隅及俄属滨海省的南部及海山威附近的熊岛。

以上皆东境的部落。

九、索伦。居布特哈（齐齐哈尔以北的嫩江流域）。

十、达呼尔。居嫩江以东到黑龙江一带。

十一、俄伦春。居黑龙江东之精奇里河两岸。

十二、巴尔呼（亦名巴尔古）。居呼伦贝尔南。

以上皆北境的部落。

满清武功所达极北之点就是日后中俄相持的雅克萨城，俄人称为Albazin。崇德四年（一六四〇年）将军索海所征服的四木城之一，即雅克萨。

入关以前，满人的势力虽已北到黑龙江及精奇里河，东到库页岛，并未在边境设官驻兵。被征服的民族有少数编入八旗，大多数仍居原地，按期进贡而已。直到康熙二十年，清朝驻兵最近东北边境者莫过于宁古塔。虽然，俄人入黑龙江的时候，除当地土人的抵抗外，尚有大清帝国的后盾，其形势与西比利亚完全不同。

二、中俄初次在东北的冲突

俄人到了来那流域以后，不久就感觉粮食缺乏的大困难。他们从土人听说精奇里河流域产粮甚多。这种传说形容未免过度，好像一到外兴安的山阳就是一片乐地。俄政府于一六三二年在来那河的中流设立雅库次克城（Yakutsk），派有总管，俄人所谓Voevod。一六四三年（崇祯末年），总管官彼得果罗文（Peter Golovin）派探险队到精奇里河流域去调查真像。队长是波雅克夫（Vasili Poyarkof）；队员有喀萨克一百十二名，猎夫十五名，书记二人，引导一人。军器带有大炮一尊，枪每人一杆。他们于是年七月中从雅库次克动身，逆流而上，由来那河入雅尔丹河。十一月，未抵河源而河已结冰，不通舟楫。波雅克夫在河边筑了过冬的土房，留了四十三个队员及辎重，自己遂率领其余队员跋山而南。行了两星期的旱路之后，他们找着精奇里的支河布连塔河（Brinda）。上流仍是一片荒土；到了中流，才发现少数俄伦春住户。波氏派了七十人到村里去搜粮食。村民起初尚以礼相待；俄人求入村，未蒙允许，就动武了。村民竭力抵抗；到了天黑，俄人空手而归。在饥寒交迫的时候，喀萨克不惜执杀土人或互相残杀以充饥。一六四四年春，留在山北的队员赶上了，于是合队而行，由精奇里入黑龙江。沿途的土人皆骂他们为食人的野蛮人，有些逃了，有些就地防堵。秋季波氏到了黑龙江口，就在此过冬，强迫奇勒尔供给粮食。

俄人入黑龙江的那一年正是满人入关的那一年。受其扰害的俄伦春、达呼尔、赫真、飞牙喀，及奇勒尔是否曾向其宗主求援；如果求了，满人如何处置：这些问题，因为史料的缺乏，无从答复。在入关之初，就是东北边境有警报来，清廷亦无暇顾及。波雅克夫此次的成绩并不好，除了没有发现新乐园以外，他留给土人永不能忘的坏印象。虽然，经过这次的失败，雅库次克的总管知道了传闻的虚实，而波雅克夫仍不失为第一个西洋人入黑龙江者。他在江口过冬以后，由海道北返。几年之内，雅库次克的总管不再费事于南下的企图。

一六四九年（顺治六年），雅库次克的一个投机的富商哈巴罗甫（Yarka Pavlov Khabarof）呈请总管许他用自己的资本组织远征队到黑龙江去。是时俄人已从土人探知由鄂列克玛河的路比由雅尔丹河的路容易。总管佛兰士伯克甫（Franzbekof）对此事虽不甚热心，但哈巴罗甫的提议既无须政府出资，万一成功，政府反可借私人的力量收征黑龙江流域土人的皮贡，就允许了哈氏的呈请。其实政府的批准不过是一种形式；在呈请之先，哈氏已组织好了远征队，大有必行之势。四月初，他率领队员前进，溯鄂列克玛河直到河源，于是跋山而转入黑龙江的支河乌尔喀（Urka）。此河近额尔必齐，惟稍东。哈巴罗甫到黑龙江的时候，两岸的村落已闻风远逃。哈氏对所遇的少数土人虽竭力巧言诱吸，土人总以喀萨克是食人的一语答之。除在土坑里发现匿埋的粮食外，其余一无所获。虽然，在其给总管的报告书中，哈氏仍夸大黑龙江流域的富庶及积粮之多。他深信有六千兵足以征服全区域；征服之后，雅库次克的粮食问题可得解决，而皮贡的收入可大加增。

哈氏初次的远征虽无直接的成绩可言，他确信亲自到了黑龙江，知道了当地的实在情形。他决志组织第二远征队并改良行军的方法。一六五○年的夏季他就出发，所走的路线大致与第一次相同。这次他行军极图迅速，以免土人的迁徙。在雅克萨附近，他袭击了一个村庄，土人与之相持一下午，终究弓箭不抵枪炮，雅克萨遂为所占。土人乘夜携带家眷牲口逃避；哈氏即夜派一百三十五人去追截。次晨就赶上了，一战之后，喀萨克夺了一百一十七只牲口，高兴的返归雅克萨。哈氏在雅克萨建筑了防守的土垒，留下了少数的驻防队，自己遂率领其余队员及枪炮，乘用冰车，驶往下流。十天之后，于十一月二十四日他遇着使马的俄伦春。此处也是弓箭不抵枪炮。一时土人惟有屈服，遵命贡送貂皮。哈氏的投机总算得了相当的收获。于是回雅喀萨过冬。

次年六月二日，哈氏带着三百余名喀萨克，配齐枪炮，出发往下流去。此次要求迅速，以图攻人之不备。正队以前，他预备了八只小船以充先锋。连行四日不见人烟。沿岸的村落皆迁徙一空。第四日晚间，在黑龙江折南的角段，发现尚未迁徙的吉瓜托村（Guigudar）。此处居民约有一千，并有五十名八旗马队适在该处收征贡物。我国的纪载全不提及，故其虚实难明。哈氏乘夜进攻。据俄人的纪载，交火之初，满人就逃了。次晨村落失守，土人欲逃不能。死于炮火之下者约六百六十人，被掳者女人二百四十三，小孩一百一十八，马二百三十七，其他牲口一百一十三。俄人死四名，伤四十名。哈氏的得意可想而知。可惜我方关于此事全无纪录以资对证。

哈巴罗甫在吉瓜托村约留了六星期。他派出的调查队均说直到精奇里河口，土人早已迁徙，惟闻在河口尚有未迁徙的村落。哈氏乘坐小船赶到现在瑷珲城左右，土人事先全无所知：既不能逃，又不能战，大部分都成俘虏。哈氏命土人的长老召集会议。到会者三百多人，均说刚向中国皇帝进了贡，余存无几，一时只能奉送貂皮六十张，以后当陆续补送。哈氏令土人以貂皮赎俘虏。他的投资又得着红利了。土人竭力应酬他，好像他们已甘心投顺喀萨克。但九月三日全村忽迁徙一空，仅留下两个当质者及两个老女人。此举给哈氏一个很大的打击。他原拟在此过冬，不料周围忽然变为全无人烟之地。他把四个未逃的土人付之火中，遂开拔向下流去了。

九月二十九日，哈氏行抵乌苏里江与黑龙江合流之处。此地现有哈巴罗甫城，即纪念哈氏之功绩者，我方命名伯利。哈氏在此建筑土垒，准备过冬。赫真人表示和好，因之哈氏不为设防，时常派遣队员出外捕鱼。十月八日，赫真人忽乘虚进攻。相持之际，适外出的队员归来，加之军器相差太远，赫真人大受挫败。从此喀萨克作了当地的主人翁。

按俄国的纪载，黑龙江的土人受了两年的扰害之后，均向中国求保护。我方的纪载亦提及此事，但不详细。《平定罗刹方略》说："驻防宁古塔章京海色率所部击之，战于乌扎拉村，稍失利。"[1]俄国方面的纪录说海色带有二千零二十骑兵；至于战争的经过则各说不一。海色与哈巴罗甫的战争是中俄初次的交锋。我国史乘从顺治九年起始有"罗刹"之乱之纪载。按"罗刹"这名词是索伦、鄂伦春[2]、达呼尔诸部落给俄人的称呼。这一战，俄国方面的人数至多不过四百人；我方加入战争者必较多，但是否有二千余名，颇难断定。顺治十四年，宁古塔设昂邦章京一员，副都统一员；康熙元年，昂邦章京改为镇守宁古塔将军；十年，宁古塔副都统移驻吉林；十五年，宁古塔将军移驻吉林，而于宁古塔设副都统。从这年起，吉林将军领兵二千五百一十一名，宁古塔副都统领兵一千三百二十名。[3]从此看出我国东北边境驻军，首重宁古塔，后移重心于吉林，惟顺治十四年以前，究有兵多少，不容确定。战争的经过，我方的纪录仅说"稍失利"。俄方的纪录则分两说。一说：

　　一六五二年三月二十四日（俄历），黎明，满洲兵到

1　卷一页二。

2　即前文提及之"俄伦春"，本文有部分名词前后名称不一致为保持作品原貌未做统一。

3　《吉林外纪》卷三页四；卷四页十三，十四。参看《盛京通志》卷二十三页二十，卷五十二页一页二。

达俄国土垒之前，俄人正在酣睡之中。倘满人不即施放火枪——他们放枪大概是要示威——哈巴罗甫或将不能生还。幸而他被枪声警醒了。即时设备。满人又把炮安置以后，就向土垒开火。不久打穿一个洞口。冲锋者即向洞口猛进。俄人火速在洞口之后安置一炮，向冲锋者开放极有效力的弹子。冲锋者因此止住了，而一百五十名俄人从营垒冲出来，以短兵相接。他们从满人夺取了两尊太近的炮。满人的火枪大半被毁之后，俄人就成了战场的主人翁。除上文所说的两尊炮外，俄人尚得着十七杆火枪，八面旗帜，八百三十匹马及几个俘虏。满兵死者听说有六百七十六人遗留在战场之上，俄人仅死十名，伤七十名。[1]

另一说则谓：

交锋之初，中国人得了胜利，一时好像他们能把俄国营垒攻下来。后不知因何原故——或者因为中国的主将过于自信，或者因为他遵守训令——在俄人受迫最紧急的时候，他忽然下令，要他的兵士不杀也不伤喀萨克，只活拿过来。这一战的最要关键即在此。俄人了解这种形势之后，决志不被活拿。于是一面宣誓，一面冲锋，步步的把中国

1　Ravenstein，p.21. 书之全目见附录之一。

人赶退了。一个军队不能一面受敌人之火，一面又被禁还火，而保持其地位。中国兵从此丧失战斗精神，向后退避，留下十七杆枪，二尊炮，八面旗帜，八百三十四马及许多粮食。俄人死十名，伤七十八名。哈巴罗甫从土人——不可靠的来源——听说中国兵死了六百七十六名。[1]

这一战，中国确是败了，但先胜而后败。致败之由，除策略或有关系外，尚因军器不及敌人。至于战败的程度很难说了。此战以后，俄国方面的报告多说喀萨克一听见某处有中国兵，就戒严不敢前进，而且从这时起土人又敢抵抗了。[2]

顺治九年，乌扎拉之战以后，哈巴罗甫率领全队逆流而上，途中遇着雅库次克总管派来的补充队，共计一百一十七名喀萨克及军需。八月，在精奇里河口附近，队员内哄，致分为二队，一队二百一十二人仍服从哈氏，另一队一百三十六人则自树一旗。从此黑龙江上下有二队喀萨克游行抢掠。以往哈巴罗甫及雅库次克总管给马斯哥的报告已引起俄国政府相当的注意和热心，当时拟派兵三千前来黑龙江，以图永久占领。同时，俄国政府对喀萨克的暴行亦有所闻。遂决定先派小援队并调查实况。十年，援队抵黑龙江以后，哈氏返俄复命，但一去

1　Golder, p.48.

2　Golder, p.49.

未回。他从此就离开历史舞台了。俄国政府亦未实行大队远征的计画。

哈巴罗甫的继任者是斯德班乐甫（Onufria Stepanov）。斯氏于顺治十一年（一六五四年）的春天进松花江。五月二十四日遇着中国军队。喀萨克自己的纪录说他们火药用尽，故就退了。虽然，退的时候，喀萨克心志慌乱，大有草木皆兵之势。从松花江一直退到呼玛尔河口，就此筑垒防御。我国军队也追到这地。顺治十二年春，遂围呼玛尔营垒，经三星期之久，无功而返。《平定罗刹方略》说："十二年，尚书都统明安达礼自京率师往讨，进抵呼玛尔诸处，攻其城，颇有斩获，旋以饷匮班师。"[1]"饷匮"是很自然的，因为经过罗刹数年扰乱之后，地方居民已经迁徙他处；且清廷又令土人行清野之法，使罗刹不能就地筹饷；而呼玛尔偏北，路途甚远。这是当时在东北行军最大的困难。

顺治十三年及十四年，斯德班乐甫多半的时候在黑龙江的下流，松花江口以东。"十四年，镇守宁古塔昂邦章京沙尔呼达败之于尚坚乌黑；十五年，复败之于松花、库尔翰两江之间。"[2]十四年的战争，俄国方面没有纪载，尚坚乌黑不知在何处。十五年（一六五八年）的战争，俄国的纪录也甚简略，但

1　卷一页二至三。
2　《平定罗刹方略》卷一页三。

其结果则言之甚详。战后，斯德班乐甫及二百七十名队员不知下落，余二百二十名逃散了。[1]我方所得的俘虏，和上次在呼玛尔所得的俘虏均安置于北京的东北隅，斯氏是否在内，不得而知。此后黑龙江上无整队的罗刹，散队则时见。"十七年（一六六〇年）巴海大败之古法坛村，然皆中道而返，未获剪除，以故罗刹仍出没不时。"虽然，雅库次克总管从此以后不接济，也不闻问黑龙江的罗刹了。

在康熙年间，罗刹来自也尼赛，隶属于也尼赛总管。从顺治九年起，也尼赛的俄人常有小队到拜喀尔湖以东，石勒喀河上。顺治十二年（一六五五年），也尼赛总管巴石哥夫（Pashkof）根据这些私人的报告，呈请俄国政府许他在石勒喀河上设立镇所，以便征服附近的部落。政府批准了他的提议，且即派他为远征队的队长。他于次年七月十八日从也尼赛城动身，带有五百六十六人。他由也尼赛河转其支河昂格勒（Angara），在河的上源，跋山而入石勒喀河。顺治十四年的春天，他在尼布楚河与石勒喀河会流之处设立尼布楚城。这是俄人经营黑龙江上流的根据地。不久就缺乏粮食和军火，而所派出寻觅斯德班乐甫的探员全无结果。顺治十八年留了少数驻防队遂回也尼赛。巴石哥夫所受的艰难未得着相当的收获。

也尼赛总管在黑龙江上流的失望正如十二年以前雅库次克

1　Golder, pp.53–54.

总管在中流及下流的失望。当时雅库次克因失望遂不愿继续进行，于是有私人哈巴罗甫出而投机。也尼赛亦复如此，此地的私人投机者是柴尼郭夫斯奇（Nikifor Chernigovsky）。柴氏是个盗匪头子，因为杀了一个总管官，他遂率领他的绿林同志跋山投雅克萨去逃罪。他在此地重筑土垒，强迫土人交纳贡品，且自行种植粮食，大有久居之意。同时其他喀萨克有在额尔古纳河筑垒收贡者，有在精奇里河上下骚扰者。我国边民亦有逃往尼布楚而投顺于俄国者。其中最著者莫过于根忒木尔。我国屡次索求引渡，俄人始终拒之。因此在康熙年间中俄的关系更趋紧张。

康熙帝原来不想以武力解决罗刹问题。他屡次派人到雅克萨、尼布楚去送信，令俄人退去。同时俄国政府从顺治十二年到康熙十六年亦屡次派使到北京来交涉。因路途相隔之远，文书翻译的困难，罗刹之不听政府命令，及中国在邦交上之坚持上国的地位：凡此种种均使外交的解决不得成功。（战前及战后的外交留待下节叙述，本节限于军事的冲突。）等到三藩之乱一平定了，康熙帝就决定大举北伐。

康熙二十一年（一六八二年）七月，帝派"副都统郎坦公与彭春率官兵往达呼尔索伦，声言捕鹿，因以觇视罗刹情形"。十二月又"命户部尚书伊桑阿赴宁古塔督修战船"。郎坦等的报告以为"攻取罗刹甚易，发兵三千足矣"。康熙帝乃下谕曰：

> 朕意亦以为然。第兵非善事，宜暂停攻取。调乌拉

（吉林）宁古塔兵一千五百名，并置造船舰，发红衣炮，鸟枪，及教之演习者。于瑷珲、呼玛尔二处建立木城，与之对垒，相机举行。所需军粮取诸科尔沁十旗，锡伯、乌拉之官屯，约得一万二千石，可支三年。且我兵一至，即行耕种，不致匮乏。[1]

康熙帝在筹画此次征役的时候，最费苦心的莫过于粮食的接济。他以为往年的失败都由饷匮，以致罗刹不能肃清。

二十一年算为觇探敌情之年。二十二年起大事预备，筑瑷珲城为后路大本营；修运船战船；通驿站；运粮食；调军队；联络喀尔喀的车臣汗：共费了三年。康熙二十四年（一六八五年）五月二十二日（我国旧历），彭春始带兵抵雅克萨城下。其部队自吉林、宁古塔调去者三千人，自北京调去的上三旗兵一百七十人，自山东等省调去的官一百零五人，兵三百九十五人，自福建调去的藤牌兵三百余人，索伦兵约五百人，总计不过五千人。此外尚有夫役、水手。俄人说此次中国军队有一万八千之多，与实数相差一倍以上。

俄人虽早已知道中国的军事行动，且竭力预防，但等到兵临城下，雅克萨的防守队，连商人、猎夫、农民，及喀萨克部包括在内，不过四百五十人，不到中国兵数的十分之一！我国

---

1 《平定罗刹方略》卷一页五。

军队与外国军队战斗力的比较，从康熙年间到现在，究竟有进步呢，还是有退步呢？彭春第一着发表康熙帝的招抚书：

> 前屡经遣人移文，命尔等撤回人众，以逋逃归我。数年不报，反深入内地，纵掠民间子女，构乱不休。乃发兵截尔等路，招抚恒滚诸地罗刹，赦而不诛。因尔等仍不去雅克萨，特遣劲旅阻征。以此兵威，何难灭尔；但率土之民，朕无不恻然垂悯，欲其得所，故不忍遽加歼除，反复告诫。尔等欲相安无事，可速回雅库，于彼为界，捕貂收赋，毋复入内地构乱；归我逋逃，我亦归尔逃来之罗刹。果尔，则界上得以贸易，彼此安居，兵戈不兴。倘执迷不悟，仍然拒命，大兵必攻破雅克萨城，歼除尔众矣。[1]

城内的罗刹置之不答。彭春遂开始攻击。

我方关于战争的纪录甚简略：

> 五月二十三日，分水陆兵为两路，列营夹攻，复移置火器。二十五日黎明急攻之。城中大惊。罗刹头目额里克舍等势迫，诣军前稽颡乞降。于是彭春等复宣谕皇上好生之德，释回罗刹人众。其副头目巴什里等四十人不愿归去，

---

1 《平定罗刹方略》卷二页十。

因留之。我属蒙古索伦逃人及被掳者咸加收集。雅克萨城以复。[1]

俄国的纪载大致相同，惟有数点可资补充。第一日的战争结果，俄方死百人。经数日后，教士率居民向总头目官额里克舍·拖尔布残（Alexei Tolbusin）要求停战。额里克舍见势已去，遂允所请。他派代表到中国军营议投降条件；所要求者即许俄人携带军器辎重回国。我方接收，事实上有二十五人甘愿留居中国。数目与我方的纪录不同，未知孰是。雅克萨投降的俄人后亦安置于北京城内之东北隅。

罗刹退去以后，中国军队把雅克萨的城垒及房屋全毁了，但四乡的禾苗并未割去，就全军回瑷珲。雅克萨城不但不留防，且未设卡伦；甚至从瑷珲起，全黑龙江上流恢复战前无主的状态。清廷以为罗刹问题完全解决了：足证我国受了四十年的扰害还未认清敌人的性质。

额里克舍的后退全由于势力的单弱。其实在雅克萨战争的时候，也尼赛总管已派有援军在途，共六百人，由普鲁斯人拜丁（Afanei Beiton）率领。额里克舍退出雅克萨后，未满一日，即于途中遇着援军的先锋队百人，带有十足的军器。额里克舍到了尼布楚仅五天，拜丁的大援队也到了。于是也尼赛总管派

---

1 《平定罗刹方略》卷二页十。

拜丁及额里克舍复整军前往雅克萨。此次他们带了六百七十一人，五尊铜炮，三尊铁炮，均配足火药；后面陆续尚有接济。他们到了雅克萨，一面收割四乡的粮食，一面从新建设防具。我国在康熙二十五年二月始得罗刹复来的报告，清廷即命萨布素及郎坦带兵去攻。此次战争较久，较烈。六月，我军抵雅克萨；十月底，俄人防军仅剩一百一十五人，仍不退不降。适俄国政府是时派代表到北京，声明公使在途，要求停战交涉，康熙帝遂下令撤雅克萨之围。中俄问题从军事移到外交去解决了。

三、尼布楚交涉

从顺治元年到康熙二十五年，四十余年中俄在黑龙江的冲突，在俄国方面，完全是地方人民及地方官吏主动；马斯哥至多不过批准；有时不但未批准，且欲禁止而不能。地方的动机，最高在图开辟疆土以邀功，普通不过为发财而已。此外实际急迫的目的在图粮食的接济。彼时俄国中央政府亦想与中国发生关系，但其目的及方法完全与地方的不同。我们试一研究俄国屡次派使来华的经过就能明瞭其动机所在。《东华录》载：

> 顺治十七年五月丁巳：先是鄂罗斯察罕汗[1]于顺治十二
> 年遣使请安，贡方物，不具表文。因其始行贡礼，赍而遣

1　参看附录之三。

之，并赐敕，命每岁入贡。后于十三年又有使至。虽具表文，但行其国礼，立而授表，不跪拜。于是部议来使不谙朝礼，不宜令朝见，却其贡物，遣之还。后阅岁，察罕汗复遣使赍表进贡，途经三载，至是始至。

据此纪录，则顺治年间俄国曾三次派使来华：第一次在十二年（一六五五），第二次在十三年，第三次在十七年。此中有一误会，第一次的使者是亚尔班（Seikul Albin）。他不过是公使背喀甫（Theodore Isakovitch Baikoff）的随员，先到北京来报信，所以"不具表文"。第二次的公使就是背喀甫。所以第一次及第二次实系一个使团。[1]我们从俄国政府给背喀甫的训令就能看出俄国对中国注意所在。俄王要背喀甫（一）向中国皇帝转达俄王的友谊及和好之善意；（二）表示俄国欢迎中国公使及商人到俄国去；（三）打探清廷对俄国的实在意志，是否愿通使通商；（四）调查中国接待外国的仪节；（五）调查中国的国情如户口、钱粮、军备、城市、与邻邦的关系、出产，以及中俄的交通。[2]总而言之，主要目的在通商及交邻。当时俄国以为中国产金银甚多。在重金主义（bullionism）盛行的俄国，以为与中国通商便可用西比利亚所产的皮货及俄国的呢

1　背喀甫有出使中国纪见Baddeley，Vol. Ⅱ. pp.130–166。
2　Baddeley, Vol. Ⅱ . p.134.

绒来吸收大宗金银及丝绸。背喀甫的出使，除得知中国一般国情外，完全失败。其主要原因即《东华录》所谓"不谙朝礼"。换句话说，背喀甫不愿以"贡使"自居——不肯跪拜，不肯递国书于理藩院。次要原因即罗刹在黑龙江的骚扰。因此，清廷颇疑背喀甫之来另有野心；不然，怎可一面通好，一面侵犯边境？一六五八年，俄国又派亚尔班及浦尔费里叶甫（Ivan Perfilief）二人出使中国；一六六〇年（顺治十七年）始抵北京，即上文所谓第三次的出使。他们所带的国书首述俄王祖先声名的伟大及邻邦如何皆畏服俄国；后半表示愿与中国通使通商。《东华录》继续说："表文矜夸不逊，不令陛见。"所以这次也无结果。

康熙年间，中俄的冲突转移到黑龙江上流，这是上节已经说过的。除喀萨克的侵扰外，中俄之间又加上根忒木尔（Gantimur）问题。此问题的原委颇不易明。[1]根忒木尔乃达呼尔头目之一，原住尼布楚附近，曾向中国进贡，中国亦曾授以佐领职衔。俄人占据尼布楚以后，根忒木尔遂率其部落迁居于海拉尔河及甘河左右。顺治十二年，呼玛尔之役，他曾率部助清，但临阵不曾前。战后，他回尼布楚降俄。康熙五年及九年，宁古塔的疆吏曾派委员至尼布楚索根忒木尔。俄人始终拒

1　Baddeley, Vol. Ⅱ. pp.425–429.

绝引渡，说他既原居尼布楚，就该算是俄王的臣民。[1]双方所以这样重视根忒木尔的缘故，因为他的向背足以影响当地一般人的向背。尼布楚的总管亚尔沈斯奇（Daniel Arshinsky）于九年也派了一位使者到北京来报聘。背喀甫出使的失败足证当时中国如何不明世界大势；这一次又表明俄国人之不懂中国国情。使者是米乐番乐甫（Ignashka Milovanoff），一个不识字的喀萨克！亚氏给他的训令更加可笑。[2]大意谓各国之汗及王多求大俄罗斯、小俄罗斯及白俄罗斯的大君王，亚里克含米海罗韦赤（Alexei Mikhailovich）的保护。大君王除概予保护外，且优加赏赐。中国的皇帝也应求大君王的保护，并应时常进贡及许两国人民自由通商。米乐番乐甫到北京以后，在理藩院被质问一番。他曾否执行训令，理藩院得何印象，作何感想，我们无从知道。康熙许他陛见，但所行的是跪拜礼。最后清廷颁一封敕谕，要尼布楚的总管严行约束部属，禁止他们侵扰中国边境。这段往来好像两个互不相识的人对说互不相懂的话。这样的外交是得不着结果的。

康熙十一年，清廷又派人到尼布楚去送信，要求俄国送回根忒木尔。这信是用满文写的。尼布楚及马斯哥均无人能翻译，但俄国政府根据尼布楚的报告，以为中国要求俄国派使来

1　日俄战争的时候，根忒木尔的后裔有在俄国军队充官佐而立功者。
2　Baddeley, Vol. Ⅱ. p.196.

华交涉。康熙十四年（一六七五年）二月，俄王遂派尼果赖罕伯理尔鄂维策斯巴费理（Nicolai Gavrilovich Spafarii）。斯氏有出使日记及报告与函件。[1]这些材料不但是中俄关系史的好史料，且间接对当时中国的内政，如三藩战役及天主教传教士的地位，有不少新知识的贡献。本文限于中俄在东北的冲突，故可从略。斯氏于康熙十五年六月抵北京。交涉共历三月，绝无成绩而返。中国对斯氏要求二事：送回根忒木尔及令喀萨克退出雅克萨；斯氏对中国的希望包括通商和通使。这是双方的实在目的。但斯氏在北京的交涉可说未入正题就被种种仪节问题阻止了。最初斯氏坚持亲递国书于皇帝，后虽退步而呈递于理藩院，但陛见的时候，不肯跪拜。正式交涉简直未进行。在归途中，斯氏曾致书于雅克萨的喀萨克，嘱他们不再骚扰，但未见发生效力。

　　等到中国大举进攻雅克萨的消息传到马斯哥的时候，俄国政府始知道黑龙江流域非西比利亚可比；土人之后尚有一个大帝国须对付，而这帝国决不让俄国占领黑龙江流域。究竟黑龙江一带的地理如何，俄国政府并不知道。与其出师于万里之外来与一大邻国争一块可有可无的土地，不若和好了事，以图通商之发展。在中国方面，康熙帝素性不为已甚。三藩战役之后，中国亟须休养。且外蒙古尚有厄鲁特问题；其他部落亦

1　Baddeley, Vol. II. pp.204–424.

未倾心向我，倘我与俄为已甚，则俄蒙可相联以抗我。俄人军器的厉害及战斗精神的坚强这是康熙帝所深知的。所以在未出师之前，康熙帝对于军备是慎之又慎，以策万全的。外交虽已试过而未见效，康熙仍不绝望。所以他一面派彭春率师往攻雅克萨，一面又致书于俄国政府，一封由传教士转递，一封由荷兰商人带去。俄国政府既已有言归于好之心，康熙帝的信正为外交的进行辟了大路。二十五年九月，俄国要求停战的使者米起佛儿魏牛高（Nicefor Veniukov）及宜番法俄罗互（lvan Favorov）到北京，声明俄国愿与中国和好，且已派有全权大使在途。康熙帝时即时下谕："其令萨布素等撤回雅克萨之兵，收集一所，近战舰立营，并晓谕城内罗刹，听其出入，毋得妄行攘夺。俟鄂罗斯使至后定议。"[1]换言之，这是无条件的停战。

俄国所派的全权大使是费要多罗亚列克舍维赤果罗文（Theodore Alexievitch Golovin）。俄国政府于一六八六年初颁给果罗文第一次的训令。根据此训令：边疆应以黑龙江为界；如不得已，可以拜斯特尔（Bystra，即牛耳河）及精奇里二河为界；再不得已，则以雅克萨为界，但俄人须能在黑龙江及其支河通商，并且通商除纳关税外，不应有限制。如果罗文能使中国派公使及商人到马斯哥更好。俄国政府派了一千五百兵同行，以备万一，且教果罗文设法联络外蒙古以助声势。果罗文

---

1 《东华录》二十五年九月乙酉条。

于一六八六年正月二十六日（俄历）在马斯哥起程；一六八七年（康熙二十六年）十月二十二日始抵拜喀尔湖南外蒙古边境之色楞格。他在途中接到政府第二次的训令：如通商能得便易，则全黑龙江流域包括雅克萨，可认为中国领土；除非万不得已，绝不可引起战争；倘交涉失败，他可向中国提议双方再派公使从新协议。

喀尔喀土谢图汗把俄人抵境的消息报告给北京以后，康熙帝遂令在雅克萨的军队退瑷珲。次年年初，他派内大臣索额图、都统公国舅佟国纲、尚书阿尔尼、左都御史马齐、汉员二人，张鹏翮及钱良择，及护军统领马喇带八旗前锋兵二百，护军四百，火器营兵二百，往色楞格去交涉，代表团带有传教士二人，张诚（Jean François Gerbillon）及徐日昇（Thomas Péreyra），以助翻译。索额图等遵旨预拟交涉大纲如下：

> 察鄂罗斯所据尼布楚本系我茂明安部游牧之所，雅克萨系我达呼尔总管倍勒儿故墟：原非罗刹所有，亦非两界隙地也。况黑龙江最为扼要，未可轻忽视之。由黑龙江而下，可至松花江；由松花江而下，可至嫩江；南行可通库尔瀚江及乌拉、宁古塔、锡伯、科尔沁、索伦、达呼尔诸处。若向黑龙江口可达于海。又恒滚、牛满等江及精奇里江口俱合流于黑龙江。环江左右均系我属鄂伦春、奇勒尔、毕喇尔等民人及赫真、费雅喀所居之地。不尽取之，边民

终不获安。臣以为尼布楚、雅克萨、黑龙江上下，及通此江之一河一溪皆属我地，不可弃之于鄂罗斯。又我之逃人根忒忒术尔等三佐领，及续逃一二人悉应索还。如一一遵行，即归彼逃人及大兵俘获招抚者，与之划疆分界，贸易往来；否则臣当即还，不与彼议和矣。[1]

康熙帝当时批准了这个交涉大纲。我代表团所负的使命全见于此。我们若以俄国给果罗文第一次的训令与此大纲相比，则中俄的目的抵触甚多，因为双方都要黑龙江的上流，从尼布楚到雅克萨；若以俄国政府第二次的训令与此大纲相比，则双方所争者仅尼布楚城。

我使团于康熙二十七年五月初一日从北京启程，取道张家口、库伦。适此时喀尔喀与厄鲁特战，路途被阻。索额图等一面率领团员回京，一面派人往色楞格去通知俄国代表阻道的原委并要求改期改地会议。[2]果罗文指定尼布楚为交涉地点。次年（一六八九年）四月二十六日，我使团复由北京出发。此次代表中没有阿尔尼及马齐，但添了黑龙江将军萨布素、都统郎坦、都统班达尔善，及理藩院侍郎温达。此次所带的兵有北京八旗二千人，黑龙江兵一千五百人；倘总计军

---

1 《平定罗刹方略》卷四页二。
2 Du Halde, Vol. Ⅳ, pp.103–196. 张鹏翮《奉使俄罗斯行程录》。

中夫役及官员的仆从，全代表的人数约在八千左右。中国外交史上出使之盛没有过于此次者！康熙帝增加使团的兵数是否因为果罗文也带有兵来，我们无从知道。不过当时的人，如我们一样，觉在外交应有武力的后盾，但他们的后盾未免过于放在前面了！康熙帝虽对于军备主积极，而对于交涉目的则主退让。使团出发以前，曾拟议交涉大纲应仍旧，康熙帝大不以为然：

> 今以尼布楚为界，必不与俄罗斯，则彼遣使贸易无栖托之所，势难相通。尔等初议时仍当以尼布楚为界。彼使者若恳求尼布楚，可即以额尔古纳河为界。[1]

康熙帝的实在理由或者是因为厄鲁特与喀尔喀的战争已起，中国应速与俄国结案，以便用全力来对付蒙古问题。交涉大纲经此修改以后，实与俄国政府第二次的训令无所抵触。倘尼布楚的交涉失败，则其故并不在两国政府目的的悬殊。

六月中，我代表团抵尼布楚。俄人见我方军容之盛，不知我方实意在议和，抑在交战。果罗文迟到二十天。因为双方军备甚严，一时空气颇紧张。应酬费了几天功夫，遂决定开议形式：双方可各带七百六十兵赴会，但其中五百须留会场外，

---

1 《平定罗刹方略》卷四页四。

二百六十可入会场，站在代表后面。会场形式岂不有点《三国志演义》的风味？

七月初八初次会议，果罗文提议中俄两国应以黑龙江为界，江左（北）属俄，江右（南）属华。索额图则谓俄国应退至色楞格以西；以东的地方，包括色楞格、尼布楚、雅克萨皆应属中国。双方皆要价甚高，故相差甚远。次日，中国代表首先减价：色楞格及尼布楚愿让归俄国。这是遵守朝廷的训令，也是我方预定的最低限度。果罗文付之一笑，以为该二处无须中国之慷慨。七月初十日，交涉仍无进展。我代表遂提议双方签订正式会议纪录，以俾各返国复命。这等于宣布会议决裂。次晨，果罗文派人来声明接收此项提议，但要求再开会议一次。我方不允。张诚及徐日昇得了代表的许可，以私人的资格往访果罗文。张诚等的疏通，据其日记，有如下状：

> 马斯哥人实际渴望和平不在我们（中国代表团）之下。对于我两人的访问，他们表示愉快。我们起头就对他们说：如果他们不愿意放弃雅克萨及附近的土地，那末，他们用不着再费事了，因为我们确实知道我们的大使曾得着明文的训令非得此地不立约；至于尼布楚和雅克萨之间的地方，及黑龙江以北的地方，我们不知道大使们可退让到什么地步；马斯哥的代表可一斟酌他们所希望在尼布楚及雅克萨之间的界线；我们的大使，因为渴望和平，必竭其力之所能以促成之。

马斯哥的全权代表回答说：既然这样，他就请我们的大使把最后的决定通知他。[1]

七月十二日，俄国代表一早就派人来问我方最后的决定。我代表团在地图上指出额尔比齐河及外兴安山脉，谓河以东及山以南应归中国，河以西及山以北应归俄国；此外则以额尔古纳河为界。俄人辞退后，我代表遂派张诚及徐日昇去探问俄方最后的决定，并声明外蒙古及俄国的界线应同时划清。果罗文以职权的限制，并以我国势力未到外蒙古，拒绝交涉蒙俄界线。我方未坚持此点，但声明到厄鲁特及喀尔喀的战争平定以后，蒙俄间的界线必须划清。这个支节过去以后，俄方又提出一个要求：在额尔古纳河以东的俄人可搬回国。这点我方于七月十三日就答应了。这样，和议似乎已成。不料这时果罗文反要求雅克萨及其以西的土地应归俄国。张诚及徐日昇面斥果罗文之无信义。在他们努力疏通之初，他们就说破倘俄国不愿放弃雅克萨则不必费事；何以此时又旧话重提。张诚等向萨布素报告俄国尽反前议以后，我代表团即时召集全国文武会议，决定当夜全军渡河，以便包围尼布楚城；同时一面派人去鼓动四周的蒙古人，一面调少数军队回雅克萨去铲除禾苗。俄代表见势不佳，即派人来，微示可让雅克萨之意。我代表团复开会

1　Du Halde, Vol. IV, p.232.

议。不进呢，恐俄人行缓兵之计；进呢，又怕因军事行动断绝和平的希望。代表团请张诚及徐日昇发表意见，他们答以身为教士，不便也不能参与军事。代表团终决定按原定计划进行，惟对俄方则说移动人马专为求水草之方便！

　　七月十四日，我军全抵尼布楚城下的时候，俄代表正式承认我方所提出之界线。萨布素等遂派张诚去作最后的交涉。次日，果罗文提出三种新要求：第一，中国以后致俄王的信应书俄王的全衔，并且信中不可有不平等的词句。第二，两国应相互尊重公使，并许其亲递国书于元首。第三，两国人民如持有政府护照，应许其自由往来贸易。关于第一条，我代表等答以国书中的称呼及词句是皇帝所定，为臣子者不敢擅允；关于第二条，我方答以中国向不派驻外公使；倘俄国派使来华，接待的礼仪必从优。至于自由通商一节，我方以为无问题，惟买卖小事，似不必载诸条约。果罗文得了自由通商的权利，实已完成其主要使命。此节他不能不编入约款。最后关于界线的东段，双方发生稍许争执。外兴安脉之东段分南北二支；北支绕乌特河（Oud River）之北而直抵海滨；南支在乌特河之南而不到海滨。若以南支为界，则近海一带须另划界；若以北支为界，则乌特河流域将全属中国。其地面积甚大，且产最上等的貂皮，而其海岸又多产鱼。果罗文向我代表索解释的时候，我方答以约稿系指北支。这是七月十八日的事。十九日，俄方竟无回音，我代表以为是功亏一篑，颇为之觉急：因为乌特河流域非朝廷训令所必争，倘因此偾事，朝廷未必不责备。张诚从旁劝我代表不必坚持。于是萨布素等遂决派张诚去提折中办法，把乌特河流域由两国均分。适俄方亦派人来，带有果罗文致我代表的信，恳求我方完成和议。信中也提出折中办法，即暂不划分乌特区域。我代表当时接收。和议算告成了。所余者仅条文的斟酌及约本的缮写。

《尼布楚条约》是康熙二十八年七月二十四日，公历一六八九年九月七日，俄历八月二十七日签订的。中国代表在一份满文，一份拉丁文的约本上签了字，盖了图章；俄国代表在一份俄文，一份拉丁文的约本上签了字，盖了图章。所以仅拉丁文的约本是由双方签了字盖了章的。[1]签订后，两国代表起立，手持约本，各以其国主之名宣誓忠实遵守，并祈"无所不能的上帝，万物之主，作他们意志忠实的监视者"。同时双方军队鸣炮以资庆祝。张诚说，康熙帝曾有明令，要代表们以基督教的上帝之名宣誓，以为惟独这样可以使俄人永远遵守。所以这约的签订是经过鸣炮誓天的。

《尼布楚条约》，在我国方面所注重的是划界；在俄国方面所注重的是通商。双方均达到了目的，故此约得实行一百六十余年。照这约，不但黑龙江、吉林及辽宁三省完全是中国的领土，即现今俄属阿穆尔省及滨海省也是我国的领土。根据此

1　参看附录之四。

约，我们的东北可称为大东北，因其总面积几到八十万平方英里，比现今的东北大一倍有余；也可称为全东北，因其东其南均有海岸线，有海口，其北有外兴安的自然界线——国防上及交通上她是完全的。吾国当时所以能得此成绩，一则因为俄国彼时在远东国力之不足，关于远东地理知识之缺乏，及积极开拓疆土之不感需要；一则因为康熙帝处置此事之得法，军事上有充分之准备而外交上又替俄国留了余地。其结果不但保存了偌大的疆土，且康熙朝我国在外蒙古的军事曾未一次受俄国的牵制。"以往所有的争执，无论其性质如何，今以后永远忘记不计。"这是条文的第三款。这一层完全做到了：中俄两民族曾未因十七世纪的冲突而怀旧怨。关于将来，此约虽未永久有效，基督徒虽亦不计"无所不能的上帝"的监督而不守信，但确立了一百五十多年的和好及友谊的基础。在国际条约中，《尼布楚条约》算得一个有悠久光荣历史的。

四、东北一百五十年的安宁

康熙二十八年十二月，索额图等关于尼布楚立约的奏报到了北京以后，康熙帝遂命议政王、贝勒、大臣集议东北边疆善后的办法。他们提议应于额尔必齐河诸地立碑以垂永久，"勒满汉字及鄂罗斯，拉丁，蒙古字于上"，并于墨尔根及瑷珲设官兵驻防。这两件事都实行了。可惜界碑是中国单独立的，不是会同俄国立的。碑文不是条约全文，是条约的撮要。据俄国传教士Hyacith的实地调查，在额尔必齐河畔的碑上，匠人竟把"兴安岭以北属俄国"误刊为"以南属俄国"。[1]俄人以为是个好预兆。并且有几个界碑实非立在边界上。一八四四年，俄国国立科学会（Academy of Sciences）派了一位科学家米丁多甫（A. Th. von Middendorf）到远东来调查。他发现中国所立的界碑，最北的不是在外兴安的山峰，是在急流河（Gilu）与精奇里河合流之处；最东北的不是在外兴安与乌特河之间，是在乌特河及土格尔（Tugur）之间，中国自动的放弃了二万三千平方英里的土地！[2]

至于驻防的军队，中俄战争的时候，中国以瑷珲为大本营，设将军镇守。康熙二十九年（一六九〇年）将军移驻墨尔根；三十八年复移驻齐齐哈尔：步步的离黑龙江远了。吉林省亦复如是：原来中心在宁古塔，已离边境甚远，后来中心复向内移至吉林省城。虽然，以兵数而论，我们不能说清廷疏于防备。历十八世纪，前后兵数虽略有增减，东三省驻防军队约在四万左右，内奉天将军所辖者一万九千余人，吉林将军所辖者九千六百余人，黑龙江将军所辖者一万一千四百人。黑龙江西境设有十二卡伦，每卡伦驻兵三十名，三月一更；北境设有十五卡伦，每卡伦驻兵二十名，一月一更。[3]这些卡伦的目的在防止俄人越界，可惜大半离边境甚远，且恐是有名无实的。此

1　Sabir, p.34.

2　Ravenstein, p.66.

3　《盛京通志》卷五十一及五十二。

外黑龙江将军每年四五月间派委官佐，率兵二百四十名，分三路巡边，"遇有越境之俄罗斯，即行捕送将军，请旨办理"。惟巡边实亦不到极边。

我国政府所派人员实际到黑龙江极边去的次数及地点颇难稽考。惟《东华录》乾隆三十年（一七六五年）七月癸亥条载有将军富僧阿的奏折，内有关于巡查极边的事情。这时因为"俄罗斯近年诸事推诿，不能即速完结，且增加税额，以致物价昂贵"，所以停止恰克图贸易。因为停止贸易，乾隆帝恐俄国侵扰边境，所以教黑龙江将军调查并整理边防。富僧阿的奏报如下：

> 据往探额尔必齐河源之副都统瑚尔起禀称：自黑龙江至额尔必齐河口，计水程一千六百九十七里；自河口行陆路二百四十七里至兴堪山（即外兴安）：其间并无人烟踪迹。又往探精奇哩江源之协领纳林布称：自黑龙江入精奇里至都克达（Dukda）河口，计水程一千五百八十七里；自河口行陆路二百四十里至兴堪山：其地苦寒，无水草禽兽。又往探西里木第（Silimji）河源之协领伟保称：自黑龙江经精奇里江入西里木第河口，复过英肯（Inkan）河，计水程一千三百五里，自英肯河行陆路一百八十里至兴堪山：地亦苦寒，无水草禽兽。又往探牛满（Niman）河源之协领阿迪木保称：自黑龙江入牛满河，复经西里木第河入乌玛里

（Umalin）河口，计水程一千六百十五里；自河口行陆路四百五十六里至兴堪山：各处俱无俄罗斯偷越等语。

查呼伦贝尔与俄罗斯接壤之额尔古纳河，西岸系俄罗斯地界，东岸俱我国地界，处处设有卡座，直至珠尔特地方。现复自珠尔特至莫哩勒克河口添设二卡，于索博尔罕添立鄂博，逐日巡查。俄罗斯鼐玛尔斯断难偷越。其黑龙江城（？）与俄罗斯接壤处有兴堪山，绵亘至海。亦断难乘马偷越。第自康熙二十九年与俄罗斯定界查勘各河源后，从未往查。嗣后请饬打牲总管每年派章京、骁骑校、兵丁，六月由水路与捕貂人同至都克达英肯两河口，及鄂勒布西里木第两河间遍查，回报总管，转报将军。三年派副总管、佐领、骁骑校，于冰解后，由水路至河源兴堪山巡查一次，回时呈报。其黑龙江官兵，每年巡查额尔必齐河口，照此三年亦至河源兴堪山巡查一次，年终报部。

这是乾隆年间东北边境的概况及加添的边防办法，即每年小巡，三年大巡。但实行到何等程度，无从知道。

除立碑及边防二事外，清廷直到光绪末年毫无拓植东省的计划和设施。顺治年间，多数满人入关。在关内住惯了的，除因公事外，很少愿意回去。乾隆年间，因北京旗人过多，朝廷曾资遣少数到关外去开垦。彼时尚得着相当成效。后来满人汉化程度高了，无论在关内生计如何困难，朝廷虽资遣之，总不愿去，或去后不久复回。汉人在康雍二朝去的多半是山西商人及因犯罪而遣戍者。到乾隆年间，因关内人多地少，原大可移民，但清廷反于此时禁止汉人出关。这种禁令自然难于实行，而官吏亦未必认真实行，故虽无大规模的移民，零星去者亦复不少。惟吉林东部，乌苏里江一带及黑龙江下流，既未设官立治，地方人民，不分土居外来，是少而又少的。国家并未从东北边疆得着任何实利，皇室及其附庸收了些貂皮及人参而已。

《尼布楚条约》以后，东北所以享了一百五十余年的安宁，其原因不仅在我国防边之严，此外还因为俄国彼时对远东的消极。尼布楚订约的时候正是大彼得（Peter the Great）起始独揽政权的时候。从彼得起，历十八世纪，俄国政府集中力量，北与瑞典争波罗的海的东南境，南与土耳其争黑海北岸，西与普鲁斯及奥斯抵亚争波兰。十八世纪末年及十九世纪初年，欧西有拿破仑的战争，俄国也转入那个漩涡。所以无暇来与中国争黑龙江流域。同时在这一百五十年内，俄国起初与我国在北京及尼布楚附近通商，后来改在恰克图。为维持及发展中俄的贸易，俄国政府很不愿与中国引起冲突。

虽然，在这一百五十年内，俄国政府及人民对于远东亦未完全置之度外。十八世纪初年，俄人占据堪察克；以后继续前进，过比令海峡（Bering Strait）而占领阿拿斯喀（Alaska）。就是在黑龙江流域，历乾隆、嘉庆、道光三朝，俄国猎夫、罪犯、军官及科学家违约越境者不知凡几。乾隆二年（一七三七年）

测量家邵比耳晋（Sholelzin）及舍梯罗甫（Shetilof）曾到精奇里河。他们在急流河流入精奇里河之处发现一个俄国猎户的住宅；在精奇里河口以上约百里遇着几个从尼布楚来的猎夫。次年，他们从黑龙江上流而下；路过雅克萨的时候，看见一名喀萨克及一家俄罗斯与通古斯合种的人在那里居住。雅克萨以东六十里，他们又看见一家俄罗斯及通古斯的合种。十九世纪初年，嘉庆年间，少佐斯塔夫斯奇（Stavitsky）曾到雅克萨。同时植物学家杜尔藏宁罗甫（Turczaninov）调查了黑龙江上流沿岸的植物，到雅克萨为止。道光十二年（一八三二年）大佐垃底神斯奇（Ladyshinsky），为调查界碑，也顺流到雅克萨。罪犯越境而有记〔纪〕录可考者，在乾隆六十年有鄂西罗甫（Rusinov）及色尔可甫；在嘉庆二十一年有瓦西利叶甫（VasiLief）。瓦氏在黑龙江往来了六年，从河源直到江口，且留有游记。道光二十一年，米丁多甫调查了黑龙江的下流及其北岸，他在江口也遇着一个逃罪的游客。这皆是见诸纪录的。[1]

《尼布楚条约》以后，俄国科学家及官吏提倡再占据黑龙江者亦不乏人。在十七世纪的前半，俄人初到来那流域的时候，因为感觉粮食的困难，就派人进黑龙江。在十八世纪亦复如是。得了堪察克以后，接济发生困难。从雅库次克到堪察克的路途太难，几至不可通行；粮食的接济多由雅库次克运到鄂

1　Ravenstein, pp.65–71.

霍次克，再由海道运到堪察克。雅库次克既乏粮食，而从雅库次克到鄂霍次克的旱路又十分困难，所以俄人又想起黑龙江：若能从尼布楚经黑龙江运粮到海，再由海道运到堪察克，则接济问题就解决了。一七四一年（乾隆六年），西比利亚历史家米来尔（Müller）曾发表著作提议此事。一七四六年，大探险家比令（Bering）的同事齐利哥甫（Chirikof）提议俄国应占据黑龙江口而立市镇。一七五三年（乾隆十八年），西比利亚巡抚米也梯雷甫（Myetlef）向政府提出由黑龙江运输的具体计画书。俄国贵族院接收了他的计画，并嘱外交部与中国交涉。俄国政府在未交涉前，令色楞格总兵雅哥备（Jacobi）调查中国在黑龙江的军备。雅氏的报告说中国在沿江各处留有四千的驻防队；倘俄国要利用黑龙江，须秘密预备军队；中国若不许，即可出其不意以武力占之。此举费用过大，俄国政府不愿实行。[1]与中国的交涉亦完全失败："乾隆二十二年八月庚申朔，俄罗斯请由黑龙江挽运本国口粮，上以其违约不许。"[2]18世纪的下半，一个法国探险家拿佩罗斯（Lapérouse）及一个英国探险家蒲闹哈顿（Broughton）均由海外到黑龙江口及库页岛；他们调查的报告均谓库页非岛，乃半岛；黑龙江口只能绕库页的东边，由北面入，且江口堆有沙滩，航行不便。因此俄国对于

1　Sabir, p.39.
2　《东华录》。

黑龙江的航行权也就冷淡了一些。一八〇三年（嘉庆八年），俄国政府始又组织远东调查队，由库鲁孙斯德（Krusenstern）领导。库氏建议俄国应占据库页岛南部之安义瓦湾（Aniwa Bay），以便再进而占据吉林省之海岸线。同时俄国政府派果罗甫金（Golovkin）充公使来华交涉。政府的训令要他向中国要求黑龙江的航行权及中俄沿界的自由通商权。如中国不允，则要求每年至少由黑龙江航行一次，以便运送接济给堪察克及俄属北美。如中国再不允，则根据《尼布楚条约》要求进内地通商及北京驻使。清廷得到果罗甫金出使的消息以后，就饬地方官吏预备沿途的招待。后库伦办事大臣蕴端多尔济奏报俄使不知礼节，清廷就教果氏自库伦迳回本国，不许进京。[1]所谓"不知礼节"究是何事，我们不知道。果氏出使的失败可算到了十分。他经过这次的失败，深信俄国所希望的权利非外交家所能得到，必须一军的军长方能济事。他以为俄国无须占领全黑龙江，只要得着下流及精奇里河与乌特河之间的土地就够了。[2]伊尔库次克的巡抚哥尔尼罗甫（KorniLof）因果氏所得的待遇，亦愤愤不平，主张即派舰队进黑龙江以资恫吓。俄国政府不允。一八四四年（道光二十四年），探险家米丁多甫走遍了精奇里河及乌特河区域：当地的形势及中国在该处政治及军事势力的薄弱，他都调查清楚了。他的报告大引起俄国朝野的

1　《清代外交史料》嘉庆朝卷二页一。

2　Sabir, p.44.

注意。

　　到了十九世纪的中叶，东北的外患又趋紧急。形势的严重远在十七世纪末年之上。因为这时候正演着英、美、俄、法四大强权争北太平洋优势之第一幕。是时英国是无疑的海上的霸主，且有方兴未艾之势，俄、美、法各国处处嫉英防英。鸦片战争的时候，英国在中国得着许多通商权利；美、法即步后尘，惟恐英国独占。中国的腐弱亦因此战而暴露于天下。同时在北太平洋的东岸，各国的竞争更加剧烈。直到19世纪初年，北美的西部尚未分界，北有俄国的属地，南有斯班牙的属地。两国虽未分界，但两国均不容他国置喙其间。但美国一方面由东向西发展，其西疆垦民如海潮一般的前进；一方面波士顿、纽约及菲列得尔菲尔，为发展中美的通商，派商船到北美西岸去搜罗海獭皮及到檀香山去收买檀香，以便到中国广州来交易。一八二一年，俄国政府宣布北美西部从比令海峡到五十一度都是俄属的领土的时候，美国政府即提出抗议并宣布门罗主义。结果俄国承认五十九度为其南界。俄国所放弃的土地——当时统称为阿里根（Oregon），英、美两国又起争执。最初定为两国共有；等到分界的时候，美国坚执五十四度四十分为英、美的界线。一八四四年总统选举的时候，美国的急进分子甚至以承认"五十四度四十分或交战"为对英的口号。一八四六年，英、美终定四十九度为界线。英、美的问题虽以外交解决了，美国与墨西哥则打了两年，结果在一八四八年全加利福尼亚的海岸划归美国。北太平洋的东岸就由英、美、俄三国瓜分了。这时候，因为汽船的实用，太平洋上的交通大加进步。列强均感觉世界的历史已到了所谓太平洋时期。因为竞争之烈，各国都怕落后，都感觉我不取则彼将先取之。十九世纪中叶，东北的外患实际就是列强的世界角逐之一隅，不幸这时正值中原多故，内有太平天国之乱，外有英、美、法三国的通商条约修改的要求。中国国运的艰难，除最近这一年外，要算咸丰年间。论物质文明，自十七世纪中俄两国比武以后，俄国随着西洋前进。不但军器已完全改造，交通亦惯用汽船。咸丰时代的中国所用之军器、军队，及交通完全与康熙时代的中国相同，而在国计民生上反有退步。这关之难过可想而知。

五、俄国假道出师与胁诱割地

在好大喜功的尼古拉一世（Nicolas I）当政的时候（一八二五至一八五五年），俄国同时向三方面发展：近东、中亚细亚及远东。一八四七年（道光二十七年），他派了少壮军人木里裴岳幅（Count Muraviev）为西比利亚东部的总督。以前百数十年学者及官吏对于黑龙江的计画和企图，到了木里裴岳幅的手里就见诸实行了。木氏第一步派军官万甘罗甫（Vaganof）带喀萨克秘密越境来调查黑龙江沿岸的情形。万氏曾随登多甫到过恒滚河及精奇里河。他此次越境以后，绝无音信。木氏反以罪犯越境误被杀戮向中国交涉。黑龙江将军竟代为追究，将行凶的五人治罪。同时木氏又派海军舰长聂维尔斯哥叶（Nevilskoi）

从堪察克往南去调查黑龙江口及库页岛。聂氏发现库页实系一岛，与大陆隔一海峡可通航——证明前人的调查不确。他于一八五一年（咸丰元年）入黑龙江，并在其下流立二镇所，尼可赖富斯克（NicoLaievsk）及马隆斯克（Mariinsk），即我国旧籍的阔吞屯。

木氏于是年春回到俄京，要求政府索性占据黑龙江全北岸。在俄国外交史上，木氏是仇英派最力者之一。他以为英国企图称霸北太平洋东西两岸；如俄国落后，黑龙江必为英国所占，中国是不能自保其疆土的。咸丰元年四月初七日，俄国致理藩院的公文就代表木氏的思想：

> 敝国闻得有外国船只屡次到黑龙江岸。想此船来意必有别情。且此帮船内尚有兵船。我们既系和好，有此紧要事件，即当行知贵国。设若有人将黑龙江口岸一带地方抢劫，本国亦非所愿，黑龙江亦与俄罗斯一水可通……[1]

此时俄国外长聂索洛得（Nesse Lrode）以为近东问题紧急，不宜在远东与中国起衅，力阻木氏的计画。尼古拉一世采取了折衷的办法，黑龙江全北岸固不必占，但已立的两个镇所亦不撤弃。俄国实已违约而侵占黑龙江口，但北京不但未提抗

---

[1] 《咸丰朝筹办夷务始末》卷四页三十二。

议，且全不知有其事。

直到咸丰三年，俄国尚无侵占黑龙江全北岸的计画和行动。是年俄国致理藩院的公文只求中国派员与木氏协立界碑及划分无界之近海一带。此文明认"自额尔必齐河之东山后边系俄罗斯地方，山之南边系大清国地方"。[1]我国经理藩院及黑龙江将军计议后，允许派员协同立碑划界，并未疑此中别有野心。

不幸这时近东问题竟引起战争。一八五三年，俄国对土耳其宣战。次年，英、法联军以助土耳其。这个所谓克里蒙战争（Crimean War）不但未牵制俄国在远东的行动，反供给木里裴岳幅所求之不得的口实。我们不是说，倘西方无克里蒙战争，俄国就不会侵占东北的边境。细读过本文前段的人知道，俄国在远东之图往南发展是积势使然。我们不过要指出，克里蒙战争促进了木氏的计画。是时俄国在堪察克的彼得洛彼甫罗甫斯克（Petropavlovsk）已设军港，并驻有小舰队，英、法为防止俄船出太平洋扰害海上商业计，势必派遣舰队来攻：近东战争居然波及远东！俄国为应付起见，以为惟假道黑龙江方足济事。这举固然不合公法，但"急须不认法律"。木氏在伊尔库次克及尼布楚积极的预备了军需、船只及队伍。咸丰四年春，他遂率领全队闯入黑龙江。

---

1 《咸丰朝筹办夷务始末》卷六页三十二。

木氏在未起程之先，曾致书库伦办事大臣，声明他要派专差送紧要公文致理藩院。德勒克多尔济以与向例不符，不允所请。其实木氏知道北京必不许其假道；与其费时交涉，不若先造成事实。但假道的请求，在形式上他也算作到了。咸丰四年四月二十五日，他从石勒喀河起程，带汽船一只，木船五十只，木筏数十，兵一千。五月十三日抵瑗珲。他在此地所见的中国军备有船三十五只，兵约一千，大半背上负着弓箭，少数带着鸟枪，少数手持木矛，全队还有旧炮数尊。"二百年来，中国绝无进步"：这是当时俄人的感想。我们地方官吏如何应付呢？吉林将军景淳的奏报说：

> 查东省兵丁军器一概不足，未便遽起争端，止向好言道达，小船扯蓬。胡逊布欲待始终阻拦，恐伤和睦，当派妥员尾随侦探……[1]

盛京将军英隆及黑龙江将军奕格会衔的奏折完全相同。概括言之，疆吏应付外侮的方法不外"好言道达，尾随侦探"八字。中央的政策亦复相同，谕旨说：

> 该将军惟当密为防范，岂可先事张皇。……即着严为

---

1 《咸丰朝筹办夷务始末》卷八页五。

布置，不可稍动声色，致启该国之疑。……如果该国船只经过地方，实无扰害要求情事，亦不值与之为难也。[1]

在东边海防紧急的时候，木氏正怕中国与之为难。所以他教北京俄国教堂的主教巴拉第（Palladius）上书与理藩院，代为解释。从这书中可以看见木氏要给中国什么麻醉品：

> 本大臣之往东海口岸也……一切兵事应用之项，俱系自备，并无丝毫扰害中国。……本大臣此次用兵，不惟靖本国之界，亦实于中国有裨。……如将来中国有甚为难之事，虽令本俄罗斯国帮助，亦无不可。……[2]

原来俄国此举是友谊的，而且是慈善的！德勒克多尔济在库伦也得着一点麻醉品。他转告北京说：

> 该夷……复又言及英夷惟利是图，所有英国情形尽已访问。初意原不止构怨于俄国，并欲与中国人寻衅。且在广东等处帮助逆匪，协济火药，甚至欲间我两国之好。[3]

1　《咸丰朝筹办夷务始末》卷八页六。

2　同上页二十五。

3　同上卷十页三十至三十一。

英国是中国的大敌，俄国是中国的至友：从咸丰到现在，这是俄人对中国始终一贯的宣传。"昏淫"的满清并不之信，惟对于事实的侵略无可如何而已。理藩院给俄国的公文妙不可言：

> 此次贵国带领重兵乘船欲赴东海，防堵英夷，系贵国有应办之事，自应由外海行走，似不可由我国黑龙江、吉林往来。[1]

俄国的侵略当然不能以"似不可"三字抵阻之。咸丰五年俄国假道的人马三倍于四年的。此外尚有垦民五百，带有农具牲口。永久占据的企图已微露了。我国疆吏仍旧"尾随侦探"及"密为防范"。当时外交的软弱和不抵抗主义的彻底虽可痛惜，吾人亦不可苛责。咸丰帝原来是主张强硬外交的。在即位之初，他就责贬穆彰阿及耆英，把他们当作秦桧，而重用林则徐，好像他是岳武穆。咸丰帝对外之图抵抗实在是心有余而力不足。当时太平天国声势的浩大……东三省的军队多数已调进关内。五年冬，吉林将军景淳的奏折把当时的形势说得清楚极了：

> 查三姓、珲春、宁古塔皆有水路与俄夷可通，距东海

1　《咸丰朝筹办夷务始末》卷十页三十三。

则各以数千里计。其间惟松花江两岸有赫哲、费雅哈人等久居，余到旷邈无涯，并有人迹不到者。控制诚难。……寻思该夷自康熙年间平定以来，历守藩服。今忽有此举动，阳请分界，阴图侵疆；以防堵英夷为名，俾可咨意住来。其不即肆逞者，及因立根未定耳。今当多故之秋，又乏御侮之力，此中操纵，允宜权量。各处旱道，原多重山叠嶂，彼诚无所施其技。水路则节节可通。又就人力论之：黑龙江存兵固多，病在无粮；吉林既无粮而兵又少。再就官弁情志论之：此时皆知自守，谁敢启衅？……查吉林额兵一万一百零五名，四次征调七千名，已回者不及八百名。三姓、珲春、宁古塔刻下为至要之区，三处仅止共存兵八百余名。虽令各该处挑选闲散，团练乡勇，究之为数无几。到城驻守，行资生费，无款可筹。[1]

抵抗虽不可能，我国当时的外交还有一条路可试，就是根据咸丰三年俄国的来文与俄国趁早立碑分界。时人亦以此路为利多害少。三年冬，景淳本已派定协领富呢扬阿为交涉员。四年五月，木里裴岳幅超过三姓之后，富呢扬阿就去追他。行到阔吞屯附近，俄人告以木氏已到东海去打英国人。富呢扬阿见该处军备甚盛，而其赫哲引导亦不敢前往，遂折回了。于是吉

---

1 《咸丰朝筹办夷务始末》卷十页二十二。

林、黑龙江及库伦的疆吏决定各派一人，等到五年春会齐前往与木氏交涉。因时期及地点未预先约好，三处所派的交涉员东奔西跑，于八月内始在阔吞屯找着木氏。初十、十一、十二，木氏称病不见。十三日，木氏要求将黑龙江左岸划归俄国。我方代表以其要求与旧约不符，且"黑龙江，松花江左边有奇林、鄂伦春、赫哲、库页、费雅哈人等系为我朝贡进貂皮之人，业已居住年久"，就当面拒绝。木氏给了他们一封公文以便复命，交涉就完了。原来咸丰五年东北的情形已非三年可比。在咸丰三年，俄国尚无重兵在黑龙江一带；俄国尚不明东北的虚实；俄国政府尚不愿听木氏一意进行。到了五年，这些情形都不存在了。所以三年，俄国尚要求根据条约来立碑分界；五年则要求根本废《尼布楚条约》。不过在五年，木氏尚未布置妥贴，实不愿急与我方交涉。

克里米战役于一八五六年结束。俄国在一八五四及一八五五年不但击退了英、法舰队来犯东边海岸者，且在黑龙江下流立了两个重镇。等到战争一停，俄国在黑龙江的行动就变更性质。以先注重运军；现在则注重移殖农民；以先注重下流；现在则注重中流。呼玛尔河口、精奇里河口及松花江口均被占领，均设有镇市。一八五七年，俄国想派海军大将普提雅廷（Poutiatine）由天津进北京，中国不允，因为以往俄人只准由库伦、张家口进京。是年冬，木里裴岳幅回俄署，要求政府给他全权及充分接济去强迫中国割地。俄政府概允所请。

一八五八年春（咸丰八年），木氏回到黑龙江，带有大部队，准备与中国作最后决算。

是时黑龙江将军是宗室奕山。在鸦片战争的时候，他曾充"靖逆将军"带大兵到广州去"讨伐英逆"。英国兵打到广州城下的时候，他出了六百万元"赎城"的钱，并允将军队退去广州城北六十里。但在他的奏折里，他反说是英人求和。木里裴岳幅把奕山当作劲敌，未免过于重视他了。

奕山于咸丰八年四月初五日由齐齐哈尔抵瑷珲城。[1] 木氏的船已停在江中。初六日，奕山派副都统吉拉明阿去催开议。木氏故意刁难，说他如何匆忙，无暇交涉。"再四挽留"，始允开议。初十日，木氏带通事施沙木勒幅（I. Shishmaref）及随员上岸进城。木氏要求（一）中俄疆界应改为黑龙江及乌苏里江；（二）两江的航行权属于中俄两国，他国船只不准行走；（三）江左旧有居民率迁江右，迁移的费用由俄国出；（四）在通商口岸，俄国应与各国享同等权利，黑龙江亦应照海口例办理。奕山答以界线应照旧，即额尔必齐河及外兴安山脉；至于通商，黑龙江地方贫寒，通商无利，且通商易引起争执。这次的交涉"至暮未定而散"。

次日，十一日，木氏复进城交涉。他带来满文及俄文的约稿，其内容与初十日所要求者相同，惟江左旧居人民，北自精奇

1　本文论瑷珲交涉之梗概根据奕山奏折见《咸丰朝筹办夷务始末》卷二十五页十一至十五。

里河，南至霍勒木尔锦屯（Hormoldzin），可不迁移。经过若干辩论之后，木氏留下约稿遂回去了。奕山派佐领爱绅泰把约稿送还，以表示不接收的意思。木氏又送来。奕山又教爱绅泰带约稿去，声明须删去"以黑龙江、松花江为界"一句。木氏把约稿留下，"声言以河为界字样断不能删改，其余别事，明日进城再议"。

等了两天，木氏全无动静。十四日，他又带原稿进城，要求奕山签字。奕山拒绝了，且加上一层理由，谓乌苏里河系属吉林将军所辖，他不能作主。"木酋勃然大怒，举止猖狂，向通事大臣喧嚷，不知作何言语，将夷文收起，不辞而起。"咸丰八年五月十四日是瑷珲交涉的大关键。奕山的奏折说：

> ……先是木酋未来之前，有夷船五只，夷人数百名，军械俱全，顺流而下，行数十里停泊。木酋来时，随有大船二只，夷人二三百名，枪炮军械俱全，泊于江之东岸，尚属安静。自木酋忿怒回船后，夜间了望夷船，火光明亮，枪炮声音不断。……

饱受惊慌之后，十五日奕山就签订《瑷珲条约》了。此约仅二款，第一款论分界，第二款论黑龙江通商。[1]疆界西面仍依额尔古纳河；自额尔古纳河入黑龙江之点起，直到黑

---

1 《咸丰朝筹办夷务始末》卷二十五页十六。

龙江入海为止，左岸全属俄国，右岸（南岸）则分两段，自额尔古纳河到乌苏里江属中国，乌苏里以东算中俄共管。黑龙江及乌苏里江只许中俄两国船只行走。江左自精里奇江至霍勒木尔锦屯的旧居人民"仍令照常居住，归大清国官员管辖"。通商一款甚简略："两国所属之人永相和好。乌苏里、黑龙江、松花江居住两国之人，准其彼此贸易。两岸商人责成官员互相照看。"

《瑷珲条约》的严重在我国外交史上，简直无可与比拟者。外兴安以南，黑龙江以北，完全割归俄国；乌苏里以东的土地，包括吉林省全部海岸线及海参崴海口，割归中俄共管，这是直接的损失。间接则俄国自《瑷珲条约》以后，在太平洋沿岸的势力又进一步；列强的世界帝国角逐因之更加紧急，而现在的东北问题即种根于此。且有了咸丰八年的《瑷珲条约》，就不能不有咸丰十年的《北京条约》。

奕山所以签订这约的原故是极明显的。第一，木氏的"勃然大怒"及"枪炮声音不断"把他吓坏了。第二，木氏为他留了塞责的余地。江左屯户仍归中国管理，乌苏里以东算中俄共有。作到了这种田地，奕山自己觉得他上可以搪塞朝廷的责备，下可以安慰自己的良心。第三，奕山全不明瞭所失土地的潜伏价值。江左屯户既保存了，"此外本系空旷地面，现无居人"。前文已经说过，东北边境除供给皇室貂皮及人参以外，与国计民生绝未发生关系。奕山的昏愚很可代表他的国家。这一年中国对俄外交所铸的错尚不止《瑷珲条约》。清廷及在天津交涉的桂良、花沙纳均错上加错。

奕山订约的报告及《瑷珲条约》的约文于五月初四送到北京。朝廷并不加以斥责。谕旨说："奕山因恐起衅，并因与屯户生计尚无妨碍，业已悉行允许。自系从权办理，限于时势不得已也。"不但奕山可以原谅，且他的办理尚可实用于乌苏里以东的地方。谕旨继续说："即着景淳（吉林将军）迅速查明，如亦系空旷地方，自可与黑龙江一律办理。"[1]咸丰帝之所以承认《瑷珲条约》，并不是因为他素抱不抵抗主义，也不是单独因为奕山之"限于时势不得已"，是因为是时中国的内政、外交全盘"限于时势不得已"。太平天国的平定到此时尚全无把握；此外又有英、法的联军，及英、美、法、俄四国通商条约的交涉。联军于四月初攻进大沽海口，直进天津。清廷急于北仓、杨村、通州设防，京城亦戒严。《瑷珲条约》送到北京的时候，天津的交涉正有决裂之虞。当时我们与英、法所争的是什么呢？北京驻使，内地游行，长江通商：这是双方争执的中心。这些权利的割让是否比东北土地的割让更重要；大沽及天津的抵抗是否应移到黑龙江上去：我们一拟想这两个问题，就可以知道这时当政者的"昏庸"。咸丰四年，西洋通商国家曾派代表到天津和平交涉商约的修改。彼时中国稍为通融，对方就可

---

1 《咸丰朝筹办夷务始末》卷二十五页十五。

满意。清廷拒绝一切，偏信主张外交强硬论的叶名琛。叶氏反于全国糜烂的时候，因二件小事给英、法兴师问罪的口实。咸丰时代与民国近年的外交有多大区别呢？

桂良及花沙纳在天津的外交策略不外离间敌人。他们知道英国最激烈，法国次之，美国及俄国又次之。法、美、俄三国亦知道只要有最惠国待遇一条，其他都可让英国去作恶人。桂良等如何应付美、法二国与本文无关，无须叙述；至于他们与俄国代表普提雅廷的交涉，与东北问题关系甚大，不能不详加讨论。

普提雅廷与英、美、法三国公使同到大沽，同到天津。他最初给桂良等的照会要求二事：（一）割黑龙江以及乌苏里以东与俄国，（二）许俄人在通商口岸有与别国同等的通商权利。他的策略则在输灌麻醉品，以期收渔人之利。照会的一段说：

> 以上两条如不斥驳，大皇帝饮定，所有两国争竞之事皆可消弭。俄国所求俟得有消息，竭力剿灭英、佛（法）两国，以期中国有益。……再阅贵国兵法器械，均非外洋敌手，自应更张。俄国情愿助给器械，并派善于兵法之员前往，代为操练，庶可抵御外国无故之扰。[1]

---

1 《咸丰朝筹办夷务始末》卷二十一页六。

桂良等及清廷对于俄国这种意外之助是疑信参半的。但京内京外均以为最低限度应使俄国不与英、法合作，或在旁边怂恿，所谓"助桀为虐"。关于划界，桂良等答以奕山已奉派负责交涉；关于通商，他们以为已开口岸多一俄国亦无妨碍。所以他们与普提雅廷就订了《中俄天津通商和好条约》。其第九款与边界有关：

> 中国与俄国将从前未经定明边界，由两国派出信任大臣秉公查勘，务将边界清理补入此次和约之内。边界既定之后，登入档册，绘为地图，立定凭据，俾两国永无此疆彼界之争。[1]

有了这款，俄国便可要求划分乌苏里以东的地方，我国全无法拖延。这是桂良等联络普提雅廷代价之一。北京承认《瑷珲条约》的谕旨，他们也抄送了一份，普氏即要求决定乌苏里以东的土地归俄国。桂良等也答应了，以为这就是谕旨所说"与黑龙江一律办理"。所以奕山在瑷珲争得的共管之地，桂良等在天津实已赠送俄国，惟条约尚待订而已。

桂良等在天津与英、美、法所订的条约许了外人两种权利与以后东北问题有关系的：一种是牛庄开通商口岸，一种是外

---

1 《咸丰朝筹办夷务始末》卷二十七页十。

人得入中国传教。这两种权利，尤其是牛庄通商，促进了东北问题的世界化。

总之，中国在咸丰八年的外交全在救目前之急，其他则顾不到了。在瑷珲如此，在天津亦复如此。

六、俄国友谊之代价

等到英法联军一退出天津，目前的危急一过去，清廷就觉得《瑷珲条约》及天津诸条约损失太大，非图补救不可。《天津通商条约》的补救不在本文范围之内，但有一点不能不指出。因为中国要取消北京驻公使，长江开通商口岸，及外人在内地的游行，所以引起了咸丰九年及十年的中外战争。有了十年的英法联军，然后有中俄的《北京条约》。换言之，因为到了十九世纪的中叶，中国还不图在国际团体生活之中找出路，反坚持站在国际团体之外，俄国始得着机会作进一步的侵略。

《瑷珲条约》及桂良给普提雅廷的诺言之挽回当然困难极了。在东北边境未丧失以前，我国觉得为势所迫，不得不割让；既割让之后，要俄国放弃其已得权利岂不更加困难？中俄势力的比较及世界的大局并未因英法联军的撤退就忽变为有利于我；而我方之图取消北京驻使，长江通商，及内地游行更能使西欧与美国和东欧团结。这些国家虽是同床异梦，然我方的政策迫着她们继续同床。咸丰九年及十年之最后努力不能不失败，是很自然的。这种努力的发展、方法及终止的原因是我国外交史的一幕大滑稽剧，同时也是一幕大悲剧。

《瑷珲条约》定后，朝廷原以吉林东边空旷地方亦可照黑龙江左岸的办法，但教吉林疆吏去调查地方实际情形。我方尚未调查，木里裴岳幅已带领人员入乌苏里江。疆吏关于此事之报告于八年七月初一到北京，朝廷当日下的谕旨说：

> 除黑龙江左岸业经奕山允许，难以更改，其吉林地方，景淳尚待查勘，本不在奕山允许之例。……倘该夷有心狡赖，即行严行拒绝。……该夷此次驶赴天津，业已许其海口通商，并经奕山将黑龙江左岸准其居住往来，即吉林各处未能尽其所欲，在我已属有词，在彼谅未必因此起衅也。[1]

从这道谕旨，我们可以看出清廷在八年七月初已决定黑龙江左岸不能挽回，亦不图挽回，但乌苏里以东之地则断不割让。七月初的态度已与五月初的不同。其理由幼稚极了。俄国既得了黑龙江左岸，更加要乌苏里以东的地方。朝廷的态度虽变了，疆吏尚不知道，所以七月初八日，黑龙江副都统吉拉明阿给了木里裴岳幅一个咨文，说："乌苏里及海一带地方应俟查明再拟安设界碑。"[2]这明是承认中俄可以划分乌苏里以东的地方。实际的划分虽推延到查明以后，但推延不是否认，且与外

---

1 《咸丰朝筹办夷务始末》卷三十页三。
2 同上卷三十三页二十三。

人交涉，推延是大有时间限制的。

疆吏的调查报告于十二月二十日送到北京。他们说乌苏里一带的地方南北相距一千四百余里，"系采捕参珠之地"，两岸住有赫哲、费雅哈，"历代捕打貂皮，皆在该处一带山场，均属大有关碍"；"且该处距兴安岭甚远，地面辽阔，统无与俄夷接壤处所"。最奇怪的，他们的报告不提海山威：足证彼时海山威与东北关系之不重要。朝廷得此报告后，于二十一日下旨，说：

> ……该夷要求黑龙江左岸居住，奕山遽尔允准，已属权宜，此次无厌之求，着该将军等妥为开导，谕以各处准添海口，皆系大皇帝格外天恩；因两国和好多年，是以所请各事，但有可以从权者，无不曲为允准；此后自应益加和好，方为正办；若肆意侵占，扰我参珠貂鼠地方，是有意违背和议，中国断难再让。……[1]

后三天复有一道谕旨责备吉拉明阿：

> 绥芬、乌苏里两处，既与俄夷地界毫不毗连，且系采捕参珠之地，当时即应据理拒绝。何以副都统吉拉明阿辄

---

1 《咸丰朝筹办夷务始末》卷三十三页二十四。

许木里裴岳幅于冰泮时驰往查明，再立界碑？[1]

清廷的态度虽较前强硬，反于此时从吉林调兵一千驻守山海关，从黑龙江调兵一千驻守昌黎、乐亭以防英法之再来。[2]可见彼时政府仍以防英法的通商要求比防俄国的侵占疆土为更重要，更急迫。

俄国为促进乌苏里边界之"登入档册，绘为地图，立定凭据"，一面派人进京互换《中俄天津条约》的批准证书，并作进一步之交涉，一面由木里裴岳幅派人去测量乌苏里区域。疆吏既不敢违旨会同查勘，又不敢挡住俄人的进行，结果木氏的委员伯多郭斯启（Lt.–Col. C. Budogoski）于九年的春夏单独测量和绘图。俄国的公使丕业罗福斯奇（Pierre Perofski）于八年冬抵北京，我国派户部尚书管理理藩院事务肃顺及刑部尚书瑞常与之交涉。九年三月中，批准证书互换以后，丕氏提出八项要求，其中第一项即系关于划界的事。可惜《夷务始末》不录来文，只录军机处的答词，但从这答词中，我们可看出朝廷态度之又一变：

中国与俄国定界，自康熙年间鸣炮誓天，以兴安岭为

1　《咸丰朝筹办夷务始末》卷三十三页二十六。
2　同上页四十六。

界，至今相安已百数十年。乃近年贵国有人在黑龙江附近海岸阔吞屯等处居住。该将军念两国和好之谊，不加驱逐，暂准居住空旷之地，已属格外通情。今闻欲往吉林地界。该处距兴安岭甚远，并不与贵国毗连，又非通商之处，断不可前往，致伤和好。黑龙江交界之事，应由我国黑龙江将军斟酌办理，京中不能知其情形，碍难悬定。[1]

换句话说，军机处仍认《尼布楚条约》为中俄疆界的根据。虽未明文的否认《瑷珲条约》，等于否认了，因为就是黑龙江左岸，奕山尚止"暂准"俄人居住，吉林东部更谈不到了。俄国于五月里因他故改派伊格那提业幅（Ignatief）来京交涉。伊氏在俄国外交界算一能手。他曾出使中央亚细亚的小邦，以能了解亚洲人的心理得名。我方仍由肃顺、瑞常二人负折冲樽俎之责。肃顺是咸丰末年的权臣，手段亦不凡。伊氏遇着他可说是棋逢敌手。伊氏能强词夺理，虚言恫吓；肃顺也能。在未叙述此剧之先，我们应说明疆吏的应付及中外大局的变迁。

咸丰九年五月，吉林疆吏的警报纷纷到京，说俄人如何已进到乌苏里江的上流，并在该处盖房屋，筑炮台。与之理论，他们总"恃为约内有乌苏里河至海为中国俄国共管之地一语"。五月初十的谕旨要署吉林将军特普钦"与之决绝言明，将前约

1 《咸丰朝筹办夷务始末》卷三十七页十六。

中此语改去，方为直截了当"。[1]此时北京方明瞭祸根所在，所以五月十二日又有一道谕旨：

> 绥芬、乌苏里河地属吉林，并不与俄国接壤，亦并非黑龙江将军所辖地方。上年该将军奕山，轻信副都统吉拉明阿之言，并不与俄国使臣剖辩明白，实属办理不善，咎无可辞。黑龙江将军奕山着即革职留任，仍责令将从前办理含混之处办明定议。革职留任副都统吉拉明阿着即革任，并着特普钦派员拿赴乌苏里地方枷号示众，以示惩儆。[2]

"咎无可辞"当然是对的，但一年以前朝廷已有明旨认《瑷珲条约》是出于"势不得已"，并且何以吉拉明阿之罪反重于主政的奕山？朝廷也知道此中赏罚的不公，不过此举是对外而非对内的。同日还有一道密旨给特普钦：

> 特普钦接到明发谕旨即可宣示夷酋，告以乌苏里等处本非俄国接壤，又与海路不通。奕山、吉拉明阿已为此事身获重罪。若再肆意要求，我等万难应允。前此奕山等将黑龙江左岸借给俄国人等居住，大皇帝既已加恩，自不至

---

1 《咸丰朝筹办夷务始末》卷三十八页七。
2 同上页十一。

有更改。其未经议定之地，任意闯越，即是背约。岂有吉林地界转以黑龙江官员言语为凭之理？……该酋见吉拉明阿获罪已有明征，自必气馁，而特普钦等据理措词当亦较易。……[1]

这种对外方法确带了亚洲人的特性在内。同时吉拉明阿以副都统的官职而枷号示众于乌苏里地方，未免于天朝的面子不好看。宜乎木里裴岳幅对这套把戏不过付之一笑。

凑巧咸丰九年的五月中国对英法得了意外的胜利。自英法联军离开天津以后，朝廷即命僧格林沁担任畿辅的海防。大沽的炮台加料重修；海河也搪塞了，沿海均驻军队。惟留了北塘以便各国公使带领少数随员进京交换《天津条约》的批准证书。英法美三国公使于九月五日抵大沽口外；英法公使带有不少的海陆军。他们决意要由大沽口进，不由北塘进。五月二十五日晨，英法起始毁我方堵河防具，僧格林沁遂下令反攻。不但海军大受损失，陆军登岸者亦死伤过半。于是北京及东北疆吏对俄稍为胆壮，我们对英法的胜利影响了对俄的交涉。

伊格那提业幅于五月初十由恰克图起程。他到北京的时候正在大沽捷音传到之后。六月初，他提出草约六条，要求中国承认。其中第一条有关东北：

_____

1 《咸丰朝筹办夷务始末》卷三十八页十二。

补续一千八百五十八年玛乙月（五月）十六日在黑龙江城所立和约之第一条，应合照是年伊云月（六月）初一日在天津和约之第九条：自后两国东疆定由乌苏里江、黑龙江两河会处，沿乌苏里江上流，至松阿察河会处；由彼处交界，依松阿察河至兴凯湖及珲春河，沿此河流至图们江，依图们江至海口之地为东界。[1]

伊氏要求的根据是《瑷珲条约》和《天津条约》。《瑷珲条约》明载乌苏里以东之地为两国共管；倘根据此约来分界，应由中俄均分，不应由俄国独占，更不应由俄国占据乌苏里流域以外的土地，如伊氏草约所拟。《天津条约》第九条只说两国应分界绘图立碑，并没有规定划分的方法。伊氏也觉得他的根据不充足，所以在其说明书内又引咸丰八年五月初四日桂良及花沙纳给普提雅廷的咨文，且加上一段宣传麻醉品：

……本国从东至西一万余里，与中国相交一百余年，虽有大事，并未一次交锋。若英吉利等，十余年之间，常至争斗，已经交锋三次。然逾数万里地尚且如此，况离此相近乎，若英佛（法）两国，往满洲地方东岸，兵船火船，来时甚易。中国海界绵长，战法各国皆不能敌。惟本国能

---

1 《咸丰朝筹办夷务始末》卷三十九页二十八。

办此事。若中国与本国商定，于外国船只未到彼处之先，先与本国咨文，将此东方属于本国，我国能保不论何国，永不准侵占此地。如此中国东界，亦可平安。且须知我国欲占之地，系海界空旷之处，于中国实无用处。且贵国使者须知，因本国官员到彼，并未见有中国管理此处官员之迹，我们业经占立数处。[1]

在咸丰年间，英法虽曾攻下广州、天津、北京，但均于和议定下退去。至于东北海岸，英法不但未曾占领，且未曾有此拟议。伊氏也深知此中情形，不过故意作此谣语，以欺不明世界大局的中国人。这个当，军机处是不会上的。答复虽在法律上很难讲过去，但用了彼之矛以刺彼之盾：

> ……中国与俄国定界，自康熙年间鸣炮誓天，以兴安岭为界，凡山南一带流入黑龙江之溪河，尽属中国，山北溪河，尽属俄国。所定甚为明晰。至黑龙江交界应由黑龙江将军与贵使臣木里裴岳幅商办。其吉林所属之处，并不与俄国毗连，亦不必议及立界通商。贵大臣所云恐有他国侵占，为我国防守起见，固属贵国美意，断非藉此侵占我国地方。然若有别国占踞，我国自有办法。今已知贵国真

---

1 《咸丰朝筹办夷务始末》卷三十九页三十至三十一。

心和好，无劳过虑。[1]

军机处与伊氏有了这次文书的往来，遂由肃顺、瑞常负责交涉。六月二十三日初次会晤的时候，伊氏面请肃顺阅读桂良及花沙纳所发之咨文，内附有批准《瑷珲条约》的谕旨。肃顺等不承认有此谕旨，但三日后又去一咨文，声明虽有此谕旨，但与吉林东界事无关，所以伊氏带来之稿本，"谅必因抄写之误"。六月二十八日，伊氏回答："此等大事不可有抄写错误之处。本大臣恳乞贵大臣将桂良所奉谕旨原文，送交与我，以便查对错误之处。"肃顺等答以谕旨原文存大内，不便检阅。[2]适是时伯多郭斯奇带乌苏里区域的地图来北京。伊氏遂要求按俄国新绘地图，即在北京定约分界。"不然，焉能得免侵占。"肃顺等七月初一日的答文，措词同样的强硬。在乾隆时代，因俄国不讲理，中国曾三次停止互市。乾隆年间作过的事，此时也能再作。如俄国此次不讲理，中国不但要停止互市；"即已许借与贵国之黑龙江左岸空旷地方，阔吞屯、奇吉等处，"亦将不借与。"是贵国求多反少也。总之，绥芬、乌苏里江等处，是断不能借之地。贵国不可纵人前往，亦不必言及立界。"[3]

双方话已说到尽头，条件相差甚远。伊氏行文军机处，要

1　《咸丰朝筹办夷务始末》卷三十九页三十三。
2　同上卷四十页二十八之三十二。
3　同上卷四十一页四十二。

求中国改派别人担任交涉。军机处告诉他说肃顺、瑞常"皆系我大皇帝亲信大臣",不能改派。伊氏仍不肯放弃,历夏秋二季,屡次向军机处行文,均是旧话重提,空费笔墨。军机处亦以旧话搪塞。但在十一月十六日的照会内,加上一层新理由,即吉林人民之不愿,[1]好像中国此时要援人民自决的原则。可惜这次人民的意志实在如何,我们无从知道。俄人在乌苏里区域测量者均说当地的人欢迎俄人去解除他们从满人所受的压迫。至于军机处所说的吉林人的反对割让,全是北京闭门捏造的。十年正月十六日的谕旨显露此中的实情:

> 现在俄夷以吉林分界一节,屡次行文,晓渎不已。当经复以绥芬、乌苏里等地界,奕山等妄行允许后,该处民人,以中国地方不应被夷人占踞,公同具呈控告,是以奕山革职、吉拉明阿枷号;并未奉旨允准;倘该国前往占踞,该处民人出来争论,反伤和好等语:藉以措词,以冀消其觊觎之心。如该酋伊格那提业幅将此复文知照木里裴岳幅,恐其向该将军询问,吉林人民有无同递公呈,不愿该夷在绥芬、乌苏里住居之事,着景淳、特普钦遵照前说,加以开导,以坚其信,勿致语涉两歧,是为至要。[2]

---

1 《咸丰朝筹办夷务始末》卷四十六页二十三。
2 同上卷四十七页九。

伊氏于十年四月初一致最后通牒，限三日答复。军机处丝毫不退让。照复说：

> 至乌苏里、绥芬地界，因该处军民人等，断不相让，屡次递呈，现已开垦，各谋生业，万不能让与他人。经该将军等将此情节据实奏明。因恐贵国之人去到，该处人等不容，必致反伤和好。中国向来办事，皆以俯顺民情为要，是以碍难允准。[1]

伊格那提业幅接到此文以后，宣布交涉决裂，于四月初八离开北京。

这时，木里裴岳幅在乌苏里一带照其自定计画进行测量、开垦、设防。疆吏虽未抵抗，亦未与划界定约，且似在火燃眉毛的时候，稍图振作。吉林、黑龙江皆办团练，吉林则略为解放山禁，多招参商刨夫入山，"以资兵力"。在咸丰十年的春天，两省的奏折都有调兵设防的报告，好像他们准备抵抗。

不幸十年的夏天，我国另起了风波，把对俄的强硬都消灭了。英法两国为报复大沽之仇，加添要求，并厚集兵力于远东以图贯彻。伊格那提业幅适于是时交涉失败后，愤愤不平的离开北京，直至上海、香港去挑衅。他见了英法的代表就大骂北

---

1 《咸丰朝筹办夷务始末》卷五十一页一至二。

京当局的顽固与不守信义。[1]西洋各国应一致对付中国，并且非用武力不可。但他的行动亦被我方探知，五月中，暂署两江总督江苏巡抚薛焕的奏折说：

> ……查俄国使臣忽然骤至，未审意欲何为，连日亦未来请见。当饬华商杨坊等密探，旋据报称……今因俄酋到此，极力怂恿英佛（法）打仗，并云在京日久，述及都门并津沽防堵各情形，言之者凿。谆告普鲁斯（Bruce）及布尔布隆（Bourboulon），不必误听人言，二三其见，竟赴天津打仗，必须毁去大沽炮台，和议方能成就。而普酋、布酋为其所惑，主战之意坚。……[2]

我方知道了这种消息以后，当然设法预防。

六月初，英法联军齐集于大沽口外。伊格那提业幅已先到，并带有兵船四只。美国公使华若翰（John E. Ward）亦带有两只兵船在场。初四日，我方接到伊氏照会，询问《中俄天津条约》何以尚未在各海口宣布，并言"英佛（法）与中国有隙，愿善为说合"。他的"说合"，军机处明知不可靠，但当危急的时候，又不敢多得罪一国。所以含糊回答他说："今贵国

---

1 《咸丰朝筹办夷务始末》卷五十一页一至二。
2 同上卷五十二页四十三。

欲为说合，足见贵使臣美意。在天朝并无失信于二国，又何劳贵国替中国从中调处。"尹氏颇为失望，遂转告法国公使葛罗（Baron Gros）由北塘进兵的便利。[1] 七月中，英法联军已进天津，桂良与英法的交涉将要完成的时候，伊氏又来文，要求中国许他进京。军机处还是怕他生事，所以回答他"暂可不必，应俟英佛（法）二国换约事毕，再行进京办理可也"。[2] 等到英法已经到了圆明园，预备攻安定门的时候，伊氏嘱俄国教士向恭亲王奕䜣要求许他进京。我方依旧拒绝："如果有意为中国不平，亦必在外代为调停；俟两国之兵退后，即可照常来京。"[3] 此是八月二十二的事。可见我方防备伊氏到什么程度。

英法军队于八月二十九日进北京，伊氏也跟进了。中国的外交到了这种山穷水尽的时候，伊氏的机会也就到了。九月初二日，咸丰帝自热河行宫宣布谕旨："着恭亲王等迅即饬令恒祺往见该夷（英法代表），仍遵前约，不另生枝节，即可画押换约，以敦和好。"[4] 换言之，朝廷已决定接收英法的条件。伊氏于九月初五致信于法国公使葛罗，说他如何在北京力劝留守大臣迅速接受英法的条件。[5] 英法进攻的原意在强迫中国承认《天

1　Cordier, op-cit., p.247.
2　《咸丰朝筹办夷务始末》卷五十九页十四。
3　同上卷六十五页二十二。
4　同上页四。
5　Cordier, Histoire des Relations de la Chine, Vol. Ⅰ, pp.94–95.

津条约》及雪大沽之耻，并不在占据北京。英法联军在北京的时候，咸丰帝已逃避热河，北京官吏能逃者也逃散。倘和议不成，势必须进兵热河。那末，时季已到秋末，须等来年。倘英法压迫太甚，清廷或将瓦解。列强在远东的角逐很能引起世界战争。是时英法因为意大利的问题全盘关系已趋紧张。因为这些原故，英国公使额尔金（Lord Elgin）及法国公使葛罗均以为宜速定和议，速撤军队，否则夜长梦多，枝节横生。所以他们将赔款现银部分由二百万两减到一百万两。此中背景，恭亲王及文祥——我方的全权代表——当然无从知其详，而伊格那提业幅则完全知道。因此他又向我方冒功。

九月十一日及十二月英法《北京条约》签订之后，伊格那提业幅遂向恭亲王要求报酬。我方代表的感想如何见于他们九月十三日所具的奏折：

　　……本日复接伊酋照会，以英佛两国业已换约，仍以所祈之事，请派大员前往商酌等语。臣等复息英佛敢于如此猖獗者，未必非俄酋为之怂恿。现虽和约已换，而夷兵未退，设或暗中挑衅，必致别生枝节，且该酋前次照复，有兵端不难屡兴之语。该夷地接蒙古，距北路较近。万一衅起边隅，尤属不易措手。查前次该酋向崇厚等面称，允给英佛等银两，尚可从缓，且可酌减，并不久驻京师，夷兵亦令退至大沽等处。现英佛议减现银一百万两，难保非该酋预探此语，有意冒撞。而此次照会内，颇有居功之意，心殊叵测。[1]

是以恭亲王、桂良、文祥并非觉得俄国有恩于我故必有以报之；他们不过觉得伊氏挑拨之力太大，非使其满意不可。后英国军队因故退出北京稍迟数日，恭亲王等更急了。他们九月二十日的奏折说："且英佛两夷之来，皆属该夷怂恿。倘或从中作祟，则俄夷之事一日不了，即恐英夷之兵一日不退，深为可虑。"[2]

伊氏所索的报酬除东北疆土外，尚包括西北边界及通商与邦交的权利。恭亲王既以速决为要，所以九月二十三日《中俄北京条约》就议好了；十月初二日（西历十一月十四日）签字。这约的第一条就是规定东北的疆界的，也是全约最要紧的一条。条文如下：

> 议定详明一千八百五十八年玛乙月十六日，即咸丰八年四月二十一日，在瑷珲城所立和约之第一条，遵照是年伊云月初一日即五月初三日，在天津地方所立和约之第九条：此后两国东界定为由什勒喀、额尔古纳两河会处即顺

---

1 《咸丰朝筹办夷务始末》卷六十七页八。
2 同上五十五。

黑龙江下流，至该江乌苏里河会处，其北边地属俄罗斯国，其南边地至乌苏里河口所有地方属中国；自乌苏里河口而南，上至兴凯湖，两国以乌苏里及松阿察二河作为交界，其二河东之地属俄罗斯国，二河西属中国；自松阿察河之源，两国交界逾兴凯湖直到白稜河，自白稜河口、顺山岭，至瑚布图河口，再由瑚布图河口，顺珲春河及海中间之岭，至图们江口，其东皆属俄罗斯国，其西皆属中国；两国交界与图们江之会处，及江口相距不过二十里。……[1]

这两个条约——《中俄瑷珲条约》及《中俄北京条约》——在世界历史上开了一个新纪念，即土地割让的纪录。我国在咸丰八年及十年所丧失的土地，其总面积有四十万零九百十三平方英里。现今的东三省，加上江苏，比我们这两年所丧失的土地只多一千四百平方英里。法德两国的面积，比我们这两年所丧失的土地，还少六千五百三十一平方英里。俄国从我国得着这大的领土不但未费一个子弹，且从始至终口口声声的说俄国是中国惟一的朋友。俄国友谊的代价不能不算高了！

咸丰以后的东北可称为半东北、残东北，因其面积缩小了一半有余，且因为她东边无门户，北边无自然防具——她是残缺的。所以到这种田地的原因有三。第一是太平天国的内乱；

---

1 《咸丰朝筹办夷务始末》卷六十八页十八至十九。

第二是咸丰年间全盘外交政策的荒谬，争所不必争，而必争者反不争。比这两个原因还重要，还基本的是在世界诸民族的竞进中，我族落伍了。有了这个原由，无论有无前两个原由，我们的大东北，全东北是不能保的。

附录之一：资料评叙

中文著作中尚无一种与本文范围相同的。西文中有三部著作其范围与本文大致相同；其中两部均因十九世纪中年俄国在远东发展之速有所感触而著的，两部均是一八六一年出版的。（1）E. R. Ravenstein：*The Russians on the Amur，its Discovery，Conquest，and Colonization*（London，1861）。著者用了不少俄国方面的材料，可惜甄别似欠功夫，且不详细注明出处。书后附有简略史料目录。（2）C. de Sabir：*Le Fleuve Amour-Histoire，Geographie，Ethnographie*（Paris，1861）。此书与前书的范围完全相同，资料大致相同。两书著者均系地理学家，两书前半皆叙历史，后半讲地理。（3）F. A. Golder：*Russian Expansion on the Pacific 1641-1850*. 著者精通俄文，且专治史；他审查史料的严密远在前两个著者之上。书后附有详细书目，至为可贵。此外尚有北平燕京大学徐淑希教授之（4）*China and her Political Entity*（New York，1924）。此书实即一部东北外交史。西文著作论东北问题而参用中西的材料，据我所知，以此书为最早。

本文论"俄国的远东发展"的一节不过作背景的叙述，故极简略。欲作进一步的研究者应参看（5）G. F. Müller：*Sammlung russischer Geschihte*, 9 vols（St. Petersburg，1732–1764）．此书出版几将两百年。批评者、抄袭者、继起者不少，但至今此书有读的必要，因为著者所见及所用的原料实不少。（6）J. E. Fischer：*Sibirisehe Geschiehte*，2 vols，（St. Petersburg，1768）。此书即抄袭前书者之一，不过著者深知西比利亚的历史，在重编前人著作的时候亦有所发明和纠正。关于满人向黑龙江的发展，至今尚无专著。《皇清开国方略》《太祖高皇帝实录》《东华录》及《盛京通志》等官书皆记有某年某月伐某部族或某部落来贡一类的事实，但对满人的武功不免夸耀过实，且所举地名及部落名称间有不可考者。何秋涛的《朔方备乘》收了他自己所著的（7）《东海诸部内属述略》及（8）《索伦诸部内属述略》。前书述清太祖太宗征收牡丹江，乌苏里江、珲春河、黑龙江下流及库页岛各部落的事迹；后书述同时征收黑龙江上流各部落的事迹。两书皆根据咸丰以前的官书，不正确，其简略，但有系统。

"中俄初次在东北的冲突"的主要资料即《朔方备乘》内的（9）《平定罗刹方略》。此亦官书之一，过于夸耀朝政，但其中保有几件重要谕旨及奏折。在事的人，如郎坦、萨布素诸人的传见于《清史列传》《碑传集》《清史稿》的列传类，皆无声无色，惟（10）《八旗通志》初集卷一百五十三之"郎坦（亦作谈）传"诚为至宝之史料。（11）吴振臣《宁古塔纪略》（见《小方壶斋舆地丛钞》）有一段纪"逻车国人造反"事，形容俄人炮火的利害，大可补官书之偏。著者随其父在宁古塔戍所多年；其父亦被调往征"逻车"者之一，故所记皆亲历的事。

"尼布楚的交涉"的主要史料当然是张诚的日记。张诚即康熙帝所信任的传教士之一，原名Jean François Gerbillon。其日记见于（12）J. B. du Halde：*Description geographique，historique，chronologique，politique，et physique de l'Empire de la chine et de la Tartarie chinoise*，4 vols.（La Haye，1736）。康熙二十七年的日记（见卷四页一〇三至一九五）仅记路程，与外交无大关系；次年的日记（见卷四页一九六至三〇一）记尼布楚的交涉甚详。张诚是耶稣会的会员，不敢也不愿开罪中国，同时耶稣会正求俄国许其会员假道西比利亚来华，故亦不敢开罪俄国。他及徐日昇无疑的作了忠实的疏通者。不过日记言其调停之功过甚，因为双方政府最后的训令并没有冲突。《八旗通志》的"郎坦传"及《平定罗刹方略》大可补充张诚的日记。（13）Gaston Cahen：*Histoire des relations de la Russie avee la Chine sous Pierre le Crand，1689–1730*（Paris，1912）。著者是法国的一个俄国史专家，且专攻中俄的关系。俄国已出版的及未出版的史料关于中俄这时期的往来的，他曾研究过，于书后备有详细目录。本书第一章论尼布楚交涉，其他各章论中俄在北京的通商。关于尼布楚以前的交涉，我国旧籍过于简略，且多不实；最好的史料是（14）J. F. Baddeley：*Russia，Mongolia，China，being some record of the relations between them from the beginning of the*

17th century to the death of the Tsar Alexei Mikhailovich，*A. D. 1602-1676*，2 Vols.（London，1919）. 上卷大半是著名的叙论，说明俄国十七世纪以前的历史，俄人入西比利亚的经过，及西比利亚的地理；下卷则几全为史料，中有曾未出版者，内包括俄人出使中国的记录及报告（页一三〇至一六九，一九五至二〇三，二四二至四二五）。书后有极好的目录。（15）张鹏翮《奉使俄罗斯行程录》（见《小方壶斋舆地丛钞》），记康熙二十七年代表团的行程亦可资参考。

尼布楚以后，咸丰以前，东北的状况除《盛京通志》及《吉林通志》外，尚有（16）萨英额的《吉林外记》（光绪庚子年广雅书局刊）及（17）西清的《黑龙江外记》（出版同上）两书的叙述。《吉林外记》述事到道光初年止，《黑龙江外记》到嘉庆末年止。因其不为体裁所拘，这二书的史料价值反在官书之上。至于十九世纪的前半，列强如何竞争太平洋的海权，我们从（18）Foster Rhea Dulles：*America in the Pacific*，*a century of Expansion*（New York，1932）可窥见一斑。书后附有很详细的目录。

咸丰一朝，中俄关于东北的冲突及交涉当以（19）北平故宫博物院出版的《咸丰朝筹办夷务始末》为主要史料。书共八十卷四十册，民国十九年出版。因此书的出版，在此书以前的著作均须根本修改。咸丰朝，我方主持中俄交涉者——奕山、景淳、特普钦、桂毅、恭亲王奕䜣、文祥诸人——的文稿均于

《夷务始末》初次发表。关于伊格那提业幅的挑拨，（20）Henri Cordier: *L'Expedition de Chine de 1860——Notes et documents*. Paris, 1906及（21）Henri Cordier: *Histoire des Relations de la Chine avec les Puissances Occidentales 1860-1900*, 3 vols. (Paris, 1901) 之第一册第六章有不少的材料，可惜法国人不知伊氏的狡猾。

俄文的资料必甚多，可惜著者因为文字的困难不能利用。在未直接利用俄方资料之前，我们谈不到东北外患史的最后定论。

附录之二：清太祖太宗征服的边境民族考

草此文时，亟思参考人类学家的著作，以决定所谓索伦及窝集诸部的种类，于是向清华同事史禄国教授（Professor S. M. Shirokogoroff）请教并参用了他的 *Social Organization of the Northern Tungus*（Commercial Press, 1929），我们参考了几张详细地图并审查了许多名字。我的结论大概如下：巴尔呼即西人所谓 Bargut，是蒙古种类的；索伦即 Solon；俄伦春即 Orochun，均是北通古斯种类的。达呼尔即 Dahur，其语言是蒙古语言的一种，其种类是蒙古种类或通古斯种类尚待考。窝集部的"窝集"实即满文的森林；此部支派甚多，按其风俗及区域大概是 Goldi，奇勒尔即 Gilak；库叶即居库页岛的 Gilak。赫真及飞牙喀大概也是 Goldi。穆伦、奇雅、瓦尔喀大概是 Udehe。

附录之三：释"俄罗斯察罕汗"

"察罕"或"察汉"并非任何俄皇的名字，亦非 Tsar 的译音。二字实即蒙古文之白色的"白"字,"察罕汗"就是"白汗"。这是当时蒙古人给俄皇的称呼而我国抄袭之,正如蒙古人称清朝皇帝为Bogdikhan而俄人借用之。光绪年间总理衙门曾因Bogdikhan一字向俄国提出抗议。凡此足证中俄两国最初的相识是以蒙古文及蒙古人为媒介的。

附录之四:《尼布楚条约》之条文考

现今最有权威的中国条约集是海关总税务司所出版的 *Treaties, Conventions, etc. between China and Foreign States*, 2 vols. (Shanghai)。书中所载之《尼布楚条约》有中文、法文及英文三种。其法文稿录自张诚的日记,中文稿录自《通商约章类纂》。按《类纂》所录者即《平定罗刹方略》所记的界碑碑文,此碑文原用汉、满、蒙、俄及拉丁五种文字,但所刊的并非条约全文,不过其撮要而已。且界碑并非中俄两国共同设立,乃中国单独设立,几无权威可知。旧外务部所刊的《各朝条约》有碑文,亦有条约全文,碑文录自《罗刹方略》,约文系录自《黑龙江外记》。著者西清明说(卷一页十一)他得着条约的满文稿,再由满译汉。所以中文的《尼布楚条约》仅有这《外记》所录的。以《外记》的条文来比张诚日记的条文,不符之处颇多。原来《尼布楚条约》以拉丁文本为正本,是两国代表所同签字的。这拉丁文本是张诚撰稿的,日记的法文本是张诚自己所译的。所以最有权威的是拉丁文本,其次要算日记的法文本。兹特从这法文本译汉如下:(原文见 *Du Halde*, vol. Ⅳ，pp.242–244）

大皇帝钦派：

领侍卫，议政大臣，内大臣萨额图，

内大臣，一等公，都统，国舅佟国纲，

都统郎坦，

都统班达尔善，

镇守黑龙江等处将军萨布素，

护军统领玛喇，

理藩院侍郎温达，

于康熙二十八年七月，在尼市楚城，附近会同俄国全权大臣果罗文，为要禁绝那般越界捕猎及抢掠杀人滋事的不法之徒；并要确实划清中华及马斯哥两帝国的边界；更要建立永久的和平及谅解，双方一意的议定下列诸款：

第一条。自北流入黑龙江的绰尔纳河（Chorra，Shorra）即满文的乌鲁木河，最毗近的额尔必齐河即作为两国的边界。处于额尔必齐河河源之上的，而且绵延至海滨的山脉亦作为两国的边界：从这山脉之南流到黑龙江的一切大小溪河及山脉峰脊之南的一切土地皆归中华帝国所有，山脉之北的一切土地溪河皆归马斯哥帝国所有。但这山脉及乌将河之间的土地暂不划分；等到两国大使返国，得了决定此事的必须知识，然后或由大使，或由函札，再行决定。

此外，流入黑龙江的额尔古纳河也作为两帝国的边界：这额尔古纳河以南的一切土地均属中华帝国，以北的一切土地均属马斯哥帝国。在眉勒尔甘河（Meritken）流入额尔古纳河之处，在南岸已有的房舍均应迁至北岸。

第二条。马斯哥人在雅克萨所建的城垣应尽毁灭。马斯哥帝国的臣民在雅克萨居住的，连同他们的财物，应撤回至马斯哥王的领土。

两国猎户，无论因何事故，均不得超越上面的疆界。

如有一二小人越界游行，或为捕猎，或为窃盗，应即行擒拿，送交两国边境的巡抚或武官。该巡抚审知罪情后，应给以相当的惩处。

如十人或十五人以上聚群携械，越界去捕猎，或抢掠，或杀地方的人民，应奏报两国的皇帝。所有犯这类的罪的人，审明属实，应处以死刑。但不得因私人的暴行引起战争，更不得因此而致大流血。

第三条。以往所有的争执，无论其性质如何，今以后忘记不计。

第四条。自两国宣誓成立本永久和约之日起，两国绝不收纳对方的逋逃。

如有人从一国逃到对方国去，应即擒拿送回。

第五条。马斯哥臣民现在中国者，及中国臣民现在马斯哥国内者概仍留如旧。

第六条。两国之间既已成立本和好友谊条约，一切人民均可完全自由的从一国到对方国，惟必须携带执照，证明他们是得允许而来的，他们并可完全自由交易。两国边境的争执既已如此结束，而两国之间既已成立忠诚的和平及永久的友谊，如双方切实遵守本约明文所定的各款，以后不应发生任何争执。

两国大使，将本约盖印后，互换两本。并且两国应将此约用满文、汉文、俄文、拉丁文，刻上石碑，在边界上树立，以作永久纪念，俾不忘两国间现有的谅解。

1870—1894 年间的中日外交 [1]

戚昱明译　谭徐锋校

前　言

研究中日外交关系有着一定的困难。在过去的六十年间，中日之间发生了如此多的争端，以至于偏见与主观情感不仅仅影响，甚至有可能蒙蔽学者们的视野。目前在满洲发生的争端使得上述状况更加恶化，因此即使是中立国的学者，也发现

1　"Sino–Japanese Diplomatic Relations，1870–1894"，录自《中国社会与政治学报》（*The Chinese Social and Political Review*）第十七卷第一期（北平一九三三年四月出版），署名 "T. F. Tsiang"。本文原作为英文，此处收入译文，故与全文风格有所不同，特此说明。——编注

他们自己难以保持中立客观。学者们自然希望自己的研究能够为中日两国提供一个很好的借鉴；并且正是在历史研究的名义下，正是在研究历史以便为现实服务的名义下，存在着别有用心的政治宣传。由于受到世界大战[1]对于历史书写的影响，学者们似乎应当尽力避免战时心态对于远东外交史研究的侵害。

中日外交史研究必须首先奠基于中日两方的材料。在西方学界，没有学者能够在不检视法国与德国档案的情况下研究法德关系，但是过去西方学者在没有阅读中日两国档案的情况下就能对中日关系轻下判语。似乎西方学者认为历史研究的基本原则在苏伊士运河以东并不适用。然而，这一状况也不都是学者的责任，因为原始资料的刊行远远不够，而且很少有档案能够让学者公开查阅。日本外务省只是刊布了其所收藏的档案的很小一部分。正如有贺长雄（Nagao Ariga）教授所言，"日本外交系统的一大弊端，就是其难以想象的秘密性"。[2]中国政府在这方面表现同样不佳，但是中国的一些传统和政治状况能够对学者有所帮助。对于文化造诣以及祖先的尊崇使得名门之后为了纪念其先祖而树立起一些"文字丰碑"。[3]因此一些具有高度重要性的档案出现在名人的文集中，而这与国家的兴趣无关。1911年的辛亥革命导致政府

1　指"一战"。——译者注

2　参见其关于"外交"的论文，司提德（Alfred Stead）编：《日本人谈日本》（*Japan by the Japanese*），伦敦，1904年，第218页。

3　引号为译者所加。——译者注

档案被移送到故宫博物院保存。因此与我们的课题相关的中文出版史料或许超过了任何其他国家的同类资料的数量。[1]实际上，过去三年间中国外交资料的刊布如此之快、数量如此巨大，以至于整个相关领域都向学者敞开大门，而且所有关于中国外交的陈说必须被修改。

在过去的六十年间，所有的西方列强都参与了远东的外交。因此它们各自的档案必须被研究，以便获取一个完整的视野。英国提供了最为丰富的信息，但是1870—1894年间的英国档案并未被学者彻底研究。一份重要的出版物——《有关世界大战起源的英国档案》，由于关注较为晚近的时段，因此对于本文没有帮助。美国对外关系系列资料，正如崔特教授（Payson J. Treat）的新著所示，是远远不够的。[2]美国国务院的档案，如果他们能够被崔特教授分析的话，也是不充足的。中日关系中的诸多事件并没有被美国派驻北京、东京、首尔的使

1　关于这些档案的汇编成果如下：1. 吴汝纶：《李文忠公全集》，南京，1908年；其中包括：a. 奏稿 b. 朋僚函稿 c. 译署函稿 d. 电稿 e. 海军函稿。李鸿章收到的许多信函、电报和外交照会，以及李鸿章和外国代表之间的会谈也被收入。2.《筹办夷务始末：同治朝》，50册，北平：故宫博物院，1931年；3. 王彦成、王亮：《清季外交史料》，已刊100卷，包含1875—1906年这一时段。参看我在本杂志第16卷2—3号上发表的评论文章。4.《清光绪朝中日交涉史料》，44册，故宫博物院，1932。参看我在本杂志第16卷4号上发表的评论文章。5. 王芸生：《六十年来中国与日本》，已经出版了4册，天津大公报，1932年。参见我如上的评论文章。

2　《美日外交关系，1853—1895》（ Diplomatic Relations Between the United States and Japan ），2卷本，斯坦福大学出版社，1932年。

节们所报告，有些事件的报告是失实的。正如美国档案能够补充，并在某些场合修正中国档案一样，我认为如果能够获取的话，日本档案也能扮演同样的角色。然而，除了美国在远东的代理人自身的能力问题，很明显，即使在美国与中日两国友好的阶段，中日任何一方都不会向美国如实报告双边关系中所发生的问题。在德国，即使德国外交档案（*Die Grosse Politik*）包含了本文所关注的时段，是这一资料集也未触及中日战争[1]结束前的远东格局。法国外交档案（*Doucuments Diplomatiques Francais*）与德国外交档案相似，仍然有待进一步刊布。至于俄国，由于语言障碍和资料缺乏，几乎迫使学者只能依靠猜测来研究——虽然1895年后的情况要好一些。基于上述事实，对本文的议题盖棺论定为时尚早。不仅关于这一时段的专题研究很少，相关资料也不充分。

　　本文只是一个简单的叙述。在写作过程中，我尝试穷尽关于这一议题的中方史料。正是由于我主要使用了中方史料，因此不能得出最终结论，因为其他有关各方同样值得关注。但是，我希望，正因我如此用心地完成了这份研究，故学者欲对本文所研究的问题得出最终结论，都必须对拙文有所参考。

一、中日之间的首次订约：1870—1873

　　1870年9月29日，日本代表柳原前光（Yanagiwara）抵达

1　指甲午战争。——译者注

天津。他告诉北洋通商大臣成林，他的使命乃是告知中国政府自愿地加入与日本的条约关系之中，还说他携带着日本外务省给总理衙门——中国外交机构在当时的称呼——的照会（note），并且将继续前往北京以便呈送给中国皇帝。成林解释了中国目前的惯例：与中国不存在条约关系的国家之代表，在进京之前必须通过通商大臣征得总理衙门的同意。随后双方达成一致，成林为柳原前光转呈照会以及条约草案，同时后者在天津等待。[1]

这封来自东京外务省的照会[2]以简要描述现代世界的变局开头，"近来"，日本与许多西方国家订立了条约。中国作为日本最近的邻居，应该成为第一个与之建立友好关系的国家。日本多次试图为此派遣外交使节来华，但遗憾的是，日本自明治维新以来的各种国内事务使之难以成行。如果中国同意，柳原前光将为未来日本派出正式使团打下基础。

在接受这份照会后十天，恭亲王以及总理衙门的其他大臣向皇帝报告了他们对日本行为的看法。[3]他们指出，日本商人在同治元年（1862）乘坐荷兰船只抵达上海，并且进行了一些贸易活动。在同治三年和同治七年，通过上海的英国领事馆的帮助，他们再次前来要求贸易。与此前日本的活动一致，此次

1　《筹办夷务始末：同治朝》，卷77，第24—25页。

2　同上，第36页。

3　同上，第34—36页。

柳原前光的使命以及外务省的照会，都证明日本渴望通商。因为中国已经允许西方国家前来贸易，故而总理衙门认为拒绝一个邻国同样的请求并不合适。时任直隶总督，随后不久兼任北洋通商大臣的李鸿章，要求总理衙门答应日本的请求。他的理由主要是政治性的。他认为日本与西方的关系和中国处于同一境地，都被西方国家压迫。如果适当地处理这一问题，中日或许能够帮助彼此对抗西方；至少能够避免日本被西方国家所利用，变成侵华的基地。总理衙门起初决定允许两国之间的贸易往来，但是不签署任何条约，因为一旦正式订约，很容易引发日本其他的要求。因此按照这一方针，总理衙门草拟了对柳原前光的回复，并于10月13日发出。[1]然而，总理衙门还告诉成林，如果日本代表坚持订约，那么日方提交的条约草案将留在中国以备研究，而实质性的谈判将在日本派遣正式使团时开启。

在10月29日，成林向总理衙门报告了柳原前光坚持订约的态度。[2]而后者的一条声明似乎对衙门产生了巨大影响。当他离开日本时，在日本的西方各国使节告诉柳原前光，为了获取与中国的条约关系，欧洲小国都寻求大国的帮助，而如果柳原前光没有获得类似的支持，他将失败。衙门认为最好在日本与中国友好相处的时候满足日本的愿望，而不是等到此后日本寻

---

1 《筹办夷务始末：同治朝》，卷77，第37页。
2 同上，卷78，第23页。

求西方列强帮助的时候。[1]因此总理衙门给日本外务省送交了一份正式的回复，表示愿意接受日本代表的谈判。[2]带着前述的照会，柳原前光在11月12日离开了天津。

从中日关系的历史角度，以及一些认为加入现代国际关系是中国之耻的顽固派来看，一些人认为衙门的政策是软弱外交，并加以抵制是不可避免的。中国地域之广，不幸地给一些与日本的萨摩长州之乱相似的情况以可乘之机，后者英勇但盲目反对幕府与西方国家友好政策的事迹常常被人提起。安徽巡抚英翰在12月18日上奏皇帝的奏章中，含沙射影地批评了总理衙门。[3]日本曾经是中国的藩属国之一，因此订立条约将是一个耻辱。在明朝，日本威胁中国的沿海地区近两百年。如果他们竟被允许进入中国，那将导致难以计数的问题。英翰的知识依据是错误的：日本并不是中国的藩属。明代的问题，特别是倭寇入侵，就如同中世纪欧洲所遭受的北方游牧民族入侵一样；但是距离当时已经过了三个世纪。总理衙门为了平息反对的声音，与往常一样依赖于曾国藩与李鸿章，他们的功劳、品格以及学识具有难以撼动的权威。因此朝廷将英翰的报告转给曾和李，并让他们做出回复。

1　在1842—1843年争论是否与美国订立条约关系时，耆英（Kiying）也用了相同的论点。参见我在本杂志15卷第3号的422—444页所刊的论文。

2　《筹办夷务始末：同治朝》，卷77，第24页。

3　同上，卷79，第7—8页。

李鸿章于1871年1月21日做出回复。[1]倭乱是由于明代皇帝的劣政。在清朝，两国间不复存在此类矛盾。实际上，中国商人在长崎做生意，而日本也常常到江苏和浙江做买卖。在1860年和1861年，这两个省遭到太平军的严重破坏，而中国同时卷入了一场与外国的战争，如果日本愿意的话，它完全可以利用这一局势。但是日本并未这样做。日本不是能够与朝鲜、琉球和安南相提并论的藩属国。如果中国在日本独自前来的时候拒绝它，那么它将毫无疑问地寻求西方国家的帮助，这对中国而言是高度危险的状况。然而，柳原前光留下的草约表明，日本希望与中国订立一份和西方列强相似的条约。由于中日之间的相邻性以及双方之间有大量的商人往来，故此需要特殊对待。首先，中国必须任命驻日公使以及领事，他们不仅将照顾中国的利益，而且要观察日本西方化的进程。

曾国藩的回复来自他两江总督所在地南京，并且在3月9日到达北京。[2]他的回复一如既往地简要与坦率。日本订约的要求是自然而然的。如果中国拒绝其以友好的方式交涉，那么世界各国将认为除非使用武力，否则与中国交涉将是徒劳无功。日本与朝鲜、琉球和安南不是一个等级的；它希望被和英国、法国一样对待的要求是自然的。在他看来，如果中国给予日本

---

1 《筹办夷务始末：同治朝》，卷79，第47—48页。
2 同上，卷80，第10—11页。

与西方列强同等的权利将不会令人感到不快，但是此类权力应当被仔细界定：不允许完全的、无条件的最惠国条款被载入条约。中国必须派出领事，并建立领事法庭。

在曾、李两人发声之后，反对的声浪平息了下来。同时朝廷通过总理衙门命令，让李鸿章为此做好必要的准备。李鸿章觉得在南京任职的曾国藩是执行此次谈判的合适人选，因为在曾国藩治下的上海的地方官员比天津的同僚们总体上更为了解外国商业，特别是日本商人。到那时为止，日本人还没有到过天津。因为总理衙门和日本都更希望选择天津作为谈判的地点，李鸿章接受了这一职责。为了获得专业知识，他命令应宝时来辅佐他，后者是一位土生土长的浙江人，并且在上海为官十载。

应确实是一位富有活力的官员。[1]他获取了日本与美国、英国、法国和荷兰签订的条约，通过对这些条约的研究，他发现了它们和中国与西方国家所订条约之间的一大不同。在日本，外国贸易被限制在条约口岸[2]，在中国则事实上与整个帝国并存，因为1858年中英《天津条约》第九款规定：

英国民人准听持照前往内地各处游历、通商。执照由

1　关于应宝时在此次交涉中的作用，参见《李文忠公全集》，"译署函稿"，卷1，第13页。"奏稿"，卷18，第11—12页；"朋僚函稿"，卷11，第1、3、6页。

2　指出如下一点将是有趣的：与日本第一次修约的尝试同时，德国的勃兰特（von Brandt）和美国国务卿费什（Fish）也在寻求以如同中国一般的护照体系为基础，获得在日本内地的游历和通商特权。参看崔特前揭书，卷1，第394、433页。

领事官发给，由地方官盖印。[1]

应宝时还发现日本人具有的某些社会特征：他们喜欢佩剑出行；他们的书写语言与中国的相似；他们从体貌特征上很难与中国人区分开来；比起西方人，他们的贸易规模更小，而且他们更为节俭，因此他们将与中国老百姓产生比西方人更为激烈的竞争。

通过初步的讨论以及前述的分析，一些具体的观点被总结了出来，而这将成为接下来谈判的、中方的基本原则。即使西方国家在中国享有的特权或许将被明确地延伸到日本，但是最惠国条款不能够被囊括其中。这一点是曾国藩的贡献。中国必须采取措施防止日本与西方国家结盟以反对中国。李鸿章在给总理衙门的信函以及给皇帝的奏章中对此均加以强调。一旦条约生效，中国必须向日本派出外交和领事人员。曾国藩和李鸿章都力主采取这一步骤。基于互惠以及确保和平、保障民生的要求，日本商人必须被禁止进入中国内地。这是应宝时的贡献。

朝廷于1871年7月9日任命李鸿章为全权，同时任命应宝时以及津海关道陈钦作为他的助手。日本使团于7月24日抵达天津。它由日本财政大臣伊达宗城（Date Muneki）带领，成

1　译文按照中英《天津条约》（1858年6月26日），收入王铁崖编：《中外旧约章汇编》（第1册），北京：生活·读书·新知三联书店，1957年，第97页。——译者注

员包括了柳原前光以及 10 名秘书与翻译，此外还有 20 名仆役。会谈于 31 日开始[1]，这时伊达宗城递交了一份从权利角度看，乃中国与普鲁士条约翻版的条约草案，以及一系列翻版自中美条约的商业规定与关税协定。在 8 月 2 日，李鸿章相应地提出了自己的草案。由于我们没有中日双方的这两份草案文本，因此我们不能知晓它们具体的差别。从接下来的谈判中，一些事情开始变得清晰起来。双方都承认在条约口岸的贸易，承认相互的治外法权，承认相互的条约税则，并且承认互派外交与领事人员。这里有几个重要的歧异。日本希望获得最惠国待遇，这一点中国予以拒绝。中方草案所载而日方草案所无的，是当条约双方中任一方卷入与第三方的冲突中时，彼此要提供相互之间的协助：这是李鸿章避免日本与西方结盟对抗中国的方式。中方草案禁止在任何一国的内地进行贸易；它也禁止佩剑：这是应宝时的观点。

8 月 4 日，柳原前光致信应宝时和陈钦，要求缔结如同两国与西方各国所订之约一致的条约。这封信函的语气是十分谦和

---

1 关于这一交涉，《筹办夷务始末：同治朝》给出了如下的档案材料：李鸿章 7 月 26 日的奏折，卷 81，第 23 页；总理衙门 7 月 31 日的奏折，第 24 页；日本外务省致总理衙门的照会，第 25—26 页；李鸿章 8 月 21 日的奏折，卷 82，第 1 页；同日的圣旨，第 2 页；柳原前光 8 月 4 日致应宝时、陈钦的信函，第 3—4 页。相应的回复，第 4—5 页。李鸿章 8 月 31 日的奏折，第 29—32 页。条约（即《条规》——译者注）与通商章程的条文，第 33—46 页。李鸿章 9 月 13 日的奏折，卷 83，第 2—3 页。《李文忠公全集》中"译署函稿"则提供了他在 8 月 30 日的信函，卷 1，第 22—24 页。"朋僚函稿"则给出了 8 月 19 日致曾国藩的信函，卷 11，第 11 页。

的。首先，它反对中方草案中的互助条款，因为这将引起西方
列强的怀疑：

> 当伊达宗城大臣离开东京时，一些西方国家的公使借
> 道别之际，询问此次使华是否是为了与中国形成同盟。伊
> 达宗城大臣认为这一观点是可笑的，并且告诉他们，当他
> 们看到最终签署的条约时，他们将知道真相。

很明显，伊达宗城对美国驻日公使德隆（De Long）的建议
十分在意。[1]其次，这封信还力主加入最惠国条款，没有这一条
款将会让商人处于更为不利的地位。李鸿章指示应宝时和陈钦
进行措辞强硬的答复，以避免没完没了的讨论。避免西方嫌疑
最好的方式就是压根儿不签订任何条约。援助条款则是从中国
与美国签订的条约中所复制过来的一款，只是在这一场合下变
成了互助。柳原前光给中方留下了一份草案，伊达宗城提供了
另一份相当不同的草案。日本到底有没有自己的主见？中方草
案的关税和贸易条款大部分来自既存的条约。它与既存条约的
区别乃由于中日双方之间的地理邻近性和人员的大量往来。

在这次互通信件之后，日方放弃了他们的主张。中日双方
的助手们开展了初期的工作。8月23日双方开展了一次全体会

1　崔特前揭书，卷1，第411—412页。

议，在这次会议上解决了双方的争论点。在此之后，剩下的只有条约起草以及准备中日文正式副本了。这一条约以及通商章程于1871年9月13日签订。[1]

虽然这些文件已经多次出版，但仍然值得对其中某些重要的特征加以注意，特别是中日两国政府，没有任一方提供了西方语言的官方翻译本。在条约的序言中并未给出两国皇帝的全部称号，因为这些传统称号在两国的使用，都意味着神圣血统以及统御天下。为了避免名义上优先地位的争执，双方决定把两国的皇帝省略不提。条约第一款除了声明永久和睦之外，还保证了针对各自领土保有（territorial possessions）的互不侵犯。用来描述"领土保有"的字词，在中文和日文版中都是相似的，即"邦土"，意为"国家和土地"。在给朝廷的初步报告中，李鸿章解释道，这一词语意味着包含了朝鲜以及其他相似的藩属国。第二款规定了在缔约任何一方与第三方发生冲突时，双方应当提供帮助。我已经解释了李鸿章坚持这一条款以及伊达宗城反对的理由；我只需要再附带说明一点，这并不意味着中日同盟，而且在条约存在的二十年间并未付诸实践。接下来的三款不需要说明。第六款规定在官方交流中，在中国应当使用汉语，并且日本亦应使用汉语，或者使用附带汉语译文的日语。至于剩下的十二款，只有四款需要说明：第十一款禁

1　即《日清修好条规》十八条及《通商章程》三十三条。——译者注

止佩剑；第十二款规定互相引渡；第十三款规定了对于不法分子的及时惩罚——这一款是由李鸿章授意的，以便使得那些认为日本就是倭寇以及浪人的民众头脑冷静下来，而最后第十六款禁止任命商人领事（merchant-consuls），这是中日双方与西方国家打交道时感到十分不便的问题。正如前述，最值得注意的当然是第八款对于相互的领事裁判权的规定。

通商章程的主要特点前文已经讨论过了，即，首先是互相确保关税；其次，两国均将贸易限定在条约口岸（第十四、十五款）。

虽然这一条约没有提供批准换约的明确日期，根据李鸿章和伊达宗城的理解，条约应当在一年内生效。日本外务大臣副岛种臣（Soyeshima Taneomi）于1872年5月派遣柳原前光和郑永宁到天津，然而并不是为了批准换约，而是为了与中方协商条约和通商章程中的某些修改。他们带来了两封副岛种臣致李鸿章的信函，一封表达了日本天皇以及副岛种臣对中国友好接待伊达宗城使团的感谢，并且告诉李鸿章，柳原前光以及郑永宁被授予全权来协商修约，而另一信函则具体说明了日方希望修改的地方。[1]首先，日本已经向西方国家派遣使团谋求修订条约。在其众多目标中，最重要的是废除治外法权以及协定关税。其次，《中日修好条规》第二款并不必要，因为没有这一

---

1 《筹办夷务始末：同治朝》，卷86，第44—46页。

条，日本与中国也能够为彼此提供帮助。第三，佩剑是一项日本习俗。如果能够去除这一款，日本将指示它在各地的领事，阻止在华日人佩剑，以尊重中国的习俗。

日本行为的动机是坦率的。一方面是岩仓使团赴欧美寻求消除条约中强加在日本主权上的限制。当正在尝试将它们从旧约中清除掉的时候，不想将类似的限制加入与中国的新约中，对于日本而言是自然的要求。另一方面或许是由于美国驻东京领事（charge）谢泼德（Charles O. Shepard）的压力，日本对其保证去除条约第二款。[1]

日本提出希望修订成约的事实让李鸿章对日本产生了不良印象。在冗长的谈判之后[2]，做出了三个让步：1.禁止佩剑被从条约中删除；2.如果日本与西方国家的修约成功，中国将接受日本自定的关税；3.同样的让步将适用于法律层面。这些变更将在批准换约后，通过互换照会的方式做出。对于废除第二款，李鸿章态度强硬。他告诉柳原前光，如果没有这一条款双方也能提供互助，那么这一条款的存在也不会有什么损害。日本是一个独立国家，它在与中国的谈判中要接受西方国家的指

1 崔特前揭书，卷1，第452—453页。

2 关于1872年谈判，《筹办夷务始末·同治朝》提供了如下档案：李鸿章7月3日的奏折，卷86，第42—44页；李鸿章给副岛种臣的回复，第47页；陈钦致李鸿章的备忘录，第48—51页；李鸿章此后的回复，第51—53页；致总理衙门的信函则提供了5月17日（卷1，第28—30页）、6月26日的信（第34—35页）。

示是令人难以理解的。在这一点上，柳原前光最终向李鸿章屈服。[1] 带着局部的成果，柳原前光离开了天津，这被理解为条约互换要等到岩仓使团尘埃落定之后。

在1872年11月20日，副岛种臣给李鸿章写了一封信函，其中说道，岩仓使团回国的日期是不确定的，日本天皇任命他去实现条约互换，并且致贺中国皇帝大婚以及亲政。他将在这个月晚些时候离开日本。在李鸿章将这封信函提交给北京后，朝廷任命他作为中方换约代表。

副岛种臣由于某些原因直到1873年4月20日才抵达天津。他交给李鸿章一份日本天皇写给中国皇帝的国书（letter of credence）的副本。[2] 这份国书十分重要，因为它澄清了对副岛种臣使团的种种误解。首先，它指出，副岛种臣的责任，即1871年条约的批准互换以及代表天皇对中国皇帝表示祝贺。我们没有证据支持马士的观点，即"此外他还被要求提出台湾问题"。[3] 第二，国书中说副岛种臣是日本的外务大臣，但没有具体说明他以何种头衔使华。我不知道他根据什么文件宣称被作

1　很明显的是，互助条款由中国强加给了日本。然而崔特教授对此评论道："而且日本对中国如此心怀好意，以至于在条约中囊括了一款近似中日攻守同盟的规定。"参见崔特前揭书以及其论文《中日早期外交关系》（"Early Sino-Japanese Diplomatic Relations"），《太平洋历史评论》，第1卷第1号，第19页。如果这一条款是出于日本对中国的好意，那么日本将会对谢泼德食言。

2　《筹办夷务始末：同治朝》，卷90，第7—8页。

3　《中华帝国对外关系史》，卷2，第267页。

为大使接待。第三，国书中并未提到柳原前光，在中方眼里，后者只是副岛种臣使团的一员而已。

条约的互换最终在1873年4月30日批准。副岛种臣放弃了李鸿章一年前对柳原前光做出的妥协，宣称如果未来日本与西方国家修约，他希望中国能够愿意修订这一条约中的相关条款。

次日，副岛种臣拜访了李鸿章，两个人进行了有趣的对话。[1]他告诉李鸿章，在西方国家所有的外国人都被纳入地方管理之下；中日两国与西方国家之间的现存条约是强迫以及两国的无知所造成的；而且岩仓使团在意大利大获成功，但在英法遭到了拖延。就我所知，这是中国的政治家第一次听说治外法权不是普遍存在的东西。李鸿章或多或少对此表示激动，并且要求副岛种臣告诉他关于岩仓使团的结果。李鸿章提出了朝鲜问题。在他的观点中，如果日本占领了朝鲜，其他国家将不会对其产生好感；他进而认为这是对中日条约的违犯。日本真正的政策应该是与朝鲜和平共处。副岛种臣说这也是他的想法。总理衙门让李鸿章告诉他关于觐见的事情。李鸿章评论道，当中国使臣出使他国时，他们会遵守所在国家的礼节；因此在华外国使节遵守中国礼节在他看来是唯一合适的方法。副岛种臣对做出保证满不在乎。在向总理衙门汇报时，李鸿章警告后者，在他看来，副岛种臣将不会叩头，因为日本已经接受了西

---

1 《李文忠公全集》，"译署函稿"，卷1，第43—46页。

方的礼节。他要求衙门听从副岛种臣觐见的愿望。他指出了日本使团中李仙得（Le Gendre）的存在。总之，副岛种臣给他留下了深刻印象。日本救援秘鲁船只"卢兹号"（Maria Luz）的中国劳工的义举在创造热诚氛围方面起了很大的作用。在1872年冬季，李鸿章向总理衙门报告了日本这一善举。在他与副岛种臣的谈话中，李鸿章一定向他表示了谢意。

副岛种臣于5月8日第一次抵达北京。他于25日第一次拜访了总理衙门。这里有一些冲突。从李鸿章与陪伴日本使团进京的孙士达之间的私人通信中，我们得知孙花费了巨大努力来平息麻烦，而且一些各自互换的照会经过同意被退回。[1]我们目前所知的官方文件中，并没有冲突的痕迹。副岛种臣交给总理衙门委任状副本，并且要求觐见。总理衙门5月15日初步同意其与其他在京公使一同觐见。它给了副岛种臣一份批准书的副本，后者回复说他愿意接受。副岛种臣宣称自己是大使，从而被皇帝第一个接见。在他回程途中，副岛种臣在天津再次停留，并拜访了李鸿章，后者说日本大使对总理衙门的接待很高兴。但是我们知道，在李鸿章给朋友的信函中，他说副岛种臣认为总理衙门有过多的大臣，这一批评李鸿章认为可以扩大到整个国家政权。[2]

---

1 《李文忠公全集》，"朋僚函稿"，卷13，第6、9页。
2 同上，第13页。

二、台湾事件：1874

在北京的时候，副岛种臣做了一件成为次年台湾事件序曲的事情。1873年6月21日，他派助手柳原前光和翻译郑永宁对总理衙门进行询问。毛昶熙和董恂两位大臣接待了他们。就我所知，目前只有一份关于这次命运攸关的谈话的完整版本，它是由有贺长雄教授提供的。[1]有贺长雄所提供的版本以及他对此做出的评论，不仅与当时中方的声明不一致，也与1874年柳原前光和大久保利通（Okubo）给总理衙门的照会不一致。这一谈话涉及三个要点，即澳门、朝鲜以及台湾，持续了不过半个小时。这一谈话没有任何形式的结果，无论是书面的还是口头的，按照有贺长雄的记录，因为总理衙门告诉柳原前光"……但是我们手上有救援琉球人民的福建巡抚的报告，我们将查询这些报告，然后回答你的问题"。柳原前光回复道："因为大使马上就要离开，他肯定不能等到您稍后的回复。"这便是谈话的结尾。同样值得注意的是，贯穿谈话始终的是，中日两国都毫不含糊地宣称自己拥有对日本与台湾之间的琉球群岛的宗主权。

这个问题一直被搁置，直到1874年4月18日。这一天，英国驻华公使托马斯爵士（Sir Thomas Wade）突然给总理衙门带来了来自东京哈里爵士（Sir Harry Parks）的消息，即日本正在

---

1 崔特前揭书，第161—163页。

准备针对台湾东部的远征，以惩罚那里的土著[1]，因为他们虐待了因船难而搁浅在他们海岸的琉球与日本水手。[2]托马斯爵士询问这片被野蛮人居住的土地是否属于中国，而日本的远征是否事先征得了中国的同意。总理衙门回复说，去年日本使团停留北京期间，从未提到过远征台湾的事，而且这片土地是中国的，而中国有很多不存在本国行政强制干预的土著人聚居区。在19日和20日，英使馆中文秘书迈耶斯、法国使馆译员德维利亚、海关总税务司赫德以及西班牙公使法莱多，相继给总理衙门带来了同样的消息。李经羲以及两江总督李鸿章在之后不久也基于外国领事以及报纸的消息，给总理衙门发来了报告。这些消息是相互矛盾的：一方面，这一报告显示日本正在长崎组织远征队，而李仙得是主要的煽动者；另一方面，一位经常被委派到北京的日本大臣正在去中国的路上。根据后者，托马斯爵士告诉总理衙门，这对他而言并不意味着战争。在这一情况下，总理衙门要求沿海省份的官员搜集一切可能得到的信息。

　　李鸿章对这一情况的初期反映可以从4月28日他给总理衙

1　原文均作savages，直译为"野蛮人"。译文则根据不同场合译作"野蛮人"或者"土著民"，因为将台湾居民视作"野蛮人"正是日本远征的借口之一。因此除以日方口吻表达的场合外，均译作"土著民"——译者注

2　在5月14日之前总理衙门处理这一问题的情况，在同日的奏折中被报告给了皇帝。《筹办夷务始末：同治朝》，卷93，第26—28页。

门的一封信中看出：

> 李让礼（即李仙得——引者注）现充东洋大官，赫总
> 税务司谓为日本主谋，与此间所闻无异，惟各国兴兵之举，
> 必先有文函知会因何起衅，或不准理诉而后兴师。日本甫
> 经换约请觐，和好如常。台湾生番一节，并未先行商办，
> 岂得遽而称兵。即贸然兴兵，岂可无一语知照？日本内乱
> 甫平，其力似尚不足以图远，即欲用武，莫先高丽，江藤
> 新平请伐高丽，尚因不许而作乱……[1]

他也同意英国公使对于和平的预测。然而，对于中国而
言，最好依赖自身的事先防备，而不是寄希望于战争的避免。

5月4日，总理衙门接到了李经羲的消息，后者收到了福建
提督的信函，声称一艘日本军舰已经接近了福建领海。

5月8日，总理衙门通过派遣特使给日本外务省送去了照
会。考虑到1873年的会谈，照会中说：

> 嗣经贵国翻译官郑（即郑永宁）答复谓，澳门地方，
> 恐须通商，不过询问明晰，为将来议办张本，朝鲜之事，
> 冀望中国调停其间，可借中国之力劝解，若台湾生番地方，

---

1 《李文忠公全集》，"译署函稿"，卷2，第20页。

> 只以遣人告知，嗣后日本人前往，好为相待，其意皆非为
> 用兵等语。[1]

这份照会接着说，副岛种臣在华期间从未向总理衙门提到过前述的三个问题。因此，关于日本远征台湾的报告是令人费解的。

> 本王大臣未敢深信，倘贵国真有是举，何以未据先行
> 议及？其寄泊厦港兵船，究欲办理何事？希即见覆，是所
> 深盼。

在5月10日，李鸿章致信总理衙门，日本的远征是铁板钉钉的事实，而李仙得等美国人不仅为此提供帮助，还把他们的船借给了日本。[2]他建议采取两个步骤。一个是要求美国驻华使馆制止美国人和美国船只参加远征，因为这不仅仅违反国际法，还违反了中美条约。另外，派遣沈葆桢到台湾，因为沈葆桢是土生土长的福建人、前巡抚并且实际上是福州船政局的当家人。李鸿章认为沈葆桢应当率领数千名士兵随行，一旦日方登陆，可以对其进行制止。

---

1 《筹办夷务始末：同治朝》，卷93，第29—30页。
2 《李文忠公全集》，"译署函稿"，卷2，第24页。

5月14日，总理衙门将整个事件报告给了皇帝。在去年与柳原前光的谈话中，虽然提到了台湾土著民的恶行，但并没提到军事远征。当副岛种臣离开北京时，总理衙门的大臣们借与之道别之际，督促他遵守条约，包括互相尊重"邦土"的条款。副岛种臣对此表示同意。当前日本的军事远征看起来是令人难以置信的。但实际上日本的武装力量已经到达福建水域。中国必须准备好面对一切可能性。报告恳请皇帝任命沈葆桢为负责台湾事务的钦差大臣，并随行率领兵丁与船只。同日的委任状批准了这一要求。

在这最后的时刻出现了一丝希望。李鸿章5月17日致信总理衙门，认为日本尚未对远征下定决心。[1]他从上海方面得到的消息表明，据称被日本人用作运输船的美轮纽约号重回上海，经营普通业务。美国驻天津副领事告诉他，美国驻日本公使宾厄姆（Bingham）禁止"纽约号"为日本服务，而日本也在犹豫不决之中。两天后，李鸿章再次致函表明，所得信息是互相冲突的：或许日本的远征针对的是朝鲜。

在这一事件扮演重要角色的潘蔚，于5月21日被任命为沈葆桢的助手。他刚刚在北京完成了觐见，而且正准备去福建省的财政部门赴任。

5月29日，衙门给皇帝报告说，来自各方面的消息都指

---

1 《李文忠公全集》，"译署函稿"，卷2，第27页。

出，日本已经在台湾南部附近的琅桥登陆。根据形势的严峻性，衙门认为沈葆桢的权力应当被扩大，包括处理军事和外交事务的范围，福建所有的驻防将军以及道台都应听命于他，并且沈还应有调动江苏和广东蒸汽船的权力。皇帝不仅准允了总理衙门的请求，而且指示满洲将军以及福建巡抚在人员和船只方面给予沈一切可能的帮助。

直到5月31日，北京才收到了福建方面准确的消息，而台湾则从属于福建管辖。巡抚李鹤年报告说，5月8日他收到了西乡从道（Saigo Yorimichi）的照会，声称他正在带领日本军队惩罚台湾的土著民。[1]这份文件被交到了厦门。在李鹤年从福州做出答复之前，西乡从道离开了。

之后，我们不妨将我们的注意力在沈葆桢防卫性的远征方面停留一会儿。就我们所知，这最初是李鸿章的主意，他为此作了很多努力。5月15日，在他得知沈葆桢的正式任命之前，他给沈葆桢写信，指出后者将被委派负责远征台湾，并且为此目的，一些外国人应当参与其中。巧合的是，在福州船政局创办中起到很大作用，但目前聘用合同到期的日意格（Prosper Giquel），到天津拜访李鸿章。李鸿章自作主张地劝说日意格回到福州，并且要求沈葆桢为他提供一个职位。由于这一偶然事件，这个富有经验的法国人和中国忠实的仆从，成了沈葆桢处

---

1 《筹办夷务始末：同治朝》，卷93，第40—41页。

理台湾问题的左膀右臂。

沈葆桢于5月31日收到了委任状，这距离发布已经过了十七天。在一份日期标注为6月3日[1]的备忘录中，他迅速地构想了他的观点。首先，他将尝试通过向福州各国领事解释争端的起源，以便争取西方国家的精神支持。其次，中国必须补足在军事上的缺口。许多人都看不起日本，但他认为并非如此。日本有两艘铁甲舰，而中国一艘也没有。这使得日本的行动如此肆无忌惮。中国必须购买两艘铁甲舰。此外，煤矿、后膛枪以及各类枪支都是必须具备的。因此，在最后的时刻，通过日意格的帮助，中国掀起了购买铁甲舰和军需物资的高潮！朝廷为此甚至停止修复圆明园！

沈葆桢、日意格以及斯恭赛克（Segonsac）于6月14日乘船放洋，并于18日抵达台南府的安屏。潘蔚于两日前到达。日方早就在一个月前抵达。李鸿章希望先发制人的想法失败了，但是这次失败给中国一个日后可以借鉴的教训。在此之前，沈葆桢曾长期待在安屏，他发现他所掌握的武力并不足够。在7月初的一份奏章中，他要求分别从天津调来三千名、从南京调来两千名新式装备的士兵。李鸿章早就预见到了这一需要。在其于6月15日给沈葆桢的信中，他提议驻扎在江苏北部的15个连队，共6500名的兵力，应当被运送到台湾。但由于缺乏电报

---

1 《筹办夷务始末：同治朝》，卷94，第3—5页。

机和铁路，这支军队直到10月份才到达台湾！

对于沈葆桢使命的军事层面，不必再费更多笔墨了。让我们继续关注在这一间隔期中，潘蔚的外交活动。作为新任驻华公使的柳原前光于5月28日抵达上海，潘蔚于9天后抵达。双方达成了一份协议。这份协议包括三个条款。[1]首先，西乡从道应当被允许惩罚牡丹社和卑南社；第二，中国将确保得到关于土著民将来不再虐待海难受害者的约定；第三，中国将对台湾建立有效的控制。在通过一封沈葆桢和潘蔚联署的信函，以确保上述要求将被执行的情况下，柳原前光将考虑平息目前的争端，并且要求日本政府撤回远征军。他也给潘蔚出示了一封写给西乡从道的信函。

正如我们所知，潘蔚于6月16日抵达了安屏，并于21日离开，前往西乡从道所在的琅桥附近。他由台湾道台夏献纶、日意格以及斯恭赛克陪同。沈葆桢让他携带了一份给西乡从道的长篇照会。[2]其中声明，台湾土著居民的地区两百余年来一直是中国的领土。中国的政策是逐渐的同化，希望他们能从"生蕃"变成"熟蕃"，进而成为普通的臣民。至于谋杀船民一事，法律规定是明确的；即使是台湾土著居民也不能豁免。但这是中国的内政。只是从西乡从道给李鹤年的照会中，沈葆桢才

---

1 关于上海谈判并无相关报告，但是可以在李鸿章的三封书信中得到相关信息：《李文忠公全集》，"朋僚函稿"，卷14，第6、7、8页。

2 《筹办夷务始末：同治朝》，卷94，第25—27页。

知道了日本远征的目的是惩罚牡丹社虐待琉球与日本水手。现在，琉球可以自行向中国提出抗议。如果日本认为这是它作为邻国应当承担的责任，它应当首先征求总理衙门的意见。只有当中国拒绝采取行动，或者当中国请求日本援助时，日本方可出兵。至于据称被台湾居民盗窃的四名日本人，事实并非如此。他们都是遭遇海难的人；因此他们没有什么东西值得被偷。他们都被台湾居民照顾得很好；为此，中国还收到了一封来自日本领事馆的感谢信。施与日本人恩惠的，不是别人，正是牡丹社的首领。日本已经给予他奖励，现在却派遣一支远征队来惩罚他。西乡从道的活动已经从牡丹社延伸到其他的村庄。看起来日本的目的并非它所宣称的那样。中国将不会放弃任何一寸土地。

根据潘蔚的报告，他与西乡从道的谈判失败了。[1]西乡从道愿意做出的最大的让步，就是保证致信日本政府和柳原前光，让他们不要再派遣增援力量。西乡从道要求撤军之前要获得补偿。崔特教授在其近著中宣称，潘蔚同意"赔偿日本远征所付出的金额，并且保证对台湾土著居民的领土进行有效控制，以避免类似的暴力事件再次发生"[2]。而正是基于上述条件，西乡从道同意撤军。崔特教授的根据是豪斯（E. H. House）所著

---

1 《筹办夷务始末：同治朝》，卷95，第4—5页。

2 崔特前揭书，卷1，第553页。

《1874年日本远征台湾》一书。但这无疑令人感到怪异，因为潘蔚在他的官方报告中既没有提到西乡从道愿意撤军，也没有提到赔偿的条款。如果潘蔚与西乡从道签订了这样一份协议，那么潘蔚将其汇报给他的上级，对他自己来说并不是一件丢脸的事情；他没有理由遮掩达成协议的事实。进而言之，他知道他不可能在任何事情上瞒过北京政府；日本公使将提出这份协议，作为要求赔偿的基础。我们知道，日本随后确实提出了赔偿要求，但是柳原前光和大久保利通都没有提到那份协议。陪同柳原前光的郑永宁7月底告诉天津的孙道台，在答复西乡从道赔偿的要求时，潘蔚表示要就此咨询沈葆桢的意见。[1]这个谈话或许是豪斯论断的根据。除了要求台湾土著居民做出保证外，潘蔚的使命失败了。而正因为这一点，外交交涉中断了。

这一年中真正的外交斗争发生在北京。5月29日，总理衙门向东京政府寄去了另一份照会，宣称沈葆桢已经被授予了外交谈判的权力。[2]听说柳原前光于5月28日抵达了上海，总理衙门于6月11日给他送去了另一份照会。[3]这份照会在论调上与5月8日的照会相似。此外，总理衙门对柳原前光在上海的活动表示满意。当他拿到这份照会时，柳原前光当时正在给总理衙门写信。他解释了在上海滞留的原因，并且对总理衙门的热情

1　《李文忠公全集》，"译署函稿"，卷2，第40页。

2　《筹办夷务始末：同治朝》，卷94，第34页。

3　同上，第32—34页。

表示感谢。直到他收到本国政府的新指示之前，他不能参与台湾问题。[1]

柳原前光在上海一直停留到7月15日。与此同时，日本外务省对总理衙门的照会均未做出答复。而西乡从道则在台湾继续进行着他的计划。总理衙门感觉被玩弄了，在7月13日，给柳原前光寄去了一份措辞强硬的照会。[2]这份照会以引用上海沈道台的一段报告开头，在报告中，柳原前光说他在去年与总理衙门的谈话中并未提到这次武装远征，而目前日本在台湾的武装是为了保障西乡从道的安全。这份照会涉及总理衙门与外务省以及柳原前光本人的通信。最后，

> 查台湾用兵一事，上年副岛大臣在京既未与本王大臣言明，本年中将西乡赴台，贵国复未先期照会，叛盟违约，各国皆无似此办法，本王大臣上两次公文，均已详载，不知贵大臣此次来华，是为通好而来，抑为用兵而来。如为修好而来，则现在用兵焚掠中国地土，又将何说？

然而这封照会正好碰上柳原前光离沪北行，并且直到他于7月31日抵达北京时，才交到他的手上。他同时收到了一封由

---

1 《筹办夷务始末：同治朝》，卷94，第35—36页。
2 同上，第36—37页。

沈葆桢和潘蔚联署的正式信函。他对后者回复说，他将直接与总理衙门开始谈判。在8月7日，他以个人名义回复了总理衙门7月13日的照会。他说：

> 上年我副岛大臣在京议觐事，初因礼节不合通例，克欲束装谢辞回国。特派本大臣至贵衙门，代陈台湾生番之事，是与副岛大臣亲口相告，原无差别，其时本大臣云，我国属民既受生番枉害，必须派差查办，意在除凶安良，番地不奉贵国政教，划地自居，我国此行恐触贵国嫌疑，故特相告而去等语。夫我国伐一野蛮，本不欲告诸他人之国，然我副岛大臣笃念两国和谊，乃尔相告，则带兵与不带，惟我所欲，贵王大臣当时并无细论，又无异议。于我何所再言？况为特防嫌疑而相告，原无请允查办之意，又何烦文书往来乎？[1]

对此，总理衙门于8月13日回复说：

> 经本大臣等与贵大臣面质，贵大臣始谓上年实无本大臣应许贵国自办之说，总署亦无应许之事等语。查台湾各番社系我中国境地，《台湾府志》等书开载甚悉……查《台

---

1 《筹办夷务始末：同治朝》，卷96，第36—37页。

湾府志》非为今日与贵大臣详辩而始有此书也。[1]

但《台湾府志》记载了台湾各部落接受中国统治的时间，记载了它们分别缴纳的赋税，以及中国为它们建立的学校。

贵大臣即以为野蛮，亦系中国野蛮，有罪应办，亦为中国所应办，若谓其戕害琉球民，则琉球国王应请命于朝廷，若谓强夺□中难民衣物，则何年月日之事、何人被夺何件衣物，应由贵国大臣照会本衙门办理。

在他的回复中，柳原前光首先反驳了文中所引的西乡从道以及他自己的话语，然后说道：

总之以我堂堂独立之国，伐一无主野蛮，何用邻国允许？惟以其地接连，恐生嫌疑，故特相告而已。其地果属贵国，何不当时闻告、即行坚却？迨我国命将惩办，将次慑服纷纷异议，言其不可，抑已无及。[2]

正是以这种方式，双方不停地进行信件往来，但谈判没有

1　《筹办夷务始末：同治朝》，卷96，第38—40页。
2　同上，第40—42页。

丝毫进展，双方各自的论证谁也说服不了谁，直到9月10日大久保利通的到来。

　　仔细研究总理衙门和柳原前光之间的通信，能够消除目前的一些误解。首先，柳原前光以及总理衙门之间的谈话没有达成任何协议；实际上，柳原前光也可能是副岛种臣，认为达成这样一个协议是没有必要的。第二，1873年柳原前光没有提到远征军；他只是提到派遣"一些人去调查和处理"[1]。我对于台湾事件的解释如下。由于自身的原因，日本希望派遣远征队前往台湾。其理由或是出于建立对琉球的间接控制，或是出于希望让日本军队的精神躁动找到宣泄口，或是两者兼有。在众所周知的中国领土——台湾之上采取行动，而不提前告知中国，将产生麻烦并且让日本成为犯错一方。但是如果日本给中国一份正式照会，或者非正式地通知中国关于武装远征的计划，中国或许将进行抗议。因此日本选择通知中国的方式是"临时告知总理衙门"，正如有贺长雄教授所言，而且只是泛泛地说派人去"调查和处理"，这是一个宽泛的说法。总理衙门的大臣们并不知道这一突然问询的内在含

1　崔特教授坚持认为，中国在1873年会谈中同意让日本派遣远征军到台湾，崔特教授并且语带愤怒地说道："这是日本首次将中国有关官员的非正式声明当作采取适当行动依据。但是他们之后将再三领教，只有真正签字、钤印、批准和互换的协定才有效力。和总理衙门达成'君子协定'是不可能的。"《太平洋历史评论》，第1卷第1号，第20页。这是政治宣传而非历史叙述。

义。当日本提到琉球时，他们感到了危险，并且声明了中国对此的主权。当谈到派遣"一些人去调查和处理"时，他们没有看到危险，没有抗议便通过了。但是他们并不关心这一对话所产生的责任，因此他们告诉柳原前光，他们将查阅记录并进行书面回复，而这一点并不是柳原前光所希望的。如果柳原前光的对面坐着李鸿章或者文祥，日本耍的小聪明将不会得逞。

在大久保利通到达之前，文祥、李鸿章以及沈葆桢都发现，仅仅通过历史和法律上的辩论不能将日本赶出台湾。至于开战，他们都知道中国并未做好准备，特别是左宗棠正在推进中国西北平定回乱的战争；无论如何，与日本的战争必须推迟。文祥认为一种解决方式是，在台湾开放更多的通商口岸。李鸿章认为日本的目的不在于通商；沈葆桢则认为，开放更多的通商口岸是危险的。许多人建议采取国际仲裁的办法；李鸿章认为仲裁者们或许会从中国那里分一杯羹。在8月27日，他给总理衙门的信函中，有下面这样一段有趣的话：

> 平心而论，琉球难民之案，已阅三年，闽省并未认真查办，无论如何辩驳，中国亦小有不是。[1]

---

1 《李文忠公全集》，"译署函稿"，卷2，第42页。

他建议给日本一些赔偿。

日本特使大久保利通在9月13日与总理衙门进行了首次会谈。[1]他拿出了两份备忘录，一份是一位日本领事与一名出现在西乡从道军营中的廖姓中国人谈话的记录，另一份则含有两份质询书。前者的大意是，这片土地属于野蛮人，他们有权利将土地出售给任何人，这不需要台南府的同意。在书面回复中，总理衙门解释了中国土地的不同种类。中国人之间的土地买卖是自由的；但根据条约，外国人只能够租借，而不能买卖口岸范围内的土地。日本领事所获取的信息要么是因为日本的恫吓，要么是出于廖氏的无知。进而言之，虽然中国臣民拥有土地的完全所有权，但是仍然受到政府的管理。这一答复似乎让大久保利通感到满意，因为这份公使和廖氏之间的谈话，没有再被大久保利通作为证据来反对中国对于当地主权的要求。

第二份回忆录中的首篇质询书，对中国为什么没有将这些野蛮人文明化，并且建立有效的地方管理提出疑问，因为中国宣称对该地享有主权。对此，总理衙门的答复中解释了中国处理土著民的温和政策。中国的政策是仁慈的，地方习俗受到了政府的尊重。这些土著民都缴纳赋税，那些特别聪明的则被送到学校。管理则由最近的地方官员负责。第二封质询书则询问

---

[1] 大久保利通与总理衙门的通信收录在：《筹办夷务始末：同治朝》，卷97，第37—65页。虽然根据协定，日方照会都被归还给了大久保利通，但这些照会已经作为附件上奏给了皇帝。

中国为什么从不惩罚这些台湾野蛮人的暴行，他们的残忍在如今的国际交往中是不能被容忍的，特别是考虑到中国是以其仁慈著称的时候。总理衙门回复道，无论何时，一名外国人在中国受到虐待，如果该国的领事或者公使向政府报告，中国都不会拒绝给予补偿。即使有时由于距离和案件的棘手程度有所拖延，中国政府也从不会无所作为。在当前的争端中，如果日本向总理衙门提出详细的抗议，中国方面将乐于承担职责。

大久保利通对这一答复并不满意。考虑到中国对土著民的仁慈政策以及对他们习俗的尊重，宽容的态度不应当被延伸到对谋杀以及盗窃视而不见。如果中国确实对他们进行了统治，那么有一项习俗不应被容忍，那就是杀害遭遇船难的人。至于土著居民的纳税，大久保利通认为是微不足道的，而且实际上由垄断这一区域贸易的中国商人缴纳。中国的教育力度也是微小的，否则这些野蛮人也不会长期保持未开化状态。由邻近地方官进行的统治，则或许仅仅停留在纸面上，因为两者距离过长，而有许多地方人迹罕至。至于对外国人的补偿，大久保利通认为不需要由领事或公使提前提出请求。

9月22日，总理衙门对这些新请求做出了回复。它反对将往复讨论不断拖延下去，因为这是对中国内政的、不受欢迎的拖延，并且也因为他们不会得出有效的结果。既然大久保利通坚持，所有的询问将被逐一答复。中国对于地方习俗的容忍从来没有到大久保利通所说的那种程度。他们的纳税是真实存在的，这可以从户部的纳税记录中反映出来，这一点已经告知郑译员了。中国的教育措施也是真实存在的，四名去年遭遇船难的日本人就是在一家为土著民开办的学校中得到照顾的。中国的行政区划常常是巨大的；无论如何，中国无法做到在每一个村庄都派驻一名行政官员。外国的遭遇有时不为政府所知，除非他们已经进行了申诉。

双方的往复辩论已经足以揭示出二者各自运用的策略。大久保利通的主要论点是，由于缺乏有效的地方管理，这表明中国在当地并没有主权。因此日本并未入侵中国的领土。总理衙门则坚持中国在当地的主权，它既基于历史背景，也基于地方统治的存在；因此，日本远征台湾是对中日条约和国际法的违反。大久保利通回复以英美船只的例子，它们都对同一群台湾土著民进行了惩罚。总理衙门反驳说，英美并未往当地派遣军队。在11月11日，大久保利通给总理衙门五天的时限，做出双方都能够接受的答复，否则他将离开首都。总理衙门拒绝了这一时间限制，但是表示愿意找出一个共同的解决方案。[1]接下来双方举行了一个冗长的会议，这时大久保利通第一次提出索取赔偿的要求，其中包括这次远征的军费。他声称日本最初将台湾土著民当作可以随意惩罚的无主人群。既然中国宣称对他们拥有主权，并且将自行对之进行处罚，日本将不会坚持它的主

1　订约谈判的最后阶段，被记录在：《筹办夷务始末：同治朝》，卷98，第11—17页。

张以防止危及和平。他愿意撤回日本远征队，并且让中国了结此事，但是如果远征队空手而归，日本民众和军队将不会满意。总理衙门回复说，给予补偿是不可能的事情，因为这对中国而言是不光彩的。大久保利通对此询问总理衙门是否有什么解决方案。总理衙门建议在日本撤军后，对遇难者及其家人进行赔偿。第二天，大久保利通告诉总理衙门，他将不会坚持赔偿的名义，因为他已经很好地了解了为什么中国反对"赔偿"这个词。但是他希望总理衙门能够说明其能够提供的总额。仅仅声明将赔偿限定在给家属们的补偿上是行不通的。译员郑永宁私下告诉总理衙门，赔偿的总额应当不低于两百万两白银。对此总理衙门表示反对，因为如此庞大的数字可能被解释为赔偿。

10月25日和26日，大久保利通宣布准备离开北京。谈判看来即将破裂。这时托马斯爵士介入其中。[1]他告诉总理衙门，在他看来，日本提出的数目并不大。他询问总理衙门愿意提供多大的赔偿。后者答复说，愿意提供一万两作为家属的补偿金，另外四万两作为日方在台湾留下的道路与建筑的补偿。通

---

[1] 托马斯爵士扮演的角色被记录在了议会文件中：《中国》（China），第2期，1875年。在一封1874年11月从北京寄给德比伯爵（Earl of Derby）的急件中，托马斯爵士说道："目前我们面临的困难是，首先，在形式上，即以巧妙的方式组织这一协定的语言，以便不会显得中日两国任何一方的行动都要依赖于对方的准允；然后，在内容上，关键性行动的日期，日军撤出台湾，中国做出赔偿——以及对这些行为执行的担保。"条约中的最后一款解释了为何托马斯爵士要在此署名。崔特教授在前引文中所认为，他看到了这一协定与1901年的条约草案（或许指的是《辛丑条约》——译者注）之间的相似性。政治宣传的狂热真是信口雌黄！

过托马斯爵士的努力，这一争端按此方案得以解决。剩下最后的一个问题是中国偿付的期限以及日本撤兵的日期。中国希望先撤兵后付款，日方的希望则恰恰相反。托马斯爵士安排如下：给家属的一万两补偿金应当首先支付，之后日本撤军，剩下的四万两同时支付。按中国所设想的，托马斯爵士在补充条款中署名，以保证日本撤军的真实性。这样做的一个深层原因是，让中国看起来是出于对托马斯爵士善意调解的尊重而接受了这一解决方案，从而消除国人可能加于总理衙门之上的部分厌恶。

三、琉球争端：1877—1881

1874年有关台湾事件的协定[1]对远东产生了令人不安的影响。一方面，许多西方人总结道，中国是一个宁愿出钱也不愿意反抗侵略者的富有国家。另一方面，自那时起，中国的政治家们对日本越发感到不安。中方为此事承担起最大责任的李鸿章和文祥二人，都急切要求进行以日本为主要假想敌的海军建设计划。最糟糕的是，虽然日本宣称琉球漂流民所受的虐待是本次远征的主要原因之一，但琉球问题本身仍未得到解决。从1873年会谈到最后总理衙门与大久保利通之间的谈判，双方都宣称自己对琉球拥有主权。虽然在条约里中方承认日本行为的正当性，并且对遇难者家属提供赔偿，但是条约中并未提到琉

1　即1874年《台事专条》。——译者注

球本身。日本认为中国通过1874年的条约间接地让渡了琉球的主权，而中国认为琉球的地位与台湾事件之前的状态一致。

正如关于台湾事件一样，对于琉球事件，我也不会通过对历史背景的介绍开始叙述，因为历史背景本身就是中日之间的论争点之一，而且在交涉过程中，双方都提供了足够的相关背景。

1877年6月24日，一份由何燝和丁日昌从福州寄往北京的奏折中，报告了由琉球国王近亲、大臣向德宏率领的琉球使团到达的消息。[1]向德宏通知福州的官员，日本禁止琉球国王继续向北京进贡。何燝与丁日昌认为中国保持对于藩属国的宗主权之目的是，在某些情况下，它们之间地理位置的接近，为了保障边疆安全需要它们的臣服；在另一些情况下，则是因为它们的财富可以增益中国。在他们看来，琉球不属于以上任何一点原因。但是既然向德宏千里迢迢而来，还如此急切地要求中国保护，如果拒绝帮助，可能会削弱其他藩属国的效忠，因此他们请求朝廷命令何如璋与日本外务省交涉此事。他们的建议当天便得到了批准。

1877年1月15日，何如璋被任命为驻日公使。正如我们所知，早在考虑订立中日之间的条约关系时，曾国藩和李鸿章就主张任命驻日公使和领事。但这一条约直到1873年才得到批

---

1 《清光绪朝中日交涉史料》，卷1，第21页。

准。紧接着发生了台湾事件、同治帝驾崩以及光绪帝即位。中国官员都将去国外赴任当作流放。由于这些原因，驻日公使的任命被拖延了，但是对上述事件日方则沾沾自喜。很不幸的是，第一任驻日公使将被卷入一场棘手的争端。

总理衙门在草拟给何如璋的圣旨时，有以下两个考虑。[1] 如果赴日的中国使团是基于向德宏的要求出发的，那么日本或许会对琉球国王进行严厉的惩罚，那么中国对他的帮助反而适得其反。如果中国使团是根据本国政府的指示出使，那么这一问题将获得前所未有的重视。因此总理衙门让福州的官员写信给何如璋，内称据说是由于日本的反对，琉球没能完成例行的进贡。基于这封信的强硬态度，何如璋向日本外务省进行了质询。

何如璋直到11月才抵达日本。同时，福州的官员们敦请放弃这一问题，因为与其将产生的麻烦比起来，它本身是微不足道的。然而，何如璋将这一问题的处理权抓到自己的手里。[2] 当他抵达神户时，一位"琉球国"的代表和他会面，并寻求他的帮助。他告诉那个叫毛凤来的人，让他把所有相关的档案寄到中国使馆。何是一位优秀的中国学者。通过分析中国的历史

1　到1878年7月中旬，总理衙门处理这一争端的情况在如下的奏折中被报告：《清光绪朝中日交涉史料》，卷1，第24页。

2　关于何如璋的策略和此后的建议，参见《李文忠公全集》，"译署函稿"，卷8，第1—5页。

记录以及琉球的档案，他开始准备这一案件。他发现琉球于洪武五年（1372）第一次臣属于中国，作为中国的藩属国已经有五百年的历史。他发现琉球只是在1602年开始同时臣属于萨摩藩。毛凤来告诉他，副岛种臣允许琉球继续这种贰属（double loyalty）的地位。因此日本尝试让琉球停止向中国进贡是对于自己承诺和中国历史权利的违犯。这或许是日本吞并琉球的准备。日本知道琉球已经向中国求援，如果中国拒绝帮助，日本会把这一行为视作中国的软弱。何如璋发现日本国内的状况并不尽如人意。日本政府负债累累；国内滥发纸币；陆军只有三万两千人，海军只有四千人和十五艘破旧廉价的船只。日本政治上也并不强大，这从西乡隆盛的叛乱可以看出。由于前述的理由，何如璋给本国政府指出了三个行动方向。第一，中国或许可以派遣军舰来强迫琉球完成两年一次的进贡。第二，中国或许可以与琉球达成协议，后者将对日本宣战，然后中国加入琉球一方。第三，中国也可以承担起与日本交涉的责任；如果交涉失败，这个问题将被交付国际仲裁。如果上述的选项都不能接受，那么中国可以要求日本做出赔偿。最糟糕的就是无所作为，这将鼓励日本轻而易举地占领琉球。在此之后，中国将难以做任何事情。

　　总理衙门将它们交给了李鸿章，后者在1878年5月29日从何如璋那里收到了同样的信函。李鸿章在5月30日和6月9日分别回复何如璋和总理衙门。他告诉何，虽然中国是占理的一方，但有许多理由要求我们暂缓行动。琉球只是一群小岛屿，比起与中国的距离，它更靠近日本。琉球的贡品对于中国并无太多利润可言，只是起到象征性的作用。然而，如果不保护多个世纪以来一直向我们进贡的琉球，这将使得中国被别国轻视。但是如果中国只靠口舌笔墨，目前日本国内对琉球的高度热衷会使这一策略失败；如果仅仅因为这一个象征性的角色，就与日本开战，那将是徒劳无功的。既然琉球人三番五次地寻求中国帮助，何如璋或许应当与外务省进行交涉。在给总理衙门的回信中，李鸿章表达了同样的观点，并补充道：

> 惟中东立约第一条，首以两国所属邦土，不可稍有侵越，琉球地处偏隅，尚属可有可无，设得步进步，援例而进及朝鲜，我岂终能默而耶？

至于要求日本赔偿以息事宁人，这将是最不体面的方法。总理衙门听从了李鸿章的建议，并以此给何如璋做出了指示。

何如璋接到指示后，向日本外务大臣寺岛（Terashima）表示，琉球事件牵涉到中国的利益，而日本最后的决定应当得到中国的同意。[1] 由于日本外务省的官员大多离开东京去度暑假，

---

[1] 在格兰特到达日本之前，何如璋与日方协商的情况，在总理衙门的两份奏折中被报告给了皇帝：《清光绪朝中日交涉史料》，卷1，第30页。王彦成、王亮：《清季外交史料》，卷15，第11—13页。

因此谈判不能继续进行。他找到美国驻日公使宾厄姆以寻求美国根据中美条约所能提供的帮助。他向宾厄姆指出，其他事情，比如琉球与美国订约时的落款仍是中国皇帝年号这一点，可以作为中国对琉球拥有主权的证明。他也让琉球代表将案件的来龙去脉告诉宾厄姆公使。后者允许在美国政府同意的条件下提供帮助。不久，宾厄姆便离开东京回国去了。在9月和10月间，何如璋多次去找寺岛，但是都被推辞。在10月的一天，何如璋给外务省写了一封措辞强硬的照会，其中说道："不顾其与邻国（中国）的友谊，压迫弱小民族（琉球），对于一个像日本这样的大国是不可想象的，也是不光彩、不正当和不理智的。"前驻华公使森有礼（Mori Arinori）告诉何如璋，这一照会的措辞太过强硬，而且应当被收回。何如璋保证将收回照会，只要琉球仍然维持原状。

1879年2月，何如璋向总理衙门报告了在此期间发生的事件。日本强迫在日本的琉球国代表返回琉球。日本内务省的一名官员松田（Matsuda）已经到琉球国，以建立日本的地方管理机构；此后他回国，并再次带领两百名军警前往琉球。他强迫琉球国王签订一份不寻求中国以及其他国家援助，并且采用日本历法的保证。何如璋告知内务大臣伊藤博文，指出当双方谈判仍然悬而未决时，日本不应该进一步采取积极的步骤。何如璋也给寺岛同样内容的通知；寺岛答复说，他不能叫停其他部门的活动，但是如果谈判达成一致，这些事情可以被废止。寺岛表示了对继续进行谈判的希望。何如璋告诉他，在这种情况下谈判是无用的，甚至他也没有必要在日本逗留。何如璋还告诉总理衙门，日本打算派遣宍户玑（Shishido）前往中国；或许谈判地点将转移到北京。他要求被召回。

总理衙门认为宍户玑的到来是日本准备和解的象征，并因此拒绝召回何如璋。在收到总理衙门的回电之前，1879年4月18日，他电告总理衙门，日本已经正式宣布吞并了琉球。电报中还询问他是否应该离开东京，并关闭使馆。总理衙门仍然认为宍户玑的到来是好兆头，并且告诉何如璋原地待命。

宍户玑在4月底抵达北京，成为日本任命的驻华公使。当涉及琉球问题时，他坚决拒绝就此展开谈判，并说这不在他的职责范围之内。他的意思是，琉球问题是日本的内政。在这一僵持时刻，美国驻天津副领事告诉李鸿章，美国前总统格兰特将访问华北。李鸿章立刻给总理衙门写信：

> 将来仍拟怂恿（格兰特）入都一游，庶尊处借得把晤，相机联络，或为他日公评日球近事之一助。日人实奉美国为护符，而格将军尤美之达尊，众望所归也。[1]

格兰特将军于5月27日抵达天津。李鸿章为他安排了一个

---

1 《李文忠公全集》，"译署函稿"，卷8，第36页。

十分盛大的欢迎仪式。时间在推杯换盏中度过。在参加了四天的各类宴会后，这位客人前往北京。当恭亲王告诉格兰特争端的源起，并请求他的私人帮助。格兰特立刻答应将尽力而为。

在他返程时，格兰特在天津又待了三天（6月12—15日）。在12日下午，由美国驻天津副领事杨格（J. R. Young）以及佩西克（W. N. Pethick）陪同，格兰特在李鸿章的官邸度过了两个小时，谈论了琉球问题的来龙去脉，并安排驻天津领事丹尼（O. N. Denny）陪同自己前往日本，担任联络员。李鸿章要求丹尼将他与格兰特的谈话记录、恭亲王与格兰特的谈话记录、总理衙门与宍户玑的谈话记录以及一封李鸿章的信函带给何如璋，在信函中他说了一些关于格兰特的不同寻常的事情：

> 格君与鄙人气谊相投，意甚亲厚……盖其在位八年，主持大计，回国后国人仍必推戴复任，若果能持公论，或不待行文美国国会。[1]

在7月5日和15日，杨格给李鸿章分别写了信，并于同期到达。[2]丹尼大概同一时期给佩西克写了一封信，并在随后读给了李鸿章听。丹尼报告说：日本在琉球的活动都是由帕克斯爵

---

1 《李文忠公全集》，"译署函稿"，卷8，第48—49页。
2 同上，卷9，第11—14页。

士挑动的。[1]何如璋对外交策略并不熟悉，他误以为帕克斯是友方。无论他告诉帕克斯什么话，后者都会立刻告诉日方。佩西克告诉李鸿章，丹尼正住在前美国驻天津领事、随后成为日本外务省顾问的谢帕德（Eli T. Sheppard）家中；因为丹尼的消息来自谢帕德，所以一定是可靠的。

在他于7月5日给李鸿章的信中，杨格告诉李，格兰特的时间都被各种招待会所占据，但是他已经与日本政治家们非正式地探讨了琉球问题。他们告诉他一个不同版本的故事。他们说琉球归属日本已经数个世纪了，而中日1874年关于台湾问题的协定，则说明中国承认日本在琉球群岛的宗主权，因此日本对琉球所采取的行动，即废除琉球国王的权利一事，和日本对本国其他领土所采取的行动别无二致。当杨格询问为什么不征求中国的意见时，他们回答说，他们十分乐意这样做，但是来自中国公使的一封照会冒犯了他们，因此谈判无法继续进行下去。杨格告诉李鸿章，他不希望说何如璋的坏话，但事实上日方将他的照会视作冒犯。碰巧的是港督荷尼西（John Pope Hennessy）正在访日。杨格与他相识，并且请求他在琉球问题上提供帮助。他认为荷尼西与帕克斯关系并不融洽；这位港督甚至说，整个琉球争端都是由第三方引起的。在15日的信函中，他表达了同样的观点；此外，杨格还警告李鸿章，在现代

---

1 《李文忠公全集》，"译署函稿"，卷9，第10页。

世界，任何国家必须依靠其自身的军事实力。他提到，在美墨战争以及内战后，美国国际声望的提升。法国对墨西哥的觊觎、英国对内战中美国南方集团（the confederacy）的帮助都化为泡影，因为在格兰特将军带领下的美国显示了它的作战能力。"中国的问题就在于一个词，'软弱'。"

7月20日，寺岛通过宍户玑给总理衙门寄去了一封冗长的信。这份档案并未公开。但从引用过它的作品中可以猜测，这是一份日本拥有琉球的声明。它引用了中日文的书籍来表明，琉球无论在历史上还是语言上，均属于日本。

这时，琉球国王代表向德宏抵达天津，并尝试劝说李鸿章为琉球一方说话。[1]向德宏在他的请愿书中叙述了他的国王以及王储如何被带到东京，并遭受侮辱。向德宏精通中日双语。李鸿章给他看了寺岛的来函，而向德宏则给李鸿章指出了日本书籍中，学者们承认琉球贰属地位的段落。除非李鸿章愿意给他实质性的援助，否则他拒绝离开天津。

> 如得兴师问罪，即以敝国为向导，宏愿充先锋，使日本不敢逞其凶顽。宏于日国地图、言语、文字，诸颇详悉，甘愿效力军前，以泄其不共戴天之愤；或颁兵敝国，堵御日本，如前明洪武七年间，命臣□桢率沿海兵至琉球防守

故事……敝国官民仰仗天朝兵威，必能协力齐心，尽逐日兵出境。

在7月25日，杨格从日光城（nikko）写信给李鸿章。[1] 这是一份昨日格兰特与伊藤博文、西乡从道以及吉田清成（Yoshida Kiyonari）的长时间谈话的记录。格兰特要求日本与中国达成友好的协定。两国之间的战争只能让第三方得利，后者并不少见，而且希望战争爆发。伊藤博文解释了日本的难处——因为事件已经发展到这种地步——并询问格兰特的建议。后者说他并未准备好做出具体的答复，但是他在天津时曾听李鸿章说，琉球在中国与他国的商业航道上，而且是台湾的门户。或许应当通过一些办法消除中国对于航道和门户的紧张心态。伊藤博文承诺他将咨询他在内阁的同僚。这封信以如下一段结尾：

> 据我看，中国已屡次被他国欺负，总缘未能认真自强耳，嗣后中美两国如能会商立一专条，彼此遇有难事，互相帮助扶持。若有此明文，他国或不致生心。我们回国要将此意转达朝廷。国主（格兰特）与我等意，思德领事全知，中堂可随时问他。

---

1 《李文忠公全集》，"译署函稿"，卷9，第30—32页。

8月1日，格兰特从东京来信。[1]他简要地告诉李鸿章关于日光城会谈的情况，并主张中日之间通过不经第三方的直接谈判解决问题。这封信以称赞丹尼结尾。

李鸿章于8月23日回复格兰特。[2]除了对格兰特在日本所做出的巨大努力表示感谢之外，他请求宾厄姆继续提供帮助，以实现最后的胜利。

在9月7日，李鸿章通过丹尼收到了格兰特20日的信函，以及另一封落款为8月23日的、格兰特致恭亲王的信函，在此格兰特让李鸿章先进行阅读，然后再递交给恭亲王。此外还有一封没有日期的、杨格致李鸿章的信函。[3]格兰特致李鸿章的信函建议收回那封冒犯性的照会，并且中日双方应当派特使来处理这一争端。给总理衙门的信函，除了建议采取同样的处理方式之外，还宣扬了和平，并主张中国采取迅速现代化的计划。杨格的信函更为详细。杨格并未带有对何如璋的恶意，反而表示何给他留下了很好的印象，杨格认为何如璋并不是中国驻日公使的合适人选。他冒犯性的信函是一件小事，但是既然日本要求中方撤回，中国可以不丢面子地照办。格兰特致恭亲王的信函被送给日本政府过目，后者同意其中的措辞。日本在琉球问题上有它的难处。

---

1 《李文忠公全集》，"译署函稿"，卷9，第32页。

2 同上，第36页。

3 同上，第40—44页。

有一日，我与日本一内阁大臣谈及球事，渠云我们美加多（天皇）及诸大臣实愿与中国永远和好，只因日本从先带双刀一类之人，几有二百余万之多，向隶各藩属下，现在此辈极为穷苦，惟愿日本与别国动兵。伊等有事可作。中国民情柔顺，易于管束，我们日本此类之人，若在上者控制稍不合宜，伊等即借端生事，所以我朝廷办理一事，若先硬后软，此辈人必挟制作乱，现在议球事之实在为难情形也。

杨格再次提出中美密约的建议。李鸿章把这些信函转交给总理衙门时，认为或许应给日本外务省送去一份照会，并引用格兰特信函的观点，让日本派遣特使来华。

何如璋于8月11日致函李鸿章和总理衙门写道：宾厄姆说最终的解决方式或许是将琉球群岛一分为三，北部属于日本，中部属于琉球国王，南部属于中国。[1]在格兰特和杨格都未提到这一计划时，李鸿章立刻致函总理衙门指出其中有着巨大的纰漏：这一计划一定不会被日本接受，或者一定是出于何如璋的误解。总理衙门也认为格兰特信函中的建议不具有可行性：它怀疑中日直接谈判是否能够产生什么效果。然而，既然格兰特已经如此建议，中国也不好拒绝。总理衙门因此按照李鸿章的

---

1 《李文忠公全集》，"译署函稿"，卷9，第44页。《清光绪朝中日交涉史料》，卷1，第33页。

指示给日本外务省发出了照会。[1]

它并未提到撤回何如璋照会的要求。总理衙门和李鸿章都认为撤回照会应该是最终协定的一部分，而不是最初的附加条件。

李鸿章于9月24日给格兰特写信。[2]他质疑直接谈判的有效性，并希望格兰特能继续提供帮助。李鸿章同日致信杨格，首先说当格兰特得到第三个任期，中美密约将得到贯彻！就我所知，李鸿章9月24日的信函不仅是"秘密协定"的结束，也是格兰特调停的终结。

日本于10月答复了衙门的照会。他认为琉球问题严格来讲是日本的内政。中国对此的反复质询与两国的友好关系不相符合。但是如果中国派遣特使、进行谈判的目的是促进和平，那么日方将愿意合作。总理衙门回复说，它已经做好准备接受格兰特建议的程序，并搁置争议、重新开始。

1879年秋，另一个由毛精长带领的琉球使团抵达北京，请求中国保卫琉球。此外，一个名叫竹添进一郎（Takezoye Shin-Ichiro）的日本人到达天津，事实上是由日本政府派遣来达成协议的，但他否认自己与日本官方有关。

竹添进一郎是一名中国文学方面的学者。一年前，他以日

---

1 《清光绪朝中日交涉史料》，卷1，第34页。
2 《李文忠公全集》，"译署函稿"，卷10，第3—4页。

本赈灾团团长身份到达天津，并与李鸿章形成了"文友"的关系。这一次他首先携带一个卷轴拜访李鸿章，说伊藤希望李鸿章在这上面赐字。这时日本10月的照会也到达了总理衙门。李鸿章和总理衙门仔细考虑了派遣特使的可行性，并最终决定反对这一提议，因为照会坚持日本在琉球的行动是内政，这没有为谈判提供基础，同时也是因为找不到谁愿意承担这一徒劳无功的使命。李鸿章和竹添进一郎像朋友一样自然地谈论这一事件。[1] 他们回顾了历史上的争论。11月8日，竹添进一郎以私人名义给了李鸿章一封以精湛的汉语书写的信函。他宣称一妇不能有二夫，正如一国不能有二主。日本是琉球的丈夫，而中国则是琉球的情夫。但是他对中国被少数不满的琉球官员所欺骗表示同情。因为夸大其词的宣传，中国感觉自己是捍卫者，而日本是恃强凌弱者。然而日本对他的行动有充足的理由。

> 夫琉球弹丸黑子之地，敝国得之不啻无利，有灾则赈之，有难则卫之，其所费不赀，而今改为县者，何也？盖坤舆大势，非复曩时，比西海之表，强国竞雄，俄也德也，欲伸志于亚细亚洲，俄则骎骎南侵，德亦新胜之势，如猛虎出山，日夜眈眈于东洋，求其可据之窟，中外识者所共知也。

---

1 《李文忠公全集》，"译署函稿"，卷10，第10—15页。

日本的行动仅仅是为了先发制人。在这一方面，它承担起了东亚的重任。

　　在李鸿章阅读了这一信函之后，双方进行了长时间的争论。最后，李鸿章告诉竹添进一郎，让他劝说日本政府官员，派人于接下来的春季前往中国，以便在互助的基础上解决这一问题。竹添进一郎允诺将尽力而为。

　　1880年1月9日，何如璋从东京来信说，新任外相井上馨向他透露，日本愿意提供妥协，即中国获得琉球群岛南部岛屿，而日本获得中部岛屿，只字未提北部岛屿的处置。[1]

　　竹添进一郎于3底回到天津。这时他获得了政府的授权，他也把它告诉了李鸿章。他提出了与何如璋所说一模一样的建议，即要求互相保证最惠国待遇的附加条件。[2]李鸿章告诉他，关于琉球的建议或许能够接受，但是附加条件绝不能被许可。1871年中国拒绝最惠国条款的理由现在仍然站得住脚，将这一问题与琉球问题联系起来绝对是不允许的。当1883年修约日期到来时，中国或许会考虑，但是绝不能与琉球问题有什么瓜葛。竹添进一郎回复道，如果不获得商业利益，日本政府将不敢在琉球问题上让步。进而言之，最惠国待遇的要求是公平的。如果中国认为他的建议不能接受，他将立刻回国；否则他

1　《李文忠公全集》，"译署函稿"，卷10，第25页。

2　同上，第27—33页。

将继续到北京，并且向宾户玑递交继续谈判的授权书。李鸿章劝说他在天津待几天，以等待总理衙门令他满意的答复。

总理衙门的答复是令人不快的，李鸿章将它通知了竹添进一郎。后者在4月2日给李鸿章寄了两首诗，诗中强烈要求促进中日两个同文同种的国家之间的友谊。李鸿章告诉他5日来访，那天他给竹添进一郎出示了何如璋的信函，其中提到了三分琉球的方案。竹添进一郎对此表示惊讶，并认为这一定是由于宾厄姆与何如璋之间译员的误译。他坚决宣称这样的划分是不可能的事情。琉球北部早就在日本统治之下，因此是不需讨论的。至于岛屿其他部分，将南部两个岛屿交给中国意味着平分。他意识到自己的使命将是徒劳的并将回国。李建议他到北京征求宾户玑的意见。[1]

竹添进一郎接受了这个提议，但是从未与总理衙门往来，并于几天后返回日本。

同时，总理衙门与日本外务省的通信仍在进行。[2] 3月29日，总理衙门收到了一份照会，声称日本愿意按照格兰特建议的精神重启谈判，而不再计较之前的交涉。总理衙门于4月19日回复道，既然双方在谈判程序和精神上达成一致，那么它将欢迎日本的特使。直到3个月后的7月26日，对总理衙门照会的回

---

1 《李文忠公全集》，"译署函稿"，卷10，第35—38页。

2 在格兰特离开日本到衙门与宾户玑谈判，总理衙门与日本外务省在这段时间的通信在此书中得到概述：《清光绪朝中日交涉史料》，卷2，第1—2页。

复才得以抵达。其中说到，既然中国不愿意派特使到日本和撤回何如璋的照会，日本本着友好的精神，将派宍户玑负责谈判。

日本选择谈判的时间对中国并不有利。1880年的夏天，中俄关系因为伊犁冲突而出现了危机。沉重而急需的战争准备使得整个中华帝国处于混乱。

正在这时，北京出现了一小撮冉冉升起的政治新星，他们用词尖刻，并且厌恶了衙门的软弱外交。他们被称为"清流党"，其中包括张之洞、张佩纶、陈宝琛、邓承修以及其他一些人，他们的名字下面还会提到。他们喜欢谈论高层政治，并且有着极度的自信。对于俄国，他们主张开战，但是看到了俄日联合的危险。实际上，俄国在远东的战舰都是从日本的港口获取煤矿与补给。作为清流党一员的张之洞，在8月16日提出了一份奏折，建议中国通过让渡贸易权利换取日本的中立。他没有具体说明让渡什么，但是他认为如果俄国的船只得不到日本的补给，它们将在岸边不能动弹。[1]这给总理衙门与宍户玑的谈判以线索。

李鸿章在8月28日提出了另一个主张。[2]他将接受日本提出的对琉球的划分，但不允许变更中日之间的通商条款。如果日本坚持变更，那将导致它得寸进尺。琉球南部的、划给中国的两个岛

---

1 王彦成、王亮：《清季外交史料》，卷22，第9—11页。

2 《李文忠公全集》，"译署函稿"，卷2，第29页。

屿将归还给琉球国王。两江总督刘坤一也表达了同样的观点。

总理衙门与宍户玑的谈判从9月一直持续到10月。到10月28日，总理衙门向皇帝报告，协约的有关条款已经准备好签字了。[1]关于琉球的条款规定，南部的宫古、八重山两个岛屿都属于中国。第二款则规定，互相的最惠国待遇，但任何最惠国权利都只能在满足其他附加条件的情况下才能享受。第三款也是最后一款规定，如果任一方要在关税和治外法权方面调整与其他国家的条约关系，中日双方必须进行会谈。在报告中，总理衙门对此表示满意。

令它吃惊的是，次日，陈宝琛在一封措辞激烈的奏章中批判了这一协定。[2]划分岛屿是错误的，再加上最惠国待遇更是自取其辱。"甚至连一个孩子也不会掉进日本的陷阱，我们天朝又怎能如此？"日本在中俄战争中站在哪一边取决于孰强孰弱。无论中国给它什么好处，日本都会帮助俄国，因为它没有能力抵挡俄国的要求。

总理衙门寻求皇帝的父亲醇亲王的帮助。醇亲王表示应当签约。随后下了一道授权总理衙门签约的命令。这是在11月3日。同日，张之洞上书反对签约。[3]他说衙门误解了他在8月16日的奏折。他的意思是，总理衙门应该从日方获得中立的保

1　《清光绪朝中日交涉史料》，卷2，第8—10页。
2　同上，第11—12页。
3　王彦成、王亮：《清季外交史料》，卷24，第1—3页。

证，作为回报，中国将做出商业让与，而由于中国也向他国作出同样的让与，因此这是无足轻重的。但是划分琉球则是另一回事。琉球国王将不可能在中国归还给他的两个岛屿上维持长期的自主。如果中国不能对抗日本、维护琉球的完整，那么法国在安南、英国在缅甸、俄国在朝鲜以及东三省都将提出它们的领土要求。张之洞愿意将琉球问题采取顺其自然的态度。

醇亲王仍然坚持签约。这时朝廷把这个难题交给了李鸿章。

李鸿章在9月11日做出回复。[1]他首先报告了自己1871年与伊达宗城交涉的历史，他和曾国藩都反对加入最惠国条款。通过这一条款，一国获利，其他国家自动均沾。因此，无论列强何时向中国提出要求，其他列强都会异口同声地支持。因为日本没有这一条款，所以它没有被囊括进北京公使团。进而言之，西方人到中国内地是很少数的一部分，并且常常是讲信誉的大商人。而日本人由于距离很近，他们的语言和体态特征都与中国人相近；他们大多十分贫穷，一旦他们通过最惠国条款得到在内地通商的权利，他们将涌入我们国家，并且与普通民众竞争；他们甚至会进行走私。至于划分岛屿，对于中国只是一个很小的安慰。琉球群岛包括36个岛屿，9个在北部，11个在中部，16个在南部。后者虽然数量很多，但是只有方圆三百里，并且十分贫穷。琉球国王在东京告诉何如璋，南部岛屿只

---

1 《清光绪朝中日交涉史料》，卷2，第14—17页。

是琉球的附属部分；他对当地的统治并不强大。进而言之，琉球国王和他的继承人都被囚禁在东京并且不会被释放。那么中国要南部岛屿做什么？不包括商业条款，这一协定或许也能被接受以结束争端。日本与俄国的关系，李鸿章认为并不取决于条约本身，就未来而言，它完全取决于中国海军计划。

面对这些互相冲突的意见，11月18日朝廷让沿海各地的督抚们畅所欲言。从11月底到次年3月，奏折一封接着一封地到来。[1] 从江苏巡抚的全盘反对，到浙江巡抚的全盘接受，各种各样的意见都出现了。同时，宍户玑则催促总理衙门签订条约，后者总是以尚未收到全部奏折为由作答。最终，宍户玑宣称中国自愿放弃琉球而这一问题也得到了解决。1881年1月11日，他告诉总理衙门，他已经被日本政府召回，留下日本使馆秘书田边（Tanabe）管理相关事宜。他于1月22日离开北京。总理衙门上奏朝廷时只是简单地说："我们对坚持挽留他感到不便。"[2]

然而，这个问题并没有就此结束。荷尼西给总理衙门写信谈及此事，后者回复说，这一问题可以通过将中部和南部岛屿归还给琉球国王或者建立中日共管得到解决。之后出任天津领事的竹添进一郎数次与李鸿章会面。岩仓和井上馨在东京就此与何如璋多次谈话。中国最后的建议是归还南部岛屿和之前的

1　《清光绪朝中日交涉史料》，卷2，第18—26、37页。

2　在宍户玑离京前谈判的最后阶段之情况，见《清光绪朝中日交涉史料》，卷2，第25页。

首都、位于中部的首里。这不能被日本接受。谈判一直拖延到它们被1882年在朝鲜发生的暴风骤雨所压倒之时。

四、朝鲜，中国的政策探索：1870—1882

在中国所有的藩属国中，朝鲜向来被认为是最重要的一个。两者的文化与种族之间的关系可以追溯到史前时代。在汉武帝时期，中国通过一次远征在朝鲜建立了地方管理机构。除了短时期的中断外，中国对朝鲜半岛的控制一直持续到19世纪。有一个通常用来形容中朝关系的喻语，将朝鲜比作嘴唇，而中国则是牙齿：唇亡齿寒。

明朝末期，朝鲜起初仍然为它的宗主明朝皇帝而战，对抗满族人。只是在一系列的战役之后——其中有一次甚至被清军占领了首都——满族人在17世纪早期才将朝鲜征服。在此之后，朝鲜一直是清朝藩属国中最为忠诚的一个。

宗主国与藩属国之间的关系属于一种奇怪的类型。在法律以及礼仪方面，朝鲜对于中国的臣属是彻底的。朝鲜国王从北京获得其即位的许可，每年都要向北京派出进贡使团。在中国皇帝即位或者驾崩时，朝鲜必须派代表参加相应的仪式。当中国皇帝派遣代表来到朝鲜时，朝鲜国王要亲自向他叩头。当藩属国发生内乱或者遭遇外国入侵时，宗主国必须提供帮助。除此之外，朝鲜完全是自治的。这样一种关系并不符合在西方发展出来的国际关系体系。中国与它的藩属国形成了家庭关系，中国是大哥，而藩属国则是小弟。

朝贡体系在它起源时期的历史环境中运行良好。但是到了19世纪中期，那种历史环境永远消失了。通过1860年《北京条约》，俄国获得了符拉迪沃斯托克，并且成为朝鲜的邻居。俄国对萨哈林的占领，以及对对马海峡的觊觎，不仅增加了中国和日本的不安，也导致欧洲各国的紧张。19世纪70年代日本的崛起对远东，特别是朝鲜半岛来说，是一个重要事件。出于传教和商业利益，西方列强坚持不懈地叩响朝鲜的大门。

面对这一前所未有的局势，朝鲜和它的宗主国在做出必要的改变这一点上是迟钝的。1866年屠杀朝鲜基督教徒和法国传教士事件的发生清楚地说明了这一点。当这一消息传到北京的法国使馆时，使馆书记官伯洛内（Henri de Bellonet）和法国远东海军司令洛兹（Roze）决定进行惩罚性的远征。伯洛内为了检验中国将在多大程度上为朝鲜发生的事件承担责任，给恭亲王写了一封信，首先说道：

> 因其系属中国纳贡之邦，是以本国命将兴师以讨有罪，理合知照贵亲王……再，本大臣曾有数次于贵衙门请发路照于传教士前赴朝鲜，均经推脱，据言虽高丽于中国纳贡，一切国事皆其自主，故《天津和约》亦未载入，兹当本国于高丽交兵，自然中国亦不能过问……[1]

---

1 《筹办夷务始末：同治朝》，卷42，第54—55页；科迪尔（Cordier）：《中华帝国对外关系史》（*Histoire des Relations de La Chine*），卷1，第266—273页。

如果一个西方国家收到这样一封照会，采取的步骤是显而易见的：它将一方面承担起自己的责任，另一方面阻止外国的远征。这种捍卫宗主权的方式并不为总理衙门所知。相反，总理衙门只是简单地向伯洛内表达了希望法国采取和平调查和谈判的手段处理此事的建议。除了没有理解这一回复所代表的国际法含义之外，总理衙门也担心承担责任：它已经为中国国内的传教士和商人忙得不可开交，因此无暇顾及朝鲜的事情。它并不想放弃宗主权，认为只要朝鲜不正式拒绝，中国的宗主权就是安全的。至于朝鲜的忠诚，那自然没有问题；实际上随着外国压力的增大，朝鲜更加向它的宗主国靠拢了。在这种状况下，总理衙门自然要采取放任政策。当伯洛内给总理衙门寄去照会，宣称要封锁朝鲜时，总理衙门只是再次要求法国采取和平行动。随后伯洛内指责总理衙门打算派兵援助朝鲜，后者对此坚决否认，并向驻京各国使馆通报了朝鲜的错误。在被中国警告后，朝鲜以防止基督教污染儒教圣土为由为自己辩护。[1]

针对美国和英国19世纪60年代在朝鲜的活动，总理衙门对此持同样的态度。它最多只是偶尔给朝鲜以帮助。朝鲜处于与世隔绝的状态，并且沉浸在自己的中世纪梦境之中。1871年，总理衙门传达了美国驻华公使弗里德里克·洛（Frederick F. Low）希望与之订约的和平使命，朝鲜让礼部向他说明订约是

---

1 《筹办夷务始末：同治朝》，卷45，第22—25页。

不必要的。[1]船难的水手在朝鲜总是得到很好地照顾；至于贸易，因为朝鲜太穷，所以没有什么可以交易的。

> 望礼部将此诸般情实转达天陛，特降明旨，开谕该国使臣，以为破惑释虑，各安无事，不胜幸甚。

到19世纪70年代，这一状况逐渐改变了。这首先是由于总理衙门意识到了放任政策的弊端。其次，是由于李鸿章的意见，他从1870年到1895年间，除了两次短暂的中断外，一直担任直隶总督一职。李鸿章对危险和新的国际形势可能性的察觉，比他的同代人都要更为敏锐。在1871年与伊达宗城的谈判中，在台湾事件中，在琉球争端中，正如我们所知，他从未忽略朝鲜。在他看来，对朝鲜的巨大威胁，有时是日本，有时是俄国，有时二者兼有，而朝鲜则是守卫东三省和华北的第一道防线。

70年代转变的第三个原因，是日本急切地希望承担起叩开朝鲜大门的任务，而西方国家对此并不看好。在前现代，日本只是通过由对马岛民在釜山的贸易，与朝鲜维持有限的关系。在明治维新之后，日本的西化令朝鲜感到恐慌，导致两国关系的降温。日本特使被拒绝入境，日本的公文被退还，朝鲜海岸

---

1 《筹办夷务始末：同治朝》，卷81，第8—11页。

的日本考察团遭到攻击。即使仅仅出于国防的考虑，面貌一新的日本也应当对这个近邻特别关注。我们应当记得副岛种臣的副手柳原前光以及郑永宁，在1873年与总理衙门会谈时，除了澳门和台湾，还提出了朝鲜问题。虽然关于台湾的谈话随后被作为1874年远征的理由，副岛种臣或许设想的对象是朝鲜而非台湾，因为从有贺长雄教授那里我们得知，在到中国之前，副岛种臣希望与朝鲜开战。他的战争计划被岩仓、木户（Kido）、大久保利通和伊藤博文否决了。这导致日本内阁的分裂，以及对岩仓的谋杀和江藤新平的叛乱。"这些事件警醒了日本政府，它策划了台湾远征以便将不满情绪从国内转移开来。"[1]

岩仓和他倾向和平的同僚们更希望通过外交的手段与朝鲜打交道。甚至1875年朝鲜要塞轰击日本军舰也只是导致了现地的报复行动。日本坚持外交解决。一方面，冲突的消息立刻通过郑永宁告知中国；两个月后，森有礼被派到北京就此进行谈判。另一方面，黑田清隆将军和井上馨率领一支壮观的军队到达朝鲜，而这只是为了示威。

森有礼于1876年1月5日抵达北京。[2] 10日，他以个人的名义向总理衙门递交了一份备忘录。其中将朝鲜坚决拒绝与日

1　尤哈拉（Uyehara）:《日本的政治性发展》(*The Political Development of Japan*)，伦敦，1910，第10页。

2　1876年1月和2月之间森有礼和总理衙门之间的通信可以在此书中找到：《清光绪朝中日交涉史料》，卷1，第1—6页。

本建立外交关系和此次炮击事件联系起来。它还指出，日本舆论强烈反对朝鲜，但是日本政府的政策是寻求和平的。日本已经派遣了使团，而武装护卫仅仅是出于"保护安全"的目的。如果朝鲜友好地接待使团，并且满足它的要求，那么日本和朝鲜之间将建立和平和友谊，"否则，朝鲜将给自己带来难以估量的损失"。日本告知中国自己行动的目的，以便显示它对中国的真诚与坦率。

总理衙门于14日做出了回复。他认为朝鲜没有做错任何事情。如果它派兵在他国领土上制造纠纷，这是它的错误；如果它与其他国家建立外交关系，而排斥日本，那也可以被认作是它的错误。但是朝鲜没有犯以上任何一种错误。因此总理衙门希望森有礼告诉本国政府，不要对朝鲜使用武力，而且二者的谈判也应该通过互相的同意来进行，而不应有任何侵犯朝鲜领土的行为，以遵守中日条约中所规定的、对彼此的邦土不加侵犯的条款。

在次日的回复中，森有礼宣称，中国的宗主权只是名义上的；因此日本和朝鲜之间的事情与中日条约无关。

接下来双方交换了不止四次照会，但都坚持各自的立场。森有礼不否认朝鲜是中国的藩属国，但是他坚持这一地位并不妨碍朝鲜事实上的独立。总理衙门认为朝鲜依附于中国，并且适用于中日条约中的互不侵犯条款。森有礼于21日离开北京，前往保定府拜访李鸿章。

总理衙门告知李鸿章关于森有礼在北京谈判的情况。李鸿章回复说，让事情放任自流将不会起到任何效果。朝鲜应当被告知友好地接待日本使团，甚或朝鲜应该派遣特使赴日，解释炮击事件。至于是否订约，应当由朝鲜自行决定。恰好此时朝鲜进贡使团刚离开北京。使团团长李裕元，同时也是朝鲜帝师和内阁大臣，向李鸿章送去礼物以表敬意。后者抓住这个机会告诉李裕元，与世隔绝的时代已经过去了。[1]

森有礼和郑永宁在24日抵达保定。[2]那晚，在一个盛大的晚会以及豪饮之后，他和李鸿章进行了激烈而有趣的谈话。后者以询问森有礼在北京的经历、他的年龄、教育背景以及对西学的态度开头。两人谈到了西方列强对东方的压制。李鸿章认为只有通过东方国家的和睦相处，才能与欧洲的力量抗衡。森有礼突然说道：

　　据我看来，和约没甚用处。

　　（李鸿章）答云：两国和好，全凭条约，如何说没用。

　　（森有礼）和约不过为通商事，可以照办，至国家举事，只看谁强，不必尽依着条约。

　　（李鸿章）此是谬论，恃强违约，万国公法所不许。

1　《李文忠公全集》"译署函稿"，卷4，第30—32页。

2　关于李鸿章和森有礼的谈话，参见《李文忠公全集》"译署函稿"，卷4，第33—38页。

（森有礼）万国公法亦可不用。

（李鸿章）因指桌上酒杯，告郑署使云，和是和气，约是约束人的心，如这酒杯，围住了这酒，不教泛滥。

（森有礼）这个和气，无孔不入，有缝即去，杯子如何拦得住？

谈话随后转向朝鲜。森有礼宣称朝鲜并非中国的附属国，因为中国没有对它征税，也没有干预朝鲜的管理。李鸿章揭示了他所说的中国内地——比如行省和外藩，比如朝鲜和安南——之间的区别。森有礼询问为什么朝鲜不希望与日本建立条约关系。李鸿章将朝鲜的不情愿归因于它的恐惧，特别是朝鲜对丰臣秀吉的入侵记忆犹新。郑永宁提到就在最近，朝鲜的态度已经恶化到从要塞向日本军舰开火的程度。李鸿章站在了朝鲜一边，宣称日本军舰不应当不经允许进入朝鲜领海。森有礼认为国际法并不适用于朝鲜。郑永宁接着描述了日本国内沸腾的舆论。森有礼的使命是确保中国对其的帮助，以便维护和平。李鸿章解释道，如果中国在朝鲜帮助日本，西方国家将会做出同样的要求。森有礼认为他们对朝鲜不感兴趣。李鸿章建议日本暂缓逼迫朝鲜，并且说道：

高丽地瘠，取之诚无益，且闻俄罗斯听见日本要打高丽，即拟派兵进扎黑龙江口，不但俄国要进兵，中国也难保不进兵。

最后，森有礼宣称，如果要保证和平，总理衙门必须对朝鲜施加影响。李鸿章承诺将写信给总理衙门，劝说朝鲜以友好的方式满足日本的要求。郑永宁告诉李鸿章日本对朝鲜的三个要求：1.对此后日本使团应友好接待；2.善待日本漂流民；3.允许日本对朝鲜沿海进行调查。

森有礼回到北京后，他继续与总理衙门进行交涉，后者最终同意按照日本希望的方式对朝鲜施加影响。

事实上，1月17日朝廷指示礼部警告朝鲜不要与日本硬碰硬。礼部派遣送信特使于2月5日抵达朝鲜。为了执行总理衙门对森有礼的承诺，它于2月24日再次给朝鲜致信，这封信于3月16日送达。

黑田清隆、井上馨与朝鲜大臣的谈判从2月10日开始，并于27日签订了条约。中国给朝鲜的第一封信于谈判开始前五天到达，但是第二封则在条约签订后17天才到达朝鲜。中国多大程度上促成了条约是很难说的。一封朝鲜国王写给礼部的书信表达了他对宗主国的感谢，并且表示，他对日本的政策与来自中国的圣旨一致。

毫无疑问，在1876年，日本内阁希望能够维护和平。它认为如果能与朝鲜订约，日本公众将会感到满意。为了达到这一目的，日本政府不仅精心规划了赴朝使团，而且森有礼也被派往北京寻求中国的帮助，日本认为这是叩开朝鲜大门的关键。从森有礼在北京和保定活动的记录中我们可以看到，森有礼成功完成了使命：北京要求朝鲜加入与日本的条约关系。在宗主权这一点上，总理衙门与森有礼产生了分歧。总理衙门向森有礼明确表示，日本对朝鲜的领土侵犯，将是对中日条约的侵犯；而森有礼则认为中国拥有宗主权这一事实，与朝鲜的独立并不相矛盾，同时宣称日本没有领土野心。

1876年春天，郑永宁给总理衙门送去了一份朝鲜与日本之间条约的副本。[1]然而，总理衙门并没有对此做出评论，即使其中包含承认朝鲜独立的条款。确保了朝鲜的忠诚后，总理衙门没有发觉这项条款背后的深意。

因此，除了一些朝鲜本国的顽固派，日朝交涉事件并未引发任何一方的反感。而且在此之后，接下来的几年就是三国之间关系平稳的时期。朝鲜经常向中国汇报关于开商埠、日本遣使以及派遣朝鲜使团去东京的后续谈判事宜。日本政府利用这些机会与朝鲜建立友好关系，并警告朝鲜注意俄国的危险性。1876年夏天，宫本小一（Miyamoto Koichi）向朝鲜提出从朝鲜经过满洲到达北京的议题。朝鲜和总理衙门都认为这是一个严肃的事情。10月，当森有礼路过天津时，李鸿章向他提出了这

---

1 即《江华条约》。——译者注

一问题。[1]森有礼告诉李鸿章，宫本小一的谈判进展十分顺利，并未节外生枝。他又描述了俄国在图们江附近的活动。"日本十分担忧俄国的南进。他希望与中国、朝鲜一起对抗它。所以它怎么会激起本属一家人的三国之间的纠纷呢？"副岛种臣当时也在中国旅行，并且在天津与李鸿章会面。他告诉李鸿章，日本收到确切消息，一旦其与俄国发生冲突，俄国将首先占领对马海峡。他还预测日本政界将发生巨大动荡。第二年，西乡隆盛的叛乱发生了。为了回应日本政府通过其驻天津领事池田（Ikeda）发出的援助请求，李鸿章提供了大批的弹药。俄土战争导致俄国和英国在远东进行了某些军事准备。中国对俄国愈发担忧。在陕西饥荒[2]时，日本还参与了国际救援。

这一友好的间歇期被琉球争端所打断。中国的政治家们认为发生在琉球的事情也会发生在朝鲜，除非中国决心与日本抗衡。所有人都同意必须推进海军建设计划。福建巡抚丁日昌在他的关于海军事务的奏章中建议，在中国完成计划之前，韩国应当被鼓励与西方列强建立条约关系，希望列强的商业利益能够制衡日本的政治与领土要求。托马斯爵士也做出了同样的建议。总理衙门请皇帝指示李鸿章接手劝说朝鲜的任务。[3]

1　《李文忠公全集》"译署函稿"，卷6，第31—33页。

2　指1877—1878年丁戊奇荒。——译者注

3　《清光绪朝中日交涉史料》，卷1，第31—32页。

自从1876年开始，李鸿章开始与李裕元保持通信。[1]他在1876年的信函中指出，西方列强的本质是为了在全世界范围内进行贸易，而且它们是绝对无害的。1878年，李鸿章的信函变得更为坦率。他告诉这位朝鲜大臣，商业国家没有侵占领土的计划，若朝鲜与它们订立条约关系，它将在面临俄国进攻时变得孤立无援。李鸿章随后援引了中国历史上以夷制夷的例子。1879年，执行在总理衙门建议发出的圣旨时，李鸿章再次给李裕元写信。他警告朝鲜，除非它接受李鸿章的建议，否则它将变成第二个琉球。在欧洲，与朝鲜同类的小国，比如比利时、丹麦，能够与大国相安无事，因为它身处国际大家庭之中，并且享受国际法和国际利益平衡的保护。如果朝鲜加入与英国、美国、法国和德国的条约关系，它将享受同样的保护。

　　朝鲜仍然没有被说服，但是它开始发现西方武器在某种程度上的优越性。1880年，朝鲜国王请求允许朝鲜留学生在天津的兵工厂实习，同时恳请中国官员到朝鲜训练朝鲜军队。朝廷、总理衙门和李鸿章都热心地投入这一计划，认为虽然朝鲜并没有走得足够快，但它走在一条正确的道路上。李鸿章让朝鲜特使带回一些西方武器的样品。第一批30名朝鲜学生在次年被安排前往天津。

1　这些信函由时任李鸿章幕僚（secretary）、后任驻英公使的薛福成起草。可以在薛福成的文集里找到这批信件。《庸庵文外编》，卷3，第60—66页。

1880年中俄在伊犁的争端不仅让中国对两国之间的漫长边境线感到担忧，而且同样对朝鲜表示忧虑。英国和美国人都警告中国，俄国或许会占领朝鲜北部以及拉扎雷夫港（Port Lazareff）。舒费尔德（R. W. Shufeldt）准将是其中最热心的一个。伴随着朝鲜留学生到达天津，以及朝鲜在当地的永久驻使，总理衙门决定从根本上改变处理朝鲜事务的机构，在此之前它由主管海路朝贡的礼部负责。礼部是天朝自大主义（sinophilism）的中心，对外交事务一无所知，因循旧法，组织臃肿。总理衙门请求皇帝将朝鲜事务完全交给李鸿章负责，后者将就此咨询中国驻日公使。在此之后，中国的朝鲜政策变得清晰而有力。

1880年，中国对朝政策用一句话概括，就是鼓励朝鲜与西方列强订约，从而制造出列强商业利益与日俄政治利益之间的平衡。李鸿章逐渐将朝鲜引上了这条道路。琉球问题使得丁日昌就此事向总理衙门提出了详细的建议，并被送给皇帝御览。在1879年得到御旨批准时，它成了中国的官方政策，这一政策的执行被交给了李鸿章。[1]

1880年，国际形势突然为李鸿章提供了这样一个机会。舒费尔德准将在夏季尝试让朝鲜与美国建立条约关系。为此目

---

1 指的是前文"福建巡抚丁日昌在他的关于海军事务的奏章中建议，在中国完成计划之前，韩国应当被鼓励与西方列强建立条约关系，希望列强的商业利益能够制衡日本的政治与领土要求"。——译者注

的，他寻求日本的调停，但是他的使命失败了。很多学者指责日本的欺诈行为。我这里有一些证据，能够阐明日本在其中所扮演的角色。李鸿章从李裕元那里收到了一封报告舒费尔德事件的信函。朝鲜拒绝日本担任其与美国谈判中间人的理由是："盖他国书之自日本借送，不得施行，曾有文钤而然也。"[1]这是一个含义模糊的句子，但是看起来日本已经给朝鲜做了不引入他国的书面承诺。

在他寻求日本帮忙疏通碰壁之后，舒费尔德到天津拜访了李鸿章。李鸿章立刻向他提供了友好帮助。

驻日公使何如璋也报告了舒费尔德的活动。[2]他建议中国向朝鲜派遣代表，以便进行条约谈判；或者皇帝应该下发一道圣旨，命令朝鲜自行谈判，但是条约中必须包括如下声明："奉中国政府命，愿与某国结约云云。"何如璋认为，如果不加入这一条声明，中国将丢掉宗主权。他说朝鲜日本的代表告诉他，朝鲜的官员已经改变了主意，只有少数仍然反对与西方订约。革新派们表示，如果中国能够公开对他们施加影响，这些顽固派的反对势力将被击败。李鸿章并不同意何如璋所建议的计划。第一，这一声明即使能被朝鲜接受，也未必能得到西方列强的同意。第二，如果中国正式将谈判接管过来，西方国家

1　王彦成、王亮：《清季外交史料》，卷23，第4页。
2　《李文忠公全集》，"译署函稿"，卷11，第42—43页。

或许会要求订立其与中国所订立的相似的条约。李鸿章认为朝鲜能够得到更优惠的条件。至于中国的宗主权，

> 但使朝鲜能联络外交，以自固藩篱，则奉吉东直皆得屏蔽之益，其恭顺我朝礼节，似不至因与西国结约遂即变更。

如果中国尽力推行它的海军计划，并且变得更为强大，不只是朝鲜，欧洲强国也将会尊敬它。如果中国失败了，那么它将发现难以自存，更不必说维持藩属国了。他认为他能做的至多就是提供友好帮助。关于这一点，他向舒费尔德和托马斯爵士做出了保证。

1881年2月，朝鲜进贡使团的一名成员给李鸿章带去了来自现任朝鲜内阁大臣李最应以及已经退休的李裕元的信函。后者仍然反对缔结条约，李鸿章就此致函让他停止反对行为。李最应表达了其拒绝与舒费尔德谈判的歉意，并且要求李鸿章提供中国与西方列强所签条约的副本。李鸿章让一位从法国归来的留学生和道台马建忠为朝鲜起草一份可以作为未来谈判底本的条约。[1]

在李鸿章收到李最应的回信之前，舒费尔德准将于1881年6月抵达天津。李鸿章只能让他耐心等待。7月，朝鲜国王派遣

---

1 《清光绪朝中日交涉史料》，卷2，第32页。

李应浚通知中方朝鲜留学生即将到来。他向李鸿章解释，朝鲜国内有大量反对与美国订约的声音。因此，朝鲜国王不敢任命谈判代表。李鸿章劝说李应浚回国，并让朝鲜国王派谈判代表名义上作为留学生监督前往天津，从而避免反对者的注意。朝鲜甚至对采取这一政策也感到犹豫不决。留学生到来了，但是朝鲜关于条约的回复则杳无音信，也没有谈判代表前来。同时，舒费尔德认为李鸿章是在愚弄他。[1]

最终在1882年1月，朝鲜国王派遣密使金允植来中国解释朝鲜的难处，并提出了一个解决方案。金允植在信中做出的解释几乎是凄惨的。[2] 这封信十分重要，因为它描述了与美国签约前夜的朝鲜。官员、文人以及普通民众仍对教士的秘密传教表示愤怒，他们坚持反对与日本签订的条约。任何谈论外交关系的人都被当作叛徒。但是国王意识到了有必要做出改变。他组织了外交机构，并鼓励年轻人学习军事科学和实用技术。但他是孤立的。李裕元一度深受李鸿章信函的影响，但是看到舆论的反对，他加入了顽固派。国王将他流放。去年秋天，安骥永发起了名为驱逐日本、实为觊觎王位的叛乱。虽然元凶被抓获，但是他的跟随者仍然逍遥法外。因此，已经安排好的使节不能前往天津。朝鲜得救之路是明确的。一方面，它应当开始现代化，另一方面，在现代化让它变强之前，它必须与西方列

---

1 《李文忠公全集》，"奏稿"，卷42，第37—39页。
2 同上，第40—43页。

强发展友好关系。在西方列强中，金允植听说美国最为富强。作为富国，它不会贪图朝鲜的财富；作为强国，美国可以作为依靠。此外，美国人据说是正直和善良的。如果朝鲜能够先与美国签约，这将为其他国家树立先例。然而，日本和俄国并不想看到这一条约的签订；朝鲜民众同样反对。

> 惟有我皇上明降诏旨，先期晓谕，于明春年贡使之回踵，遣派员协美议约，则寡君得以凭仗皇灵，随宜酌办。

朝鲜国王和一些开明的大臣希望通过运用中国的影响力来克服反对的声音。李鸿章认为，以天朝的名义为朝鲜的政治派别服务是危险的。进而言之，如果下发了圣旨，美国人将立刻确信能够订约，而朝鲜则失去了讨价还价的机会。不然的话，朝鲜可以威胁不签订任何条约，以便让将来的成约符合自身的目的。金允植对此表示确信，并且派遣使者回国劝说国王，而他自己则待在天津。

在1882年3月，金允植向李鸿章报告说，朝鲜国王请求李鸿章为他与美国进行谈判。随后朝方的草案被制定出来，它仅仅是李鸿章所提草案的翻版。李鸿章随后承担了与舒费尔德谈判的任务。[1]正如丹涅特（Tyler Dennet）指出的，李鸿章的草案

1　关于李鸿章和舒费尔德的谈判，参见《李文忠公全集》，"译署函稿"，卷13，第8—12；31—34页。

代表着平等条约的思想。我们不需要深入讨论这些谈判，因为以往的学者已经对此有了很好的叙述。我们只需要稍微关注一下第一款，它承认中国对朝鲜的宗主权。它表明去年李鸿章尚不认为需要就这一款做出规定，但是这一年他坚持加入这一款。李鸿章的改变或许是受马建忠的影响，马建忠的政治知识往往受到李鸿章的仰赖。舒费尔德感觉如果加上这一款，条约将难以被参议院通过。他必须就此请求政府的指示。一份电报于4月12日被送达国务院。在等待答复期间，条约其他条款被加以审定。到20日，国务院仍未回复。他们决定将第一款空出，其他条款则应由李鸿章和舒费尔德草签。后者随后前往芝罘以等待答复，并同意中国派遣一位代表来加入在韩国的最后阶段的谈判。舒费尔德和中国代表应当在5月5日在济物浦（chemulpo）碰头。李鸿章当即告诉一名在天津的朝鲜使节携带前述的条约草案回国，并让他的政府为舒费尔德的到来做必要的准备。

李鸿章派遣道台马建忠和海军将领丁汝昌作为谈判最后阶段的中国代表。他们于5月6日抵达济物浦，而舒费尔德于两天后到达。他告诉马建忠与丁汝昌，他尚未接到国务院的答复，但是得到了李鸿章对替代条约第一款的同意，由朝鲜国王致信美国总统以承认朝鲜对中国的依附地位。马建忠对此表示同意，但是要求这一信函的落款日期应当早于条约的签订。[1]

1　关于马建忠在订约中的作用，可见《适可斋记行》，卷4，第12页。在给李鸿章的信函中，马建中表明，在他看来，朝鲜国王致美国总统的信函之落款日期早于条约签订的日期，似乎是必要的。

朝鲜只提到了大米出口这一点。双方同意禁止在仁川进行这样的出口活动。马建忠为朝鲜起草了朝鲜国王致美国总统的信函，也起草了给朝方代表的全权委任状，以便他们在条约签订过程中使用。

条约签字仪式于5月22日在海边搭建的帐篷里举行。马建忠和丁汝昌应舒费尔德和朝鲜代表之邀出席了仪式。

日本公使花房质义（Hanabusa Yoshitada）比马建忠稍早一些抵达济物浦。他们互致了问候。在条约签订之后，马建忠和朝方都没有向他透露条约的内容。在舒费尔德举行的一次宴会中，花房质义向东道主祝酒，并对他的迅速成功表示祝贺，而舒费尔德则将其归功于李鸿章和马建忠。在马建忠给李鸿章的报告中，他说花房质义对这一表态表示沮丧。

马建忠与丁汝昌应朝鲜国王之邀前往汉城。马建忠向朝鲜的政治家讲述了整个外交形势。他们告诉他朝鲜需要资金而日本愿意出借。马建忠向他们指出此类贷款的危险性，并且敦促他们发展采矿业，并向他们保证，李鸿章将十分乐意为他们提供专业的西方矿业工程师的帮助。在回到济物浦时，马建忠和丁汝昌发现那里停泊着英国战舰，战舰上还站着威尔斯将军（Admiral Willes）。威尔斯出示了李鸿章的书信，其中要求马建忠为大英帝国做出他为美国所做的同样的事情。英国的条约是对美国条约的翻版；甚至朝鲜国王致英国女王的信函也如出一辙。当他在6月5日看到一艘法国军舰到来时，威尔斯将军急匆匆地完成了谈判，并于次日签订了条约。法国领事迪伦（Dillon）只是来调查以便向法国驻北京使馆报告的。6月下旬，马建忠又与前往朝鲜的勃兰特（M. von Brandt）为德国签订了一份与朝鲜的条约。

五、朝鲜：1882与1884年的暴风骤雨

通过签订这些条约，中国将西方商业利益引入朝鲜以便抗衡日俄的政治和领土利益的政策有了一个顺利的开端。李鸿章对自己的工作表示满意。他的母亲于4月19日在他的兄长李瀚章位于武昌的湖广总督府里去世。李鸿章要求辞官回乡丁忧。朝廷起初要求他留在天津主管相关事务，即使他不再拥有任何头衔和官位。最后架不住李鸿章的屡次请求，朝廷允许他离任一百天。在此期间，张树声暂代李鸿章。在6月1日离开天津时，李鸿章告诉朝廷，中国外交的前景是明朗的。

李鸿章对平安无事的夏季的期许，于8月1日下午，被来自中国驻日公使黎庶昌的两封电报[1]所打破。第一封电报声称：

> 外务次官告诉我：在6月23日，朝鲜的叛军包围了日本使馆，杀死一人，伤数人；花房质义公使逃到仁川，并且费尽周折才坐上一艘英国船只到达长崎；日本计划派遣三艘战舰。

1　这两份电报被刊登在《人文月刊》第2—3页。张声树致总理衙门的信函亦载于此。

第二封电报则说：

> 日本战舰已经立刻开赴朝鲜。看来中国应当派遣军队
> 对此进行监视。

虽然李鸿章离开了天津，但是直隶总督府里仍然遍布他的
属下，他们都对1874年的台湾事件记忆犹新。他们要求代理总
督迅速采取措施。张树声告诉丁汝昌将军，让他的舰队随时准
备拔锚起航，并于当天夜里向总理衙门请求批准。两天后，黎
庶昌再次发来一份电报，声称700名日本海军士兵和7000名陆
军士兵已经于昨日动身；井上馨外务大臣亲自统率这支远征队
伍；虽然日本皇室还没有决定开战，日本舆论则已经沸腾；中
国的战舰必须迅速出发。总理衙门的回复也于当日抵达，授权
丁汝昌率领战舰前往朝鲜。张树声向上海发电，召回了派去李
鸿章安徽老家拜访他的马建忠。丁汝昌和马建忠在8月9日于
芝罘会面，并与一位与朝鲜留学生同在天津的朝鲜官员鱼允中
一道启航。

从鱼允中和同与朝鲜留学生在天津的官员金允植那里，张
树声了解到，汉城的暴乱有着复杂的背景。[1]朝鲜国王于1863
年登基，时年9岁。他的父亲，即有名的大院君担任了十年摄

---

1 《人文月刊》，第3页；《清光绪朝中日交涉史料》，卷3，第31页。

政，只是十分不情愿地退休。他是专制且排外的。国王是友善但软弱的；然而闵妃则有着坚强的性格。她将她的亲戚都安插入权力集团，并采取了现代化的措施。大院君雇用刺客除掉了一些闵氏集团的人。1881年，他的另一个儿子和安骥永一起密谋废黜国王。所幸国王及时察觉了。根据鱼允中和金允植所说，目前的事件是一场好戏里的另一幕。毫无疑问，大院君是真正的幕后主使。他们要求张树声派重兵前往朝鲜，并表示唯一的解决办法就是除掉大院君。因为他已经在国王幕后掌权十年，并且拥有国王之父的崇高威望；而由于他的排外观点，他拥有民众的支持。张树声认为这一事件将给予日本获得它所觊觎之物的机会。作为朝鲜的友国，日本将帮助国王平息叛乱并且加强自身的影响。或者利用日本使馆遭到袭击以及日本人被杀为借口，向朝鲜强加某些条款。因此张树声要求在山东北部统兵的吴长庆准备好到朝鲜效力。总理衙门在听取了鱼允中和金允植的报告——它们得到了驻日使馆的进一步报告的证实——后，不仅同意派兵，而且告诉李鸿章立刻到天津复职。军机处（Privy Council）进一步建议李鸿章作为钦差大臣前往朝鲜。

吴长庆手下有两名很有前途的年轻人，[1] 其中之一就是袁世

---

1 关于吴长庆将军、张謇和袁世凯的作用，参见由其子所写的张謇传记《南通张季直先生传记》，其中大量引用了张謇的著作，包括他的《自编年谱》。其中，第32—42页尤其重要。

凯。袁家和吴家长期交好。作为一个桀骜不驯的年轻人，袁世凯常常和地方官员发生冲突。听说吴长庆将军被任命驻防山东，袁世凯拉了一支队伍去投奔他。吴将军解散了这支队伍，并让袁世凯在军营从事文书（classics）工作，听命于另一个著名人物张謇的指挥。张謇被任命为吴长庆的军需官，而袁世凯则担任他的副手。吴长庆一行直到7月18日才在芝罘登船，并雇金允植为顾问。金允植告诉吴长庆，大院君必须被清除掉，并给出了一些建议方案。

8月10日，丁汝昌和马建忠抵达济物浦港，发现那里停泊着一艘日本军舰。[1]他们的首要任务是收集信息。两天后，花房质义抵达仁川，与他同行的还有两个韩国人，其中之一正是金玉均，此外还有700名士兵。13日，一艘由卡顿（Cotton）率领的美国船只到港。在详细调查了当地情况后，丁汝昌回到天津进行报告，并催促派兵。

花房质义于8月16日抵达汉城。被诱导相信马建忠唯一的任务就是帮助朝鲜抵御日本的大院君，邀请马建忠到汉城去，但是由于没有武装力量保护他，马建忠拒绝了。他停留在济物浦，并与花房质义进行了有趣的谈话。他主张后者不要即刻向朝鲜提出要求，因为朝鲜现在没有合法政府。即使日本成功地与事实上的政府订立协议，也将被法理上的政府所否认。他

1　这里使用了马建忠这一时期的日记；这可以在《适可斋记行》卷6中找到。

目前的首要任务是挫败政变。花房质义暗示日本的要求是温和的，他自己赞成帮助朝鲜。

花房质义在汉城并未获得成功。起初，大院君拒绝让他进入首都。随后，在安排了朝鲜谈判代表后，这位被任命的代表说他要离开汉城，去拜谒皇家陵墓，这真是一个严重事件！ 8月20日，花房质义下达了哀的美敦书，要求朝方在三天内满足他的七条要求。逾期却未收到满意回复，花房质义于23日离开了首尔。

直到这时，中国的军队抵达了朝鲜。他们在济物浦以南二十公里的南阳（nanyang）登陆，以避免与日本发生冲突，后者驻扎在靠近济物浦的仁川。马建忠由一支小型卫队护送第一次进入首都，并于23日夜抵达。发现日朝之间的交涉已经破裂后，他第二天返回去找花房质义，并和他进行了与之前和竹添进一郎同样内容的谈话。

26日，吴长庆、丁汝昌和马建忠率领他们的军队进入了首尔。当日中午，他们正式拜见了大院君，后者对他们为他所做的一切表示感激。在返回吴长庆的军营时，他们向朝鲜国王发出密信。几个由中国士兵组成的小队被派出，以把守城门和进入宫殿的通道。下午四时，大院君前往军营回访。主客之间以笔谈的形式相谈良久，而与此同时，大院君的随从都被清除掉了。夜幕降临时，吴长庆将军突然起身，宣布大院君犯有叛国罪，反对中国皇帝所支持的朝鲜国王。大院君被请上了轿子，并于当夜被押送到一艘中国船只上，带回了天津。

第二天，朝鲜国王向吴长庆将军表示感谢，同时请求中国政府善待他的父亲。马建忠立刻答复说，朝鲜国王应该派遣谈判代表前往仁川，并告诉花房质义既然上个月发生的事件是为了对抗希望与日本保持友好关系的、朝鲜国王的权威，那么朝鲜将准备接受日本所有的合理要求。马建忠得到了一份花房质义提出的要求的副本，并指示朝鲜谈判代表何者可以接受，何者则不可。朝鲜代表于当日离开，并与已经抵达的花房质义和井上馨进行谈判。

与此同时，中国在汉城的驻军搜查了由大院君的士兵驻扎的两个城郊地区。其中170名士兵被逮捕，10名被处决，其余的则被释放。在与叛军的战斗中，袁世凯开始崭露头角。

与井上馨进行谈判的朝鲜代表是李裕元和金宏集。最终达成的条约包括六条正式条款和两条补充条款。第一条要求朝鲜二十天内对叛乱中的犯罪人员进行处罚，如果没有做到，日本将自行采取措施。马建忠要求李裕元和金宏集不要接受时间限制，但事实证明这一时间限制并不重要。第二款要求对日本的十三名死难者进行隆重的葬礼。第三款要求朝鲜向日本死难者家属赔偿50000美元。马建忠认为这两条毫无疑问应当接受，因此它们在仁川得到了双方的认可。第四款要求赔偿日本的军费50万美元，并分五期偿付。马建忠告诉朝鲜代表，这一数字过于巨大，并建议应当偿付10万元。在谈判过程中，这一条款引起了最大的争辩。朝鲜代表诉说了本国的贫穷；井上馨则提出在朝鲜开矿和掌握朝鲜的电报线，将两者的收入作为补偿；此外，位于朝鲜内地的三个地点将开放通商。与此相比，李裕元和金宏集更愿意赔偿五十万元。第五款给予日本在使馆驻兵的权利，并有朝鲜提供军营。马建忠告诉他们应当尽量限制日本驻兵的人数，最终，条约里并没有载入明确的限制。第六款则强迫朝鲜派遣代表赴日道歉。至于补充条款，其中一条规定三个已经开放通商的口岸应当允许日本人在方圆五十里——两年后延伸到一百里——的范围内进行游历，而离仁川不远的杨花镇则应当开放通商。另一条给予日本公使和领事，以及使馆工作人员和家属们，在获得朝鲜签发的护照的前提下，在内地游历的权利。在了解了协议条款之后，马建忠认为，虽然朝鲜代表在某些地方没有贯彻他的指示，但是从总体上看，这些条款是合情合理的。

朝鲜1882年的危机确实十分严重。十三名日本人和包括内阁总理李最应在内的三名朝鲜阁臣被杀害。最初大家都相信，大院君毒死了闵妃，追悼会已经确定了举行日期，但后来发现闵妃实际上被藏了起来。从中国一方看来，如此公开和有力的对朝干预是自元朝以来所未见的。这被认为是中国的胜利，那些参与处理这一事件的人被皇帝降旨擢升或嘉奖。袁世凯接受了帮办朝鲜军务（assistant magistrate）的头衔。毫无疑问，这一成功的干预使得中国在朝鲜影响的增长和日本影响的衰落，虽然日本已经两次和作为独立国家的朝鲜进行谈判，并取得了在汉城驻兵的权利。然而，严格来讲，中日之间在这一危机中并未彼此对立。双方既没有在军事上，也没有在外交上针锋相对。中国没有对日本在朝鲜的所作所为进行抗议，日本也没有对中国做同样的事。采取反日手段的是大院君，而他则被中国流放。希望与日本和西方国家修好的朝鲜人正是与中国合作的人，而中国则帮助他们重返权位。

这个胜利使得一些中国官员期待得到更多的东西。琉球问题还未解决。朝鲜给日本的赔偿则被一些人看作是不公平的。朝鲜轻易接受中国干预，以及日本对此的漠不关心，看起来都预示着无论中国想在朝鲜半岛做什么，都会成功。吴长庆的军需官张謇给李鸿章写了一份报告，支持对朝鲜的公开兼并，以及就琉球与日本开战。他认为朝鲜的未来是没有希望的，而且不能长期保持独立。李鸿章对此不屑一顾。张謇虽然当时仍然是一个二流官员，但他在京城的文人圈子里很有名气。他的计划很快被御史台和翰林院的成员接受了。

"清流党"之一的邓承修在9月13日的奏折中要求动员所有停泊在芝罘的中国军舰，并任命李鸿章为总司令，以琉球事件为理由向日本宣战。[1]十天后，另一个清流党成员张佩纶在奏章中向皇帝提出了同样的建议。[2]朝廷让李鸿章考虑一下这些建议。李鸿

1　《清光绪朝中日交涉史料》，卷4，第1页。
2　同上，第12页。

章回复道[1]，在军事方面，中国此时并不能确保取得胜利。中国的军舰虽然在数量上略占优势，但是在质量和指挥的统一程度上，日本海军更胜一筹。自从台湾事件以来，他用尽全力来推进海军建设计划。虽然皇帝慷慨地给予每年4亿两白银，但是他实际上只能收到四分之一。铁甲舰年末才能交付中国，而铁甲舰做好战斗准备则还需要很长时间。在最近的几年，日本进步神速。伊藤博文正在欧洲考察宪法。外国人经常将日本看作进步，而中国则是保守。因此，从国际角度看，日本往往受到同情。日本借入外债一事并不一定是缺点，因为日本运用这些资金建立陆海军和铁路，而外国债权人不希望他们的债务人被打败。中国应该努力备战，而不是立刻开战。朝鲜危机的解决并不是不公平的，日本有理由与朝鲜谈判。琉球问题确实是日本对中国做的一件不公正的事情，但是这个问题目前必须先搁置起来。

在1882—1884年间，李鸿章将所有求战的声音都变成了备战的声音。同时，他通过外交方式增进中国在朝鲜的影响力。

至于朝鲜的外交事务，以张佩纶、何如璋和黎庶昌为代表的中国的进取派（forward party），支持在朝鲜任命一名中国的常驻顾问（Resident），他将控制朝鲜的外交事务。李鸿章更希望通过提供建议来作为控制的工具。他发现在过去的几年来，通过为朝鲜提供建议，他完成了很多事情，实际上控制了朝鲜

---

1 《清光绪朝中日交涉史料》，卷4，第13—15，16—17页。

的外交政策。有实无名要比有名无实好得多，因为控制朝鲜外交的虚名会将朝鲜送入日俄的怀抱，并引起他国的反感。可以通过任命中国驻汉城的商业代表来确立起建议体系（advice system），而他表面上只是承担领事的职责，实际上则是为朝鲜外交政策提供建议。陈树棠被委任以该职，他是中国前驻旧金山领事。为了协助他，李鸿章推荐德国前驻天津领事穆麟德（G. P. von Mollendorf）担任朝鲜海关监督（inspector）。因为他是由李鸿章任命的，也被李鸿章的热情所打动。李鸿章认为穆麟德将为中国的利益服务。为了让他体面赴任，李鸿章把他介绍给朝鲜在天津的代表们，并让马建忠的弟弟马建常为他举行就职仪式。通过李鸿章的影响，轮船招商局借给了朝鲜50万两银子以建立海关管理制度。为了进一步加强中朝之间的纽带，一系列的商业管理制度经过朝鲜的许可由中方宣布，它为双方提供了在各自市场中的特殊利益。

进取派希望通过在朝鲜永久性驻军，能够控制朝鲜整个的武装力量，而且通过中国教官组织起一支朝鲜新军。李鸿章则采取了不同的措施。他逐渐将吴长庆将军派往朝鲜的军队撤回；与此同时，为朝鲜提供新式武器和军事教官。

进取派还希望在满洲布置一支庞大的舰队和一支新式陆军。李鸿章对此表示同意，但指出，虽然以往的几个世纪，中国军队往往从满洲进入朝鲜，但在当代，从天津或芝罘派出的军队走水路要比走陆路更快地到达朝鲜首都。海军比陆军更为重要，虽然后者也不应被忽视。

这就是在1882年的暴风骤雨之后，李鸿章所付诸实践的政策和观念。

同时，朝鲜形成了一小撮亲日派。据有贺长雄教授的所言，在19世纪80年代早期，后藤（Goto）伯爵和福泽（Fukusawa）伯爵：

> 形成了通过日本的帮助改革朝鲜内政的想法，而外务大臣井上馨伯爵也比并不对此完全排斥。由横滨正金银行所提供的部分资金由他们支配，以便为在汉城建立政治性报纸、训练朝鲜士兵以及诸如此类的目的所用；而且后藤和福泽的信徒和代理人们，也都来到朝鲜创办报纸或者进行改革计划。[1]

日本政府任命一位小有名气的、汉学学者竹添进一郎担任朝鲜公使，以支持改革者。

他们的活动在一段时间内处于低潮。但到了1884年秋季，他们已经可以控制新建立的邮政业务，而三个连队的朝鲜士兵已经在日本的指导之下。起初一度秘而不宣的中法战争，于1884年8月正式公开。曾离任数月的竹添进一郎于11月回到汉

1　崔特前揭书，第189页。

城，他是如何利用这一时机的？有贺长雄教授对此做出了最好的描述：

> 他通过联络那些被认为是亲日派的人以开始他的活动。他现在公开谈论中国即将到来的灭亡以及朝鲜宣布完全独立的机会。在11月2日，竹添进一郎公使被朝鲜国王召见，在完成例行公事后，他与国王进行了私密谈话，他对国王做出正式声明，即他的尊贵的主上，日本天皇决定从朝鲜正在支付的1882年的赔款中，划拨出40万日元给朝鲜，只要国王将它用于军事改革的目的。他还向国王解释了远东的局势，指责中国干涉朝鲜内政是不公正的，并指责中国拘禁大院君等，并向国王保证，日本政府非常乐意看到朝鲜根据举世公认的国际法，宣布自己完全的独立地位。[1]

在那时，由于中法开战，驻扎在朝鲜的一半中国军队都被召回，只在汉城留下1500名士兵。此外，袁世凯还在训练两个连队的朝鲜士兵。吴长庆已经去世，朝鲜国王为他修建了一座祠堂以感激他在1882年的帮助。吴兆有将军继任司令官，而袁世凯则担任他的军需官。陈树棠作为商业代表，名义上是中国在朝鲜最高的政治代表。吴兆有将军和袁世凯对亲日派的活

---

1 崔特前揭书，第190—191页。

动感到紧张，并向李鸿章做了报告，后者让他们保持警惕和谨慎。李鸿章反对中法战争，主要原因就是日本或许将利用它作为在朝鲜迅速扩张的机会。既然他的和平努力失败了，他告诉他在朝鲜的代表们避免与日本发生任何冲突。

12月4日，朝鲜邮政主管、亲日派头目洪英植，设宴庆祝汉城第一家邮局开业。[1] 除了称病未到的竹添进一郎，其他外国公使都前来赴宴。当晚宴即将开始的时候，突传火警，据说城内某一区域发生了火灾。一个亲华的内阁大臣闵泳翊冲出去观察火情，却被刺客当门击倒。洪英植和金玉均，以及其他亲日派成员跑到王宫，报告国王称中国军队哗变，并声称为了他的安全将他带到了宫殿的另一个区域，并让国王给竹添进一郎写信，信里只有四个字："日使来援。"竹添进一郎立刻带兵进宫。

在那天夜里，位于汉城的中国人什么也做不了，甚至不清楚事情的性质。第二天早上，吴兆有将军和袁世凯让部队开拔；陈树棠则拜会西方使节，他们都建议陈树棠约束好中国的士兵。12月5日，他们得知6名亲华阁臣在宫中被杀，朝鲜国王发布了独立声明。重要的职位都被亲日派占据。重大的责任落到了吴兆有、陈树棠和袁世凯的肩上。其中关涉到的利益是巨大的。他们必须迅速采取行动。但他们没有可能

1　关于此次政变的叙述乃是根据以下档案重建的：陈树棠的报告，《清光绪朝中日交涉史料》，卷5，第30页。吴兆有的报告，同上，第35页。吴兆有、袁世凯和张光前的报告，同上，卷6，第14—19页。

从李鸿章那里得到指示。在5日当天，他们只是静观其变。他们多次向朝鲜国王请求进宫，但是他们并未得到许可。次日，他们采取了决定性的行动。6日早上大约十点钟，他们给竹添进一郎送去了照会，声称既然有大批人马包围着王宫，而且所有迹象都表明已经发生了动乱。他们将率领中国军队进入宫殿，以便保护国王，并与日本协防！他们没有收到任何回复。到下午3点钟，中国士兵进入王宫，一场战斗在王宫中打响了，中国士兵和由中国训练的朝鲜士兵为一方、日本士兵和由日本训练的朝鲜士兵为另一方。后者迅速倒戈；即使算上他们，日本的军队数目也远远少于中国军队。竹添进一郎和他的军队撤退了。许多亲日的朝鲜士兵逃跑了。洪英植挟持国王来到了宫殿北部的一座寺庙，而那里早已在中国的控制范围内，而国王也迅速被发现了。他们将他带到了中国军营，而洪英植则被朝鲜士兵杀死。

那天夜里，整个政治动乱被镇压了下去。一位亲华的朝鲜官员金宏集被任命为外务大臣。他在当晚向竹添进一郎发出了抗议，内称：

> 不料贵大臣率兵深入宫禁，断止出入，信息阻隔，先移大君主于景祐宫，继又移于李判书载元宅，连戮大臣六人，均不解其故，无知小民未能无憾于贵大臣，将聚众攻战，本国转托中国驻防之保护兵入内保护，深恐居民加害

于贵兵，而相见之时，贵兵阻拦，先发枪炮，竟至互有所伤，宫闱之内作为战场。[1]

7日，朝鲜国王向李鸿章写信请求中国派出大军立刻入朝，以保护他免遭日人伤害，国王认为日本会回头找他算账。

竹添进一郎在从王宫撤退后一路与暴徒作战，并逃到了仁川，在那里他答复了金宏集的抗议。他是响应国王的要求派兵入宫的。

> 本大臣率我护卫队入贵国王阙者，系奉贵国大君主派使，谕以日使来卫等因，谨遵上谕，即时驰赴王阙，讵意昨日清国兵不意闯入阙门，与贵国兵相合，先行发枪，至四面攻击，本大臣因奉有来卫之谕旨，故不得已而应发小枪始。

他当时一直和国王在一起，因此不知道六个大臣被杀的事情。

金宏集在10日做出了回复。他收到的请求是伪造的，上面没有国王的印章。那份请求仅仅要求日本公使进入宫殿，它没有要求他带兵进入。朝鲜有外交部，与外国使馆的联络往来

1　竹添进一郎和朝鲜外交部之间的通信可以在此书中找到：《清光绪朝中日交涉史料》，卷6，第22—26页。

都要通过这一机构进行。为什么竹添进一郎没有询问朝鲜外交部就采取了率兵进宫这样一个严重手段？对此，竹添进一郎回复，他无论何时进入汉城，都会随身率领卫队。朝鲜国王此前与他建立了直接联系的惯例。

10日当天，在动乱爆发和被镇压之后，李鸿章收到了第一份消息，一份从旅顺口（Port Arthur）由丁汝昌将军发来的电报，后者是从一艘由朝鲜归来的中国战舰那里得知的。这封电报简略地说道："朝鲜发生巨大动荡，我们的士兵参与了与日本的战斗。"第二份消息也在当天被收到，其中报告了4日和5日的情况。李鸿章立刻将其呈递给总理衙门，并让驻日公使黎庶昌在东京搜集情报。当时两艘北洋舰队的快艇停泊在上海，即将在台湾与法国作战。李鸿章将它们召回。

总理衙门向日本驻华公使榎本武扬（Enomoto Takeaiki）派出了代表进行会面。[1]榎本武扬对此消息表示了与总理衙门同样的吃惊，并且解释这可能是由于士兵之间的冲突引起的，而这对于共同驻防一个城市的两国士兵而言是正常的。驻日公使黎庶昌从东京发电说，所有重要的阁臣都不在东京，当地十分宁静。12日，日本驻天津领事会见了李鸿章，告诉李鸿章，他已经得到了私人消息，在朝鲜爆发的动乱并无官方背景。他确信

1　这段时间总理衙门与榎本武扬之间进行了频繁的会谈。参见《清光绪朝中日交涉史料》，卷5，第26—27、32页；卷6，第1—2、7、12—13、30、33—34、37—38、43页。

日本政府不想在中国与法国交战期间给中国制造麻烦。在此后几天总理衙门与榎本武扬的谈话也表明了日本政府的这一态度。

此后许多人认为日本希望利用中法战争之机在朝鲜牟利。这一观点放在竹添进一郎身上，毫无疑问是正确的；但是放到日本政府身上，就要加以警惕了。从法理上讲，竹添进一郎是日本政府的代表，他必须为他的所作所为负责，除非他拒绝接受政府的指示，但是从未出现这种情况。但是我们知道伴随着中法冲突的升级，日本政府拒绝与法国联合。进而言之，日本在华领事们还向李鸿章提供法国军事行动的信息。即使井上馨接受了加强朝鲜亲日派的政策，这对我而言只是说明，竹添进一郎的野心超越了他的权限，也超出了政府指示的范围。在这一事件发生，并且表明日本再次失败后，日本国内的舆论大哗，并且不允许政府对此放任不管。伊藤博文和井上馨要实现以下三个目的：满足日本公众，保持日本在韩国的影响，避免与中国开战。我必须说他们很好地达到了他们的目的：他们确实实现了光荣的和平。

井上馨一个人抵达了朝鲜，并在短时间内签订了一份温和的条约。他希望能够与中国派去调查这次冲突的专员吴大澂以及续昌进行谈判。尽管榎本武扬向总理衙门多次请求，但是中国拒绝给予他们全权。日本接着任命伊藤博文为特使赴华，由西乡从道陪同。中国任命李鸿章全权负责处理此事。

伊藤留下了一部有关此事的日记[1]而李鸿章关于这一事件的个人文件[2]也特别完整。伊藤博文于1885年3月14日抵达天津。李鸿章派伍廷芳到大沽口迎接他，并告诉他李鸿章被任命为全权代表与他进行谈判。伊藤博文告诉李鸿章，在进行谈判前，他必须把日本天皇授予的全权委任状交给中国皇帝，因此，即使他希望与李鸿章进行谈判，他必须首先进京。他在天津会见了许多外国领事；法国领事告诉他，法国或许将很快宣布包围天津。伊藤博文和西乡从道接着向北京出发，他们于3月21日抵达北京。正巧英国公使哈里·帕克斯爵士于当天去世，伊藤博文除了完成他的官方事务之外，还参加了哈里爵士的葬礼。

在确认了李鸿章的全权之后，伊藤博文返回天津与李鸿章开始谈判。第一次会议在4月4日举行，当天中国与法国签订了停战协定（peace protocol）。伊藤博文提出了两个问题，一个是关于过去的事件，一个则关于未来。关于过去的事件，伊藤博文宣称中国在宫殿中向日本士兵开火以及在汉城伤害日本平民的行为是错误的。李鸿章将它归咎于竹添进一郎。伊藤博文则归咎于吴兆有和袁世凯。至于谁先开火，两位政治家在简短的争执之后决定不再深究，因为在那种情况下不可能搞清楚谁先开火。至于伤害日本平民的事，伊藤博文展示了一些由日本

---

1 《伊藤博文秘录》，东京，1930，第335—341页。
2 《李文忠公全集》，"译署函稿"，卷16，第16、16—42页；卷17，第1—9页。这些文件逐字逐句地记录了李鸿章和伊藤博文的所有会谈情况。

受害者提供的证据。李鸿章认为这只是一面之词；他不可能在没有进一步调查的情况下惩罚任何中国官员或者士兵，他也宣称中国士兵不可能虐待日本平民，因为中国士兵从暴民的手中救出了日本妇孺，并护送到了使馆。伊藤博文承认这些善举，但坚称也存在虐待。这一问题通过如下的方式得以解决：李鸿章写信给伊藤博文，如果这些行为是真实的，他为中国军队任何不法行为表示歉意，并且保证在充分调查后，对犯罪分子进行应有的惩罚。

关于未来的问题更为重要。伊藤博文提议中日军队同时撤出朝鲜。李鸿章起初接受了这一提议，但做出了两个修正：1.一旦发生外敌入侵或者内乱，中国应当享有在应朝鲜国王要求下，派兵入朝的权力，并在任务完成后立刻撤出。并且2.一个短时期内，中国应当有权在朝鲜留下十到二十名军事顾问。伊藤博文拒绝这两点。李鸿章看来愿意放弃武装干涉的权利，但北京方面则对此毫不松口。最后，双方同意双方都有权在简单通知对方的条件下向朝鲜派兵。

1885年4月18日，李鸿章–伊藤博文协定（convention）确实是日本的胜利。在此之后，就武装干涉而言，中日在朝鲜有着平等的地位。然而，通过协定，日本放弃了在汉城永久驻军的权利，而后者的数目从未被条约清楚规定。通过达成这一解决方案，伊藤博文保持甚至加强了日本在朝鲜的地位，同时避免了像1884年12月4日所发生的、不可预料的事件。在后一方面，李鸿章与伊藤博文有着同样的期待。李鸿章认为他也很好地为国家服务。因为外交解决的大门仍然为他敞开；他有理由认为，因为中国历史上在朝鲜的声望是朝鲜人有目共睹的，因此日本不可能在朝鲜胜过中国。此外，李鸿章认为中国军队可以通过旅顺口比任何日本军队从最近的港口出发，都更快地到达汉城。

六、朝鲜——中国的主导地位：1885—1894

但是，李鸿章–伊藤博文协定只是在中日关系恶化并影响朝鲜之前，缓和了朝鲜的局势；它阻止了西方列强的野心。1885年，由于在阿富汗的争端，英俄关系濒临破裂。在协定签订后三周，英国占领了汉密尔顿港，那个港口邻近朝鲜南部海岸。在采取这一行动之前，英国咨询了中国驻英公使曾纪泽，后者答复说，即使中国不持反对态度，英国也要得到朝鲜的同意。伊藤博文在天津向李鸿章指出了这一岛屿的重要性，并且说日本将不会允许一个西方列强占领它。李鸿章发现这一问题是非常棘手的。英国的占领或许是列强瓜分的开始。另一方面，英国在这样一个战略位置的存在或许能帮助中国制衡日俄。由于这一两难困境，李鸿章可以说采取了一个得体的姿态。他正式宣布抵制英国的占领，并向朝鲜国王写信表示反对，但是又对此并不深究。

比英国占领汉密尔顿港更为严重的是俄国的密谋。在十二月风暴之后，朝鲜派遣徐相雨和穆麟德前往日本代表朝鲜国王道歉。穆麟德在1883年开始寻求脱离李鸿章而独立。李鸿章将他召回天津做出解释，而双方也开始对彼此产生恶感。在穆麟德回到朝鲜时，他开始采取自己的方针。作为朝鲜外交部次官，他拥有巨大的影响力，并且精心开展他的计划（play the game）。他越过其在外交部的上级，与宫中的太监建立联系。在日本期间，他与东京的俄国使馆建立联系，并说朝鲜希望邀请俄国教官训练朝鲜军队。穆麟德仅仅是因为离开李鸿章，而准备寻找下家吗？或者他从德国外交部（Wilhelmstrasse）那里得到指示，要将俄国的注意力引向远东？

日本早于中国得知了这些密谋。在1885年6月3日，井上馨让中国公使徐承祖到他的办公室，并给他出示了两份日本汉城领事提交的秘密报告。[1] 其中一份指出，大概在李鸿章与伊藤博文谈判同时，两名朝鲜人前往符拉迪沃斯托克寻求俄国的保护。另一份描述了朝鲜内政的暗淡状态。对国家负实际责任的大臣比起宫内官和太监而言权力更弱。相对而言，像金宏集和金允植这类有能力的人都在失宠。井上馨建议，虽然中国往往对藩属国采取放任政策，但这时需要采取积极政策。李鸿章在朝鲜的影响是巨大的。井上馨希望李鸿章向朝鲜国王建议，罢免穆麟德并雇用一个美国人作为替代，并就朝鲜大臣的任命提出建议。他也认为陈树棠太过软弱，希望看到中国派一位更强

---

1 《清光绪朝中日交涉史料》，卷8，第21—24页。

大的人代替他。

一个月后，井上馨的这些观点都体现在了榎本武扬给李鸿章的一份备忘录中。[1]备忘录开头指出，朝鲜的外交关系对中国与日本的利益有着关键性的影响。1.李鸿章和井上馨应当共同确定朝鲜的外交政策，并由李鸿章要求朝鲜实施。2.朝鲜国王应该停止让太监干预国政。3.国王应该选择忠诚能干的人担任大臣职位。这些任命应当事先得到李鸿章的同意，后者将咨询井上馨的意见。像金宏集、金允植和鱼允中都是合适的人选。4.最为重要的职位，比如外交、财政、军政大臣，应当在上述的几人中选择。5.一个有能力的美国人应当被任命以代替穆麟德。6.中国应该为汉城的职位选择一个更有能力的人。7.中国在汉城的新任代表以及即将任命的那个美国人，应当在就职之前，接受李鸿章的详细指示，并到东京拜会井上馨。8.中国代表应当与日本在汉城的代表发展坦诚而亲密的关系。

李鸿章并不喜欢这个计划。[2]第一，因为它过于积极；强加给朝鲜国王太多只会让他更快地投入俄国的怀抱。第二，这一计划在李鸿章看来存在许多实际操作上的困难。他和井上馨能够一直意见一致吗？他们之间的协商难道不会不便吗？第三，这个计划实际上是李鸿章领导的中日共管。

1　《清光绪朝中日交涉史料》，卷8，第25—26页。
2　《李文忠公全集》，"译署函稿"，卷17，第27—29页。

对于李鸿章而言，另一条可能的道路是模仿比利时的、对朝鲜的国际化或者中立化。汉城德国领事在这一想法下，给朝鲜外交部递交了一份备忘录，它随后被送给了李鸿章。[1]如果李鸿章仍忠实于他早期的将商业利益引入朝鲜以抗衡政治和领土利益的政策，中立化的计划是适合他的。但是他同样拒绝了。有趣的是，1882年榎本武扬告诉美国驻华公使杨格，日本在设想，在英德俄法美日六国担保下的朝鲜中立化。[2]杨格注意到其中排除了中国。

1885年7月下旬，朝鲜国王派遣南廷哲咨询李鸿章。南廷哲携带着一封朝鲜国王的书信，以及俄国代表斯派尔（Speyer）与朝鲜外交大臣会谈的详细记录。[3]斯派尔是驻日俄国使馆的顾问，并接受穆麟德邀请前往汉城解决为朝鲜军队聘请俄国教官的问题。朝鲜外交大臣告诉他，朝鲜已经要求美国公使福特（Foote）派来美国教官。因为朝鲜不可能聘请两个不同国家的教官，因此俄国的援助只能被拒绝。斯派尔开始还是进行温和的说服工作，但随后就以未知的灾难威胁朝鲜。据斯派尔所言，如果朝鲜得罪了美国，它并不会受到什么惩罚；但是如果它得罪了俄国，它将受到某些惩罚。朝鲜外交大臣让他出示委任状，但是斯派尔并没有，而穆麟德则为他说话，指出俄国驻

---

1 《李文忠公全集》，"译署函稿"，卷16，第43—45页。
2 崔特前揭书，卷2，第164—165页。
3 《清光绪朝中日交涉史料》，卷8，第28、30—35页。

日使馆的信函对于初步的谈判是足够的。为了保持与俄国的友好关系，朝鲜愿意引入俄国矿业工程师，而这一点斯派尔不能接受。朝鲜外交部一度态度强硬，斯派尔最后空手而归。

朝鲜国王就俄国问题和其他事项征求李鸿章的建议。李鸿章给他写了一系列的建议。[1] 防止俄国教官前来的最好的办法，就是让美国教官尽快入职。他将要求中国驻美公使敦促美国政府。金镛元前往符拉迪沃斯托克的秘密使命必须被朝鲜政府否认，因为正如朝鲜国王对李鸿章所言，他没有得到任何授权。俄国由于在中亚卷入了与英国的冲突，将无力在远东采取积极措施。穆麟德必须被解职，而李鸿章将选择一位美国人继任。在任命大臣方面，特别是外交、财政和军政部门，应当从金宏集、金允植和鱼允中里面选择。朝鲜国王要求李鸿章推迟从朝鲜撤军。李鸿章回复道，这一请求为时已晚，但是中国军舰将经常到访朝鲜。如果需要，李鸿章向国王保证中国将会出兵。南廷哲在会谈中告诉李鸿章，国王已经任命闵泳翊全权安排建设从汉城经过义州、从满洲到天津的电报线。李鸿章承诺将尽快推动这一计划。

朝鲜国王也要求将他的父亲大院君遣送回国。这个问题需要仔细考量。李鸿章发现大院君从不反华，并且在保定囚禁多年后，他也开始意识到外交关系的必要性。正如榎本武扬所表

---

1 《清光绪朝中日交涉史料》，卷8，第29页。

示的，日本也急于让大院君回国。但是闵氏集团公开告诉李鸿章，大院君在朝鲜的存在将意味着麻烦。朝鲜国王公开表示希望他的父亲回国，但是私下又告诉李鸿章他其实对此并不情愿。李鸿章向保定派去特使，以打探大院君对于朝鲜政治的看法。令李鸿章吃惊的是，大院君的计划是，中国应该恢复元朝的惯例，向朝鲜派遣监督国王和王后的官员，他的意见必须被两宫遵守。大院君认为，无论如何王后对于国政的干涉必须被终止。李鸿章看到了大院君和王后之间仍然充满着的敌意。为了化解甚至消除它，李鸿章让袁世凯安排了大院君与闵泳翊之间的和解会面，后者是皇后的侄子。袁世凯将闵泳翊带到保定，宣称正是接受了他姨母的命令前来的，后者对大院君的健康表示十分关切。这位老人虽然礼貌地接受了这一表态，但实际上并不相信。李鸿章接着让大院君来到天津，后者表示将忠于中国的利益，但只能顺势而为。李鸿章随后派袁世凯护送大院君返国。

李鸿章向总理衙门推荐袁世凯担任中国驻汉城商业代表一职。以下是推荐语：

> 适有前管庆军营务处袁丞世凯，两次带兵救护朝王，屡立战功，该君臣士民深为敬佩，才识开展，明敏忠亮，清卿、燕甫去冬在朝所稔知，昨调来津激劝闵泳翊往见李罡应（即大院君），立为释憾交欢，李、闵皆深德之，与其执政金允植、金炳始等均莫逆之交，李罡应、闵泳翊等再

四恳令袁世凯驻朝办事。[1]

袁世凯和大院君于1885年10月初抵达朝鲜。从这时起，我们真正可以说中国在朝鲜的政策是李鸿章–袁世凯政策。

袁世凯发现朝鲜的政治状况简直是各种阴谋的混杂。[2]闵妃派将大院君的归来看作新的权力斗争的开始。朝鲜国王应王后的要求，禁止任何官员与他的父亲进行交流。大院君的一个老侍从在他到达当天被毒死；第二天，两个大院君的铁杆拥护者被斩首。大院君本人则通过告诉他们朝鲜的大事必须听从宗主国的建议，以恫吓民众。袁世凯不得不给大院君泼冷水，说他可能只是在朝鲜暂住。

俄国的危险甚至变得更为严重。袁世凯发现朝鲜国王在玩两面手段。对于俄国公使，国王为自己寻求中国保护而辩护，并请求俄方派五艘战舰停泊在元山港；对于袁世凯，他为自己寻求俄国的保护而辩护，并要求中国在朝鲜长期驻兵。袁世凯给他写了一篇短文，指出了在西方宗主权下的安南国王和在中国宗主权下的朝鲜国王的区别。

袁世凯给穆麟德带去了李鸿章的一封信函，给他提供了一份在中国海关的职位。袁世凯的首要任务之一，就是敦促德国

---

1 《李文忠公全集》，"译署函稿"，卷17，第58—59页。
2 《清光绪朝中日交涉史料》，卷9，第1—3、5—8页。

人离开，并让美国人梅里尔（Henry F. Merrill）就任朝鲜海关总负责人的职位。袁世凯成功做到了这两点。

袁世凯从朝鲜国王那里听说，金玉均与日本自由党人（Liberals）形成了联盟。[1]金玉均是1884年阴谋中亲日派的主谋之一。在阴谋失败后，他逃到了日本，而尽管韩国多次要求引渡，但日本政府均加以拒绝。那时日本自由党正如日中天。日本政府通过了镇压法案来对付他们。后藤象次郎（baron goto）和金玉均雇用了一些全副武装的浪人，准备前往仁川附近的江华岛起事。金玉均给他认为的友方李载元——实际上李载元正在为朝鲜国王服务——写信谈及此事。自由党是由伊藤博文和井上馨领导的日本政府的敌人，后者在大阪抓到了一些密谋者。金玉均是中国的敌人。在这种状况下，自由党–金玉均联盟可以说是针对李鸿章–井上馨联盟的。在1885—1886年冬季，袁世凯进一步报告了金玉均的阴谋。李鸿章要求驻日公使徐承祖向井上馨交涉此事，后者派栗野（Kurino）率领40名特工抵达朝鲜。他们发现袁世凯极度夸大了问题的严重性，但是栗野向袁世凯承诺，他将劝说日本政府将金玉均引渡给中国。

在1886年初，徐承祖公使和井上馨进行了如下的对话：

1　关于日方对金玉均和自由党人之间联系的叙述，参见田保桥：《近代日支鲜关系之研究》，京城大学出版社（Keijo University Press），1931年，第16—25页。（若译者所查无误，蒋廷黻拼写似有误，应作：Keijou［imperial］University，是1924年日本在朝鲜都城所建，即今日首尔大学的前身。——译者注）

井上伊（即井上馨）云：栗野今早已由朝回东，并无一人拿获，空此一往，直使各国闻之成一笑话，现在金逆既无证据可凭，碍难拘办，然留在日本，又启彼此之疑，且恐自由党借其名字煽惑众心，此人惟驱之出境，任其所之而已。

　　承祖（即徐承祖）云，尊论所虑甚是，惟愚见金逆如去英美，尚无大害，尚去俄国，恐忧患又不独在我国与朝鲜而已。

　　井上闻此言一惊，定神半晌，点头云：尊论甚是，贵大臣计当如何处置？

　　承祖云，贵国逐之，总须能令我国拘之方妙。既与公法无碍，而乱根又可除灭，愚见贵国送至香港，我等请英公使信致驻港英督，请其设法送至我境，则可拘拿。[1]

　　井上馨认为英国公使将不会同意这一计划，但是徐承祖向他保证他将谨慎处理此事。或是因为徐承祖没有做到这一点，或是他与井上馨想到了一个更好的计划，徐承祖在1月7日给李鸿章发出了下述电报：[2]

　　顷与井上商定，渠派日人陪金玉均赴上海，抵申后骗

---

1 《清光绪朝中日交涉史料》，卷10，第1页。
2 《李文忠公全集》，"电稿"，卷6，第33页。

其游出租界，彼时我即捉之，惟切勿即杀。

李鸿章立刻指示上海道台做好必要的准备。两天后，徐承祖再次发来电报说，井上馨发现很难找到一个可靠的护送者。这是我们有关于金玉均的最后一条消息，直到1894年他在上海被暗杀。在中间的几年中，日本政府首先将其囚禁在父岛，随后将其囚禁在北海道札幌区，并给他按月提供津贴。

1886年6月中旬，袁世凯开始就另一个问题不断向李鸿章发去警示电报。[1]他报告说，朝鲜决定通过俄国的帮助实现独立，而最为强大的亲华领袖金允植将失去官位。李鸿章告诉袁世凯，他不能在没有确切证据的情况下采取行动，而金允植的失势是因为他与袁世凯过密的关系。总理衙门由于对此前袁世凯关于金玉均的报告感到失望，并且接到了从北京外国使馆传来的关于袁世凯的负面消息，让李鸿章准备挑选袁世凯的继任者。李鸿章派遣另一个叫陈允颐的人来对袁世凯进行调查。到7月底，袁世凯通过闵泳翊得到了关于俄国密谋的更为确切的消息。闵泳翊得到了朝鲜内阁总理沈舜泽给俄国公使和总领事韦伯（Weber）的照会的副本。这个照会声称，虽然朝鲜是自治的国家，但是它常常被其他国家控制。现在它已经决定要独

1　关于1886年仲夏的警报的档案，可以在此书中找到：《李文忠公全集》，"海军函稿"，卷2，第3—13页。这些电报被送给时任海军衙门统领的醇亲王过目。

立。如果其他国家反对，俄国被请求派来军舰支援。李鸿章这时决定行动起来。他告诉中国在圣彼得堡的公使从俄国外交部查清这些事实，并弄清俄国对此的真实态度。如果袁世凯的报告是真实的，他将派兵入朝，并扶植大院君上位。他感觉在这样一个与俄国的斗争中，日英两国将站在他这一边。

俄国外交部否认上述性质的信息曾经到达过俄国。但是朝鲜国王向袁世凯坦承，这样一份照会已经被送出，但是并未获得他的授权。袁世凯接着强迫他同意将这份照会撤回。韦伯也否认存着这一照会；但是他宣称如果中国希望对此步步紧逼，将会导致战争。最后，朝鲜外交部在袁世凯的要求下，向韦伯发出了照会，声称之前的照会是未经授权者的自作主张。这个事件被认为得到了解决。自始至终，醇亲王和李鸿章都准备好了必要的兵力准备进行武装干预。朝鲜国王走到了被废黜的边缘，而中国也险些陷入一场战争。

李鸿章希望清楚地了解俄国对朝鲜未来的态度。英国政府坚持在英军撤退后，汉密尔顿港不会被其他国家占领的表态，为李鸿章提供了一个机会。他要求俄国领事（charge）雷德根斯基（Ladygensky）到天津与他会面。这一会谈于1886年9月12日开始。[1]李鸿章一开始就告诉雷德根斯基英国打算从汉密尔顿港撤出

1　关于李鸿章和雷德根斯基之间的协商，参见：《李文忠公全集》，"海军函稿"，卷2，第14—17页；"译署函稿"，卷18，第39—46，49，52—55页。这些文件中包含有历次会议的详细报告。

的情况。雷德根斯基回复说，这只是一个借口，英国不会轻易吐出自己的所得。李鸿章承诺给他送去4月14日英国方面的备忘录副本，其中鲜明地显示出英国的态度。李鸿章随后提到近日朝鲜与韦伯进行的密谋，并希望得到关于俄国意向的进一步保证。雷德根斯基肯定地宣称，俄国对于朝鲜没有领土要求。在他们9月25日的第二场谈话中，雷德根斯基告诉李鸿章，他得到政府的授权宣称，俄国对于汉密尔顿港和其他朝鲜领土没有领土要求。李鸿章敦促他将这一声明形成书面文字，对此雷德根斯基加以拒绝，因为一份书面保证会影响俄国的声誉。李鸿章透露道，英国将不会对这样一份口头保证表示满意；他听说俄国对于1856年巴黎和约的否认，动摇了英国对俄国外交声誉的信任。

第三次会谈于9月29日进行。雷德根斯基宣称，朝鲜位于三国之间，任何一国的领土要求将被其他两国反对。李鸿章向他保证，中国没有这种野心；他担心的是俄国的政策。他愿意与俄国就此签订密约。雷德根斯基说，俄国外交部已经做好准备加入这种协定之中，它的形式可以是互换照会，或者包含有两三个条款的普通条约。李鸿章认为应当先交换照会，以达到任何一方都不会占领朝鲜领土的目的。雷德根斯基对此表示同意，并建议将正式条约的签订推迟到新任俄国公使到达之后。

雷德根斯基于31日提交了一份条约草案。它包含有三个条款：1.维持中朝关系以及朝鲜与其他国家关系的现状。2.尊重朝鲜的领土完整。3.保持朝鲜现政权不变，任何变动都要经过中俄两国同意。李鸿章反对这一草案所具有的复杂性和宽泛性，对此，雷德根斯基提出了另一份语言更为简略，但是含义与第一份一致的草案。总理衙门和李鸿章认为这些条款是不可接受的，这不是因为他们对目前朝鲜局势不满，而是因为这一草案不能排除朝鲜现政权更迭的可能性。正因为在这一点上有所保留，因而使得谈判以失败告终。在此之后，雷德根斯基只给出关于俄国中立的口头保证，然而，只凭这一点，李鸿章成功让英国从汉密尔顿港撤军。

在回顾这一段历史时，根据我有限的学识，我认为李鸿章和总理衙门错失了让朝鲜局势稳定的良机。俄国愿意维持现状。英国已经宣称它愿意加入确保朝鲜领土完整的国际担保协议，而不质疑中国与朝鲜之间现存的关系。日本在早些时候也考虑过朝鲜的中立化。在这三者之中，英国的态度对于中国最为有利；英国想要的是避免朝鲜落入俄国手中。日本的态度对于中国最为不利，因为它坚持与中国地位平等。但是如果中国成功使得朝鲜中立化，即使和所有外国一起，中国也能在其中与它们保持平等的权利，所有中国在朝的实际利益都将得到保证。李鸿章和总理衙门没有看到国际担保的利益。在这方面，他们在1886年看得远没有在1879—1882年间那样清楚。他们所作所为的结果是，中国在朝鲜的利益和英国在比利时的利益是一样的。中国和朝鲜之间的历史关系和他们在现代世界中的关系并无关联。正因为李鸿章和总理衙门过度考虑了中朝的历史关系，所以他们没能做出必要的调整。

接下来八年中事情的发展，明确地表现出，李鸿章和袁世凯在追求一种与朝鲜的国际化和中立化正相反的政策。在1885年，当李鸿章努力使穆麟德去职时，他向朝鲜国王建议将穆麟德到目前为止所承担的责任一分为二。就海关服务而言，李鸿章选择了梅里尔；就外交事务而言，他选择了丹尼，后者在琉球争端期间的努力使得李鸿章对他高度赞扬。在丹尼于汉城就职后不久，他鼓励朝鲜在美国和欧洲建立使馆，作为实现朝鲜独立的方式。[1]在1887年8月中旬，袁世凯报告说，朴定阳被任命为驻美公使，沈相学将被派往欧洲国家，但是袁世凯补充道，由于缺乏资金，使节们还不能立刻出发。三周后，李鸿章指示袁世凯，让他告知朝鲜使节，他们必须在其与中国使节的关系中遵守某些特定的形式，以便显示朝鲜对于中国的依赖。在9月17日，袁世凯报告说，日本、英国和德国在汉城的代表们都认为，朝鲜这一举动对于中国的利益是有害的：英国代表特别强调，如果中国对此坐视不管，朝鲜将成为另一个安南。袁世凯建议，他应当被授权质问朝鲜政府，为什么此等要事都没有事先征求中国的意见。他被授予了这样的权力。朝鲜回复说，在此之前，朝鲜使团出国的话，都是在离开后才向宗

1　关于朝鲜派遣到美国和欧洲的使团，参见：《清光绪朝中日交涉史料》，卷10，第542/549/550/552/558/560/562/563/564/566/567/569/570/571/574/576/577/589/595/606号（nos.）文件。

主国报告。袁世凯指出，此前的只是特殊使命，而不是常驻的使团。朝鲜此后派遣特使以取得中国皇帝的允许，它被要求遵守以下三点：1.在到职之时，朝鲜使节必须首先拜见中国公使，后者将引荐它到驻在国的外交部门。2.在所有仪式场合，朝鲜使节都要坐在比中国公使低一等的位置上，而且3.当谈判重要事宜时，朝鲜使节必须征求中国公使的意见。这些条件被朝鲜接受了，而朴定阳也乘坐美国本国的船只前往美国。

那年年末，驻美公使张荫桓报告说，朴定阳并没有遵守那些规定。袁世凯向朝鲜国王提出了这一问题，后者回复说朴定阳正在抗命。袁世凯明知其假，但是却把它当作真事来对待。违抗国王的命令必须接受惩罚。朝鲜国王承认了这一点。在他回国后将其处死，是袁世凯处理的诸多事务之一。

为了避免前往欧洲各国首都的朝鲜使节重蹈覆辙，李鸿章让中国驻英公使和驻俄公使询问中国的三项原则能否被接受。伦敦方面答复说，如果中国告知英国政府，其对于朝鲜使节并不满意，英国将拒绝朝鲜使节就任。圣彼得堡方面起初回复说，中国的要求与外交惯例不符，但随后又表示同意接受。实际上，朝鲜驻欧使节从未到任。

1887年和1888年，中国听到了关于俄朝保护密约（secret treaty of protection）的传言。1887年，这一消息通过英国驻汉城总领事被传递给袁世凯。[1]袁世凯本人认为其为假。1888年，

---

1 《清光绪朝中日交涉史料》，卷10，第538号文件。

则由英国驻俄大使（ambassador）传达给总理衙门。[1]李鸿章致电中国驻俄公使，将这一消息的来源归于伦敦某方。李鸿章本人认为英国的消息是错误的。朝鲜刚与俄国签订了关于边界贸易的协定。英国或许将其误认为是保护条约。但是李鸿章认为商业条约或许有秘密条款。他将利用英国的不安，让俄国与中国签订其向雷德根斯基所建议的那样的条约。李鸿章所希望的是俄国对中国宗主权的承认以及中俄之间对于朝鲜领土完整的担保。在中俄签订这一条约后，其他国家也会加入。他认为英国已经准备好在上面签字。至于其他国家，当它们知道朝鲜领土完整有着坚实的后盾时，也不敢侵犯朝鲜。然而，彼得堡谈判再次以俄国外交部否认存在俄朝密约告终。

朝鲜另一个实现独立的尝试是恢复对于电报和海关的控制，为达此目的，关键是它要偿清中国的债务。在1889年6月初，朝鲜请求李鸿章同意它偿还电报借款。李鸿章并不能理解为什么朝鲜突然变得富有起来，并且怀疑它向别国签订了贷款合同。电报借款有担保条款；偿还期限是25年。值得注意的是，轮船招商局的借款并无担保，也没有规定偿还期限。朝鲜多次没有偿付它的利息。因此李鸿章已经有了答复：朝鲜必须先偿付轮船招商局的借款。

实际上，朝鲜尝试从一家法国银行获得巨额贷款。袁世凯

---

1 《李文忠公全集》，"电稿"，卷10，第33、34、36页。

认为这是由丹尼和闵泳翊提出的。碰巧当时一些朝鲜人冲进了汉城的法国使馆惩罚一名仆人。这一事件导致了恶感，而袁世凯报告说，法国借款计划也泡汤了。但是朝鲜急需金钱。朝鲜外交大臣告诉袁世凯，朝鲜需要200万两白银，130万两用来偿还中国、德国、美国和日本商人的借款，70万两用于当前的花费。对于朝鲜而言，外国借款问题因此变得重要起来。[1]

赫德爵士（Sir Robert Hart）建议中国应当正式告知外国，未经中国同意，任何国家不得给朝鲜贷款。德璀琳（Gustave Detring）也力劝李鸿章采取行动。李鸿章对此表示犹豫：如果中国公开介入，原有的债权人将要求中国还债，而朝鲜将要求中国借给它需要的数目。任何一种责任都是巨大且不明确的。德璀琳建议中国应该垄断朝鲜的外债，作为补偿，中国应当直接控制朝鲜海关。

在1889年8月，赫德爵士给李鸿章送去一份关于朝鲜债务的深思熟虑的备忘录。这份备忘录开头便说，如果朝鲜是中国的附属国，而中国的宗主权是真实存在的，那么每一个能够让别国知晓这一事实以及让朝鲜承认的机会都应当被抓住。他听说，朝鲜此前的贷款并不是从外国商人那里借来的，而是来自外国政府的代表。这样的贷款将不可避免地导致外国对朝鲜的

---

1 《李文忠公全集》，"译署函稿"，卷19，第31—32，37—38页。1890年，沃特爵士（Walter Hillier）力劝袁世凯抵制另一笔由李仙得担保的贷款。参看《李文忠公全集》，"电稿"，卷12，第13页。

政治影响。他仍然认为送给外国列强一份要求停止此类贷款的照会是必要的。中国必须承担起朝鲜所有既存外债的责任；如果债权国向中国要求偿付，这对中国而言是天赐良机。朝鲜海关收入能够达到每年30万两白银，十年内就足以支付朝鲜所需要的200万两白银。我们可以说，赫德爵士为此不遗余力。[1]

李鸿章让袁世凯调查朝鲜外债的真实状况。袁世凯报告说似乎没有任何一个朝鲜人知道此事。国王、王后和形形色色的官员都借过款。从1884年起，朝鲜相继从一名德国商人那里借了20万两白银；从1882年起，它从日本商人那里以10%—20%的利息借了30万两银子。美国人并没有提供借款，但是以记账的方式向朝鲜销售了一些货物；在政府任职的美国人因此拿到了一些回扣：欠美国的所有债务一共大约10万两白银。欠英国人的只有两万两白银。此外还有一些不能确认的债权国。

虽然李鸿章和袁世凯拒绝接受赫德的计划，但他们用实际行动表示了对这一计划的认同。中国轮船招商局不时给朝鲜提供利率为8%的借款，这些钱实际上来自中国政府。户部尚书翁同龢甚至有一次主张向朝鲜提供无息贷款，只是为了表示宗主国的宽大。作为借款单回报，电报和海关业务在中国的控制中，而朝鲜也给了轮船招商局一些特权。

---

1 原文是 plus royaliste que le roi，这是一句法语，意为"比皇帝还保皇"，故译作"不遗余力"。——译者注

袁世凯在他9年的服务生涯中竭尽全力。在这场博弈中，他的敌人——穆麟德、韦伯、丹尼、福克（Foulk）、舒费尔德和李仙得——被逐一击败，并离开了朝鲜。到1894年春天，中国对朝鲜的实际控制是全方位的，虽然名义上仍然维持着1882年的局面。李鸿章以引入西方利益制衡日俄为开端，并以排除所有外国影响的政策而告终。

　　在袁世凯管理朝鲜的9年里，日本影响力的衰落是最为显著的。在1893年年初，袁世凯致函李鸿章：[1]

　　　　顷闻日本新驻使大石谓，自可连合各国扶韩自主，永不受华凌侮，华遣海关员可逐，五国使可遣附倭，群小顿增声势，恐自主议将复燃，然前年韦贝、德尼等谋韩自主，迄无寸功，倭强不如俄，大石阴狡不及韦等，各国亦未必听其连合，庸人徒扰，似无能为云。

　　实际上，大石能做得很少。他要求朝鲜就因为禁止出口大米而受损的日本商人进行赔偿的要求，只是在伊藤博文给李鸿章发出如下电报后，才被朝鲜满足：[2]

　　　　倭相伊藤电称，韩谷粮索赔不允，乞饬袁道讽劝赔本

1　《清光绪朝中日交涉史料》，卷12，第875号文件。
2　同上，第879号文件。

息，否则撤使绝交云。

通过这封电报，伊藤博文明显知晓朝鲜政治的关键所在。

我所描绘的1885年到1894年间的历史画面，如果不做如下修正的话，将是完全错误的。日本决不会屈服于它在朝鲜的外交失败。日本政治家的真实想法在1885年末发生的和战辩论之中体现了出来。[1]主战派的头目是伯爵黑田（Kurado）将军。察觉到中国在与法国交战后在海军战备上的热情，他希望在为时未晚时主动出击。伊藤博文和井上馨都反对他。伊藤博文说，在和平时期，日本政府每年的赤字是一千万日元。日本必须谨慎地节约自己的资源，建立更多的铁路，扩张海军，并推进总体上的西方化。至于中国的进展，他告诉黑田不必太当真。在1880年伊犁危机后，中国开始建立电报系统；在中法战争后，中国开始了海军建设计划。但是在两三年内，这一动力消失而中国又将如西方人所言，陷入沉睡。他的军官还是通过骑射选拔；他的文官则还是通过八股文选拔。他保证无论何时，只要有人提出激进的变革，中国的御史们将给皇帝集中上奏加以反对。井上馨告诉黑田，轻率的战争只会让俄国得利。睦仁天皇支持伊藤博文和井上馨的政策。在1885年到1894年这9年间，这一政策得到实行。

---

1 《清光绪朝中日交涉史料》，卷10，第2—3页。这是长川致徐承祖的报告。

因为上述理由，日本并没有对中国这9年间在朝鲜的所作所为进行抗议。实际上，自1885年以来，日本力主中国采取积极政策；它更希望与中国发展伙伴关系。虽然没有加入这一积极政策，但是它发现中国的活动仍然对它有利，因为它避免让西方列强，特别是俄国在朝鲜拥有强大影响力。

中日关系的问题将最终成为西化速度的竞赛，李鸿章对于这一点非常清楚。问题在于他对于现代世界的理解，远远不如他的日本对手深刻。更为重要的是，中国的巨大规模以及传统的重负使得李鸿章几乎成为荒原中孤独的呐喊者。客观地看待李鸿章，我必须说他摸清了对手的底细。在他与伊藤博文签订了协议之后的1885年4月20日，他致信总理衙门：

> 该使久历欧美各洲，极力摹仿，实有治国之才，专注意于通商、睦邻、富民、强兵诸政，不欲轻言战事，并吞小邦，大约十年内外，日本富强必有可观，此中土之远患而非目前之近忧，尚祈当轴诸公及早留意是幸。[1]

中国与近代世界的大变局[2]

> 历代备边，多在西北，其强弱之势，客主之形，皆适

1　《李文忠公全集》，"译署函稿"，卷17，第8—9页。
2　录自《清华学报》第九卷第四期（北平一九三四年十月四日出版）。署名"蒋廷黻"。

相埒，且犹有中外界限。今则东南海疆万余里，各国通商传教，来往自如，麇集京师及各省腹地，阳托和好之名，阴怀吞噬之计；一国生事，诸国构煽；实为数千年来未有之变局。轮船电报之速，瞬息千里，军器机事之精，工力百倍，炮弹所到无坚不摧；水陆关隘不足限制：又为数千年来未有之强敌……

这是同治十三年（西历一八七四年）李鸿章对中国的国际地位之观察，时人多以为他言过其实；今人觉得他的看法还不透彻。关于这一点，我们在下文里当讨论。我们现在不过要指出：李鸿章的结论是不能否认的或修改的。中国近代所处的局势确是"数千年来未有之变局"；中国近代所遇之敌人确是"数千年来未有之强敌"。

这个大变局的由来及其演化，中国对此变局的应付及其屡次的修改：这是本文所要讨论的。

一

葡萄牙人在十五世纪末年发现了绕非洲经好望角的欧亚直接航路。这事在世界历史上开了一个新纪元，也就是上文所谓大变局的起始。在这事以前，中西固早已发生了关系，但以前的关系与以后的关系根本不相同。原来欧亚两洲虽境土相连，且在乌拉山以南，喀斯便海（里海）以北，两洲之间并无自然的分界，但在十六世纪以前，中国与欧洲之间，除蒙古帝国短时期外，总有异族异教之人居中隔离。在这种环境之下，中西的关系不但要看双方的需要及意志如何，还要靠中欧之间的区域有适合的情形。在这个条件不能圆满的时候，中西的关系就完全断了。即在这个条件能圆满的时候，中西的关系大部分是间接的：货物的交换及彼此的认识都是由第三者转递与介绍。严格说来，历上古与中古，中西各自成一个世界，一个文化系统。自欧亚直接航路发现以后，第三者的阻碍成为不可能，其介绍亦成为不必要。自十六世纪到现在，世界史的最重要方面之一是东西的合化；或者我们应该说，是全世界的欧化。

为什么欧亚的航路到十五世纪末年始发现呢？这问题不是一言两句所能解答的。就地理说，这个大发现之迟到很自然。中西的发展是背道而驰的。欧洲发展起始于东南而趋向西北。欧洲最早的文化及政治中心先是希腊，其次是罗马，最后才是西欧，愈到后来愈离中国远了。等到大西洋沿岸的国家有了相当的成熟，欧洲的历史始入海洋时期。中国的发展方向正与欧洲相反：中国的发展是由北而南的。我国的史家虽大书特书汉唐在西域的伟业，其实这不是我民族的正统。我国政治势力、文化，及人民渡长江而逐渐占领江南以及闽粤：这一路的发展才算得我民族事业的正统。等到闽粤成熟了，然后我们更进而向南洋发展。明永乐及宣德年间的海外盛事不是偶然的、无历史背景的。那时南洋，甚至印度洋，似乎是我们的势力范围。郑和的时代就是葡萄牙航海家亨利王的时代。无怪乎中国人与葡萄牙人初次的见面礼是在印度洋沿岸举行的。我们可以说，十六世纪以后的中西关系是数千年来双方历史的积势所蓄养而成的。那末自然会愈演愈密切而愈重要了。

在欧洲历史未入海洋时期以前，西方没有一个国家把提倡海外发展当作政府的大事业。西人来中国者多半为个人的好奇心、利禄心，或宗教热所驱使。他们的事业是私人的事业；他们没有国家或民族作他们的后盾。就是欧洲中古最著名的东方旅行家——马可孛罗——并未得着任何欧洲政府的援助。他的事业，在当时与欧洲任何国家或民族的国计民生都没有关系。到葡萄牙人发现好望角的时候，欧洲的局势就大不同了。至少在西欧，葡萄牙、西班牙、法兰西、英吉利已成立了民族国家。在十六世纪末年，荷兰亦经革命而独立。这些国家的国王和权贵无不以提倡海外发展为政府及民族的大事业。那班在海外掠财夺土的半海盗半官商居然成了民族的英雄。文学家又从而赞扬之。在十六、十七世纪的欧人眼光里，国家的富强以及灵魂的得救，都靠海外事业的成败。个人冒风险而到海外去奋斗的，不但可以发大财，且得为国王的忠臣、民族的志士和上帝的忠实信徒。这种人的运动是具有雄厚魄力的。他们在历史上发起了，推动了一个不能抑遏的潮流。

李鸿章所谓"数千年来未有之变局"就是这样开始的。

二

葡萄牙大航海家帝亚士（Bartholomew Diaz）于一四八六年，

明成化二十二年，发现了好望角。十二年以后，明弘治十一年，甘玛（Vasco de Gama，即达·伽马）率领小舰队直抵葡人百年努力的目的地印度。在印度西边的各海口，甘玛采买了印度土产如珍珠、胡椒、细布及香料群岛所产的香料，满载而归。这一次的贸易获利六十倍。弘治十五年，甘玛又率领第二次远征队到印度。他带到东方的资本约值二百四十万法郎；归国后，带回去的东方货物变价到一千二百万。[1]但欧亚贸易，在此以前，是由亚拉伯人及意大利人垄断。他们自然不甘心坐视别人攘夺他们的利源，而葡人尝了滋味以后亦自不乐歇手。正德五年（一五一〇年）的大战决定了最后的胜利属于新兴的葡萄牙。

彼时葡属印度总督阿伯克尔克（Albuquerque）具有绝大的野心。他想囊括印度洋及南洋各地，创立一个伟大的海洋帝国。正德五年，他占据印度西岸的大市镇果亚（Goa），且设总督府于此。次年，他的舰队又灭了南洋咽喉的满剌加（Malacca）。此举开了中西冲突之端。原来满剌加自明成祖于永乐元年（一四〇三年）派遣尹庆出使其地宣示威德以后，历年谨修职贡；加上郑和在南洋的活动，尤对中国顺服。葡人灭满剌加就是并吞中国的藩属。中国如何应付这种侵略？《明史·满剌加传》于无意中形容实在极了：

1　Charles de Lannoy et Herman van der Linden: *Histoire de L'expansion Coloniale des Peuples Européens: Portugal et Espagne* (Bruxelles et Paris, 1907), pp.191–192.

后佛郎机强举兵侵夺其地。王苏端妈末出奔，遣使告难。时世宗嗣位，敕责佛郎机，令还其故土，谕暹罗诸国王以救灾恤邻之义，迄无应者，满剌加竟为所灭。

换句话说，世宗仅发了几篇纸上文章以塞宗主的责任。难怪葡人要继续前进占美洛居（Moluccas，即今马鲁古群岛）。《明史》说："地有香山，雨后香堕，沿流满地，居民拾取不竭。其酋委积充栋以待商舶之售。东洋不产丁香，独此地有之，可以避邪，故华人多市易。"此段文字虽带浪漫风味，然离事实确亦不远。美洛居亦名"香料群岛"（Spice lslands），所产物品为数百年来欧亚贸易的大宗，也就是葡人及荷兰人在亚洲最注重的。葡萄牙在美洛居的侵略，中国更置之不理了。

西班牙的海外发展与葡萄牙同时；最初目的也是要到印度。因为哥伦布不知美洲的存在，误信了从欧洲向西直航为达印度的捷径。后来西班牙人在十六世纪初年发现了墨西哥及秘鲁的金银，才定美洲为他们海外发展的范围。所以马奇伦（Magellan，即麦哲伦）虽于一五一二年（正德十六年）发现了菲律宾群岛，等到一五六三年（嘉靖四十二年）西班牙人始复来经营此地；再等七年，始占吕宋。中国与吕宋的关系比与满剌加或美洛居更密切。《明史》说："先是，闽人以地近且饶富，商贩者至数万人，往往久居不返，至长子孙。"西班牙人对中国人实在是去留两难：留之则恐华人势力太大，致不能制；去之则岛上经济受损失。且中国人也去不尽，因为"华南嗜利，趋死不顾，久之复成聚"。西班牙人采取了一个折中办法：华人太多的时候驱逐些或屠杀些；平时则收重的人丁税。万历二十一年（一五九三年）驱逐过一次。三十一年屠杀过一次，中外记载皆说死难者约二万五千人。崇祯十二年（一六三九年）又屠杀过一次，彼时华侨共三万人，死者占三分之二。万历三十二年，中国尚移檄吕宋："数以擅杀罪，令送死者妻子归。"到崇祯年间，连一篇纸上文章都无暇发了。这样，我民族又丧失了在菲律宾的发展范围。

荷兰在爪哇也是这样对付华侨的。

这三国及后来的英国的侵略也是南洋的大变局。在欧洲人未到南洋之前，华侨是那些地方的社会及经济的高层，甚至有执当地政府柄者。倘这种趋势能继续推演，则群岛未尝不可成为海外的新闽粤。可惜西人势力到达南洋的时候，我国无以应付，侨胞遂永远寄人篱下了。

有明一代，一方面闽粤的人民自动的冒万险到南洋各地去谋生，一方面政府至少在永乐及宣德年间，似乎又极端重视中国在南洋的势力。海外发展的条件岂不是齐备了？何以在十六世纪又这样的拱手让人呢？西人的船坚炮利及十六世纪的明廷之无远略当然是要紧的原故。比这样原故还根本的是当时中国的特殊国情。明代政府及人民的海外事业各有其动机，且彼此不相关的。历有明一代，广州市舶司提举，即海关监督的肥缺全是太监的专利。政府所派的代表到南洋去的，如郑和、尹庆，又都是太监。他们的使命虽说得冠冕堂皇，什么为国家扬威宣德，其实他们的目的岂不是为太监们去招徕？近人谈唯物史观者，好以地主阶级或资本阶级的私利解释中国的历史。如要勉强用阶级争斗来解释历史，我以为在中国应特别注重官吏阶级。这个阶级有其特殊的立场与主观；虽出身是从地主或资本阶级，官吏只为官吏而施治，并不代表任何人。惟其如此，明朝政府始能一面派使出洋扬威宣德，一面禁止人民出洋及坐视外人压迫在外侨民。实际在政府方面，明朝海外事业的动机就是太监们的私利。这个动机哪能促进民族运动呢？拿这种动机来与西人的动机比较，岂不是有霄壤之别吗？

三

从满剌加，葡萄牙人更进而到中国东南的洋面，初次在武宗正德十一年，西历一五一六年。此一举中国又如何应付呢？当时中国并不守闭关主义。在葡人未来之先，中国沿海的通商已有相当的发展。暹罗、占城、苏禄、浡泥、爪哇、真腊、锡兰山、苏门答剌、榜格兰等国常有船只往来中国。但同时我们没有所谓国际贸易或通商条约，因为中国的政治观念，尤其自南宋以后，总以天朝自居，"一统无外，万邦来庭"，根本否认有所谓"国际"者存在，所谓通商，就是进贡；市舶是随贡舶来的。我的朋友张君德昌直称明正德以前通商为贡舶贸易时期。[1]凡来通商的无不尊中国为上国，而以藩属自居。在藩属方面，他们进贡以表示他们的恭顺；在上国方面，我们许其贸易，并不因为我们利其货品或税收，"不过因而羁縻之而已"。这是双方条件的交换。因此，倘蕃（番）邦偶不恭顺，我们就"停市"。这是当时中国国际关系的理论。在此理论之上，我们设了各种法规，其中最紧要的是贡有定期，舶有定数。但是久而久之，这个理论及法规都成具文，其结果是贡舶其名，通商其实，甚至外人不到贡期或全不进贡的也来作买卖了。此中原因复杂，容待下文讨论。

葡人初次来广州的是从满剌加坐中国商船来的，贸易未发生困难。第二次，正德十二年，西人的记载说，华人初见其船只之大及葡人容貌的奇异，要拒绝通商；后见其行为和平，巡海水师又得重贿，就许了葡人在上川岛停船贸易。从第三次起，正德十三年，中葡发生许多冲突。由冲突到妥协经过四十年；[2]最后的妥协方案就是中国近代世界的大变局之第二步。

冲突的发生，第一由于葡人行为的凶暴。"剽劫行旅""掠买良民""恃强陵轹诸国"等形容词屡见于当时的奏章，并且这些形容词不是虚诬的；西人的记载可作参证。其实在十六世纪，欧人到海外去的可以作商客，也可以作海盗；当时的道德

---

1 参看他所著的《明代广州之海舶贸易》，见《清华学报》七卷二期。

2 参看梁君嘉彬著《明史佛郎机传考证》，载于《国立中山大学文史研究所月刊》第二卷第三及第四期。

观念并未明定这两种人的善恶，不独葡萄牙人如此。至于给事中王希文所说的，"烹食婴儿"，"犬羊之势莫当，虎狼之心叵测"，及庞尚鹏所说的，"喜则人而怒则兽，其素性然也"。虽不免历代言官的夸大，亦可表示当时一部分人的印象，葡人这种凶暴不但危害了中葡关系，且影响了全盘中西关系，因为时人当然把葡人当作西人的代表看待，而他们的行动容易使中国人以看待历代夷狄的眼光来看待他们。初次的印象是不容易消抹的。

葡萄牙人大概从满剌加的华侨及广州沿海的商人探知了中国的贡舶贸易制度，所以他们初次到中国的时候，亦借口进贡。但是进贡须朝廷许可，得列藩封以后始可执行。葡萄牙之灭满剌加是她得进贡的资格的大障碍。正德十五年年底，御史丘道隆曾说过：

> 满剌加乃敕封之国，而佛郎机敢并之，且啖我以利，邀求封贡，决不可许。宜却其使臣，明示顺逆，令还满剌加疆土，方许朝贡。倘执迷不悛，必檄告诸藩，声罪致讨。

葡萄牙的使者虽到了南京及北京，因满剌加的原故及使团人员的失礼，于世宗嗣位之初（一五二一年），惨败而归：其舌人亚三伏法，正使 Thomé Pires 死于广东监牢。

但是正德嘉靖年间的中国人的心理也不是这样简单。经过几次的交战，尤其是嘉靖二年（一五二三年）新会西草湾，二十六年漳州及二十八年诏安等役，我们知道了葡人火炮的利害。"御史何鳌言佛郎机最凶狡，兵械较诸藩独精。前岁驾大舶突入广东新会城，炮声殷地。"西草湾之役，中国得了几尊火炮，海道副使汪鋐送至北京，说其大者能击五六里。《明史》加了一句："火炮之有佛郎机自此始。"于是"佛郎机"又成了利炮的别名了。我们虽与葡人打了好几次的仗，且是得胜了的，他们仍继续前来。《明史》说："吏兹土者（在广东作官的人）皆畏惧，莫敢诘。"

除威胁外，葡人尚可以利诱。利有好几种：有通商自然之利，法内之利，亦有法外之利。嘉靖八年左右：

> 巡抚林富言互市有四利。祖宗朝诸蕃朝贡外，原有抽分之法，稍取有余足供御用：利一。两粤比年用兵，库藏耗竭，借以充兵饷，备不虞：利二。粤西素仰给粤东，小有征发即措办不前，若蕃船流通，则上下交济：利三。小民懋迁为生，持一钱之货，即得展转贸易，衣食其中：利四。

林富所奏的是国计民生，法内之利；此外尚有官吏从互市所得的陋规。此种法外之利之大有非吾人所能想象者。因此地方官吏，在林富以前（及以后），"甚有利其宝货，佯禁而阴许之者"。

林富论民生的一节也不透彻。据西人的记载，中国沿海的居民无不乐与外人交易，只要交易是和平的，朝廷尽管要闭关，士大夫尽管倡攘夷，平民能作买卖必定要作。久而久之，统治阶级亦无可如何；即清高者不过骂一句"奸商"或"汉奸"以了之。现代如此，十六世纪早已如此。在中外商业的开辟之过程中，中外的商人有许多时候是利害相同，因而互助的。正人君子往往把这种互助当作狼狈为奸看，其实君子反自然，商民顺自然。我国士大夫对"商"没有正确观念，所以我民族在应付近代世界的大变局之中有时不免自作孽了。

我们的传统观念既把正路堵塞了，中外的商人就不得不走邪路。天启年间，荷兰人想在广州通商遭拒绝以后，用了一个新方法。《明史·荷兰传》有这一段：

> 海澄人李锦及奸商潘秀、郭震久居大泥，与和兰人习。语及中国事，锦曰："若欲通贡市，无若漳州。漳南有澎湖屿，去海远，诚夺而守之，贡市不难成也。"其酋麻韦郎曰："守臣不许奈何？"曰："税使高寀嗜金银甚。若厚贿之，彼特疏上闻，天子必报可。守臣敢抗旨哉？"酋曰："善。"

潘秀及郭震诸人于是负命回福建去运动。高寀不但甘愿，且努力促成其事。他派了"心腹周之范诣酋，说以三万金馈寀，即许贡市。酋许与之，盟已就矣"。但别的官吏或因分赃不均，或因不敢违旨开禁，不承认这个私约，事就作罢。

此种记载，倘无旁证，似难可信。幸而英国东印度公司亦有同类记录。这时英商企图在华通商，苦无门可入。东印度公司日本的经理柯克司（Richard Cocks）于是联络长崎华商商会的会长替他运动。一六二一年（天启元年）一月，柯克司报告公司说："中国老皇帝已传位于其子，新皇帝已许我国每年派两只船去通商。地点定在福州。现在所缺的只是当地督抚的许可。"几个月后，他又写信给公司说："中国商会会长负责交涉通商权利者已返平户。他说特许状已得到了。他又说他费了一万二千两的运动费。如公司的经理现在不理他，他必致破产。"这个商会的会长似乎是个买空卖空的投机者，因为这种活动没有先疏通北京而后再来对付地方官吏的。[1]

我们近代对付西洋的方法不外采用西洋枪炮及雇用西洋的军人。西人近代对付我们不外学我们疏通衙门的秘诀，且雇用汉人替他们跑衙门。双方均在那里仿效对方的长处。

现在我们应能了解十六世纪中西互市问题的上层理论及法规和下层的事实。究竟促成互市的动机大于禁止互市的动机。因这种基本的趋势，当时虽有许多人反对，皇帝终发明诏许葡人在广东通商。

最初明令特许的通商地点是浪白滘。葡人最初在此岛旁就

1　H. B. Morse: *Chronicles of the East India Company Trading to China* (Cambridge, 1926) Vol. Ⅰ, p.10.

船为市，后来移居岛上。嘉靖十四年（一五三五年），都指挥黄庆"纳贿请于上官移舶口于濠镜"，由葡人"岁输课二万金"。"濠镜"就是澳门的别名。葡萄牙与澳门的关系是这样发生的。黄庆为什么要替葡人出力，他"纳贿"的钱从哪里来，中籍无明文的记载。西籍则说葡人善于运用金钱与中国官吏周旋。[1]

嘉靖十四年，中国还只许葡人在澳门停船。

三十二年（一五五三年），蕃舶托言舟触风涛愿借濠镜地暴诸水渍贡物，海道副使汪柏许之。初仅茇舍。商人牟奸利者渐运瓴甓榱栋为屋。佛郎机遂得混入。高栋飞甍，栉比相望。久之逐专所据。

当时的官吏既然一面畏惧"佛郎机"，一面又利其互市，还是让葡人在澳门居住为最方便。况且官吏很能自圆其说：如果在岛上，则"巨海茫茫，奸宄安诘，制御委施"；一旦移居澳门，则"彼日食所需，咸仰于我，一怀异志，我即制其死命"。原来澳门面积甚小，与内地的交通仅靠莲花茎一路，倘有冲突，中国只须抽退工人，断其接济，就"制其死命"了。这是我国官吏在十六世纪从经验得来的一个极省事而又极灵

---

[1] 中文书籍记澳门事最翔实的要算印光任及张汝霖合编的《澳门记略》。西文书籍最好的是Sir Andrew Ljungstedt, *An historical sketch of the Portuguese settlements in China.* (Boston, 1836)。

效的"驭夷"秘诀。葡人移居澳门等于把性命财产搬进一个葫芦里,而让中国看守葫芦口。为守口严密起见,万历二年(一五七四年),中国筑了一道闸墙横断莲花茎,墙中留门,启闭由中国驻防军队主持。中国在澳门又立税关,置县丞;葡人年纳地租五百两。此外中葡并没有别的关系。葡人好几次派代表到北京,中国看同琉球、暹罗的贡使,葡人亦未抗议。这样,中国保存了"天朝"的尊严,而地方人民和官吏以及葡萄牙人都作了他们的好买卖。这个妥协方案既顾到了上层的理论和法规,又适合于下层的事实及欲望。这是我们应付近代世界的大变局之第二步。《明史》说:"……终明之世,此番固未尝为变也。"

四

终明之世,葡人所以未为大患,不仅因为中国有了"驭夷"的秘诀,此外有别的原故在。葡人在澳门虽受中国种种限制,但中国货物除由华商运到南洋及日本,再由荷商或英商运到欧洲外,余概须经过葡人之手始能到欧洲。这种中国与欧洲贸易的垄断每年给葡人百余万两的净利。果亚总督给葡人商船来澳门的特许状值价多到七十余万两。[1]所以葡人自得澳门后,不但不想进取,反竭力的联络中国来避免第三者的分润。且葡萄牙的帝国政策最注重的香料群岛及印度,并不是中国,其国

---

1   Morse, *loc. cit.*, pp.3–13.

内的经济政策不好；在海外所得的财富不过经葡人之手，终流到英荷法诸国。一五八〇年（万历八年），其本国且为西班牙所兼并，因此荷兰及英国与西班牙为敌者亦与葡萄牙为敌。葡属殖民地一部分就被英荷瓜分了。葡萄牙海上称雄仅在十六世纪；到了十六世纪末年，她已自顾不暇，更谈不到进取。

西班牙也是十六世纪的大海权国，但是天主教皇在分派海外区域的时候，把中国划归葡萄牙去发展。所以中国与西班牙没有要紧的关系。

荷兰与英国的海外事业的起始同在十六世纪末年。最初两国合作以抗西班牙。两国在亚洲都设有专利的东印度公司。这两个公司初到中国来通商的时候，葡萄牙人竭力怂恿广东官吏反对，因此英荷两国初来通商所遇着的困难反比葡萄牙更多。荷兰东印度公司在广州及澳门失败以后，就于天启二年（一六二二年）向东北去占澎湖，以图与福建通商。"守臣惧祸，说以毁城远徙，即许互市。番人从之。天启三年，果毁其城移舟去。巡抚商周诈以遵谕远徙上闻。……已而互市不成，番人怨，复筑城澎湖。"后任福建巡抚南居益与荷人屡战，并严断接济；荷人遂弃澎湖而专意经营台湾。

彼时台湾虽未入中国版图，国人在那里垦荒的已经不少。嘉靖末年，海盗林道乾曾据其地。天启初年，海盗颜思齐和郑芝龙也在此地住过。崇祯中年，芝龙降于福建巡抚沈犹龙，并受了明朝的官职。适福建大旱，芝龙就提倡移民于台湾。"鸿荒甫避，土膏愤［坟］盈，一岁三熟，厥田惟上上。漳泉之人赴之如归市。"荷兰人不过在安平、鸡笼、淡水建立货栈和保垒。"荷兰专治市航，不敛田赋，与流民耦俱无猜。"明亡，芝龙降于清政府，其子成功不从，据厦门一带的地方与清对抗。顺治十七年（一六六〇年），成功进攻南京失败以后，遂率领部队去占台湾，也可说去收复祖业。荷兰人死抗，但在爪哇的公司接济不上，台湾遂于顺治十八年完全变为中国的土地。从此荷兰人与郑氏为仇而偏袒清政府，想趁机得与中国通商。康熙二年（一六六三年）施琅夺取厦门的时候，荷兰东印度公司曾派船来协助。康熙帝还赏了"荷兰王"缎匹银两。从此公司得在厦门通商。

荷兰东印度公司除以武力协助清政府消灭明朝余党，借以得通商权利外，又屡次派使进京以资联络。中国当然以"请贡"待之。顺治十二年"请贡"的时候，世祖曾以"特降敕谕赐其国王"，其中有一段极有趣的话：

> 至所请朝贡出入，贸易有无，虽灌输货贝，利益商民，但念道里悠长，风波险阻，舟车跋涉，阅历星霜，劳勤可悯。若朝贡频数，猥烦多人，朕皆不忍。着八年一次来朝，员役不过百人，止令二十人到京。所携货物，在馆交易，不得于广东海上私自货卖。尔其体朕怀保之仁，恪恭藩服，慎乃常赋，祇承宠命。

荷兰人尽管恭顺，他们与中国的贸易仍不能脱贡舶色彩。在十七世纪的前半，荷兰虽曾称雄海上，但其所注重地点是南洋群岛和印度。所以荷兰反明助清的行动虽饶有历史兴趣，中西全盘的关系并没有受荷兰的影响。

英国东印度公司在十七世纪前半对中国的态度更加消极。荷兰在澳门失败了，英人就觉得无试验的必要。驻日的经理虽曾联络长崎华商商会的会长，但以后怕上当，遂未前进。所需中国货物，英人在南洋或日本从华商购置以了事。

东印度公司对中国的消极颇引起英人的批评。一六三五年，国王查理一世偕同少数资本家另外组织一个团体，来专营中英之间的贸易。次年，这团体派了威得尔上尉（Captain John Weddell）率领四大船二小船来华；一六三七年（崇祯十年）六月驶抵澳门。葡人既不愿英人来分其利，心中又怕威得尔以武力对付，只好虚与委蛇。威得尔急了，就直向虎门驶进。中国官吏的反对，他全置之不理。双方于是备战。八月十二〔日〕武山炮台——虎门炮台之一——开始射击；威氏竭力反攻。交战仅半小时，台上兵丁尽逃了。英兵于是上岸占了炮台，悬上英国的国旗并把台上的炮位搬到船上。所谓虎门的天险，在十七世纪已不能限制西人。九月十日中国放了许多火箭喷筒以图焚毁英国船只。这种火攻之法也没有发生效力。威氏说："谢谢上帝，我们没有一人受伤。"以后他大事报复：烧了好几个水师船，毁了一个村庄，并从村里"拿走了三十头猪"。经过这些硬仗之后，官吏和葡人都知道总须想个收场的办法。终究威氏作了点买卖，但他也担保不再来中国。[1]

不久英国发生革命。革命以后，东印度公司于一六六四年（康熙三年）派船一只来华。那时适经大乱之后，澳门景象十分萧条。葡人口口声声的诉苦，说"鞑靼"人如何蛮横，船一进口便不许出。这船白白纳了二千两的船钞，原货皆装回去。与中国直接通商既然这样困难，公司改在台湾设法。一六七〇年，公司居然与"国姓爷"郑经定了通商的协定；公司得在台湾及厦门通商，但须输进若干火药及炮位。五年以后，公司在厦门设立总栈，在台湾设分栈。除供给军火外，尚派人教练郑氏的炮兵。虽然，买卖仍旧不能发达，因为郑氏在大陆上所辖土地有限，并且年年缩小。到了康熙二十年（一六八一年），郑氏失厦门，大陆上就无寸土了。二十二年，郑克塽薤发投降，台湾也入了清朝的版图。东印度公司驻华经理之失望可想而知。最奇怪的，英人并未因协助郑氏而以后吃亏，正如荷兰人之未因协助清政府而占特殊便宜。

其实在十七世纪，英荷海权膨涨的时候，中国与西欧的关系并无新发展。在明末清初的时候，英荷两国虽同为通商对中国的内战有所偏袒，但并没有影响以后的关系。在这百年之内，近代世界大变局，在东南方面，进了一个凝滞时期。

1　Morse, *loc. cit.*, pp.14–30.

近年因为纪念徐文定公，国人对于明末清初的传教事业特别注意。当然，在十七世纪，外国传教士能在中国居官受爵，著书立说，中国高层的士大夫竟有信奉天主教者，这都是饶有兴趣的事实。但是在朝廷方面——无论是明是清——外国传教士的地位是一种技术专家的地位。朝廷所以用他们，不过因为他们能改良历法及制造佛郎机炮及红衣炮。士大夫与传教士接近者究竟不多，信教者更少。且这少数信教者岂不是因为那时的天主教加了浓厚的儒教色彩？我们从乾嘉道咸时代的艺术著作里能找出多少西洋科学方法及科学知识的痕迹呢？十七世纪的传教事业虽然带了不少英雄的风味，究未在我国引起一种精神运动；我国的文化依然保留了旧观。倘若没有近百年的发展，这事业在我国历史上不过如景教一样而已。

五

十七世纪的大变动，不在传教或沿海的通商，而在全亚洲北部之更换主人翁。

俄国人于一五七九年（万历七年）越乌拉山而进侵西比利亚。此后勇往直前，直到太平洋滨为止。一六三八年（崇祯十年），其先锋队遂在鄂霍次克（Okhotsk）海滨建设鄂霍次克城。六十年内，全亚洲北部入了俄国的版图，其面积有四百万方英里，比欧洲俄罗斯远大一倍。

中俄在黑龙江流域的战争和交涉，我已撰有专文讨论此事。这里我仅须指出其有关于中国国际地位者。[1]

第一，俄国未占西比利亚以前，中西的接触仅在东南沿海一带；占领以后，中西的接触加添了北疆的长线。从欧亚关系史看，我们可以说，自十七世纪起，欧人分两路侵略亚洲。一路自海洋而来，由南而北，其侵略者是西洋海权国；一路自陆地而来，由北而南，其侵略者是俄罗斯。两路的侵略，合起来，形成剪刀式的割裂。全亚洲，连中国在内，都在这把剪刀口内。这是亚洲近代的基本形势，诚数千年来未有的变局。

第二，当时的人虽不知道这个变局的重要，但在应付上，他们的成功是中国近代外交史上空前绝后的。根据康熙二十八年（一六八九年）的《尼布楚条约》，不但黑龙江、吉林及辽宁三省完全是中国的领土，即现今俄属阿穆省及滨海省也是我国内领土。《尼布楚条约》的东北是大东北，因其总面积几到八十万方英里，比现在的东北大一倍有余，也可称为全东北，因其东北南部到海，都有海口，其他有外兴安岭的自然界线——在交通上及国防上，那时的东北是完全的。

我们在十七世纪能得这种成绩，一面是因为机会好，一面是因康熙皇帝处置得当。彼时西比利亚的交通极不方便：俄国在远东的国力极其薄弱；俄人对远东的地理知识亦极缺乏；俄国最大的希望是与中国通商：因此，我们的外交困难并不甚

---

1 《最近三百年东北外患史》，见《清华学报》捌卷一期。

大。同时康熙皇帝在军备上不遗余力，在外交上则不为过甚。尼布楚的交涉方式最值得我们的注意。事前，代表团得着皇帝批准的确切训令，所以交涉的目的是固定的。在交涉的时候，我方代表全未以上国的使者自居；中俄双方概以平等相待。《尼布楚条约》是中西最早的条约，也是中西仅有的平等条约。彼时三藩之乱已经平定，清朝的江山已经稳固：何以康熙帝独于此时放弃"一统无外，万邦来庭"的态度呢？若说满人在那时尚未完全接受汉人的传统，所以能以平等待外人。那末在顺治年间，满人的汉化程度更低，应该更能以平等待人。顺治年间给荷兰人的"敕谕"，我们在上文里已经引过：其态度的高傲也就够了。并且顺治十三年，俄国特使背喀甫（Baikoft）到北京的时候，因"行其国礼，立而授表，不跪拜；于是部议来使不谙朝礼，不宜令朝见，却其贡物，遣之还"。十七年，俄国使者又因"表文矜夸不逊，不令陛见"。在顺治年间，俄国已有意与中国和平交涉，无奈这些体制问题把交涉的路堵塞了。康熙的态度诚难解释，但此态度是外交顺利的一个成因，这是毫无问题的。

《尼布楚条约》第六条也表示康熙时代朝廷态度的特别。这一条说：

> 两国之间既已成立本和好友谊条约，一切人民均可完全自由的从一国到对方国，惟必须携带护照，证明他们是

得允许而来的。他们并可完全自由交易。

平等对待及自由贸易可解释尼布楚外交成绩的大部分。中国外交史上的大成绩是由平等对待及自由贸易中得到的，不是从独自尊大、闭关自守的传统中得来的，这件事值得吾人的深思。

六

康熙二十二年（一六八三年），三藩之乱平定了，台湾也收复了，从此清朝统一了中国。于是清圣祖不但下决心来解决黑龙江一带的中俄问题，且在沿海通商制度上，辟了一个新局面。以先在军事时期，清廷曾禁人民下海，甚至强迫沿海居民迁居内地，以免他们接济"叛逆"。康熙二十三年，圣祖下明诏开海禁。这个谕旨虽仅许了国人下海，并没有明文的许外人进口，但是事实上无论那国人要到广州、厦门、福州、宁波来通商者，中国一视同仁。所以在十七世纪末年及十八世纪来中国通商的，如奥国（双鹰国）、普鲁斯（单鹰国）、丹麦（黄旗国）、美国（花旗国）、比利时、法兰西均没有遇着葡萄牙在十六世纪及英荷在十七世纪初年所遇着的困难。

同时，清廷正式设海关监督，规定粤海关由内务府派，闽海关由福州将军兼，浙海关及江海关皆由各该省巡抚兼。按法律，中国的旧关税制度完备极了，公道极了。圣祖的训谕说："各省关钞之设，原期通商利民以资国用"；"国家设关榷税，必征输无弊，出入有经，庶百物流通，民生饶裕"。世宗的旨趣相同："国家之设关税，所以通商而非累商，所以便民而非病民也。"高宗也说过："朕思商民皆为赤子，轻徭薄赋，俾人民实沾惠泽，乃朕爱养黎庶之本怀。"户部颁有税则，其平均率不到百分之五，比《南京条约》以后的协定税则还要低廉。防弊的法令也极森严：

　　一、各关征税科则，责令该管官详刊本榜，竖立关口街市，并责令地方官将税则刊刷小本，每本作价二分，听行户颁发遵照。倘该管官将应刊本榜不行设立，或书写小字悬于僻处，掩以他纸，希图高下其手者，该督抚查参治罪。地方官将应刊税则不行详校，致有舛漏，或更扶同徇隐者，并予严参。
　　一、各关应征货税，均令当堂设柜听本商亲自填簿，输银投柜验明放行。其有不令商亲填者，将该管官严加议处。

很明显的，中国自十七世纪末年起，已有了法定的、公开的海关税则。

实际上，中国海关收税的情形不但离高尚道德甚远，且与法律绝不相符。直到鸦片战争，外商不知中国的税则的模样。历康雍乾嘉四朝，外人索看海关税则多次，每次概被衙门拒绝。关税分两种，船钞与货税。照户部的章程，船钞应丈量船的大小而定：大船约纳一千二百两，中船约九百六十两，小船约五百四十两。实际除船钞外，还须"官礼"。在十七世纪末年，官礼的多少，每次须讲价。到康熙末年，十八世纪初年，官礼渐成固定：不问船的大小，概须送一千九百五十两，比正钞还多。货税也有正税及"陋规"。陋规最初也是由收税者及纳税者临时去商议，到康熙末年，大约已达货价百分之六，比正税亦大。雍正初年，杨文乾以巡抚兼关监督的时候，官礼报部归公，于是官吏在货税上加了百分之十的陋规，名曰"缴送"。正税及各种陋规总起来约当百分之二十，这是中国实行的税则。

这种税则虽重，但在十八世纪尚未发生困难。彼时进口货少，出口货多。中国的税收百分之八十来自出口货。这种货物，因中外市价的悬殊，能纳重税。英国东印度公司在广州出银二十两买茶一担，纳出口税不过三两八钱（其中正税仅二钱），到伦敦即能批发到四十两以上。且同时英国茶叶的进口税比中国的出口税还重。

通商的地点的选择，在法律上虽自由，实际无自由。浙闽粤三省的官吏虽都欢迎外商，但各处都有特殊权利的华商垄断市场，即所谓"皇商""总督商""将军商""巡抚商"等等，这班人是商人想借用政治势力以图操纵市场呢，还是官吏利用走狗来剥夺商利呢，还是官商狼狈为奸呢？在厦门，康熙四十三年（一七〇四年），"皇商"组织公行，行外之人概不许与外人交易。从此厦门的市价全由公行操纵，外商苦极了。宁波（实际交易在珠山）不但有特殊的权利商人，有时官吏简直自定价格，强迫外人交易。在十七世纪末及十八世纪初年，外商只能从各口的彼此竞争占点便宜。最初他们侧重厦门，后来侧重宁波，最后侧重广州。康熙十五年以后，中外通商实际只有广州一口，因为广州市面较大，官吏的贪索亦比较有分寸。

广州尝了专利的滋味以后，绝对不肯放手。所以乾隆二十年，英商复想到厦门及宁波的时候，广州的官吏及商人联合起来，在北京运动。他们达到了目的；从乾隆二十一年起（一七五六年），广州成了法定的惟一通商地点。

从十八世纪中年起，外人的通商不但限于广州且限于广州的十三行。十三行的专利实由于环境的凑迫。第一，与外商交易者总是资本比较大的华商：此中有一种自然的专利。第二，外人嫌中国海关衙门纳税的手续过于麻烦，所以常把纳税的事务委托中国商人去办。官吏于是指定少数更殷实的商家担保外人不漏税走私。这个责任甚大，保商没有团结不足以当之，倘团结而没有专利亦是得不偿失。得了专利以后，官吏又觉得保商应负更大的责任，于是保商不但要担保外人不漏税走私，且要担保外人安分守己，换言之，管理外人的责任也到了十三行身上去了。在十八世纪的下半期，广州外商及外船的水手逐渐增多而杂。中国官吏所定的禁令也就多而且严了。

这些禁令的烦琐简直是现在的人所不能想象或理解的。

"番妇"不得来广州。"夷船"开去以后，"夷商"不得在广州逗留，他们必须回到澳门或随船回国。"夷商"出外游散只能到河南花地，每月只许三次，每次不得过十人，并须有"通事"随行。"外夷"不许坐轿。"外夷"不许学习中文、购买中国书籍。"外夷"移文到衙门，必须由十三行转，必须用"禀"，只许用"夷"字，不许用汉字。"外夷"只许租用十三行；仆役有限数，且须由十三行代雇。每年开市之初（秋末），官吏把这些禁令宣布一次，并训令十三行好好的开导那班"不知礼义廉耻"的外夷。禁令的实在用意不外三种：（一）防止外人开盘据之渐；（二）防止外人通悉中国政情以俾官吏的奸弊无从告发；（三）防止外人熟悉中国的商情，以便行商得上下物价。行商执行这种禁令的方法不外劝勉疏通：倘不行，则宣布停止贸易；再不行，则撤退外人的仆役，断绝接济。因这种利器用了多次，每次都见了效，官吏以为"驭夷"易如反掌。

我们在十八世纪末年，应付近代世界的大变局，又放弃了十七世纪末年康熙皇帝的比较开明态度而回到明末的模样。

七

幸而在十八世纪与中国通商的最重要的对手是英国东印度公司。公司的政策由股东决定，股东的目的在红利。东印度公司在中国的买卖既大赚钱，其他一切也就将就过去了。又幸而在十八世纪，中国很像一个强大的帝国，而印度适于是时瓦解。英国的注视是在印度与法国的对抗。所以英国只想用外交的方法来修改中国的通商制度。

　　是时，在广州的外商觉得他们所受的限制和压迫多半出自地方官吏，非皇帝所知道，更非皇帝所许可。倘若在地方交涉，通商的制度是不能更改的；倘若由政府派公使到北京去交涉，或有一线的希望。一七八八年（乾隆五十三年）英国外部遂采纳这个办法。不幸英国这次所派来的公使在中途死了，使团也就折回去了。次年，两广总督福康安授意东印度公司的经理们，希望公司派代表到北京去贺高宗的八旬万寿。经理们一则恐怕此中有奸谋，代表或将被扣留为质；二则怕见皇帝的时候，必须行三跪九叩礼，遂未接受福康安的意思。后来公司的董事以为经理们失了一个绝好的机会，于是决计假补行祝寿为名再派公使来华。

　　在筹备这使团的时候，英国人费尽心力，要使团在可能范围内迎合中国人的心理，同时作西洋文明，尤其是英吉利文明的活广告，使中国人知道英国也是礼义之邦，且是世界大帝国之一。外交部给马戛尔尼（Lord McCartney）的训令不过讲交涉大纲，其细则由马氏临行斟酌。大使所行的礼仪应表示中英的平等，不卑不亢，但不可拘泥形式。交涉的目的在扩充通商的机会和联络邦交。第一，英国想在中国沿海得一小区域如澳门一样，俾英商可屯货住家，主权可以仍归中国，但警察权及对英侨的法权应归英国；在租借区域内，英国可不设军备。第二，如中国不愿租地，就加开通商口岸及减少广州的限制。第三，英国可以遵守中国的鸦片禁令。第四，希望英国可派公使驻北京，或间来北京；如中国愿派公使到伦敦，英政府十分欢迎。这是十八世纪末年英国对华外交的方法及目的。

马戛尔尼的使节，在中国方面，自始就作另一回事看待。东印度公司的董事长百灵（Francis Baring）在乾隆五十七年的夏季，先发一信给两广总督，报告英廷派使的意思。这封信由十三行的通事译成中文，送呈署督郭世勋，郭氏随奏折送到北京。这信原文第一句是：

The Honorable the President and Chairman of the Honorable the Court of Directors under whose orders and authority the Commerce of Great Britain is carried on with the Chinese Nation at Canton to the High and mighty Lord the Tsontock or Viceroy of the Provinces of Quantong and Kuangsi Greeting.

译文变为：

英吉利总头目官管理贸易事咭唄，谨禀请天朝大人钧安，敬禀者。

原文第二句是

These are with our hearty commendations to acquaint you that our most Gracious Sovereign His Most Excellent Majesty George the Third King of Great Britain, France and Ireland etc, etc. Whose fame extends to all parts of the world having heard that it had been expected his subjects settled at Canton in the Chinese Empire should have sent a Deputation to the Court of Pekin in order to congratulate The Emperor on his entering into the Eightieth year of his age, and that such Deputation had not been immediately dispatched His Majesty expressed great displeasure thereat.

译文变为：

> 我国王兼管三处地方。向有夷商来广贸易，素沐皇仁。今闻天朝大皇帝八旬万寿，未能遣使进京叩祝，我国王心中惶恐不安。

英人费尽了心力要表现平等者的相敬；通事反把琉球、安南的口气加在这信上。当时的通事不能也不敢实译，而当时的官吏之所以禁止外人学习中文及用中文移书往来，一部分就占这个纸上的便宜。这种外交是幼稚而又滑稽。

清高宗度量颇大，虚荣心亦大。马戛尔尼快要到天津的时候，高宗吩咐直隶总督梁肯堂及长芦盐政徵瑞如何招待。

> ……应付外夷事宜，必须丰俭适中，以符体制。外省习气，非失之太过，即失之不及。此次英吉利贡使到后，一切款待固不可踵事增华，但该贡使航海往来。初次觐光

上国，非缅甸、安南等处频年入贡者可比。

高宗对招待虽愿从优，对礼节则极重视。他教徵瑞预为布置：

> ……当于无意闲谈时，婉词告知，以各处藩封到天朝进贡觐光者，不特陪臣俱行三跪九叩首之礼，即国王亲自来朝者亦同此礼。今尔国王遣尔等前来祝嘏，自应遵天朝法度。虽尔国俗俱用布扎缚，不能拜跪，但尔等叩见时，何妨暂时松解，俟行礼后，再行扎缚，亦属甚便。若尔等拘泥国俗，不行此礼，转失尔国王遣尔航海远来祝釐纳贽之诚，且贻各藩部使臣讥笑，恐在朝引礼大臣亦不容也。

马戛尔尼深知中国人重视礼节，也知三跪九叩首必成问题，所以对徵瑞的婉劝和要求早有准备。马氏并不拒绝行三跪九叩首的礼，但他有一个条件：中国须派与他同等级的大臣在英国国王的像前作三跪九叩的答礼。他说他所争的不是他自己的身份；他对中国皇帝愿行最敬的礼节；他所争的是中英的平等，是英国国王的尊严，是要表示英国不是中国的藩属。他把他的办法和苦衷函达当时的首揆和珅。中国拒绝了他的条件，他就决定以见英王最敬的礼来见中国皇帝。

马戛尔尼于乾隆五十八年八月十日及八月十三日在热河

行宫两次见了高宗，两次都未跪拜。高宗虽敷衍了，赏了他及他的随员不少的东西，心中实在不满意。要官吏暗中设法讽令英人早回国。他所提出的要求，高宗以一道敕谕拒绝一切。

马氏的外交失败是由于中西的邦交观念之不相容。我们抱定"天朝统驭万国"的观念，不承认有所谓"国际"者存在；西方在近代则步步的推演出来国际生活及其所须的惯例和公法。马氏的失败证明中国绝不愿意自动的或和平的放弃这种传统观念，因此中国外交史有一大特别：除康熙亲政初年外，中外曾无平等邦交的日子。在鸦片战争以前，中国居上，外国居下；鸦片战争以后则反是。

由现代的中国人看来，马氏出使中国毫无直接的成绩可言，这已经够奇了，但连间接的影响也没有，这更奇怪了。马氏在中国境内逗留几及半年。在这时期内，中国官吏与他往来的也不少。有意反对他的如徵瑞，前任粤海关监督穆腾额，前任两广总督福康安，我们不必说。据马氏的日记，对他感情甚好的大吏也不少。直隶总督梁肯堂与他一会于天津，再会于热河。军机大臣松筠陪他游万树园，以后又陪送他到杭州。松筠曾办过中俄的交涉，马氏亦曾出使俄国，所以他们甚相得。浙江巡抚升任两广总督的长龄陪他由杭州经江西到广东。就是当时主持朝政的和珅与他见面也好几次。这些人——其他官阶较卑的如天津道及天津镇不论——马氏均说对他个人有相当的好感，尤其是松筠和长龄。何以这些人没有因为认识马氏而对外人的态度稍有变更呢？马氏所坐的兵船——比中国的水师船大五倍——及所送高宗的炮位和模型军舰当时也有许多中国人看见过。何以他们对西洋军备无丝毫的惊醒呢？英国这次所送的浑天仪实为十八世纪西洋科学及工艺的最精品，何以国人（满汉均在内）没有发生一点觉悟呢？马氏文化使命的失败足证中国绝不会自动的接受西洋的科学和工艺。

马夏尔尼在中国的那一年正是法国革命国会对英国宣战的一年。从一七九三年到一八一五年（嘉庆二十年），大英帝国的精力都集中于对法的作战。远东通商制度的改良只好暂时搁置。同时中国这方也是变故多端。嘉庆元年，湖北教匪起事，蔓延四川、河南、陕西、甘肃，至八年始告平定。闽粤海盗蜂起，聚众到八九万人，船三百多只。西人被海盗架去而以重价赎回者有好几次。官吏如何虚报胜仗，如何"招抚"：在广州的外人知道很清楚。内乱多，军费就多，十三行的捐款也就多了。外人觉得通商的困难日见增多。等到拿破仑战争一终止，英国政府遂决计再派使来华，以求通商情形的改良。

嘉庆二十一年，罗尔美都（Lord Amherst）的使节简直是个大惨败。因跪拜问题，仁宗竟下逐客之令。由北京返广州的时候，沿途的官吏多以白眼相待。西洋人从此知道，要变更中国的通商制度，和与中国建立平等的邦交，和平交涉这条路走不通。

八

到了道光年间，中西都有大变动；使旧的中西关系不能继续存在。

第一，英在十八世纪的下半期有所谓工业革命。在手工业时期，英国出品运至外国者不多，适宜于中国市场者更少。到了拿破仑战争以后，在海外辟市场成了英国新工业的急迫需要。

第二，自由贸易的学说随着工业革命起来了。以往各种贸易的限制和阻碍，英人视为家常便饭者，到了十九世纪，英人看为野蛮黑暗，非打倒不可，中国的通商制度亦在内。

第三，经过十八及十九世纪初年的战争，大英帝国毫无问题的是世界的最强的帝国。英人往年在广州所能忍受者，现在觉得万不能忍了。并且这个帝国以印度为中心，要侵略亚洲别部，英国有印度为大本营、出发地。为维持及发展在印度的利益，英国觉得有进一步的经营亚洲别部的必要。

第四，在十九世纪以前，欧人到海外去传教者全是天主教徒。在十九世纪初年，耶稣教徒也发现他们有传布福音给全世界的神授使命。在广州的传教士，对于中国各种禁令的愤慨尚在商人之上。

我们试看道光元年（一八二一年）至二十年，外人在澳门所发表的刊物，及他们写给政府的请愿书或给亲戚朋友的信，我们发现一个共同的要求：解放！他们，不分商人及传教士，都觉得解放的日子应该到了，已经到了。

在东印度公司的末年，驻华经理中之后辈就主张与中国算总账。以往公司的经理只求大事化小事，小事化无事；现在这般商人尚惟恐天下无事。在道光十二三年的时候，外商已自动的、不顾中国的禁令，到福建、江苏、山东，甚至奉天及高丽去卖鸦片和新的机制纺织品；传教士也跟着他们去传教，去施医药。实际上，沿海官吏就无可奈何。林则徐在江苏巡抚任内，遇着一个这样的犯禁的船，也无法对付。

道光十三年，东印度公司在中国的通商专利取消了。这种专利也是贸易不自由时代的产物；它的取消就是时潮的表现，取消以后，新来的商人多而且杂。他们对于中国的旧制度无经验，也无了解，只觉得这种制度之无理。同时，公司取消以后，保护商业的责任由英国政府负责。以前买卖是公司作的，要办交涉和打仗，费用也是公司出的；以后买卖是商人作的，交涉及打仗都是政府的事情了。所以大决裂的机会就多多了。并且责任既由英国政府直接负担，英国必须派代表常川驻华。这个代表要执行他的职权必须得中国的承认——承认他是外国政府的代表。那时，中国只知道有贡使，不知道有公使、领事。这种承认等于承认中英的平等。我们知道，在乾隆末年及嘉庆末年，中国绝无放弃传统观念的倾向。在道光年间，中国还是旧中国。事实上，在东印度公司取消以后，中英必须发生平等的近代的邦交；而中国的体制绝不容许这种邦交发生。道光十四年，中英因此就以炮火相见。那次英国代表不久因病去世，这问题就成为一个大悬案。

换句话说，在道光年间，我们的通商制度及邦交观念是十九世纪的世界所不能容许的。

同时，英国人的鸦片买卖也是我们觉得不应该容许的。

这个鸦片买卖的发展有其商业的自然性。历十七及十八世纪，中国的国际贸易总是有很大的出超，因之白银源源的从欧洲，南北美及印度输进来。西商所苦的是找不着可以销售的进口货。在嘉庆年间，他们始发现鸦片推销之易，但是这种买卖的大发展尚在道光年间。在道光元年，鸦片进口的尚不满六千箱，每箱百斤；到了道光十五年，已过了三万箱；道光十九年（一八三九年）——林文忠到广州去禁烟的那一年——过四万箱。中国在道光六年初次有入超，从此白银起始出口：西商的困难也从此解决了。倘若英国的工业革命提早百年，倘若英国的工业品在十八世纪就能大量的输入中国，那末英商无须鸦片来均衡他们与中国的买卖；那末，中英可以不致有鸦片战争，只有通商战争；那末，我民族可以不受鸦片之毒至如此之深，但我们的农民家庭附属手工业的崩溃又要提早百年。换言之，无论如何，我们是不能逃避外来的压迫的，除非我们的现〔近〕代化也提早百年。

鸦片买卖的发展，除了有其商业的自然性外，还有一个很重要的政治理由，那就是印度财政的需要。英国自十八世纪中年战胜法国以后，就成了印度的主人翁，就着手整理印度的行政。整理的方法不外多用英国人为官吏。其结果有两个，一个是行政效率的提高，一个是行政费及军费的提高。印度因此发生财政问题。鼓励鸦片之输入中国是英属印度解除财政困难方法之一，即所谓开源者也。其用心之苦——如中国吸鸦片者的嗜好的探讨、价钱的适合、装包箱之图便宜等——不亚于任何现代的公司推销任何其他货品。

宣宗可说是个清教徒。他不但要禁烟，且禁唱戏。他的俭朴是有名的，连朝服尚不愿换新，只肯补缀。无疑的，宣宗的禁烟是出于至诚的，下了决心的。可是当时官吏的腐败不是一个皇帝，虽有生杀之权，所能挽回的。所以愈禁烟而烟之输入愈多。我们若参看美国近年禁酒的经验，道光年间禁烟之失败似很自然了。

宣宗及少数的同志为什么要禁烟呢？他们一则觉得鸦片伤害身体，二则因为烟瘾妨害平民职业，三则因为烟瘾减降军队的战斗力。我们若以道光年间的谕旨及奏章为凭，他们禁烟最大的理由还是因为鸦片进口，白银就出口。那时国家没有统计（鸦片按法不能进口，故更不能有进口的统计），他们又怎能知道鸦片进口及白银出口的数目呢？他们的知识一部分得自传闻，因为鸦片买卖已成了公开的秘密，一部分得自推测。他们知道在嘉庆年间，每两银子可换制钱一千文；在道光中年，可换至一千六百文。他们的结论是：银价的提高是因为银子流出外洋。这个结论不尽可靠，因为在道光年间，中国各省铸钱大多，且钱质也太坏。他们所得的传闻往往亦言过其实。正因为他们的运动没有科学基础，他们的热忱反而加高。

当时在广州有少数留心时务的士大夫共同探讨鸦片问题。顺德人何太青曾主张这个办法：

> 纹银易烟出洋者不可数计。必先罢例禁，听民间自种莺粟。内产既盛，食者转利值廉，销流自广。夷至者无所得利，招亦不来；来则竟弛关禁而厚征其税。责商必与易货，严银禁罪名。不出二十年，将不禁自绝，实中国利病枢机。

监课书院教官吴兰修很赞成这个主张，自己作了一篇《弭害论》以资宣传，并请了学海堂同事们出来提倡。这些人都是粤东道台许乃济的朋友，他也相信这个主张是惟一可能的办法。在道光十六年他作太常寺少卿的时候，他就奏请禁白银出口，不禁鸦片进口但加税，且许人民种烟，希望拿国货来抵制外货。许乃济及他的同志都知道这个办法是下策，但是他们认清禁烟虽是上策，可惜是不能行的上策。御史们如许球、朱嶟、袁玉麟都反对开禁，以为事系天下风化，万不可为，且如能禁白银出口，就能禁鸦片进口。许乃济的办法就打销了。

十八年，黄爵滋奏请治吸烟者以死罪。这是烟禁加严的大呼声。宣宗令各省将军督抚讨论。大多数的人都以为死罪太重；因为太重，地方官吏反不执行了；他们以为贩卖者的罪大于吸食者。惟独湖广总督林则徐完全赞成。宣宗于是决定吸食与贩卖同时都禁，并派林则徐为钦差大臣，到鸦片贸易大本营的广东去禁烟。

九

林文忠于道光十九年（一八三九年）春天到广州。

广东的中外烟商对于朝廷及官吏的禁烟实是司空见惯毫不在乎。他们以为文忠一定是和别的官吏一样，初到任时，排个架子，大讲禁烟；架子愈排的大不过表示要钱愈多。他们想拿对付别的官吏的法子来对付文忠。不幸文忠是中国官场的怪物，那就是说，他居然办事认真，说到哪里，就作到哪里。他下令要烟商完全把鸦片交出来。烟商不听令，他就撤退十三行的仆役，断绝接济，派兵封围十三行。这个办法不是文忠独创的，广东几百年来"驭夷"的方法就是这样。他为什么不派兵船到海上去拿烟船呢？因为他知道中国兵船的力量不够。他为什么不分好坏把外商封锁起来呢？一则因为好坏难分，二则因为三百多个外商之中，只有几个人从来没有作过鸦片买卖。他为什么把英国商业监督义律（Charles Elliot）也封锁起来呢？因为中国与英国没有邦交，不承认有所谓商业监督存在。林文忠全用传统的方法，因为他不知道有别的方法。他是中国纯粹旧文化的产物。他的特别是他忠实的要行孔孟程朱之学，不但口讲而已。

义律知道了没有法子可以对付这个横蛮的林钦差，于是以英国政府的名义令英商把所有的鸦片交给他，由他发收据。英商喜出望外，因为以后他们可以向政府追索财产或其赔偿。这一举是林文忠的大幸，也是他的大不幸。有此一举，他得了两万多箱的鸦片烟，简直一网打尽。他的报告到了北京的时候，宣宗皇帝批谕说："朕心深为感动，卿之忠君爱国，皎然于域中化外矣。"同时因为义律玩了这套把戏，他交出的鸦片已不是英商的私产，是英国政府的公产，因此这问题更加严重。

鸦片收了毁了，朝廷升他为两江总督了，普通官吏大可就此收场。林文忠则不然，他要办到底。他令外商具一甘结以后不再作鸦片买卖，如作而被发觉，货则入官，人则处死。不具甘结者，他要他们回国不再来。义律率领英商既不具甘结，也不回国。他的实在理由是要等英国政府的训令，然后再作处置。林文忠则以为义律与烟商狼狈为奸，从中取利。所以他就下令禁止沿海人民接济淡水食物，因此在这年秋季，中英就兵火相见了。

在义律方面，他这年秋季及次年春季所有的武力仅两只小兵船，其余都是商船临时应战。他与林文忠两次的冲突，他不教〔叫〕战争（War），只称报复（Reprisal）。文忠的军事报告不免言过其实：这不是水师提督关天培蒙蔽他，就是他有意欺君。不幸关天培颇负时誉，林文忠的官声素好，所以时人就信他们是百战百胜的。文忠于军备的努力亦言过其实。他买了一只外国旧商船，改作水师练船。他又买了些外国小炮。在虎门口，他安了一根大铁链子，以防英船的驶进。他令沿海居民办团练，他是相信可以利用"民气"以御外海的。他自信很有把握，最可惜的，时人也相信他有把握。二十年的夏季，英国水路军队到了中国洋面的时候，他们不攻广州，反攻珠山。文忠及时人的解释是英人怕他的军备！

英国的目的有两个，一个是要得鸦片赔款，一个是要大修改通商制度。英国以为打仗应在北边，交涉更应近北京，不然，不能收速效。所以占了珠山以后，英国交涉员就率领舰队到天津去。在天津负责交涉者是琦善。他对英国武备加以研究以后，就认定中国绝不能与英国战，于是不能不和。适英国政府《致中国宰相书》为琦善开了讲和之路。该书要求条款甚多，没有一条是当时中国所能接收的。但要求的理由就是林文忠禁烟方法的横暴。琦善把这个交涉当作一场官司办：英人既说林钦差欺负了他们，那末查办林则徐岂不可以了事？以中国皇帝的命令去查办中国的疆吏不但无损国体，反足以表示中国的宽大。义律以琦善的态度开明，交涉不能失败，就答应率舰队回广州再议。林则徐攘出大祸，致定海县失守；琦善凭三寸之舌把英军说退了。宣宗就罢免林则徐而派琦善去查办。

琦善到了广州，义律又旧话重提。琦善仍主和。英国政府给代表的训令要他们要求中国割一岛；如中国不愿割地，则加开通商口岸。这点选择是中国外交惟一的机会。琦善看到了这个机会，主张不割地，只加开通商口岸。清廷不许割地，也不加开通商口岸；义律则一心要香港。于是主和者的琦善也与英人决裂了。军事失败以后，就订《穿鼻条约》，割香港与英国。清廷得信以后，就把琦善革职拿问。宣宗从此一意主战。

既然主战，宣宗就应该复用林则徐。文忠自告奋勇，愿到浙江去收复失地。在浙江督师的裕靖节亦竭力保他能胜任。于是宣宗令文忠到浙江去戴罪立功。不料，二十一年夏季，英国新军将到浙江的时候，宣宗临时又把文忠遣戍伊犁。是以这位自信能"剿夷"，时人也信他能"剿夷"的林则徐终久没有机会可以一现他的本领。

因此，我们的鸦片战争虽败了，大败了，时人绝无丝毫的觉悟。他们不认输。他们以为致败之理由，不在中国军备之不及外人，是在奸臣误国，使林文忠不得行其志。好像两个球队比赛。甲队的导师临时不许其健将某人出场，以后败了，其咎当然在导师，不在球队。在道光年间，中西文化如要比赛的话，无疑的，中国队员的队长自然是林则徐。则徐未得出场，国人当然有以自慰。因此中有这个大波折，国人又酣睡了二十年。

十

负责办理战事善后者是伊里布及耆英。伊里布秉承琦善的衣钵，而耆英又秉承伊里布的衣钵。他们是"抚夷"派。他们抚夷的方法见于他们所订的《中英南京条约》和《虎门条约》,《中美望厦条约》及《中法黄埔条约》。

我们战争的目的没有达到,因为英国虽不反对禁烟,但反对中国再用林则徐用过的方法。这样一来,禁等于不禁,因为以中国的国力及国情,用文忠的方法尚有一线之望,不用则全无禁烟的希望。

英国战争的目的完全达到了。通商制度大加修改了。我们现在把《南京》《虎门》《望厦》及《黄埔》诸条约当作最早的不平等条约看,因为这些条约里有领事裁判权,协定关税,及片面的最惠国待遇。虽然,我们不可就结论这些不平等条款是帝国压迫我们的工具。道光时代的人的看法完全与我们两样。他们不反对领事裁判权,因为他们想以夷官按夷法来治夷人是极方便省事的。他们不反对协定关税,因为他们想把税则一五一十的订在条约里,可以免许多的争执,并且耆英所接收的协定税则比中国以往国定的税则还要高。他们不反对片面的最惠国待遇,因为他们想不到中国人要到外国去;其实当时的法令禁止人民出洋。至于租界制度,并不是根据任何条约起始的。最早的租界是上海英人居留地(Settlement),由上海道与英国领事订的。原来外人初到上海的时候,他们在城内租借民房,后来中国地方官吏感觉华洋杂居,管理不易;外人亦感觉城内卫生不好,交通不便。为外人划出一特别区域为其居留地是出于双方乐意的,时人并不反对。他们,不论抚夷派或剿夷派，不知道，亦无从知道这些条款之主权的及经济的损失。剿夷派所痛恨的是赔款和五口通商。他们认赔款是输金以养夷，使夷力坐大。他们以为有了五口，那就防不胜防了。其实这五口，上海除外，都是康熙年间曾经有过通商的地点。

最奇怪的，英人认《南京条约》是中英平等的承认及保障，因为条约中规定中英官吏可以平等往来。这一条是剿夷派所不甘心的。

《南京条约》以后，中国以两广总督（最初是广州将军）兼钦差大臣负责处理夷务，而以两江总督副之。我们可以说，在道咸年间粤督是中国的外交总长，江督是次长，此外北京并没有专办外交的衙门。

第一任的总长是伊里布，不满一年他就死了。继任的是耆英，鸦片战争以后的通商制度几全成于耆英之手。他抚夷的技术很值得我们注意：

> ……其所以抚绥羁縻之法，亦不得不移步换形。固在格之以诚，尤须驭之以术。有可使由不可使知者，有示以不疑，方可消其反侧者；有加以款接，方可生其欣感者；并有付之包荒，不必深与计较，方能于事有济者。……夷人会食，名曰大餐……奴才偶至夷楼夷船，渠等亦环列侍坐，争进饮食，不得不与共杯勺，以结其心。又夷俗重女，每有尊客，必以妇女出见。……奴才于赴夷楼议事之际，

该番妇忽出拜见。奴才踧踖不安，而彼乃深为荣幸。此实西洋各国风俗，不能律以中国之礼。傥骤加呵斥，无从破其愚蒙，适以启其猜嫌。……

耆英所谓"驭之以术"，就是肯与外人交际。这没有什么了不得。但清议骂他"媚外"，因为清议要死守"人臣无私交"的古训。换句话说，鸦片战争以后，时论仍不许中国有外交。

耆英最感困难的是广东民情与夷情之调济。鸦片战争以后，广东人特别仇恨外人，而外人的气焰自然比战前亦高。于是发生许多私斗暗杀事件。耆英不惜以严刑处置暗杀者。御史们骂他"抑民奉夷"。在这种空气之下，发生广州入城问题。广州人坚执不许外人入城，好像城内是神圣之地，不容外夷沾染。英人把这种态度看作侮辱，坚要入城，以不许入城为违约。耆英左右为难，对人民则竭力开导，对英人则劝其不着急。到了道光二十七年，英人太不能忍了，于是以武力要挟。耆英不得已与之定约，许两年后进城。《清史稿》说"耆英知终必有衅，二十八年请入觐，留京供职"。这个解释颇近情，因为耆英离开广州以后，官运尚好，"管理礼部兵部，兼都统，寻拜文渊阁大学士"。这样，耆英的脱离外交，似乎不是宣宗的不信任他了，是因为他自己畏难而退。

十一

虽然，这解释也有困难。宣宗训令他的继任者说：

惟疆寄重在安民：民心不失，则外侮可弭。嗣后遇有民夷交涉事件，不可瞻徇迁就，有失民心。……总期以诚实结民情，以羁縻办夷务，方为不负委任。

这就是批评耆英的政策。并且继任者是徐广缙。广缙也是佩服林文忠者之一。他继任之初，就请教文忠驭夷之法，文忠答以"民心可用"。其实耆英的下台及徐广缙的上台不是寻常官吏的调动，是抚夷派的下野和剿夷派的登朝执政。徐广缙秉承林文忠的衣钵，而叶名琛以后又秉承徐广缙的衣钵。可惜徐广缙是个小林则徐，而叶名琛又是个小徐广缙。英法联军之祸根就种于此。

徐广缙继任一年以后，耆英二年后入城的条约到期，英人根据此约要求进城。广缙与名琛于是联络地方士绅大办团练，"共团勇至十万余人，无事则各安工作，有事则立出捍卫，明处则不见荷戈持戟之人，暗中实皆折冲御侮之士"。广州官民同心以武力抵抗。英人终觉因入城问题而作战，未免小题大做。于是声明保留权利，以待他日。广缙遂以英人怕百姓，放弃入城之举报告北京。宣宗高兴极了，赏了广缙子爵，名琛男爵，并赐广州人民御书"众志成城"四字。剿夷派外交的起始总算是顺利。

文宗即位（道光三十年正月）以后，剿夷派的势力更大。大学士潘士恩及给事中曹履泰等均谓应该起用林则徐，"庶几宋朝中国复相司马之意"。文宗亦有此意。三十年十月，他手笔下诏宣布抛抚夷派的罪状。咸丰朝的对外态度于此毕露了。

这时适有太平天国的革命，满清的江山几乎不保，但京内外的驭夷政策并不因此稍改。在广东叶名琛自以为很有把握，文宗亦十分信任他。咸丰四年（一八五四年）英法美三国共同要求中国修改通商条约。三国代表到两江及天津去交涉的，地方官吏均答以修约之事只有叶名琛能主持，但是他们到广东去的时候，名琛总是托故不见，最后又回答他们他只知守约，不知改约。是时，英法正联军助土耳其抵抗俄国，而急于修约的英国亦以为不如等中国内乱之胜负决定后再议，于是搁置修约问题。名琛不知道这个内幕，反自居功，以为他得着驭夷的秘诀了。

其实外人，尤其是英国人，这时已十分不满意旧约。他们以为商业不发达是由于通商地点太少，且偏于东南沿海，长江及华北均无口岸；他们又觉得中国内地的通过税太繁，致货物不能流通。外国代表对叶名琛的办事方法也十分愤慨，以为邦交制度非根本改革不可。外人气焰之高，很像鸦片战争以前的样子。

叶名琛反于此时给外人以启衅的口实。咸丰六年，广西西林县杀了一个马神父。法国代表要求处置，名琛一事推诿。这时拿破仑三世欲得教皇的欢心以维持他的帝位，有了马神父的悬案，他就师出有名了。同时叶名琛因捕海盗事，与英人起了冲突。于是英法联军，首攻广州。名琛不和不战，终为英人所虏〔掳〕。八年，联军由大沽口进据天津。清廷恐京师受扰，于是派桂良及花沙纳到天津去修约。

天津交涉最严重的问题，第一是北京驻使。士大夫简直以此事为荒谬绝伦，万不可许。第二是长江开通商口岸及内地游行：这样遍地都有外夷，简直防不胜防了。至于减低关税及改内地各种通过税为二五子口税，时人倒觉得值不得争。桂良及花沙纳（天津人说，那年桂花不香）以为不签字，则外人必直逼京师；签字则外军可退，中国可徐图挽回。《天津条约》实在可说是城下之盟了。

签字以后，北京就教桂良到上海去"挽回"已失权利。清廷知道若否认条约必致引起战祸，于是有所谓"内定办法"：中国以后完全不收关税，外人放弃北京驻使、长江通商及内地游行。时人以为外夷既惟利是图，以利诱之，他们必就范。桂良到了江南，地方官吏均反对这个内定办法。不收关税则军饷无来源。万一外人接受了这个便宜而同时又不放弃新得的权利，那又怎样？桂良费了九牛二虎之力，疏通英国，结果允不派使驻京。他觉得此外不能再有所得，只好批准《天津条约》。

次年，各国派使到北京去交换批准证书。北京也为他们预备了公馆，以便接待。但各国疑心甚大，所以派兵船护送公使北上。清廷于八年派了僧格林沁在大沽设防，以免外人再进据天津。中国原意堵塞海河交通，留北塘一路出入，则外人不能武装进京。外人见了大沽不能通行，遂以为中国有心废约。他们把中国军备看得太轻了。一战的结果，外人大失败。于是英法要复大沽之仇。

咸丰十年，我们的外交一误于北京不给桂良全权证书——时人以为惟独皇帝可以有全权，再误于捕拿外国交涉员。终至联军入京，毁圆明园，而《天津条约》以外又有所谓《北京条约》了。

剿夷派外交的代价不能不算大。

十二

上文已经说过，俄国占了西比利亚以后，中国的国际地位加了一路的侵略。但《尼布楚条约》终久实行一百六十余年。到了十九世纪中年，欧人自水路来者的侵略复行积极的时候，自旱路来者的侵略也积极了。剪刀在那里活动了。

俄人最初假道黑龙江出师，以防英法的侵略；次则实行占据江北。等到布置好了，然后与黑龙江将军奕山开始交涉。咸丰八年，签订《瑷珲条约》，将黑龙江以北的土地割归俄国。九年，中国想否认该约。等到英法联军进了北京以后，中国不但无力取消《瑷珲条约》，反又订《北京条约》，把乌苏里以东的土地送给俄国。我们的大东北缩小了一半，而且俄国得了海参崴（符拉迪沃斯托克），可以角逐于北太平洋。

俄国没有费丝毫之力就得了三十万方英里的土地：其对华外交的灵敏可说远在英国之上。而且俄国自始至终以中国的朋友自居！

十三

咸丰十年的大挫折终于唤醒了一部分的中国人。在八年九年，文宗的亲弟恭亲王奕䜣是顽固派之最顽固者，首先提议捕杀外国交涉员的就是他。文宗逃往热河的时候，派他留守北京。咸丰十年的经验给了他及他的助手文祥两个教训。他们从此知道外国的枪炮实非我们的所能敌。同时他们发现外国人也讲信义：与外人订了约以后，他们果然遵约退出北京。于是奕䜣与文祥决心自强，并且知道中国还可利用外国专门人材以图自强。

适此时曾国藩、李鸿章、左宗棠诸疆吏因与太平天国战，免不了与外人发生关系。他们也得了同样的教训。这五人的努力造成了同治中兴的局面。

他们是中国的第一流政治家，知道中国所处的局势是数千年的变局，而且图以积极的方法应付之。他们的大政方针分两层：以外交治标，以自强治本。这个治本之策是步步发展的。最初不过练洋枪队；继则买制器之器，以图自己制枪造船；终而设学校，派留学生，以图自己能制这些制器的器具。等到光绪年间，他们进而安电线，开煤矿，修铁路，办海军，设招商局，立纱厂。我们现在以为他们的事业不够，可是我们如知道他们的困难，我们也不批评他们了。时人多怪他们以夷化夏，多方反对。加之事权不一，掣肘者多。政府没有整个的计画，事业的成败要靠主办者个人的势力。

至于治标方面，奕䜣及文祥创立一个总理各国事务衙门来负外交的专责。总署拿定主意谨守条约以避战祸。但是十九世纪的后四十年，外来的压迫节节加紧。这时工业化的国家也多了，各国都须在海外找市场，不像以往只有英国。同时，西洋人把达尔文的学说应用于民族之间：优胜劣败既然是天理，强者有助天淘汰弱者之责。所谓近代的帝国主义的狂澜充满了全世界。加之这时在已有的两路侵略——剪刀式的夹攻——之上，又来一个从东面临头砍杀的日本。治标没有治好，治本也不足济事。甲午之战是自强运动的失败。

十四

自强失败以后，就是瓜分；瓜分引起民族革命。这是甲午以后，我们对世界大变局的应付。

……[1]

无疑地，经过这三十余年的革命，我们的民族意识大有进步。无疑地，这民族意识是我们应付世界大变局的必须利器。现在的问题是：这民族意识能否结晶，能否具体化。我们是否从此团结一致来御外侮；我们是否因为受了民族主义的洗礼而就能人人以国事为己任：这些条件会决定我们最后对这个大变局的应付的成败。

百年的外交[2]

道光十九年，一千八百三十九年的年初，林则徐在广州

---

1 此处略去一百多字。
2 录自《新经济》一九三九年第一卷第四期（重庆一九三九年一月一日出版），署名"蒋廷黻"。

开始严禁鸦片，因而引起我国近代的第一次对外作战。从那时起到现在，政府办了整个一百年的外交，士大夫关于外交也发了一百年的议论。百年的时间，就是在民族历史上，也不能算短。我们应该切实检讨以往的得失，作为来日的指南。

我们这个国家是士大夫阶级执政的国家。自宋以来，士大夫是极端注重气节的。最近这百年并不是例外。无论我们是研究这百年初期的外交家如林则徐、琦善、耆英、桂良、花沙纳，或是中期的外交家如奕䜣、文祥、曾国藩、李鸿章、郭嵩焘、曾纪泽、薛福成，或是最近期的袁世凯、段祺瑞、张作霖及当代的人物，我们不能发现一个人不竭尽心力，挣扎又挣扎，而后肯对外人有所退让。百年来负外交责任者，若论他们的世界知识，诚有可批评的；若论他们的爱国心，不但无可疑问，且可引为民族的及士大夫阶级的光荣。

初期的外交家最受时人的非议和后世的不谅解者莫过于琦善。因为他于道光二十年春与英人订了《穿鼻条约》，时人说他是汉奸。其实琦善不但是爱国者，而且是当时见解比较明白的一个人。自从故宫博物院发表《筹办夷务始末》一书以后，学者才知道琦善受冤屈之深。他与英国代表义律所订的《穿鼻条约》比道光二十二年的《南京条约》，在赔款及通商权利上，有利于我多了。英国政府认义律上了琦善的当而加以革职的处分。琦善体察中英的形势，决定《穿鼻条约》是当时我国外交所能得的最优的条约，故无论时人怎样骂他，造他的谣言，无论朝廷怎样指责他，他不顾一切依照他的良心作下去。至于顾全一己的名誉而牺牲国家的利益，老于世故的琦善未尝不知道。却是到了民族紧急的关头，他毅然决然不作这种滑头的事情，这才算得真正爱国。林则徐是鸦片战争的英雄，琦善是鸦片战争的政治家。作英雄不易，作政治家尤难。

近期的外交家中受人攻击最多的莫过于袁世凯。此人的内政和人品如何，将来的历史家自有定论，不在本文的讨论范围之内。至于他的外交，我们可以说从他协助李鸿章办理高丽案件起，到他末年主持二十一条的交涉为止，他没有作过为国谋而不忠的事情，以先我们最不满意他的是民四的对日交涉。但自王芸生先生发表《六十年来中国与日本》大著以后，学者始知袁世凯那次与日本的奋斗可谓作到鞠躬尽瘁了。我们如仔细研究他应付日本二十一条的亲笔批示，并记得日本当时因欧战关系在远东所处的优越地位，我们不能不感激他的用心之苦并佩服他的外交天才。日本人知道袁世凯是他们的劲敌。

我国数千年与异族的奋斗逐渐养成了士大夫的爱国心肠。这是根深蒂固，无须我们过虑的。如果仅靠激昂慷慨的爱国心就能救国，那我们的知识阶级早把国家救好了，绝不至有今日的严重国难。不过士大夫的传统思想多不合于近百年的大变局。到了十九世纪，他们仍不承认闭关自守、独自尊大的时代已成过去而绝对无法挽回。同时他们对于西洋的知识缺乏使他们不能了解如大胆的向国际生活中去找出路，我国能得着新的光荣。所以他们愈信念我国的古老文化，他们就愈反动，以致阻塞民族的出路。他们不是卖国，他们是误国。

从道光十九年到咸丰十年，我们初则有中英鸦片战争，后又有英法联军之役。在那二十年之内，士大夫是一贯主张抗战的。他们为什么要抗战呢？为拒绝签订不平等条约吗？不是的。他们不反对治外法权，因为他们觉得让夷官按照夷法去管理夷人是最省事的办法。他们不反对协定关税，因为他们以为海关收入无补于大国的财政，不值得我们去与夷商计较区区税则。咸丰末年，他们竟有人提议我们完全不收海关税。他们也不反对租界，因为他们想为夷人特辟居住区可以免得华洋杂处。在道光年间，他们所反对的是五口通商和香港割让。在咸丰年间，他们所反对的是长江通商和北京驻外国公使。我们今日如再读他们的议论，我们一方面仍能为他们的激昂所动，却同时我们又不能不痛哭他们见解的糊涂。可惜在我们这个社会里，糊涂的见解，用激昂的文词发表出来，有误国的能力。

到了同治光绪年间，我们始有少数政治家对十九世纪的新局势有相当的认识。其中见解最透彻、魄力最大、主政最久的是李鸿章。他的救国方案可分治本治标两部分。治本的方案是努力西化。他觉得我们抵抗西方的侵略要靠我们的西化，同时维持我们在东方的传统领袖地位也要靠我们的西化。同治初年，日本维新尚在酝酿之中的时候，李鸿章就大声疾呼的警告国人不可轻视日本。他认定中日两国将来国力的比较必决定于两国西化速度的比较。这种论断是最具有政治家眼光的。至于治标的方法，他主张在西化工作未成熟以前，努力维持和平，结纳友邦。

李鸿章无疑的是同治光绪年间在朝的最大的政治家。但是他也是当时的士大夫最好弹劾的。到了那个时代，大多数的士大夫仍不承认中国有西化的必要。李鸿章的建设事业，如海军、电信、煤矿、铁路、纺纱厂、招商局、机器厂、兵工厂等，在士大夫的眼光里，皆非根本之图。他们以为我国固有的驭夷方法可以依旧适用。他们且以为道咸年代的失败在人而不在法。所以李鸿章终身绝少同志和帮手。他的事业的推进全靠专制君主威力的支持。

士大夫一面反对李鸿章的治本方案，同时却又主张采用强硬的、积极的外交政策。恰好这时候有几位青年文人，目空一世，而文章与学问又实在不差。他们——张之洞、张佩纶、陈宝琛、邓承修等——在同末光初，每因细故就主战。为台湾生番问题，他们要向日本兴问罪之师。为琉球问题，他们要李鸿章率师东征。为伊犁问题，他们又要与俄国开战。这些浮议的难关，李鸿章都一一设法渡过了。其中最难的莫过于伊犁问题，因为关于这个问题，不但士大夫主战，当时与淮军敌对的湘军领袖如左宗棠、彭玉麟也主战。是时彭玉麟督率长江水师防御俄国的海军。他准备满载桐油木柴出海，趁便风火攻俄国舰队。两江总督刘坤一和他开玩笑，说时代非三国，主师又非孔明，恐火攻之计不售也。彭玉麟太怒，即上章弹劾，左宗棠又在京内替他说话，于是刘坤一只好不作江督了。李鸿章观察形势，知道如运用外交，至少伊犁可部分的收回；如对俄宣战，不但伊犁不能收复，即新疆及东三省均可虑。而且我们的实力消磨于对俄作战以后，日本在远东岂不坐大吗？所以决定制止国内主战潮流。他请英国军官戈登作总顾问。戈登的建议是具有深意的。他说抗战未尝不可，惟在抗战之先，中国政府应该下最大的决心准备作三件事。第一，即时迁都西安。第二，准备抗战十年。第三，抗战以后，满清放弃政权。这种话，李鸿章要说而不敢说，但出自常胜军领袖戈登之口，国人不但能原谅他，而且信任他。后来曾纪泽果然运用外交，把俄国所占领的土地大部分收回。

曾纪泽在圣彼得堡的交涉还没有办好的时候，中法越南问题就发生了。李鸿章对这个问题也主张运用外交，反对开战。但是士大夫主战者多。朝廷徘徊于和战之间。最初表面言和，实则暗地助刘永福的黑旗军作战。后无形中变为一面战，一面和。终成正式战争。那时文武不分。文人中主战最力者莫过于张佩纶和陈宝琛。清廷乃派陈宝琛襄办两江军务，张佩纶守福州马尾船厂。事实上，陈氏到了两江以后毫无建白，而张氏则以"逃得快"了之。足证文人的高调，除误国家大事以外，别无作用了。到了光绪十一年的春天，战事只好结束。全局的失败果不出于李鸿章的意料之外。

李鸿章交结友邦的运用最初表现于高丽。在光绪初年，日俄英美法德六国均图与高丽发生关系。李氏判断日俄对高丽有领土野心，而英美法德则只图通商和传教。那末，他可以借四国的力量来对付日俄两国。于是他从光绪六年起竭力劝高丽放弃闭关自守的政策而与西方各国订通商友好条约。在光绪八年，高丽果与各国订约，势力均衡的局面似乎产生。然而李鸿章的高丽政策终归失败。主要的原故有两个。

第一，高丽地瘠民贫，内政不修，经济未得开发，致注重通商的国家无大利可图。所以到了甲午中日战争之际，英美法德皆觉得利害关系不大，无积极干涉必要。第二，中国始终不愿更改旧的宗主对藩属的观念。高丽对我的重要全在国防；在国防上，我国所怕的不是高丽，而是别的帝国主义者利用高丽为根据地向我作进一步的侵略。高丽果能独立自保，我们就能达到目的了。光绪十年，德国驻高丽的总领事，根据以上的理由，曾向李鸿章建议，化高丽为远东的比利时，由列强共同担保其独立和中立。这种建议不但清廷不能接收，就是李鸿章也反对，因为这个办法不合我国在高丽的传统宗主权。以后在袁世凯的积极作法之下，宗主权几乎变为统治权。结果，美国舆论很不直我们施诸高丽的压迫，并且高丽的新派人物因对我失望而想联日或联俄。可惜我国谈边政者至今对旧日的宗主权仍恋恋不舍。

甲午年春，东学党在高丽起事，日本遂借口保侨派遣重兵。世界各国均知局势的严重。我国士大夫的激昂可想而知。他们主张即时动员。在朝的要人多年想倒李鸿章而屡试屡败者亦坚决主战，以便借对外来对内。李鸿章拿到这个难题竟无法交卷。以往他假朝廷的威力，强迫各省协济北洋军饷，为的是对日备战。以往他关于伊犁，越南诸问题均反对战争，为的是要集中力量去保护高丽。他此刻如再不强硬对付日本，就无法自圆其说了。适此时俄国公使喀西尼路过天津。李鸿章就临时抱佛脚，竭力求援。喀西尼亦觉得日本如占领高丽，那是大不利于俄国的，于是答应警告日本撤兵。李以为日本最怕俄国。现俄国既允压制日本，他可高枕无忧了。所以他对日外交不退让，而军事的布置又不积极，自以为那一次他可不战而胜。日本最后经英国的劝导提出中日两国共管高丽的妥协方案。李告诉总理衙门坚持要先撤兵，后谈判，而其心总以为俄国向东京警告以后，日本无不屈服。其实日本的消息比我们的还灵通。日本知道了俄国绝不干涉，而北京的谈判是无诚意的，遂决定进攻。到了这个时候，李鸿章只好应战。

中日甲午之战决定了远东的领袖地位，在一整个历史阶段之中，将不属于我而属于日。甲午以前，我们只受西洋帝国主义的压迫，以后则同时受西洋与日本的侵略了。所以甲午之战是个划时代的战争。我们的失败是军事的，也是外交的。军事失败的原由，大概的说，有两层。第一，中国西化的水准低于日本，这一层的责任应由士大夫负担。第二，中国彼时的军政太腐化了，这一层的责任应由李鸿章负其大半。至于外交失败的根由也可以分好几层来说。第一，李鸿章不应专凭一个外国公使的谈话来决定军国大政。关于和战大事，不但一个公使的谈话不算数，就是外交部长的谈话也不能算数。必定有正式的条约，经全权代表签字而又有元首的正式批准，然后有相当的，但仍非绝对的可靠。李鸿章的办法充分表现他的外交的幼稚。帝俄政府根据整个国策决定不采纳喀西尼的意见以后，李就陷于进退两难了。幼稚的外交误国之大莫过于此。

第二，假使当时我国驻日和驻俄的公使深知所在国的国情，又假使他们知无不言而言又无不尽，再假使李鸿章和其他主政者对他们的报告加以相当的考虑和信任，那我们甲午之役的外交或者能兼顾利害和力量。政策的发动当然根据国家的利害，但是政策的贯彻要靠国家的力量。个人负重若超过其力之所能必致害身。外交的企图，纵使是正当的，倘超过国力，必致误国。所以外交必须知己知彼。这种工作，惟独健全的外交机构始能负荷。我国政治家素重用人而不知运用机构。李鸿章也不是例外。前文所说的三种假设并不存在。当时驻外的公使对所在国的国情所知有限，所知者又因层层顾虑不能尽言，所言者政府未必见信。其结果就是李鸿章因偏信喀西尼而采取外交积极、军事消极的误国政策。

当时李虽不能济事，仍超人一等。至于一般士大夫的言论，除激昂慷慨以外，别无足取，不过空言与高调而已。甲午以前的小波折，李的才能足以渡过。在甲午及甲午以后的大风浪之中，李实不能掌舵了。愈到后来，他愈不济事。在作战期中，他多方求援，但西洋各国均借词搪塞。这不是李的罪过，因为当时我国的国力实不足以左右任何西洋国家的政策。外国虽不援我于未败之前，却又援我于既败既订约之后。俄德法三国的援助本是不怀好意的。以后瓜分的祸根就种于此。我们对于"友"邦的"友谊"不可太凭一时的情感和幻想。我们愈研究国际关系，愈知道国与国是寡情的。这一点，我们也不能责备李鸿章。

我们能够责备他的是甲午战争以后的联俄政策。帝俄假助我的美名，行割我的实政。最初修中东铁路，因而引起以后的严重东北问题，一直演变到九一八和今日。中东铁路是李鸿章联俄的代价。戊戌年春，帝俄又假助我的名义，强迫我许她筑南满铁路和租借大连旅顺。这两个海口就是俄德法三国于乙未年助我以两千万两向日本赎回的。三国的援助，若清算一下，仅使我白白的抛弃了两千万两银子罢了。这还不够。庚子年，帝俄趁义和团运动派兵把我东北全占了。在北京交涉的时候，帝俄又要假助我收复平津的美名，强迫我割让东北一切的权利。当时英美日三国竭力支持刘坤一、张之洞来抗俄，而李鸿章则坚持要与俄订约。李末年的荒唐简直不堪设想。幸而条约未签字以前，李就于辛丑年冬死了。帝俄得着这个消息以后，说："中国以后无人了！"

乙未至辛丑是李鸿章联俄的阶段。以后我们外交的路线就全变了。辛丑的次年，即一九〇二年，英日订同盟的条约。当日我国的舆论对英日同盟是怎样呢？京师大学堂（北大的先身）的教授联名请求政府加入英日同盟。旅居上海的名流假章园开会，作同样的要求。好像我们所敬佩的蔡孑民先生当日亦在座。我们留日的学生发起义勇军，准备协助日本去打帝俄。日俄战争之际，我政府虽守中立，实际我们是对日表同情的。地方人士如张作霖还实力协助日本作战。为什么我国在辛丑以后有这大的外交路线变更呢？因为李鸿章的联俄政策不但失败了，而且简直引狼入室了。李在辛丑以前想联俄以制日，后人乃转过来想联日以制俄。前者的成绩固不好，后者的成绩亦欠佳。日俄战后，我国在南满就开始与日本磨擦了。足证所谓外交也者，在自己的国力发展未到相当程度以前，是不可靠的。无论是联东以制西，或是联西以制东都要出代价的。不小心的时候，代价还要过于当初所要避免的损失。

民国以来，我们的外交方案并无根本变动。与前不同的就是在内乱的时期，党派的竞争免不了要借外以对内。大概的说，在朝的党，因所须的外助少，故对外所愿出的代价低。反之，在野的党，因所须的外助多，故对外所愿出的代价高。同时还有一方面值得我们注意。政府因负实际政治责任，说话行事比较谨慎。反对政府的人因不负责任可以随便给政府出难题，对社会唱高调。因之，一般人民很容易发生误会，以为官僚不努力，太消极，甚至于不爱国。反之，反对政府的人因言论激昂好像是特别爱国，特别有作为。国际关系是十分复杂的。不但在中国，就是在教育普及、新闻事业十分发达的国家如英美，一般人民关于外交问题容易为野心家的宣传所麻醉。所以在这些国家，近年有不少的公私组织，专门研究国际问题，以图舆论的健全化和外交的超党化。这种组织的需要在我国尤为急迫。

在这百年之末，于全民精诚团结以抗战之际，最使我们痛心的是平津京沪各地的汉奸。老百姓供敌人驱使者全为饥寒所迫，我们还不能说他们的本质不良，甘心从敌。粤闽鲁冀的劳工在外国侨居数代仍不忘祖国，足证我国人民的本质是优良的。我们可以相信沦陷区域的劳苦同胞，时机一到，还要热烈的回到祖国的怀抱。只要国家无负于他们，他们是不会负国家的。我们所痛心的是参加伪组织的知识分子。他们当中大部分被生活问题迫着走上无耻的途径，其余还不是狂妄的借外力以从事内争？

抗战以前的数年，我们在最高领袖指导之下，把统一基础打好了，于是改革法币，建设公路铁路，推进国防等等自力更生的事业得有一日千里的进步。假使政府于九一八的冬天就听从一般士大夫的浮议而开始抗战，那我们就不能有自九一八到八二三那个阶段的积极建设和统一完成。没有那一个阶段，我们哪能有今日的抗战力量？

我们于研究百年的外交之余，可以得着几个结论。第一，我们近百年对外的失败不是由于我们的不爱国。第二，我们的失败由于外交本身者尚为次要，由于内政者实为主要。内政的致命伤即现代化的建设之过于零碎、迟缓和不彻底。第三，就外交本身而论，我们的失败一部分应归咎于士大夫的虚骄，其他部分则应归咎于外交机构的不健全。若再进一步的研究，这两种弊病都要归根于我们的知识、思想及办公习惯的现代化程度之不足。

再论近百年的外交 [1]

我在本刊第四期发表的《百年的外交》一文竟引起了少数读者的误会，其中最要紧的是邓公玄先生。这颇出于我的意料之外。读者对于我的史学试作有所批评，这当然在我的意料之中，而且是我所欢迎的。史学是种很困难的学问，史评和史论尤其困难。专家集毕生精力的著作，在著者的主观中，或者是不朽之作，然而在史学上，往往仍不过是一种试作。但是邓先生对我的不满大半是在于文外问题，而且大半是误会，不是学

1　录自《新经济》一九三九年第一卷第七期（重庆一九三九年二月十六日出版），署名"蒋廷黻"。邓公玄的文章《评蒋廷黻"百年的外交"》载《中山半月刊》一九三九年第一卷第六期，蒋氏答辩后，邓氏又再次回应，见《再评蒋廷黻"论近百年的外交"》（《中山半月刊》一九三九年第一卷第九期）。

术的批评。在他的结论里，他这样说：

> 末了，我认为将蒋氏《百年的外交》一文，对于过
> 去史实的判断如何，还是小事，因为"仁者见仁，智者见
> 智"，而且"士各有志，不能强同"。

邓先生把过去史实的判断作为小事，而于"小事"以外提
出些无关的问题来与我争辩。我觉得我们不能把史实的判断作
为小事，并且关于史实的判断不能"士各有志"。历史是种科
学，研究历史就是探求真理，与"志"有什么关系？我们要探
求史理还能于史实之外去求吗？离开事实而去发空泛议论，充
其量，不过得一篇好八股文章。所以我对于邓先生的议论不能
不答复，而我的答复又不能不以史实的判断为主。

在未入正题之先，我应该简单的解释邓先生因文外的问题
而发生的误会。邓先生急于要知道我为什么在这个时候要发表
这样一篇文章。譬如：他开始引了我论琦善和袁世凯的两段文
章以后，他就问：

"看了这两段文章，我们不说蒋氏替琦善袁世凯二人翻案
为不当，只是要问为什么要在这个时候特地替他们翻案？"在
他的结论里，他有这样的质问。我想邓先生的误会完全由于他
不知道我平素生活的习惯。我在二十四年冬未入政府以前，差
不多有十五年的功夫专门研究"百年的外交"。这文的内容，

用不同的方式，向南开大学的学生讲过三遍，向清华的学生讲过五遍，向北大的学生讲过两遍。关于琦善的那一段，我于十九年在《清华学报》发表过专文，以后又在美国的《近代史学报》讨论过，在英国伦敦大学和牛津大学讲演过。关于李鸿章的高丽政策，我也用中文英文发表过无数次的论文。我入政府以后，仍想把研究历史作为我的副业，也可以说我的娱乐。在政府未规定研究历史是一种不正当的娱乐以前，我觉得我可以时常继续这种工作。

我写那篇文章还有一个原故，那就是《新经济》的编辑先生问我要稿子。我一想今年是鸦片战争的百周年，应该作文纪念。但是专写鸦片战争或者不免引起中英之间不良的情感，所以就决定写"百年的外交"。那篇文章是上年十二月初写的，十二月十号左右送给编辑先生，十二月十五日付印，本年正月初一出版。这些年月日都是极自然的，不应该引起任何文外无关的问题。

邓先生既不知道我平素的学术兴趣，又不注意原文第一段所说写文的理由，于是就疑"难道是引古以非今吗？"邓先生的疑问证明他的历史观念完全与我不一样。现在史学界公认历史是不重演的。历史不是一种制好的电影片，今天演几场，明天后天又拿出来演几场。换句话说，历史上的事情前后没有两件是一样的。所以我们不能引古以非今，也不能据今以非古。我们旧日的八股先生们固好写史论，说尧舜以先是怎样，所以

"今上"也应该怎样，或桀纣以先是怎样自取灭亡，所以"今上"不可那样以自取灭亡。这样的写法不是现在科学的史学家所愿过问的。

但是历史未尝不可以"资治"，因为历史虽不重演，却不断的继演。历史是一张制不完、演不完的电影片。在这片子上，前后没有两幕情节是完全相同的，但是第一幕情节往往能部分的支配第二幕，第二幕又部分的支配第三幕，如此下去，以至无穷。历史家的主要工作是寻求和分析前一幕如何支配后一幕及支配的程度。我们如本着这种精神去研究中国近代史，必发生无穷的兴趣，以致有此癖者，就是在抗战紧张的时期，还是恋恋不舍。

现在我想文外的问题都解决了，可以言归正题。邓先生承认琦善所订的《穿鼻条约》比以后的《南京条约》"对于国权损失较少"，却不承认琦善是个政治家。我所以称赞琦善为政治家正因为他减少了国权的损失，而且他作这事的时候，他不顾一己的损失。他原可以与世沉浮，随着时人唱高调，因以误国而利己。他不，他情愿牺牲自己以图有利于国。这就是政治家的风度。琦善固不是头等政治家，但是道光一朝实无了不得的人物，琦善比较的要算是高人一等。

为什么琦善不是头等政治家？因为以后他虽又服官多年，却毫无建白。我们从道光十九年至二十二年与英国打了三年的仗，惨败了，被迫订割地丧权的条约了，然而国人毫无觉悟，战后绝无革命，直到咸丰末年英法联军之役然后有新政出现。民族整个的丧失了二十年的光阴。假使同治年间的改革提前到鸦片战争以后，那不但英法联军之役可免，即中日甲午之役或亦可免，而我国在远东的领袖地位必可保存。从民族的立场观察，我们不能不痛心那二十年宝贵光阴的白过。我们研究历史的人不能不算清此中的责任。这是一个很复杂的问题，不易解答的。据我所知，此中的情节大概是这样的。当鸦片战争开始的时候，全国的士大夫一致的鄙视"外夷"，以为英国人哪能与"天朝"抗衡。林则徐也这样想。在他的奏折中，他表示十分有把握。林是当时士大夫所佩服的一个人。他自信，国人也信他。却是事实上林没有机会与英国人比武。英国派遣来华的军队，照中国人的思想，应该先攻广州。林已准备好了各种防御工事。不料英国人不攻广州而攻舟山。于是时人断定英国人怕林则徐。林的身价因此提高了好几倍。后清廷罢免林则徐而派琦善去主持粤政，时人说英国用计，借琦善以去林则徐。林一去，自然我方失败了！后裕谦奏调林则徐去帮他防守浙江，清廷答应了，许林"戴罪立功"。时人深信有林在浙江，英国人是不敢来的。英国人来了，快要与林交锋了，但是正在这个时候，清廷忽下令把林则徐谪戍伊犁。在鸦片战争的三年之中，除第一年小有接触之外，林始终没有机会与英国人打一个大仗。所以以后士大夫不服。他们以为我们的败，不是由于我们的旧战法和旧军器的不行，而是由于清廷用人不得当。既然如此，那我们没有改革的必要。琦善虽知道中外强弱的悬殊，经过一次的革职查办，他也不敢再触犯士大夫的清议而有所主张了。所以他不够称头等的政治家。

当时士大夫的清议之可怕，我们于林则徐的行动中也可以看出来。在他初到广州的时候，他真相信他用中国的旧法子就能制服英国人。到了广州以后不久，他就觉悟了，知道唯独"用夷器物而后能制夷人"。他秘密的探访外国的国情，购买外国的船炮。他以后把他所搜集的材料，给了魏默深，魏又把这些材料编入《海国图志》。这部书提倡以夷制夷，及以夷器制夷。日本的文人把这部书译成日文，促进了日本的维新。日本学者中山久四郎常说明治维新的事业受《海国图志》的影响不少。林虽有这种觉悟，他怕清议的指摘，不敢公开的提倡，他在赴伊犁戍所的途中曾致书友人说：

> 彼之大炮速及十里内外，若我炮不能及彼，彼炮先已及我，是器不良也。彼之放炮如内地之放排枪，连声不断。我放一炮后，须辗移多时，再放一炮，是技不能熟也。今此一物置之不讲，真令岳韩束手，奈何奈何！

但在信尾，他恳请他的朋友不要把信给别人看。他让主持清议的士大夫睡在梦中，他让国家日趋衰弱，而不肯牺牲自己的名誉去与时人奋斗。他怕时人骂他是汉奸或败北主义者。邓先生如了解此中的情节，或者不怪我，在回想我民族过去百年的历史，要痛骂士大夫阶级。

关于袁世凯的一段，邓先生批评袁的外交，说袁应该在民四交涉的时候，努力谋美国的援助，邓先生以华府会议美国的援助为证据，判断美国在民国四年也可以援助我，只要袁运用得法。其实袁派人把日本二十一条通知美国公使芮恩施并求他援助。芮氏颇热心，但其政府不愿意。第二年美国尚与日本订所谓《蓝辛－石井协定》，承认日本在华的特殊权利，民八，在巴黎和会，我国代表苦求威尔逊助我取消民四条约，威尔逊不愿理会。民十一，华府会议的时候，美国内部的情形已完全改变，而国际形势复有利于我，故我国能得相当的收获。虽然，国人不要误会华府会议的重要所在。关于既成事实的纠正，华府会议仅助我收复德国在山东的权利，民四其他条约华府未过问。邓先生说："假使袁世凯不是要做皇帝，不敢得罪日本，有何至于遵守日本人的谆嘱，严守秘密。"袁要做皇帝，据我所知，是签订民四条约以后的事情。而且条约签订以后，日本人仍旧反对袁做皇帝。袁的一贯政策是联英美以制日。他在高丽的时候如此，光绪末年他做外务部尚书的时候，也是如此，所以日本恨他，至于守秘密一层，国际交涉的事情，正在交涉之中的时候，除非双方同意，是不可宣露的。

邓先生所指摘的其他各点完全由于误会和曲解，没有再加讨论的必要。

时评与书评

中日俄与东三省[1]

现在国内外交问题极多，如取消不平等条约，收回领事裁判权……。最近国府外交部，也正在进行收回领事裁判权及筹备关税自主。但我们以为这些外交问题，都不似东三省问题之重要。

东三省问题，是现在中华民族最大问题，也是将来中华民族极重要的问题，因为那是中华民族将来发展的最良好的地方。

日人近来常宣传东三省是满洲人的东三省；意思是日本人在东三省，与汉人乃立于同等的地位。可惜这种宣传，毫无历史上的根据！我们从历史上看，汉人之到东三省，并不自清始而远在隋唐之际，距今已一千多年。是远东在一千多年前，即为中国之

1　录自《南开大学周刊》一九二八年第六十三期（天津—一九二八年十月出版），副题"蒋廷黻先生在第四次纪念周讲　乐永庆记"。

土地。且现在东三省的人民，十之六七是中华民族。故就中日俄三国与东三省之历史的关系而论，中国较之日俄都长远而深密。可惜东三省与中国，虽已有了一千多年的历史的关系，而因中国未曾有积极的政策，未曾有如何开辟东三省和如何到东三省殖民的计画，所以千多年来，汉人在东三省毫无结果。

三国之中，对东三省有政策、有计画而又抱极大野心的，首推俄国。在十六世纪时，俄人即开始经营西比利亚；十七世纪中叶（明末清初），俄人势力已达满洲边境。但这种经营并非俄政府的经营，而是俄国住在边境上的人民的经营。时值康熙初年，中国势力正大，乃出兵征之，结果中国胜了。但前边已经说过：经营满洲边境的是俄边的游民Khabaroff等，不是俄国政府；所以这一次的战争，也只算是中国与一部份俄人之战，而非中俄之战。幸而胜了，算不了什么一回事。

一六八九年（清康熙二十八年），中俄和约成，划分国界，东自黑龙江支流格尔必齐河，沿外兴安岭至海；凡岭南诸川，入黑龙江的属中国，岭北的属俄国。西以额尔古讷河为界；河南属中国，河北属俄国。自此以后，外兴安岭一带，完全属于中国。这是外交上一大胜利，同时俄人之侵略满洲，也稍和缓。但外来的侵略，虽稍和缓，而中国本身，对东三省仍不谋积极发展。一八五八至一八六〇（咸丰时）英法联军与中国对敌，后入北京，文宗避难热河，赖俄使居间调停，始得解围。事后俄国索酬，要求中国改定条约。乃于一八五八年先后定

《瑷珲条约》及《天津条约》。在《天津条约》里，中国把乌苏里江以东地方给俄；在《瑷珲条约》里，中国把黑龙江以北地方给俄。自此俄国地境，乃与朝鲜接壤。这是俄国在东三省外交上一大胜利。

十九世纪末，俄修西比利亚铁路。俄国最初计划，本拟绕道中国北境以入海，但困难极多，乃于光绪二十二年（一八九六）与中国定北京协约，取得中东路在中国建筑权。越二年再定北京协约，取得旅顺大连租借权；而中东路也由哈尔滨至大连，延出一条支线。俄国在东三省外交，又一次的胜利。

查近代帝国主义之侵略，其原因不外资本太多，须设法向外投资；或国内工业发达，供给过于需要，乃向外发展去找市场来销国内过多的出品。但俄国之侵略东三省则不然。彼时俄国并不是很富：西北利亚之建筑，是从法国借款。彼时俄国工业也不算十分发达；供给既没超过需要，原料也感不到怎样的缺乏。俄国之侵略东三省，完全是政治的关系、军事的关系。中东路在日俄战前，毫无经济的价值；所以直到一九一四（年）时，中东路总是年年赔钱；但俄政府却乐于如此，且甘愿每年出很大数的款，赔在中东路上。

不但中东路如此，其他俄国在东三省一切的建筑，也莫不毫无经济的价值或计画，他们直是一种在东三省立国的计画。虽然中东铁路建筑时，有三十六年后得由中国收回之规定；但俄国知道中国的经济情形是无力收回的，所以一切建筑，工程都极浩大，以便无形中阻止中国的收回。同时又要求铁路两旁七华里划为铁路附属地，在此界线以内，一切警察权、司法权、行政权完全由中俄合办！这是世界空前奇闻，也是俄国在东三省有政治野心之表现。这种奇异的特权，日俄战后，日本又承继俄国而享受之。今之所谓满铁附属地，即缘于此。自此而后，由绥芬河至满洲里，自哈尔滨至大连，沿路三千七百多里的国权，完全断送了！

一八九四中日战后，日本灭朝鲜。此时俄国在东三省，既有横贯三省的中东路，又有了辽东半岛的租借权。势力之大，远非日本可比！在这情形之下，日俄感情，日见恶劣，于是发生一九〇五之日俄战争。俄国大败，长春以南的俄国权利，完全转到日本手中；俄国在东三省势力，也稍减杀。这是俄国在东三省失败的开始。

一九一七俄国发生革命，新政府宣言放弃一切权利，愿另定平等的新约，中国政府乃于一九二四年与俄定中俄协定，收回中东路附属地内一切警察司法行政权，把中东路变成一个纯粹商业性质的公司。这是俄国在东三省失败的第二步。

一九二四中俄协定成立后，中东路的政治意味，消灭殆尽。在这公司里，最高机关为理事会，由十人组成，中俄各五人；主席则中国人。理事会主席，同时兼任中东路督办，督办下又有会办一人，俄人任之。理事会之外有监事会，由五人组成：中国人二俄国人三，主席是中国人。行政部最高首领为局长，俄国人任之；局长下有副局长二人，中俄各一人。但按中国人特性，这个副局长照例只是月拿甘薪两千元，不管政事的。局长之下设许多处，每处有一处长。以前处长完全为俄人，现工程卫生两处长已换中国人，其余还都是俄人。至铁道附属地自中俄协定后，中国可说是完全收回了。现在哈尔滨有特别区行政长官，就是管理这收回的附属地的，其地位与职权，有如一省省长。

公司组织已变更，所谓的铁道附属地也完全收回了，但全路的行政，甚至各站站长，还是完全由俄人任之，没有一个中国人任站长的！所以如此的，大约不外三原因：

（一）一九二四之中俄协定只有大纲而无办事细则。在新的细则未订定前，旧的细则，当然继续有效。现在中国方面，虽急欲重订新的办事细则，而俄方却一意推诿！

（二）中国人才缺乏。现在中东路一切来往文件，还是仍用俄文；中国在这方面的人才，数固不少，但能用则极少。

（三）现在的组织，如理事会，至少要有七人到会才能开；而一件议案，至少要有六票才能通过。换句话说，通过一件议案，至少要有俄方的一票。但是五个俄国理事，都是一个鼻孔出气，全受会办之指挥。所以一件议案通过之前，中国的督办须先与俄国的会办有一度接洽，而理事会之开会，也不过作一形式上的通过罢了。

另外还有一原因，使中东路行政权完全落于俄人手中：就是东三省当局，年年向外用兵，军费浩大，于是想从中东路盈余中，提出一部分来充军费；而俄人则主张以盈余扩充军费，但以不干涉行政权为条件。东省当局，需用军费甚急，于是竟不顾一切而承认俄方条件，铁路行政权，遂完全在俄人掌握中。但俄人势力，已远不如往年；中国人才如多，当局再稍有决心，则行政权完全收回，不算什么难事。

前边已经说过：俄国最初建筑中东路之目的，在以政治的手腕，侵略东三省。这完全是一种帝国主义者的办法。及一九一七革命后，劳农政府成立，遂一变其侵略东三省之目的而为宣传主义，鼓吹世界革命，即以中东路收入，作为宣传费。但是到了现在，共产主义及世界革命已因东三省当局之限制而不能宣传，铁路收入又不能自由支配，俄国在东三省，可谓节节失败！

俄国现在在东三省，可以说无政策，也无计画。只收一种观望态度。将来如何，须看东三省当局——或者说中国人——之努力如何。中国方面，如果能有计画有政策的发展东三省，那末俄国的势力，总是难于恢复的。到那时候，俄国或者联合日本以侵略东三省也未可知：这并不是故意的张大其词或脑经过敏，看俄国廿年来之外交，实在可能。如一九〇五日俄之战，俄国大败；深仇未复，又于一九〇七年与俄订密约，反对英美在东三省投资。从这种地方看来，将来的日俄联合以侵略东三省，又何足奇？所以欲打倒俄国在东三省势力，首要在能打破日俄之联合。

日本方面自一九〇五后，以南满路为大本营，积极侵略东三省。南满路若分析起来，也是一种政治的侵略。与中东路不同的是南满路虽是一种政治的侵略，同时也顾到经济方面；日本政府从来不愿如俄国把许多钱来赔在铁路上。

日本在南满沿线政治的事业极多，如警察、学校、试验场、农场等。一九〇五以来，侵略结果最大成绩为二十一条，现在又在进行第二步了。

日本在东三省铁路，现已有自长春至大连的南满路干线，一千三百多里；又有支线到抚顺、安东、营口等处，合计也千余里。近又计画由会宁筑路经敦化、吉林以达长春，与南满干线连接，以完成其两港两路计画。这计画若果成功，则东三省东南方面，完全为日本势力的包围，政治经济各方面，将失其保障了。

中国方面，因为要打破日本的包围，也正在进行奉海吉海二路，以与南满路抗。

同时为欲与日本两港两路的计画争抗，又计画一个一港两路的办法：就是一方面从吉林的宁安筑一条路经敦化、吉林、海龙以达奉天，又一方面由黑龙江省的克山，筑一条路经昂昂溪、洮南、郑家屯（即通辽）以达打虎山，然后再两路会合而由平奉路达葫芦岛。此之谓一港两路。

中国一港两路之计画若能成功，则中国在东三省可与日俄并驾齐驱了。因为彼时在东三省势力，俄有一港一路，日有一港一路（或二港二路），中国则一港二路；中国地位，不远在日俄之下。经济方面，中国可不惜减低运费——或直至免费运输，以与日俄抗。因为减低运费，直接受益的是中国人。且经济流通起来，农产的输出，不发生阻碍，则农人经济情形日佳。到那时候再增加田赋来补铁路的损失，只有剩余，绝无不足！

葫芦岛开港，东省当局现正在积极进行。据调查，港口似乎比大连港小，但总可将就用，且胜于无多多了！

看这种计画，我们常说东三省当局卖国的误会，总可冰释了。其实东三省当局，外交手段并不十分坏，只是太聪明了，所以常思借日本武力以统一关内。自皇姑屯炸弹案发生后，东三省当局大觉悟，觉得以前的政策是不对的；为要保持东三省的主权，非同中央政府联为一气不成功，盖三省势力太孤，实不足以与日抗。同时为要打倒日本在东三省的经济的势力，对于英美投资，十分欢迎。所以现在东三省当局外交的趋势，不外两点……

一、同中央政府一致，俾得以全国势力对付日本。

二、对外开放——欢迎英美投资——以减杀日本在东三省的经济权利。

评《清史稿·邦交志》[1]

中国旧有之正史皆无"邦交志"一门，有之自《清史稿》

---

[1] 录自《北平北海图书馆月刊》第二卷第六期（北平一九二九年六月出版）、《国立北平图书馆月刊》第三卷第一期（北平一九二九年七月出版），署名"蒋廷黻"。

始，此亦时代变迁使然也。有清以前，中国惟有藩属之控制驭夷怀远诸政，无所谓邦交。春秋战国之合纵连横，不过等于西洋封建时代诸侯之争斗；虽远交近攻，聘使立盟，有似近代之国际交涉；然时代之局势与精神，实与十九世纪中外之关系迥然不同。李氏鸿章在同治初年，常以江宁及天津条约为古今之大变局一语，激时人之图自强，此可谓知时之言也。故清史倘无邦交志，则清史无从理解，即今日中国之时局，亦无从探研。主持《清史稿》诸公，能不为成法所束，而创"邦交志"一门，足证诸公之能审时察势，亦足证今日中国思想之进步也。

《清史稿·邦交志》虽为新创；然"邦交志"之书法及其根本史学观念，则纯为袭旧。批评者倘以"'邦交志'非史也"一语加之，亦不为过当。近百年来中外关系之大变迁何在？其变迁之根本理由又何在？"邦交志"非特无所贡献，且直不知此二问题为撰"邦交志"者之主要问题也。至于近百年来中外交涉之重要案件，如鸦片战争、英法联军、同治修约、马加理案、伊犁案、中法战争、中日战争、瓜分与排外、东三省之国际问题等，皆"邦交志"所不理解者也。"邦交志"既不说明各案之所以成问题，又不指定各案结束之得失，其史学上之价值，可想而知。

或谓"邦交志"既循旧史体裁，不可以新史学之眼光评论之。所谓时代之背景及时代之变迁，皆旧史家所不注意者，不可专以责难"邦交志"也。虽然，旧史界对于史事真确之审定，及事与事之轻重权衡，自有其严密之纪律在焉。"邦交志"述事之失实，比比皆是，后当列举。至于史事轻重之缺评断，请就"英吉利"部论之。

"邦交志"共为八卷，俄、英、法、美、德、日六国各为一卷，瑞典、那威、丹墨、和兰、日斯巴尼亚、比利时、义大利合为一卷，奥斯马加、秘鲁、巴西、葡萄牙、墨西哥、刚果又合为一卷。其中以"英吉利部"为最多，共二十八页，页二十六行，行三十字。"邦交志"对于中英关系之轻重评断，可从下表知其梗概：

论中英西藏交涉者，共一百四十行。

论鸦片战争者，百零五行。

论马加理案及烟台条约者，五十二行。

论中央缅甸交涉者，前后共四十六行。

论鸦片税则者，四十四行。

论道光十六年以前中英关系者，四十行。

论咸丰七年至十年之战争者（内包括广州之役、大沽之役、《天津条约》、通州之役、外兵入京、圆明园之被焚及《北京条约》）共三十六行。

论马凯条约者，三十二行。

论沪宁铁路者，二十三行。

论同治时代中英交涉者，十二行。

论庚子拳匪者，九行。

论德宗大婚英赠自鸣钟者，三行。

论九龙租地之扩充者，半行。

《天津条约》，《北京条约》，两广总督叶名琛之被捕，文宗之退避热河，英人之焚圆明园诸事，共占篇幅仅西藏交涉之四分之一。英人之赠自鸣钟显非军国大事，钟上所刻之祝辞（"日月同明，报十二时。吉祥如意，天地合德。庆亿万年，富贵寿康。"见《邦交志》二第十七页）非字字载诸史乘不可；而于九龙之展界，则以半行了之；轻重颠倒，史家之判断何在。

"邦交志"于记事，既无轻重之权衡，于史事真确之审定，想必慎之又慎；然细加考察，则又知其不然。兹特列举数端，以供读者参考：

甲、俄罗斯部：

（1）俄罗斯地跨亚细亚、欧罗巴两洲北境。（第一页第二行）

按：欧洲北境不属俄者，尚有瑞典、挪威、不列颠诸国。与其说俄有欧之北境，不若说俄有欧之东半。盖东半仅博耳干半岛，不属俄也。

（2）十二年及十七年俄察罕汗两附贸易人至京奏书。（第一页第七八行）

会荷兰贡使至。（第一页第十行）

三十三年遣使入贡。（第一页第二十行）

按：道光以前，西洋各国派使来华以通和好者，凡十数次。每次均携有本国元首致中国皇帝或宰相文书及礼物，朝臣或不知此中实情，或知之而故意粉饰以欺上，概称外邦之公使为贡使，公文为奏折，礼物为贡物；甚至翻译官曲解捏造，改平等之文书为奏禀，史家似不应不加以修正。"邦交志"之谬误类此者，不胜枚举，下不复赘。

（3）俄国界近大西洋者，崇天主教。（第二页第一行）

按：俄国无近大西洋之边界。

（4）后遂有四国联盟合从称兵之事。（第二页第二十二行）

按：咸丰八年、九年、十年，有英法二国联盟称兵之事，无四国联盟称兵之事。英法屡求美国加入盟约，美允合作交涉，不允联盟称兵。俄国事先向英法声明，中国既未违犯《中俄条约》，俄无宣战之理，且向中国自称为中国惟一之友。

（5）俄帝遂遣海军中将尼伯尔斯克为贝加尔号舰长，使视察勘察加鄂霍次克海兼黑龙江探险之任，与木喇福岳福偕乘船入黑龙江。（第三页第二至第三行）

按：尼伯尔斯克（Nevelsky）与木喇福岳福（Muraviev）并非同时同路入黑龙江。尼氏之任专任探险，由勘察加南驶，路过库页岛，发现库页实系一岛非半岛，后由黑龙江口溯流而上，事在道光二十九年，即公元一八四九年。木氏率舰队由石勒克河（Shelka）入黑龙江顺流而下，事在咸丰四年，即公元一八五四年。路对东西，时距五年，何能"偕乘船入黑龙江"乎？

（6）十年秋，中国与英法再开战，联军陷北京，帝狩热河，命恭亲王议和。伊格那提业福出任调停，恭亲王乃与英法订《北京和约》。伊格那提业福要中国政府将两国共管之乌苏里河以东至海之地让与俄以为报，十月与定《北京续约》。（第三页第二十一至二十四行）

按：是役伊格那提业福（Ignatiev）之外交，非"出任调停""让与俄以为报"二语足以传其实。伊氏告英法公使曰："中廷态度顽固，惟武力能屈服之，吾与中国之执政者颇相识，愿竭力劝其就范。"同时又告恭亲王曰："英怀叵测，吾愿调度以减其锋。"迄中英《北京条约》既定，英兵有不即撤之势。伊氏又言于恭亲王曰："英之野心于此可见，吾往说之，或可挽回。"后数日，英兵果退，而伊氏居其功。实则额尔金爵士（Lord Elgin）全无违约不退兵之意，其不即撤者，一时交通之困难也。伊氏有何功可言，反挟此要索，而恭亲王不察，遂割吉林省之海岸以报之，此事久已成中外之笑柄，岂撰"邦交志"者至今未省耶？何不揭伊氏之奸诈以告国人。（参看 Cordier，*L'Expedition de Chirede l860*，Paris，1906，pp.121，187，209，241。Michie，*The Englishman in China*，2vols。London，1900 vol.1，pp，157–359。）

（7）崇厚将赴黑海画押回国，而恭亲王奕訢等以崇厚所定条款损失甚大，请饬下李鸿章、左宗棠、沈葆桢、金顺、锡龄等，将各条分别酌核密陈。于是李鸿章及一时言事之臣交章弹劾，而洗马张之洞抗争尤力。（第九页第三至五行）

按：当时言事之臣诚如"邦交志"所云"交章弹劾"，张之洞至欲治崇厚以极刑。然李鸿章之议论则反是。其复议《伊犁条约》奏折，虽明陈通商与分界之弊，然谓通商一项可在用人行政上补救，分界一项则势难争，即争得伊犁西南境，亦且难守。李之主旨在承认崇厚之条约也。其致总署及朋僚书更明言崇厚交涉之失败在势不在人。李氏对伊犁之态度始终一贯，当同治末年光绪元年，政府议海防塞防孰缓孰急之际，李氏即主暂弃新疆以重海防。新疆尚可弃，何况伊犁之一隅？无怪以后于崇厚之约，李氏与言事之臣大相径庭也。（参看《李文忠公全集》"奏稿"卷二十四页十八至十九，又卷三十五页十五至十九；"朋僚函稿"卷十五页十，又卷十六页五、页七、页十二、页十七，又卷十七页十八；"译署函稿"卷十页十七。当时言论不止分主和与主战两派，可参看《刘忠诚公书牍》卷八页二十八至二十九。）

（8）（光绪）二十三年十一月，俄以德占胶州湾为口实，命西伯利亚舰队入旅顺口，要求租借旅顺、大连二港，且求筑造自哈尔滨至旅顺之铁路权（中略）。俄皇谓许景澄曰："俄船借泊，一为胶事，二为度冬，三为助华防护他国占据。"（中略）限三月初六日订约。（光绪二十四年，中略）既而俄提督率兵登岸，张接管旅大示，限中国官吏交金州城。中国再与交涉，俄始允兵屯城外，遂定约，将旅顺口及大连湾暨附近水面租与俄（第十七页第一至十一行）。

按：中国之租旅大与俄，大半固由于俄人兵力之压迫，即"邦交志"所谓舰队入旅顺口率兵登岸，兵屯城外诸行动是也。

然不尽然。近苏俄政府所发表帝俄时代外交公文中有二电稿，颇能补吾人知识之不足。是年俄人在北京主持交涉者，系署理公使巴布罗福（Pavloff）及户部大臣威特（Witte）之代表博可笛洛夫（Pokotiloff）。二月十六日（西历三月九号）博氏致威特电云："今日吾偕署使，与李鸿章、张荫桓密谈，吾告以倘旅大之事，能于限期之内俄国未施极端手段之前签订条约，愿各酬银五十万两。彼二人均诉其地位之艰难，云近日中国官吏大为旅大事所激动，中国皇帝接收无数奏折，力主勿许俄之要求，中国驻英公使电告总理衙门：英廷反对俄之条款。"二月二十三日（西历三月十六号）博氏又密电威特云："吾今日面交银五十万两与李鸿章，李甚欢悦，并嘱吾代为致谢阁下。吾同时发电与洛第斯坦恩（Rothstein，银行家），吾尚无机会交银与张荫桓，张氏之行动甚谨慎。"或者李氏之意，以旅大之租借势不能免，五十万之巨款何妨收之。然李氏既与俄国订同盟密约（此事"邦交志"不提，然其为事实则无可疑，中国政府已在华府发表其条款），而俄国又以助华防护为口实，则俄国碍难先以武力施之于其所防护者。俄人之以定约在限期未满之先为纳贿之条件者，其故即在渡过此外交之难关。旅大之丧失史，固不如"邦交志"所传之简单也。（博氏二密电见于 Steiger：*China and the Occident*，1927，p71。）

（9）前清末年东三省之外交。（第二十至二十一页）

按：东三省之外交，尚有一重大变迁为"邦交志"所未提及者，日俄战争以后，美国资本家极望投资于东三省铁路。初议由美收买南满铁路，事将成，而日政府忽翻案。后美国又拟借款与中国，以筑锦瑷铁路。日俄鉴于美国资本家之野心，乃立一九〇八年之协约，划内蒙古之东部及南满为日本势力范围，余为俄国之势力范围，互相协助，以防第三者之侵入。此密约即日本以后"二十一条"之雏形也。"邦交志"于日、俄、美三部均不提及此事，何疏略一至于此？

乙、英吉利部

（1）而贡使罗尔美都……。（第二页第二行）

英王乃遣领事律劳卑来粤。（同页第十四行）

按：嘉庆二十一年，英国派遣来华之公使原名 Lord Amhersto，中文译为"罗尔美都"。盖以"罗"译 Lord，而以"尔美都"译 Amhersto 也。道光十四年，英国派遣来粤之领事，原名 Lord Napier 中文译为"律劳卑"。盖以"律"译 Lord，而以"劳卑"译 Napier 也。译法载于前清档案，固非"邦交志"所独创，若不加以解释，学者实无从领会也。

（2）及事亟，断水路饷道，义律乃使各商缴所存烟土凡二万二百八十三箱。则徐命悉焚之。而每箱偿以茶叶五斤，复令各商具"永不售卖烟土"结。于是烟商失利，遂皆觖望。义律耻见挫辱，乃鼓动国人，冀国王出干预。（中略）义律遂以为鸦片兴衰，实关民生国计。（第二页第二至七行）

按：鸦片战争为中外关系史上最要之一章。"邦交志"论战争发生之原因，仅此数行。细审之，不外"义律耻见挫辱"及"义律遂以为鸦片兴衰，实关民生国计"二语。实则鸦片战争之远因近因，十分复杂，英人至今不认为鸦片战争也。英人虽不免偏持己见，然非全无理由。试读义律致林则徐之抗议书，及巴马斯登（Palmerston）《致中国宰相书》，即知其理由何在。英人承认禁烟乃中国之内政问题，然谓禁烟须有其法。中国不能因禁烟而封锁一切外商于洋行，撤其仆役，绝其粮食，即领事亦不稍示优待。且中国之烟禁，忽严忽弛。在严禁之时，中国官吏又与中外商人朋比为奸，视国法如同虚设。林则徐一至广东，即用超然强硬之手段，使欲悔改者，亦无从悔改。文明国之政治措置宜如是乎？英国更进而辩曰，战祸实起于中国之攘外政策。中国始终闭关自守，不与外人互约通使，致两国间情息不通，交涉莫由。且中国限外商于广州一埠贸易，而关税无定章。于广州又有公行之设，使外商必须与行商交易，无所谓贸易自由。是以中国对外政策，非根本改革不可，故英人决然称兵而不顾焉。平心论之，烟禁之防害英国之国计民生，及义律之耻见挫辱，与夫林氏禁烟之严厉，皆鸦片战争之近因。英国之开辟商场政策，及中国之闭关自大政策，皆其远因也。闭关之政策，虽在中外历史上有先例可援，然至十九世纪之中叶，仍株守之，何不审势之甚耶？

（3）冬十月，天培击败英人。（第三页第十五行）

按：道光十九年十月十六日，林则徐曾奏报提督关天培在穿鼻尖沙咀屡次轰夷船。但英国将校之报告，及士兵之记载，均谓英胜华败。

（4）夏五月，林则徐复遣兵逐英于磨刀洋，时义律先回国，请益兵。（第三页第二十至二十一行）

按：义律（Captain Elliot）充驻粤英领，起自道光十六年冬，直至二十一年秋，先后共五年。五年内，并无回国之行。请兵者，以书牍请也。后偕英国舰队来华之交涉员，虽与义律同名，实其从兄，非一人也。吾国档案名此交涉员为懿律以别之。

（5）英人见粤防严，谋扰闽。（第三页第二十二行）

按：道光二十年夏以前，林则徐屡与英舰战，虽未大胜，亦未大败。是夏，英派新舰队来华，不直攻广州，仅封锁之，遂北犯厦门、定海。似则徐必有一制英人者。迨则徐罢职，琦善主政，尽撤海防，于是英人得逞其志，而大势去矣。此中国八十年来论鸦片战争者之公论，亦"邦交志"之所雷同者也。林文忠公在中国近代史上，固有其地位，然其所以为伟人者，不在此。道光二十年夏以前，英国大兵未至，在中国洋面者仅二三军舰。所谓九龙及穿鼻之役，英人不认为战争，只认为报复（reprisal）。胜之不武，况并未大胜乎？英舰队抵华后，又不攻广州者，英廷之训令也。英政府之意，以为未宣战以前，倘派舰队至华中华北耀武扬威，据地为质，或者中国即将屈服，而交涉可在天津进行。且广州远离京都，中国虽败，朝廷必以为边陲小失利，无关大局。必也侵中国之腹地，而后中国得就英之范围。故英人始终以攻入长江为其作战根本策略，彼固不料林氏竟因此而得盛名也。（英廷致驻华代表之训令见 Morse: *International Relations of the Chinese Empire*, Shanghai, 1910. vol. I. Appendix B。）

（6）八月，义律来天津要抚，时大学士琦善任直隶总督，义律以其国巴里满衙门照会中国宰相书，遣人诣大沽口上之。（第三页第二十六行）

按：所谓巴里满衙门当即英国之国会。义律所递之照会，乃英国外交部大臣巴马斯登爵士（Lord Palmerston）致中国宰相之书，与巴里满毫无关系。义律之旨在交涉，在送哀的美敦书，非要抚也。

（7）陷镇江，杀副都统海龄。

按：《东华续录》记镇江事云："京口陷时，副都统海龄并其妻及次孙殉节。"《清史稿》"列传"一百五十九卷亦云："海龄及全家殉焉。"英人之记载更详，云："海龄系自焚，搜其尸仅得数骨。英军官有叹者曰：'若海龄之节操，多见于疆场，中国何至战败。'"是则海龄确系自尽，非为英人所杀，明矣。（参看 Lieutenant John Ouchterlony, *The Chinese War*, London, 1844, p.282。）

（8）初，英粤东互市章程，各国皆就彼挂号，始输税。法人、美人皆言我非英属，不肯从，遂许法、美二国互市，皆如英例。（第六页第十七行）

按：鸦片战争之前，法商、美商并无就英人挂号始输税之事。战后中、英立通商条约，法、美于是要求利益均沾，及最惠待遇。耆英、伊里布诸人以为不许法、美之请，其商人必附英商而合从，以谋我，许之则惠自我取，法、美反可成为我用；故与定商约如英例。（参看外交部出版之《道光条约》卷四页二至四，又卷五页二至三）

（9）（咸丰）六年秋九月，英人巴夏里致书叶名琛，请循江宁旧约入城，不许，英人攻粤城，不克逞，复请释甲入见，亦不许。冬十月，攻虎门横档各炮台，又为广州义勇所却，乃驰告其国。（第七页第五至八行）

按：咸丰六年六月初九，两广总督叶名琛派兵上亚鲁号船捕海盗。亚鲁船属华人，是时泊广州，且所捕者亦系华人，故名琛未先照会英人径派兵上船捕获。英领事巴夏里（Harry Parkes）则谓亚鲁船系在香港注册，悬英国旗，非得英领事之事先许可，华兵不得上船捕人。巴夏里要求名琛即送还被捕者至领事馆审查，且须正式道歉，限期答复，名琛不允。英人遂于九年二十四日炮轰广州，此咸丰末年英法联军导火线之一也。是年正月，法国教士闪蒲德林（Père Augnste Chapdelaine）在广西西林遇害。法人称系西林官吏主谋，属与名琛交涉，不得要领，遂决与英联军，此战事导火线之二也。此二者即咸丰末年战争之近因。其远因则以加增通商口岸及传教机会为最要，许外人入广州城次之。"邦交志"仅述其次要者，于其他则一字不提，未免失实过甚。

（10）英有里国太者，嘉应州人也。世仰食外洋，随英公使额尔金为行营参赞。（第七页第十五行）

按：咸丰末年同治初年之际，中国外交公文上，常见里国太或里国泰之名。此人原任职上海英领事馆，善华语。咸丰四年，上海道与外国领事订海关行政协定，许外人充税务司。英领初荐威妥玛，威任一年即辞。继之者即里国太。八年，里以中国税务司资格，兼任额尔金之翻译，《天津条约》太半出自其手。桂良、花沙纳及耆英，恨之入骨。后升总税务司，因代中国创海军与总理衙门意见不合，遂革职。里国泰原名 Horatio Nelson Lay，"邦交志"谓其为嘉应州人，世仰食外洋，不知有何根据。（参看 Morse，*Op. Cit*，vol. II. Chap. II。）

（11）时英人以条约许增设长江海口、商埠及欲先察看沿江形势。定约后，即遣水师、领事以轮船入江溯流至汉口。（第七页第十九至二十行）

按：此次察看沿江形势者，即全权公使额尔金，非领事也。

（12）巴夏里入城议约（中略），宴于东岳庙。巴夏里起曰："今日之约，须面见大皇帝，以昭诚信。"又曰："远方慕义，欲观光上国久矣，请以军容入。"王愤其语不逊，密商僧格林沁，擒送京师，兵端复作。（第八页第五至八行）

按：咸丰十年七月，桂良、花沙纳以全权大臣名义，赴天津与英、法公使定条约八款。约甫定，英、法忽探知中国交涉员，实无全权。愤受欺，遂停止交涉，调兵由杨村河西坞迫通州。于是朝廷改派怡亲王载垣，军机大臣、兵部尚书穆荫出与议和。载垣于七月二十七日致书与英、法公使，告以中国完全承认天津八条，望即退兵，英、法答以兵须前进，议和须在通州，屡经交涉，乃定议外兵进至张家湾南五条为止。八月四号，英、法各派翻译官及侍从至通州与载垣、穆荫面议进京换约，及觐见呈国书诸事。英翻译官巴夏里坚持公使入京，须携卫队千人，且云中国前已允诺，不可失信。后巴夏里又力助法翻译官与载垣辩论，且措词失礼。载垣于是阳许之，而阴谋害之。次晨，英、法译者归营，报告途遇僧格林沁之马队，英人被捕者二十六，法人十三，经二十日之监禁虐待，英人得生归者半，法人仅五名。后英人之焚圆明园者，即以报复也。撰"邦交志"者，何必隐讳其词若此。（参看 Cordier, *Op. Cit*, Chap. XXI。）

丙、法兰西部

（1）法兰西一名佛郎机。（第一页第一行）

按：佛郎机即 Frank 之译音。当野蛮尼族瓜分罗马帝国之际，佛郎机人渡莱因河西向而据高卢（Gaul），是为法兰西立国之始。是佛郎机为法兰西之别名，非无故也。后欧洲十字军东征，法人居主要地位。近东人不察，概称西洋人为佛郎机人。此名遂随亚拉伯人之商业而传至印度，由印度再传至南洋群岛及中国。在欧洲，自文艺复兴以后，佛郎机不过历史上之一民族名；而在中国，则佛郎机反较法兰西一名词为普遍。《明史》之称葡萄牙为佛郎机，即其一例。"法兰西一名佛郎机"一语，可是可非，要在作何解释耳。

（2）道光二十五年，法商赴粤诣总督署，请弛汉人习教之禁。总督耆英据以入告，许之。（第一页第三行至第四行）

按：此次赴粤请弛教禁者，非法商，乃法王路易腓力（Louis Philip）所派全权公使喇萼呢（Thédose M. J. de Lagrene），其使命在订立中法通商和好条约，弛教禁不过其中之一端。喇萼呢率兵船七只来粤，声势颇大。耆英鉴于鸦片战争之失败，即思有以羁縻之。英、美重通商，法重传教，倘于传教一端不稍让步，难保法不逞以武力。缘此耆英屡为奏请，朝廷亦因而许之矣。

（3）咸丰三年十二月，有法轮船一驶入长江，未几解缆去。（第一页第四行至第五行）

按：法轮入长江，有何记载之必要。若以长江彼时非通商地界，法轮不应入，则此次非初次；若以法轮或阴与太平天国相勾结，则下文并无说明。且法素仇视太平天国，必不至相勾结也。

（4）先是福禄诺所拟五条仅允不索兵费不入滇境，而要挟中国不再与闻越事，议久不决。五月，法兵以巡防为名忽攻谅山，败走，借口中国不能如约退师，责赔费，不允。法使巴德诺出京。六月，攻台北、基隆。（第三页第十四行至第十六行）

按：此段与事实不符，且自相矛盾。既议久不决，法国何能借口中国不能如约退师。实则光绪十年四月十七李鸿章与福禄诺（Fournier）已议决草约，双方政府亦已明令批准。惟福禄诺于定约后，又要求中国于二十日至四十日内撤退驻越军队。据福禄诺言，李确认限期；据李云则否。此中实情，颇不易判。无论如何，朝廷不知有此项交涉，故未下撤兵之令，前线将士自不敢擅退。而在法政府方面，接福禄诺报告后，即令将士往越北接防。因之发生闰五月初二谅山之战，此即光绪十年中法战争之近因也。

（5）十一年春正月，犯镇南关，杨玉科战殁，旋收复，大创之。并炮毙孤拔于南洋。（第三页第十九行）

按：此役中国统帅报击毙夷目者不可胜数，报孤拔（Admiral Courbet）之死者，亦不止一次，大半不过吾国兵士邀功之惯技。孤拔确死，然非炮毙。盖其死在是年五月，而中法和议则成于二月。

（6）（光绪）二十一年，中日约成，法求换商约，遂许开龙州、蒙自等埠，并与越界线内猛乌、乌得二地。（第七页第二十五行至第二十六行）

按：此段之大关键，在中日约成，与法求换商约界约之关系。法求修约在中日约成之先，然总理衙门终不之允。迨中日约成后，俄、法、德三国联合干涉，迫日退还辽东半岛。法遂以恩人自居，要挟更甚。总署只得许之。俄、德效尤，英则据势力均衡主义加入角逐。由是瓜分之祸起矣。自时间言，法实为之罪魁。故"中日约成""法求换商约"二语，乃中国外交史上之一大分野。不知撰"邦交志"者，曾一度权衡此二语之轻重得宜否乎。

（7）是年（光绪三十一年）与各国定值百抽五税则，法有违言，久之始允。（第九页第十五行）

按：中国海关税则，自鸦片战争后，久已为值百抽五之制。光绪三十年，不过重估货价，三十一年起，始按新价目抽税。

丁、美利坚部

（1）现美国定制，凡干涉卖买者不得派作领事官。（第三页第七行）

按：领事官之重要职责，即在照管卖买。咸丰末年美国所定新制，非禁止领事干涉卖买，乃禁止领事私自营商及不派商人兼领事也。

（2）格兰忒至日本，函劝中国与日本各设领事，保护琉球中部，其南部近台湾，为中国属地，割隶中国；北部近萨摩岛，为日本属地，割隶日本。（第六页第一行至第三行）

按：光绪四年美前总统格兰忒（Grant）来游，中国即请其调停琉球案。格兰忒允所请。经调查双方理由后，格氏力劝两国自行和解，不须第三者干涉。格氏之意以为中日唇齿相依，且同受不平等条约之压迫，倘相争，势必予西洋列强以渔人之利。至于瓜分琉球之议，非出自格氏，乃出自日人。中国不允，琉球王亦拒之，故未果行。

（3）中国特遣专使唐绍仪赴美申谢。（第十页第七行）

按：唐绍仪是时为奉天巡抚。其赴美，名为谢美政府之退还庚子赔款，实为募外债以修山东省之铁路及拨赔款为修路之用。

（4）门户开放主义

按：美国近三十年之对华根本政策，即所谓门户开放主义。初次提倡此主义而得国际承认者，即美国务卿海约翰氏（John Hay）。"邦交志"于美利坚部绝不提及此主义及其首创者，实全篇尚未入题。然彼之所以出此者，原非无因。自乙未至戊戌，列强在华之角逐，渐演成列强割据之势，而美国不与焉。且美国亦不欲此局势之永久，故于己亥年向列强提出门户开放主义。海约翰致函英、法、德、俄、日、义六政府征其同意，六政府答复后，海约翰即宣布成立门户开放主义。事前事后，中、美间绝无文牒之往来，一若此主义与中国毫无关系者。盖当时列强在华，各谋特殊利益及势力范围，或共行机会均等政策，全凭列强择之，中国实际上无从置可否。美之不征中国同意者，职此故也。此吾国政府文案不涉及此主义者，亦在此。"邦交志"之不提此主义者，亦不外乎此矣。

戊、德意志部

（1）十月，巴兰德复牒总署索三事：一洋商在租界内售卖洋货不再抽厘金；二发给存票不立期限，并准其以存票支取现银；三德商入内地采买土货，准携现银。又请于年内开办上海一口，又求在大孤山添开口岸。（第二页第六行至第十行）

按：中国既未禁止外商携现银入内地，德使巴兰德（Brandt）当不至有此项要求。其所要求者，非携现银入内地，乃从内地运铜钱出口也。又开办上海一口，颇费索解。盖上海之为通商口岸，距巴兰德使华之时，已三十余年，实无再行要求之必要。细考原文，巴氏所要求者，乃在上海于年内实行免厘之制耳。（参考 Cordier, *Histoire des Relations de la Chine…* vol. II，pp.153–156。）

（2）二十二年春正月，德外部马沙尔求在中国借地泊船，出使大臣许景澄以告。时李鸿章使德将还，留税务司德璀琳与德外部商办加税事。德廷谓须中国让给兵船埠地，始允加税。德璀琳阻之不省。（第四页第四行至第七行）

按：德璀琳（Gustav Detring）与胶州租借之关系，正与"邦交志"所述者相反。德璀琳不但未阻德政府之要求，且从而怂恿之。在德时密告海部胶州有七便：一胶州可控制全华北，非特山东一省；二海口深，可大发展；三内地富；四交通易办，可修铁路直达北京；五居民在体质及精神二方面，均系华人之最优者；六气候温和；七海口无滞塞之虞。（参看 Die Grosse, *Politik der Europaischen Kabinette 1871–1914*，vol. 14，Part I，No. 3665，pp.36–38。）德璀琳为李鸿章最所信任之客卿，平时亦竭力为中国助；但关于中德问题，则不能忘情祖国，此亦不足深怪也。

己、其他

"邦交志"除俄、英、法、美、德五国外，尚有专论日本之卷。六专卷中，当以日本之部为最优，小节上尚无错误。论大体，则与其他各卷同弊。读者于此可知中日间曾发生若干交涉案件，至于中日关系之演化，则仍漠然。例如中日战争，据"邦交志"之见解，此战争之远因近因，即在东学党之乱及中日两国之同时进兵。战前十年李鸿章及袁世凯之如何蚕食高丽政权，则一字不提。平心论之，中日战争之远因，须由中国负责；其近因则不能不归罪于日本。此说非数语所能阐发，其详须俟专论。

道光朝《筹办夷务始末》之史料的价值[1]

研究外交史，不是办外交，也不是作宣传，是研究历史。历史的研究首重史料的搜集。外交史与他种历史的不同，在于它的国际性质。每个外交问题，至少有关两国，多则有关数国，甚至全世界各国。研究外交史者必须搜集有关系的国家各方面的正式公文和私人记录。专凭一国的文件来撰外交史，等

1　录自《清华周刊》第三十七卷第九期（北平一九三二年四月二十九日出版），署名"蒋廷黻"。本文英文版以 "New Light on Chinese Diplomacy, 1836–49" 发表于 *The Journal of Modern History* [Vol. 3，No. 4（Dec., 1931），pp.578–591]。

于专听一面之词来判讼：这是绝不能得其平，得其实的。

　　关于中国外交的著作为数已不少。外国的著者姑置不论：就是国人中的著者有几个不是以英国的蓝皮书、法国的黄皮书，及其他外国的材料为根据呢？其责任确不专在著者，因为在故宫博物院发刊《筹办夷务始末》以前，除外交部的各朝条约以外，我国政府并无有系统的外交文件发表。私人的文集中有关外交的虽然不少，但都太零碎。兹故宫博物院有《筹办夷务始末》发表，我们研究中国外交史者始能中外材料参用。其中能造学术的发明的材料确乎不少。

　　此书分道光、咸丰、同治三部。前二部各分八十卷，四十册；后一部分百卷，五十册。每册平均约三十五页。此书纯为官书：编辑奉有朝命；编辑者概为一二品大吏。材料有上谕、奏折、条约、中外照会，及少数杂件——一切有关“夷务”者，都包括在内。编辑不按文件内容的事实，专凭文件的年月日。此法虽过于机械，但其长处实亦不少。最近法国外交部所出版的欧战前的外交公文的总集也就是用年月日的编次。但夷务始末的文件的年月日并不全备：军机处所发的“廷寄”仅有北京颁发的年月日，而没有地方官吏收到的年月日；奏折仅载有奉朱批的年月日而没有地方官吏拜发的年月日；照会皆成为奏折的附件，而没有原发及原收的年月日。这样一来给研究者无穷的困难。《夷务始末》原书缮写甚精，故宫博物院为避免抄写及排印错误起见，就把原书影印出来了。

以上概论《夷务始末》全书；以下专论道光朝之部。

道光朝《夷务始末》盖括道光十六年至二十九年（一八三六年至一八四九年）；于咸丰六年（一八五六）完成，其文件总数粗计约二千六百五十一件，内含上谕一千二百四十四件，奏折一千三百八十件，条约及中外照会二十四件。还有三件是杂类。杂类中头两件是晓喻外人的告示，第二件是一个用武力制服外人的计划，起草者乃一下级军官。照会之所以缺少似乎须要一些说明。第一，此时期内中外政府往来的公文实际上就不多。第二，许多外省官吏与外人来往的照会都不会送到北京不过仅把它的内容约略报给皇帝罢了。最后因为有些照会编辑者简直不录。但是，对这些文件的去取决没有任何原则或偏见。此种编纂的欠缺在当时中国外交上是很特别的。不幸此缺陷不能用其他诸国政府的文件来完全补苴，因为那时中国的官吏仅通中文，而且文件的翻译在当时常常是不正确的。

关于文件的外表说的太多了。现在且谈一谈它的价值。我们先问其中有多少材料是新的？自鸦片战争及其善后的处置，十四年来的中国对外关系上，此书究竟有多少新知识的贡献？

有一小部分上谕曾在《东华录》及《圣训》内刊布，或照印原文或抽其主旨。兹举道光二十一年为例。《夷务始末》于是年录有上谕四百三十八件，其中，《东华录》依原文刊录者凡二十三件，仅抽其主旨者凡十九件，而《圣训》中依原文刊录者凡百三十六件。虽然不能拿这一年概括其余，但由此可窥知大量的刊印谕旨工作此乃第一次。同样，奏折的大量刊印此亦为创举，其重要程度较上谕为尤甚。林则徐自己的奏稿，曾由彼家中刊印出来，不过有一件极重要而不利于林文忠的文稿却被删除。徐广缙的奏折也曾印出，但见者甚少。裕谦的文稿已经公诸仕林；还有耆英、伊里布、牛鉴三人关于《南京条约》的联衔奏折，及耆英自己的虎门、黄埔、望厦，诸条约的报告皆曾由外交部印出。此书未出以前所有的不外如此。所以此书中大部分的奏稿都是新的材料。琦善的奏稿，及耆英、伊里布文稿的大部，与邓廷桢、牛鉴、刘韵珂、奕山、怡良等的文章及许多封疆大吏与京都言官等的文件都于此初出问世。许多奏章上面有皇帝的亲笔旁批，如同德皇威廉的 Marginal remarks，在学术界完全是新的东西。还有那些外交照会虽然很少，也都是中国学者从未看见的，杂类文件也都是新的材料。

说也奇怪，这些从未与世人以本来面目相见的文件，有一部分竟会在 *Chinese Repository* 中出现，并且在 Sir Francis Davis 及 W. D. Bernard 等著作中也有英文译文，不过这些文件的数目并不算大。要从另一方面看，那些能读中文的学者在以前所见到的文件，其数量反而比较多一些。并且，翻译的东西有许多地方是不正确的；有的把日期弄错了，有的把张冠给李戴了。假设现在所出版的《夷务始末》能把它译成英文或法文，那么对西洋学者的价值，或竟比已往原文对中国学者的价值还大一些。

此书何以从道光十六年起始，编辑的人并未说明，不过起始两篇都有关于鸦片问题，亦可见编辑者对于"夷务"的观察。这两篇文字就是许乃济的奏稿。他建议鸦片公卖与奖励自己种烟，如此则可堵银货之流出；因为当时中国的政治家都是些"现金主义者"Bullionist。此意见虽大遭御史袁玉麟的反对，但广东官吏的覆议，颇赞成此计划。但是公卖的问题究竟被打消。既而其他之奏章递到，[1]备述广东鸦片船商及私运制度，朝廷对其腐败情形一时似尽洞悉。至十八年春，黄爵滋竟提议处烟犯以极刑。道光皇帝乃谕各省将军督抚讨论此建议；是年夏秋两季，奏章皆纷至沓来，[2]大多数都反对处吸鸦片者以极刑。他们觉得烟商及烟贩乃罪魁，如欲治罪，则仅此二种人应受极刑。林则徐独持异见他完全赞同黄爵滋的提议，并且他觉得很容易见诸施行。争论中值得注意的，是当时并没有一个人曾料到严厉禁烟，会引起一个对外战争。更值得注意的，是稳健派如琦善、耆英等之重惩烟贩，不知对此种人施以压制，倒比压制吸食者容易引起外人的纠纷。道光皇帝决定禁吸和禁贩并重，于是派了林则徐为钦差大臣到广东去禁绝鸦片的总源。

在以前西洋学者皆嗤笑林氏之自命为深通外情。[3]他对西方的不甚了解，和他的不明国际贸易与交际，皆可由书中文件来证明，不过他深知广州鸦片贩卖的方法，这一层在以前却不大

1　这里并未包朱嶟及许球之奏章在内，实堪诧异。

2　此次可以说是禁烟前最后大辩论，原文皆见于二、三、四、五诸卷中。

3　战争中林则徐之时代包于第六卷至第十卷。

被人知道。

他从武昌总督任内出发，先赴北京聆受"圣训"。从那里他曾接到许多关于烟贩贸易的抄录奏章；从一切记载来看，他的行动计划是在北京就决定了。外人方面还是希望林氏妥协，那自然是一场迷梦。林则徐何以要把外商实行幽禁，由此书之文件可以说明，因为当时鸦片皆在大海"洪涛巨浪"之中，而货主却居于洋行之内，这是他力所能及的地方。[1]所以说，这是中国海军的缺陷使林氏只得走这条路。在英人看来那是太不公道了。既而鸦片已被收没，林氏乃致力于阻绝其再来。因此，他提出办法。甘结是当时官吏常利用的。自道光十一年（一八三二）起县具不吸烟甘结于府，府至于道，道至于司，司至了具甘结的于督抚，而督抚转具于皇帝，担保全省无吸烟的官吏。倘若外人愿具不再贩烟的甘结，林氏极愿恢复正当商业。但是他没想到义律率领全体英商迁至澳门拒绝在广州营业，并且要求即以澳门作为临时交易之地。这时林则徐看透了他的"奸谋"。因为澳门是以前贩卖鸦片的大本营。所以义律的举动在林氏看来简直是重启旧恶，[2]于是他决心驱英人于澳门之外。时英人既未归国亦未到广东贸易，实皆舶居海上，林则徐乃认定鸦片业之活动仍未停止。他有时竟告诉皇帝说，每逢

1　参看第六卷第十二页。

2　第八卷第二、三页。

卖烟一箱，义律皆抽取佣银。[1]他永远不明白外人反对具结，他所看到的只是鸦片而已。后来竟至断绝英船上淡水及给养的供给，立意要把此货一网打尽。由此遂引起了九龙的武装冲突。现在我们知道林则徐冤枉了义律，但是在一八三九年夏季，鸦片的畅运，固足以使其疑有应得，证有旁据了。

林维喜案乃中国之最不幸事件。因疑其与鸦片有关，朝廷及钦差大臣皆同意必使英人凶手到县听审。但《始末》中的文件告诉我们：一八三九年十一月三日穿鼻之海战并非由此凶杀案而起。林氏述此战之起因[2]完全与其他常见的报告不符。林氏说：当时有一个曾具甘结的英国商船[3]正在往黄埔去贸易，义律当即使令军舰阻止。中国为保护正当的商业，乃与英人冲突。外人的记载都说穿鼻之战起于关天培向英船要求林维喜的凶手。林文忠知道道光帝对此凶杀案老大的不高兴；同时他又坚执将英人一切贸易无论是否合法皆与停止。倘若穿鼻之战，实在是因索讨凶犯而起，林文忠就可照实在情形出奏而博得道光帝的欢心。他计不出此，反谓穿鼻之战起于中国海军保护英国商船：中国岂有如此造伪的官吏吗？明知保护任何英商是道光所不乐意的，林文忠硬说穿鼻之战是起于保护英商。明知索凶

1　第九卷第二页。

2　第八卷第二十八页至三十五页。

3　林氏称此船为"当啷"，彼时常以船长名外船。所以Thomas Loutts，中国称之为湾喇，因其船长名Warner；当啷大概是Royal Saxon船长Daniel之谐音。

是道光帝所乐意的，林文忠偏不说穿鼻之战是起于索凶。林文忠如要造伪，也应不至如此自害。同时义律确有造伪的必要。因为说穿鼻之战是起于拒绝交凶，这样他可以博得英国政府及人民的赞同。如说穿鼻之战是起于禁止英商入广州贸易，这是违犯英政府训令的。

林氏的政策拿一句话来概括，是"彻底"，因为他彻底的明白吸鸦片的恶影响。他觉得吸烟是国家的大病，如再迟延则越发难治了。自彼之后九十年来的经历证明他完全是对的。不幸他对西方情形不了解，因而没有找到合适的方法。他不曾明了英国政府与鸦片烟的重要财政关系。更可惜的是他完全错看了对方的战斗实力。[1]他想英国人一到陆地就好比鱼之离水。所以甚至懿律统帅以较多之舟师陷舟山，林氏尚对皇帝吹牛说英人不敢在广州向他挑战，乃攻击其他海岸。由此他的朋友与他创出了一个林则徐万能的神话。其不利于中国历史犹如拿破仑神话之有害于法国一样。

懿律统帅Admiral Elliot到了中国海面之时，鸦片战争之林则徐一段算告终了，以后便是琦善的时代。[2]琦善对禁绝鸦片毫无林氏之道德上及政治上的热心。实在说来在彼时期内，禁绝鸦片已不是中国的战争立场了。但琦善观察事物独具只眼，第

1　林氏错认了英国的战斗能力，特别在第八卷第六第七两页中表示出来。此奏章其家人未录于彼之全集中。

2　琦善在战争的时期见于第七卷至第二十四卷。

一，他看透了中国决不能与英敌。由此乃着手为和平势力，自彼与义律及懿律接见起，他就双管齐下：一方面他用最生动的笔法为皇帝描写英国炮船之利；一方面他想用外交手腕笼络英人，换句话说，就是同他们"讲理"。他在英相Palmerston的《致中国宰相书》中找到了方便的插手点。各历史家似乎对这件奇特的公文都不曾充分的去研究。在实质上这公文是很强硬的；但从表面看来却非常谦逊，致自身陷于误解。因为Palmerston对中国的一切要求皆以林则徐在广州之动作为中心根据，中英的冲突实际上是许多事实造成的；这样一来，却变为英国政府控告林则徐的一篇诉状，中国译文也就加重了这一点，当时的中国人也就只会读这篇译文。原文"demands satisfaction and redren"，中译文[1]说她在请求伸冤。琦善自己也就以为惩办林则徐，足以使英国满意。在他，这就是"正理"。所以在他与义律等在大沽谈判的终了，他对一切要求皆予拒绝，但允许查办林氏并斟赔焚烟的损失，如此，他以为可使义律等有面目返英国见他们的皇后了。[2]（琦善与当时许多人都以为英国只有一个皇后，她的许多臣下胆敢在中国怙恶不逊。）义律等得到这种允许，乃离开大沽，并约定除非受攻击，决不

---

1 见第十二卷第三十页至第三十八页。中国译文将英国希望"要求满足及赔偿损失"一语，说成小民受了霸道之欺侮请政府给伸冤。

2 琦善在大沽给义律等的最后一个照会见于书中第十四卷第十三页至三十九页。此奏折乃Palmerston批评义律的好材料。

取敌对行动。在中国方面以为此问题算解决了。皇帝下谕国内立即取消动员。书中文件且详细告诉我们军队遣散之数目或调归平常兵站之名额。

琦善到了广东之后觉的英人不若在大沽时之和善。以前已被拒绝的旧要求至是又重新提起。虽然英人是"不可理喻"，但琦善以为除退让外，别无法想，因为他总觉得和平尤比"正理"重要。当时及其后的著作家，有些人疑心琦善是拿会议开玩笑；从表面上看，此说似颇有根据。琦善的外交是卖买式的外交。譬如，他已经准备于广州之外再加开两个商埠，但是他却对英人说，尽彼之力仅能请皇帝允许加开一埠。[1]还有在会议进行当中他修筑了一些战备，这也是实情。不过以他的地位而论，他也不得不如此。因是之故，主战派皆斥责他，说他是"开门揖盗"。关于他的诚心为和平，文件内可与证明。即使皇帝因《穿鼻条约》重治彼罪之时，彼仍为和平辩护。这一个辩疏是他一生最悲壮的作为[2]：他说，无论或战或和，在他自己是难逃法网的，但是不战而和，国家之损失较少，既战而和国家的损失便多了。

1　琦善买卖式的外交伎俩，曾向皇帝解释，尤其在第十九卷第十一页至十四页可以看出。

2　见第二十二卷第十二页至十六页，此奏稿亦即彼为皇帝描述海外情形之折，有些英国文人评之谓"极高见解"。现在再补充一句琦善自此奏失败后，殆已绝望，乃只以会议开玩笑。

琦善所演的一段，完全是一幕悲剧，不仅对他自己如此，对中国也是如此。他的失败直接增高了林则徐一派的气焰。林氏相信他可以打败英国，并且也相信英国人很怕他。当时的人都对他表示信任。英人在大沽的礼让帮助了琦善赶走了林氏，当时中国都大呼反对老奸巨滑的英国，反对傻瓜腐败的琦善。林氏既去英国自然会重启战端，旗开得胜。那么中国怎能认输。当时的中国有一句自慰的话："与英国赛球的时候，我们的球队教练把我们的大将叫出场外。"假设东西洋之战必须发生，那么林则徐是东方当然的队长。因为林未为队长，所以旧中国并不能说她不行，因为她的理想代表人物未得施展其能力。由此，中国遂又继续睡了二十年，直至遇到一八六〇年的当头棒喝才惊醒。

自一八四一年春琦善之塌台，至一八四二年夏英兵迫临南京，此时期内之外交政策，乃由皇帝本人指示。虽然此时期占去该书三十多卷，但并没有多少新的材料。[1]道光皇帝是个极端主战者。林则徐眼看就要受命重整旗鼓了，然而皇帝的意见对他又为第三次的改变，把他充军到伊犁。这一来使他死得其义。这一个时期的文件，多为军事报告，主稿者皆司文秘书，他们永远不曾到过战场，只知道用锦绣遮盖住败絮。要讲掉书袋或打官话他们都是蕴藏丰富的。

---

1 见第二十五卷至第五十一卷。

《南京条约》当然是一个城下之盟，这在英人是有意出此的。因此之故，中国的骄蹇特别是皇帝的威严，所蒙的损害远过于金钱和土地所受的损失。故条约签字之日，即报复观念产生之时。《南京条约》与《虎门条约》并在一起，至如《黄埔》与《望厦》等约则大都照旧。因为这些条约是最早的不平等条约，那么拿当时中国对它们的观察[1]和现在对它们的态度作一比较倒很有趣味。当时最招中国反对的是加开商埠，到现在国民党的中国却对此满不反对。国民党的中国所愤恨的是关税与治外法权，这两点在道光时的中国几认为无足轻重。关税在条约中明订似乎非常便当，因为由此可以免除未来的一切争吵。况且条约中规定的税率整个看来并不比旧日税率为低。为保持国课起见，耆英及伊里布提议自内地运赴新海口如上海、宁波、厦门及福州等地之货物须纳通过税，一如从前之运赴广州一样。这种办法与条约并不冲突，虽然其距离有一千里或二千里之不同。自此以后直顶到现在关税与通过税未尝或分。至于治外法权，也似乎很便当，因为"夷人"太粗野，很难用中国方法来驾御他们。关于商埠租界问题书中文件并未提及，原因很简单，因为这些小事是不必烦扰皇帝的。假设当时的人梦想到租界竟能变成独立的城市，他们或者对此问题多费一些心思，最惠国待遇一语经译成中文之后更为适口，其词云"设将来大

1　关于条约的磋商散录于第五十四卷至第七十三卷。

皇帝有新恩施及各国，亦应准英人一体均沾，用示平允"。

英国用战争换得胜利。何以美德两国未经战争亦可获得？没有问题，自然是害怕重启战端的心理造成了这种情形，并且英国也愿意把辛苦所得的特利分给他国，所以事情很容易办。再则，中国的政治家也想到横竖贸易数量是有定的，那么或使一国专利，或使各国均沾，于中国毫无所损。耆英关于对美法订约，另外还有一番道理。[1]他以为美国人、法国人与英人绝难办认。假设他们假扮英人来到，有什么方法去阻止他们？如果那样一办，她们必感英国好意，或竟与英国联合以抗中国，这是耆英所深信的。反而言之，如果允许她们享通商特权，她们必同样觉得有负于中国，并感谢中国的好意，或竟与中国联合以抗英国，也说不定；但最低的限度她们将不至与英国联合。还有一层，中国对美国人的印象很好。在战前他们通商交易非常和平，并且从不越犯中国法律一步。战争既开，华人都觉得他们对中国守着友谊的中立。至于法国，则情形少有不同；因为"法兰西"之名称，有些仿佛"佛郎机"，她是中国公认为西人最初来到中土的一国。不过美国在前面给开了路，法国也就很容易驾轻就熟的达到同一目的。

战争善后的重任，都落在耆英身上。在当时也只有他可

1　见第六十四卷第四十四至四十五两页，同卷第三十七至三十八两页伊里布亦有相同之意见。法国代表Lagrene曾试言"英国为中国之真敌，法国乃中国之良友"A'la mode russe，但耆英置之不理。参看第七十二卷第四十四页至第四十六页。

以膺此巨艰。在险水中行舟，他的武艺狠不错；因为自中国民气汹涌的"瞿塘峡"至英商趾高气扬的"滟滪堆"，其间波涛之险恶，是无人能否认的。耆英演这一剧角色很合适。在一八四四年败衄之后，和约既成，他有一篇奏折对皇帝述说他的外交技术。[1]外人常有会餐的风俗，他为创造会议的良好客气起见不得已也加入盛会。

> ……夷俗重女，每有尊客必以妇女出见。如味夷啪驾，咈夷喇嘧呢皆携有番妇随行，奴才于赴夷楼议事之际该番妇忽出拜见奴才跼踏不安，而彼乃深为荣幸，此实西洋各国风俗不能律以中国之礼……

送礼物也是外人风俗的一种。虽然耆英告诉他们收受外人的礼物为国法所不许，但是有时他们仍不免送些零碎东西如香料洋酒之类，其仪虽微，其意却笃。如遇此种情形，他也觉得拒之不恭，并且自己也回敬一些东西，仅表谢意而已。文体辞藻用起来狠讨厌，但在中国于一八六〇年以前仍旧应用，有些地方用的更为长久。不然，公文看起来或没有那样的文质彬彬。总之此奏折为一变像的辩护，说中国应该放弃体制对西洋

1　见第七十三卷第十八至第二十页。原文注释18内文未注明，根据蒋氏此文英译版修订。

少事迁就。在现时看来这是一个进步的公文。然而也就因此唯一公文使他于一八五八年在天津碰了李泰国（Horatio Nelson Lay）的钉子。Oliphant与Morse都把它搁在一八五〇年之终，其实他草此文还在六年之前。

眷英于一八四八年免去两广总督之职。那时黄竹岐事件才发生了不久，在此案有六个英国人遇害。那么他的免职还是由于他自己为避免负广州入城问题之条约责任而故意出此呢？还是由于皇帝不满其严刻惩治黄竹岐及其他事件之滋事民众呢？对此问题，没有一个回答能确立不移。

眷英的继任者是徐广缙。当林则徐为江苏巡抚时，徐氏是他的下级官吏之一。徐氏到任的第一件事，据他的秘书说，是致书林则徐请求指导。[1]林氏告诉他说"可用民以制夷"。这样作去，当然政策是完全变了；因为眷英是抑制地方人民使格守条约范围；而徐广缙，步林氏之后尘，鼓励广州民众的排外倾向，到后来叶名琛又拿他作了榜样，这样不啻是火上加油——用另外的眼光去看——也就是旋轮又回到起始的地位。林则徐、徐广缙、叶名琛是传统思想的继承者，结果造成了一八六〇年的大祸，而琦善、伊里布及眷英是另外一派，或可称为改进主义（唱低调）的拥护者。当时附和传统主义（唱高调）的都是汉

1　此报告见于多年后彼之秘书的奏折，参看《同治朝夷务始末》第七十八卷第十五页至十九页。

人，附和改进主义（唱低调）的都是满人。这件事是足以诱动归纳家的。徐广缙之受任，是政策的大改变，这是道光皇帝临死的前二年所作的，不久至其子愤乃父之见屈，叹国体之动摇，再加上些新来的烦恼，有些三重刺激所以更变本加厉的闹起来。

道光临终改变了态度有理由吗？造成《南京条约》的那一个战争已经使满洲的帝祚动摇了。耆英之严惩广州民众更广招众怨。道光皇帝觉得必须于民夷二者之中择一结好。假设挑选的结果是外人当选，而民众的利益被压迫，则民众将起而推翻清室天下。那么外国人能替他保住帝统么？假设挑选的结果是民众当选，不许外人攀求他们的权力及成见，那么朝廷须得妥为护卫，民众还会出来抵御外患。凡留心读道光朝《夷务始末》最末两卷的人，都会看到当前的歧路，或彼或此总须择一条走去。

二十一条的背景[1]

二十一条之范围甚广，实则其所包括者仅有二端，即（一）山东条约，（二）满蒙条约是也。山东条约在华府会议业已解决；未解决者，迄为满蒙条约。兹申论之。

1　录自《国立清华大学校刊》一九二八年第十九期（北平一九二八年十二月十日出版），署名"蒋廷黻博士演讲，张毓鹏笔记"。文末有按语："此暑假前蒋先生在天津南开大学五九国耻纪念日之讲演词也。嗣后南大周刊停版，此篇遂迄未发表。兹者校刊征稿，漫写此以应。脱讹之处在所不免，尚望读者谅之。记者附志。"

最近燕大出版一书，关于东北之事有所讨论。发现当时之秘密文件甚夥。日人对于外交素守秘密，故吾人如于日人方面搜集资料，殊感困难。最近俄国将其昔时之外交文件悉行公布，吾人于此可得当时几分之真相，并可了解斯时之情势及其背景。

日人在满蒙之侵略，第一次为中日战争（一八九四——一八九五）。战后与日人在下关订约，日人要求者为割北纬八十三度以北与之，云〔营〕口以南亦属之。实则日人之过事苛求，系其外交上退步之一种惯技也。其真正之目的仅在攫取关东州而已。斯时俄对满蒙，垂涎已久。对于日本此举，深致不满。俄遂挽法联盟以抗日，法允之。盖法亦欲联俄以抗德也。德惧法、俄之联盟将有不利于己，乃亦声言加入联盟。于是三国遂联名与日以友谊警告（Friendly Advice）请其自动放弃所得之权利。日人自知不敌，不得已而允。此为日人外交上第一次之失败。

迨后日人力谋讲求国际间外交上之振作。然中国斯时日趋亲俄，李鸿章与俄订约，且许以各种利益。俄国好与弱国为友，唯其所索援助之代价为数亦甚大。一八九八年俄乘机占我旅顺大连，以作助我之报酬。一九〇〇年庚子之役，俄又向我表示好感。事后复享得满洲之利益，其势遂日盛。

际斯时也，日英对此颇形不满，遂有英日同盟之产生。此时日本于此极抱小心，对满蒙计划亦甚消极。因同时有人主张与俄联盟。其意良以此时日颇惮俄。如与俄战，能否战胜，殊无把握。而亲俄则至少其高丽可保无事。但政府仍主前说与英同盟之约始成立。

日人于外交上既有所准备，日俄之大战遂以起矣！此战之结果，俄人将南满昔时攫得之利益，尽数让于日人。日遂得势。然此时又生一困难，此盖来自美国。初，日俄交涉在美。美意欲南满铁路归中美合办。日初有允意，继又罢之。俄亦谋利用美之资本，力主此说。日外交部则以利害所在，坚决不允。此时日因美俄势大，且此种利权有为美人夺去之患，乃于外交上设法。斯时俄法相亲，其友谊堪称莫逆。遂挽法出任调停，以谋日俄之联络。其意盖所以联合抗美也。一九〇七年日俄订有二约：

（一）两国各不侵犯各国之利益。

（二）两国俱遵守门户开放主义。

此二条约尚不重要，最要者为两国间所订之密约。至其内容如何，吾人固不易尽知。惟审察当时日俄外交之文件，吾人亦可间接测知其一二。即将满蒙划分为二：南满归为日本之势力范围，北满归为俄国之势力范围是也。其时美国政府为共和党（Repulicans）执政，对于外国极喜投资，曾提出一极有趣之议案，即谓门户开放主义业已取消，中国满蒙之铁路须国际化。换言之，即在法律上满蒙之铁路所有权归中国，而经济方面则受他国之供给。此议案与中国颇属有利，惟其提出是否出于自动或被动，不易究知。斯时唐绍仪谋向美国借大批款项，为开辟东三省之用。日俄颇猜疑议案为中国人所鼓动，故此案提出后，日俄极力反对。法亦表示不赞成。英国颇惮俄势大，不欲独异。遂谓在理由上极表赞同，而事实上则尚须考虑（In Principle，I agree，in fact，I reconsider）。此案遂未通过。日见此次外交又见胜利，乃于一九一○年再度与俄订商密约。其意盖因俄修铁路是有年限和限制的，故要求铁路不撤回，此实由于日人之主动。又谓一七○七年之条约过于消极，应采用积极行动。并谓无论日本，或俄国在势力范围内有举动时，须互相协助。至其势力范围如何，吾人亦不得而知。二十条之商订盖已定于此时。我国如在日俄战前，当国际间尚无若何之联络，俄日相争而美又加入之际，有一外交家则大幸矣！唐绍仪之政策如能及早提出，良可为也。坐失时机，实属可惜！我国昔时不谙外交，国际形势未能洞晓明悉。盖海上发展，乃具有经济侵略之野心，陆上之袭击，即政治土地之野心。此固不言可喻。俄具有侵略土地之素蓄，故反对投资，亦理所必然。兹者时机一失，无可挽回矣！唐绍仪眼光颇远，拟借美款以作整理金融及在满蒙修筑铁路之用。一因美、法、日、俄之反对，二因资本家之恐慌，而卒归失败，日人全恃利用此种外交获得胜利。一九一○年后其在南满之势力遂确立不可侮矣。

一九一二年中国革命发生，俄谓中国末日已到，正可从事割宰。宣言不承认袁世凯，借此要挟北满、外蒙及伊犁之利益。日对之亦表同情。袁颇狡黠，以为有别国承认即可，乃大借其外债，各国为索债便利故，因之亦只得承认。此问题未被日俄所利用。俄曾助外蒙之独立甚力，以钱买之，大收效果。乃思占得北满、外蒙及新疆。并向英声言谓如英人承认此举，俄许之以西藏。此时俄人态度极形积极，日则反甚消极。何以日人于一九一一年积极，而一九一三年反消极乎？盖一九一三年日人实不愿瓜分中国，以其所得之利益将不及俄人之多也。后日俄又有密约，即将蒙古划分为东西两部（自北京至北冰洋作一直线，直线以东者为东蒙古，直线以西者为西蒙古），各得其一。故俄人瓜分中国之计划，与英早有协定，如无欧战发生，此计划恐已见诸实行矣！迨大战发生，日知机会已至，俄人忙于应战，无暇及此，遂向袁氏正式提出二十一条，盖日本对南满乃系预定之计划，此时动手，日人固可独享其利，此当时外交之背景也。然其事前考虑之周，策划之密，利用机会，时出而动，良足佩也。

中国近代化的问题[1]

近代世界文化有两种重要的特别：一种是自然科学，一种

---

[1] 录自《独立评论》第二二五号（北平一九三六年十一月一日出版），转载自《大公报》二十五年国庆特刊，署名"蒋廷黻"。

是机械工业。这两种特别引起了许多政治经济社会的变迁，如大规模的民治，兼领数洲的大殖民帝国，资本阶级与劳动阶级的斗争，支配世界市场的大公司等。上次世界大战以前，全世界的文化发展似乎有共同的趋势：素不行民治的国家如中国、日本、土耳其、俄罗斯都像望着民治走；曾未使用机械的国家也步步的踏入工业革命的园地。却是大战以后，经苏联的革命，意大利、德意志、日本诸国的法西斯运动，世界的政治经济制度反而背道而驰了，至少是各向各方去了。现在世界没有共同的趋势，所谓近代文化究竟是什么，各国亦有各国的说法了。虽然，此中有一点我们必须注意：斯塔林与希特勒在政治经济的立场上虽一个站在北极，一个站在南极，两人对于自然科学及机械工业都是维护的。世界的一切都可革命，谁都对于自然科学及机械工业尚未闻有革命之声。左派的，右派的；帝国主义者与反帝国主义者；男的，女的；白种，黄种；老年，幼年：没有一个肯树反自然科学和反机械工业的旗帜。所以我们如说中国必须科学化及机械化，并且科学化和机械化就是近代化，大概没有人反对的。

这种科学机械文化发源于欧洲西部。近代史就是这种文化的发展史，欧西以外的国家都被这种文化征服了。抵抗这种文化的国家不是被西欧占领了，化为殖民地了，就是因战争失败而觉悟，而自动的接受这种文化。胜利的抵抗是没有的。能利用这种文化来生产，来防守国土者就生存；不能者便灭亡。这是近代史中的铁律，没有一个民族能违犯的。

关于欧西以外的国家接受科学机械文化的过程，有几点值得我们的注意。第一，接受愈早愈便宜，愈迟愈吃亏。在同治光绪年间——十九世纪的后四十年——远东历史的最重要事实是中日两国近代化竞争。在那个竞争之中得胜者一切都得胜了，失败者一切都失败了。十八及十九世纪俄罗斯及土耳其的形势亦复如此。俄国能占领黑海以北的土地是因为大彼得在十八世纪初年为俄国立了近代化的基础。近代化的迟早快慢和程度是决定近代国家命脉的要素。

第二，科学机械文化从西欧向外发展的区域有两种。一种是土著的人很少，西欧人移居其中，把这种文化带去了。美洲及澳洲之成为西欧文化区域是因为美洲及澳洲成了西欧人居住的区域。另一种是人口稠密，西人不能移殖的区域，如东欧、中国、日本、印度。西欧人的势力到这些地方去的是政治经济的，不是移民的。这些地方能否近代化须看地方人民自己的努力。第一种区域近代化的过程是简单的、自然的；其经验没有可资我们借镜的。第二种区域的近代化都是从艰难困苦内忧外患交迫中得来的，其过程之富有色彩和戏剧性是历史家和政治家不能也不应忽视的。

印度在近代史的前几幕就亡国了，我们可以置之不论。余有四国可资比较，即中国、日本、俄国、土耳其。这四国的经验有紧要的共同点，四国近代化都是自上而下的。俄国近代化的发起人是大权独揽的大彼得。日本近代化的发起人是少数贵族的政治家。中国近代化的发起人是同治年间的权贵，在内恭亲王奕䜣和大学士文祥，在外长江的督抚曾国藩、李鸿章、左宗棠。土耳其近代化的发起人是少数留学西欧的知识分子。在四国，群众都是反对近代化的。这不是说这四国的群众是比别国的群众特别顽固。无论在那一国，群众是守旧的。创造是少数人的事业。在辛亥年，如果全国对国体问题有个总投票的机会，民众十之八九是要皇帝的。现在的民众如有全权决定要不要修汽车路，大多数会投票决定不要汽车路。数年之前，如苏联的民众能自由选择集耕或分耕，百分之九十是要维持分耕的。基玛尔假使遵从民意，土耳其妇女的解放就不会实现了。我们在欧西文化区域内受过教育的人不知不觉的接受了那个区域内的民意哲学，忘记了我们所处的境遇完全不同。英法德美各国进步上的再进步是可迟可早的，至少不致成为国家存亡的问题。欧西文化区域以外的国家则不能不积极的推动各种反民意的改革。

在中、俄、日、土四国之中，近代化既是自上而下，并且常违反民意，改革的推动不能不赖政权的集中。从这四国近代化的过程，我们可以得着一个共同结论：政权愈集中的国家，其推行近代化的成绩愈好。所谓好，就是改革的程度愈彻底，愈快速。没有大彼得的横暴——不仅专制——旧马斯哥的守旧势力是不能打倒的，俄国或要保存鞑靼的，东欧的文化直到拿破仑大战的狂风暴雨，十八世纪的宝贵光阴将整个的空费了。在民族的竞争之中，百年的落伍是不易补救的。大彼得虽于死前未得着俄国人的感激，他是俄罗斯民族的大恩人，这是无容疑问的。战后列宁和斯塔林的伟业实在就是大彼得的事业的继进。……[1]有许多人至今只知道包尔雪维克的厉害，和俄国反革命者末日的惨痛，不知道共产党在俄国的使命是要俄国超近代的近代化。以俄国民众的愚蠢及昔日领袖阶级的自私，非用极大的暴力，苏俄革命是不能成功的。

日本明治的维新与我国所谓同治中兴有一个极大的差别。日本的维新是以政治革命为基础的。尊王派的政治目的达到了以后，政权才集中，维新家始得以天皇的尊严来号召全国。因为天皇的尊严到了绝顶，所以日本的维新家无须倡一党专政，无须用密探和恐怖。同光年间的中国名为统一，实不统一。曾李左诸人的事业不是国家通盘筹画的事业。李鸿章在北洋负创设新陆军和新海军的责任，但他的财源可靠的仅北洋一隅。其他各省的协饷要看李的势力和李与其他各省督抚的私人关系。京内的御史老爷们，甚至各衙门的胥吏及内廷的太监都能和他捣乱。到了甲午，尚有北洋舰队敢与日本一战，李鸿章已算大成功了。只有绝顶天才始能创造新事业，始能为民族行百年大计。这些天才，因为没有集中的政权作后盾，不知道历史上有

1　此处省略十余字。

多少被庸人和群众反对而消没了。

土耳其在革命以前的维新很像中国在前清末年的维新，三心二意的维新，成绩很少，费用很多，整个国家几乎为这样的维新所灭亡。等到基玛尔用严密的组织统一了政权，又利用这政权来打倒一切步骤不齐的行动，然后土耳其始真正的复兴了。

民国以来，我们一面想要接受近代的科学和机械，一面又因内战把国家割裂了，政权分散了，所以国运反而在革命以后遭更严重的打击。自国府定都南京以后，我们才慢慢的从艰难困苦之中建设了近代化的最低限度的基础，那就是说，政权慢慢的统一了。我们不必讳言，这种统一还有不健全的地方，还有待我们努力和牺牲来完成的地方。但是近代化的问题关系民族的前途太大了。无论牺牲多大，我们不可顾惜。不近代化，我们这民族是不能继续生存的。不统一，我们的近代化就不能进行。统一而政权不集中或集中而运用不大胆，不猛烈，则近代化虽进行而不能快。那末，我们落伍的途距就不能追上了。

所谓自然科学和机械工业不是少数学者和学校的事业，也不是几个都市的事业。我们有时因为近年理工两科的学生和设备加多，就心满意足，以为中国就近代化了。其实中国近代化的程度是很可怜的。说农业：中国的农民与近代的科学可说是不发生关系的。说行政：仅少数上层机关有几分近代化的皮毛，余则因循度日。说工业：就是大都市里面的大工厂尚且有用中古的管理方法来使用近代的机器的。倘此后政府不加以督促和鞭打，我们的生产事业都会被国际竞争所淘汰。

我们近年在各方面确有相当的进步。但是我们的进步离应付国难的程度还远呢。我们的外交内政，大干，冒险的干，革命的干，或者干的通；小干，三心二意的干，就会干不通了。所以在纪念民国二十五年的时候，我愿全体同胞从大处着眼，为民族谋百年的大计，拿出我民族的伟大精神来。

漫谈知识分子的时代使命

　　实际政治大部分是利益集团的斗争。在马克思学说未风行以前，西洋的政论家，无论是左倾或右倾，都公开的承认这一点。美国开国时期的领袖甚至故意设法使资产阶级能永久把握政权。许多马克思的理论，在马克思以前，就有人宣布过而且有些是右倾分子宣布过的，马克思对于政治运动的特殊贡献是劳工阶级专政的学说。这种鼓动引起了不少的心理恐怖，于是有许多言论家讳言政治与经济的密切关系，好像政治，尤其是民主政治，是超阶级利益的。其实在民主之下，利益集团的斗争是日夜不停的。

　　在英美社会里，知识分子并不独自成立阶级。各种职业，连买卖业在内，都能吸收知识分子。靠知识吃饭的公教人员，因其所得待遇的优裕，实是中产阶级，其利害关系与一般工商界是打成一片的。英美教育的普及和文字的简明使知识分子与非知识分子之间不能有清白的界线。

　　学者和专家，在英美社会里，并没有政治的号召能力。除非他们把学问掩饰起来，故意操老百姓的腔调，他们是不能得选民拥护的。英美政客的技术之一种在使老百姓把他们当作自己人看待。至于工商界的巨头，他们自以为经验丰富，遇事都有办法，更不要请教于"不切实际的书虫"。

在我们这里，无论是老百姓或是工商界的人士，对于学者尚保存几分传统的尊重。究竟几十年以后，知识阶级的社会地位将演变到什么田地，此刻尚不能预料。我们的社会已开始变动。工商界已开始吸收知识分子，而出身知识界的商人与工业家有些不但自己丧失书生的面目，并且对于学者已带几分鄙视之意。在我们这里，如同在英美一样，久而久之，各种利益集团必会有组织的企图把握国家的大政，目前的一二十年或者是知识分子左右政治的最后的一个机会。

谈政治，最忌凭空创设乌托邦或假定某一部分的人天生圣贤。人情并无国别的或阶级的天生差异，我们为什么迷信知识分子在现阶段的中国能够而且应该负担特殊使命呢？

士大夫耻言利，这是我们的传统，历代的圣贤讲究立功立德立言，却没有半句话讲发财的。时至今日，这种传统尚有几分效力。一般知识分子并不梦想作煤油大王、钢铁大王，或任何其他金钱大王，他们祈求的是适当的工作机会。他们的生活目的是事业的成就，而不是金钱。当然他们希望生活安定，衣食有着落，子女能受较好的教育，工作的设备和环境要适当。这些物质欲望是自然的、合理的，而且所费是有限的。这种人生观是事业的人生观，不是金钱的人生观。这是从工作本身找乐趣，其出发点和原动力是工作欲，不是收获欲，是匠人心的发挥，不是商人心的表现。

中外古今文化的进步发源于匠人心者远过于发源于商人心者，这种匠心（Instinct of Workmanship）是文化的源泉。文学美术的创造以及政治经济制度的创造只能靠匠心而不能靠金钱。杜工部和白乐天的心目中并没有稿费或版税。莎士比亚把戏剧作为他的玩意儿，也就是他的性命。乐圣斐蒂欧文应内心的驱使而编乐谱。巴斯得的研究细菌，居里夫妇的研究镭质，都是匠心和工作欲的发挥，与金钱欲没有关系。孙中山的革命、罗斯福的新政是想治国平天下，不是想个人发财。

英国经济史家唐恩教授（R. H. Tawney）常说尚利的社会（Acquisitive Society）是近代文化的产物。在中古，生产能力虽有限，生活状况虽很苦，个人发财既不是通行的人生观，也不是社会习惯及制度所许可的。自宗教革命以后，各种保障社会的传统逐渐废弃，而个人发财的自由及风气遂成为近代文明的特色。学者及一般人们甚至认定自由争利是一切进步的原动力。聪明才智之士也以聚财的多寡为一生成败的尺度。

循尚利的路线走到尽头以后，西洋的社会已经有人发现前面是死胡同。近二三十年来，不仅有些科学家和工程师觉得自由争利不能充作高尚文化的基本动力，就是企业界的巨头也有人觉悟。现在英美社会的聪明才智之士走事业的路线者逐渐加多，走金钱路线者日形减少。三年前我参观田纳西河流域管理局的时候，发现其中有不少的技术专家及管理员情愿接受较低的薪金而继续为佃列西河（即田纳西河）流域的开发努力，不愿改就私公司的职务，纵使公司可以给他们数倍的金钱报酬。他们觉得工作的愉快及工作的社会意义是他们最大的收获，至于金钱，田纳西河流域管理局虽不能使他们成为富翁，一切合理的欲望也都能满足。

在我们这里，如果知识分子能保存士大夫传统的气节，我们可能超度西洋近三百年的历史。孙中山之所以坚持民族、民权、民生三种革命要同时并进，就是要缩短历史的过程。现在工程师在国内所干的事业都带几分缩短历史的性质。在制度及机械方面能作的事，我们在道德方面应该也能作。何况事业的人生观是中国书生的本来面目呢？

在长期抗战的阶段之中，知识分子，除少数市侩化以外，大多数概普罗化了。他们对金钱势力的横暴及民众生活的困难均得了更深刻的认识。原来想洁身自好者，现在知道在这种社会之中自好无从好起。知识分子传统的人生观及传统的社会地位，加上最近十年的磨炼，使他们对新国家的建设能有很大的贡献。

中国的知识分子大多数来自小资产阶级的家庭，富翁在我们这里本来是极少数的极少数，而富门子弟又多不愿出知识的代价。国人现在尚不了解我们知识分子求知的困难。一个中国人在国文上所费的时间要三倍于一个英国人或法国人费在英文或法文上的时间然后能得同等的程度。因为新知识出版品的缺乏，我们不能不学一种外国文，而我们在英文或法文上所费的时间又要三倍于一个英国人在法文上或德文上所费的时间始能得同等的程度。除非文字有很大的改革，知识分子必是人民中的极少数。他们虽不是劳动阶级的子弟，却知道稼穑的艰难。他们自己求知所受的痛苦就不亚于种地的乡下人。

这种知识分子踏出校门以后，百分之九十九并无家庭资本可以自办工商业。他们大多数还是作公务人员，投身事业界者仍是以参加国营事业者居多数。换句话说，知识分子的出路在于作官，教育官、行政官、事业官。名义虽不同，靠公家薪金吃饭则是一致的。所以在中国知识分子与政治的关系是切身的。

事实虽是如此，知识分子却不肯充分承认。他们中间至今尚有人在做梦。一种梦是教育清高而作官不清高，另一种则以为唯独作官是光荣。其实教学可以清高，普通也是清高，但作官也可以清高，应该清高，作官可以得光荣，也可以不得光荣，并且教书、作工程师、行医、当律师，都是光荣的。

中国的官僚百分之九十来自知识界，但是知识分子最喜欢骂官僚。在朝的知识分子和在野的知识分子形成两个对垒。其实在朝的与在野的，无论在知识方面，或在道德方面，是不相上下的。据我的观察，官吏百分之九十想奉公守法，努力作事，百分之七十能与环境奋斗，只有百分之二十为环境所克服而作违心的事情。如果环境改善，中国的官吏在工作效率上及操守上，可以不落在任何别国官吏之下。社会感觉官吏的压迫，殊不知官吏深感社会的压迫。社会总是说政府的赏罚不公，其实社会的舆论对公务人员也是赏罚不公的。政府与社会就是难兄难弟，两者都是不够近代化。

沙学浚先生在本刊的第十六期提到开明分子组织政党的困难。他说：

> 在团体活动中他们（开明分子）往往胸襟狭、气量小、有学问不一定有能力，尤其是领袖能力和组织能力；他们往往过于自信，过于自尊，因而漠视纪律、轻视旁人，这就成了既"不能令，又不受命"的人。

沙先生所指出的毛病当然是实在的，而且是可叹息的。这种毛病是各国文人最容易犯的。"文章都是自己的好"。不过学问与技术，虽没有显明的尺度，究竟比文章要客观一点。所以现在知识阶级领袖的产生比以先实在容易多了，自然多了。

近来经济学者对世界经济前途大体上是抱乐观论的。他们觉得有了近代的科学，全世界的生产效能及生活水准均能大大的提高。他们并且相信一国的穷困间接是其他各国的祸患，反过来说，一国的富庶直接间接能使其他国家受益。在经济上，这是一整个共存共荣的世界。如果各国的外交政策全凭经济元素决定，国际的合作应能顺利的实现。

在一国之内，各种事业也是互相依赖的。我们如以事业的人生观为出发点，我们必感觉中国可作应作的事太多了。我们彼此之间只可用加法乘法，绝无用减法除法的必要。据我个人的经验，朋友们对我们用加法乘法者远多用减法除法者。士大夫的传统在这方面已起始改善。

沙先生所举的困难虽然是实在的，我仍觉得事在人为。中国现在最急需的还是近代化，加速的近代化在这个历史过程中，毫无疑问的，知识分子应该居领导地位。

在政治上，中国正图从武力政治过渡到舆论政治，这种过渡亦应该由知识分子加以推动。

在经济上，中国的资源亟待开发，而开发的后果亟应设法使其能为全体人民所享受。这种使命尤其要知识分子负担。

《世纪评论》第一卷第二十四期（一九四七年六月十四日）